Peer Meter

Gesche Gottfried. Eine Bremer Tragödie

Peer Meter

Gesche Gottfried

Eine Bremer Tragödie

82 Abbildungen

EDITION TEMMEN

Die Deutsche Bibliothek verzeichnet diese Publikation in der Deutschen Nationalbibliografie;
detaillierte bibliografische Daten sind im Internet unter http://dnb.ddb.de abrufbar.

3. Auflage 2017

Hohenlohestr. 21 – 28209 Bremen
Tel.: +49- 421-34 84 30 – Fax +49- 421-34 80 94
info@edition-temmen.de
www.edition-temmen.de

Gestaltung und Herstellung:
Ingrid Zuckerstätter www.zuckerstaette.com

ISBN 978-3-8378-1012-7

Inhaltsverzeichnis

Vorwort

Mit diesem Buch sind nunmehr die beiden Gesche-Gottfried-Prozessakten zum wichtigsten Teil veröffentlicht. Vieles ist hier zum ersten Mal zu lesen und zu sehen.
War mein vor vierzehn Jahren erschienenes und seit Langem vergriffenes Buch »Gesche Gottfried. Ein langes Warten auf den Tod«, als eine Bestandsaufnahme der Prozessakten gedacht, in der die Ereignisse oftmals nur gestreift oder in geraffter Form dargeboten werden konnten, so werden hier jetzt erstmals ausführlich der Fortgang der gerichtlichen Untersuchungen beleuchtet, den Aussagen der Personen aus dem Umfeld Gesche Gottfrieds breiterer Raum gegeben, ein ausführlicheres Bild des Untersuchungsrichters Senator Droste gezeichnet; überhaupt die Rand- und Nebenfiguren mehr in die Mitte gestellt.
Zum ersten Mal sind hier auch die wichtigen ersten drei Tage nach der Verhaftung Gesche Gottfrieds nahezu lückenlos und mit bislang unveröffentlichten Fakten und Abbildungen dokumentiert.
Stärker beleuchtet habe ich ebenfalls die Aussagen der mit dem Leben davongekommenen Giftopfer. Diese Protokolle sind zum überwiegenden Teil hier erstmals veröffentlicht. Sie geben einen erschütternden Einblick und machen zugleich eine Sprachlosigkeit deutlich, die Bremen letztendlich bis zum heutigen Tage nicht verlassen hat.
Der besseren Lesbarkeit wegen habe ich mich zu behutsamen Textmodernisierungen entschlossen. Nicht selten sind die rasch hingeschriebenen Protokolle mit Fehlern behaftet, zudem bleibt im Vokabular der damaligen Zeit einiges unverständlich. In solchen Fällen habe ich stillschweigend korrigiert, auch eine einheitliche Zeichensetzung eingeführt. Da alle Zitate mit Nachweisen versehen sind, sollte es keine Schwierigkeiten bereiten, in den Mikroverfilmungen der Prozessakten die entsprechenden Stellen aufzufinden. Einige Texte, etwa faksimilierte Passagen, habe ich in ihrer ursprünglichen Fassung belassen, um dem Leser einen authentischen Eindruck der Textgestalt zu ermöglichen.
Mit diesem Buch möchte ich meine nunmehr zwanzigjährige Forschungsarbeit über den Kriminalfall Gesche Gottfried endgültig zum Abschluss bringen. Auch wenn durch meine Ausarbeitungen der so lange verschollen geglaubten Prozessakten die Sichtweise auf diese Frau korrigiert und in ein gerechteres Licht gesetzt werden konnte, sollten wir doch niemals außer Acht lassen, mit Gesche Gottfried eine gefährliche Serienmörderin vor uns zu haben, die in rücksichtsloser Schärfe gegen ihre Mitwelt vorgegangen ist.

Worpswede, Sommer 2009
Peer Meter

Vorbemerkungen

Gesche Gottfried vergiftete von 1813 bis 1827 fünfzehn Menschen, darunter ihre Eltern, Kinder und Ehemänner. Mindestens neunzehn weiteren Personen gab sie von 1823 bis 1828 wiederholt Gift in nicht tödlicher Dosis. 1828 wurde sie verhaftet, 1831 in Bremen öffentlich durch das Schwert hingerichtet.

Eine zeitgenössische Darstellung ihrer Lebensgeschichte, verfasst von ihrem Verteidiger Friedrich Leopold Voget, zeigt uns eine kalt berechnende, aus niederen, gewinnsüchtigen Motiven mordende Gesche Gottfried und ein über die Nachricht ihrer Verhaftung und ihrer Giftmorde gleichsam aus allen Wolken fallendes Bremer Bürgertum. Bis in unsere Zeit ist diese Darstellung immer wieder von Neuem ungeprüft übernommen worden, freilich auch ohne dass sie einer näheren Prüfung hätte unterzogen werden können, denn die Prozessakten als Vergleichsmaterial galten seit ihrer Auslagerung während des Zweiten Weltkrieges als verschollen.
In den 1950er Jahren tauchten diese Prozessakten im Moskauer Zentralarchiv auf. Sie wurden zunächst dem Ostberliner Archiv übergeben und gelangten erst im Frühjahr 1987 im Konvolut mit zahlreichen anderen bremischen Archivalien aus der damaligen DDR zurück nach Bremen. Es sind dies die zweibändigen »Protokolle des Criminalgerichts in Untersuchungssache wider die Giftmischerin Gesche Margarete Gottfried geborene Timm«.
Während der erste Band auf 776 Bogenseiten protokollarisch den gesamten Ablauf des Prozesses gegen Gesche Gottfried dokumentiert – beginnend mit der Anzeige des Dr. Luce am 6. März 1828, über Verhöre und Zeugenaussagen bis zum Protokoll ihrer Hinrichtung am 21. April 1831 –, enthält der zweite Band Gutachten, Briefe Gesche Gottfrieds, Skizzen, Gedächtnisprotokolle des Untersuchungsrichters Senator Droste, die Verteidigungsschrift, das Todesurteil, sogar die Stoffprobe einer Nachthaube und viele andere Dokumente mehr. Insgesamt umfasst dieser zweite Band laut einem Inhaltsverzeichnis 288 Positionen, von denen allerdings ein Teil sich nie in der Akte befunden hatte, wie beispielsweise mehrere im Verlaufe der Untersuchung aufgefundene Mäusebutterkruken oder Dokumente, die als Beweismittel in Nebenklagen benötigt worden waren.

Die beiden Aktenbände, die den Prozess gegen Gesche Gottfried dokumentieren. Sie waren während des Zweiten Weltkrieges ausgelagert und gelangten erst 1987 aus der damaligen DDR zurück nach Bremen

Im Sommer 1988 habe ich diese umfangreichen Akten zum ersten Mal im Bremer Staatsarchiv eingesehen und seitdem einer systematischen Auswertung unterzogen. Diese Auswertung ergab eine Fülle bisher unbekannter Seiten zum ›Kriminalfall Gesche Gottfried‹. So widersprechen die Akten nicht selten den Voget'schen

Darstellungen, geben ein anderes Bild der Ereignisse, zeigen gar, dass Voget wiederholt aus den Protokollen grob verfälscht zitiert hat. Auch wird in den gerichtlichen Zeugenaussagen bereits der ersten Tage nach Gesche Gottfrieds Verhaftung deutlich, dass ihr Treiben keineswegs im Stillen vonstatten gegangen war, wie es ein durch diese Frau zutiefst kompromittiertes Bremer Bürgertum sogleich eilig darzustellen sich bemüht hatte. Die Akten belegen vielmehr, dass es bereits Jahre vor der Verhaftung Gesche Gottfrieds immer wieder Warnungen vor dieser Frau gegeben hatte; sie belegen ferner, dass es aus ihrem Umfeld konkrete Hinweise gab, dass sie mit Gift hantiere und dass ihre Mitwelt diesen Warnungen mit nachgerade unglaublicher Gleichgültigkeit gegenüberstand.

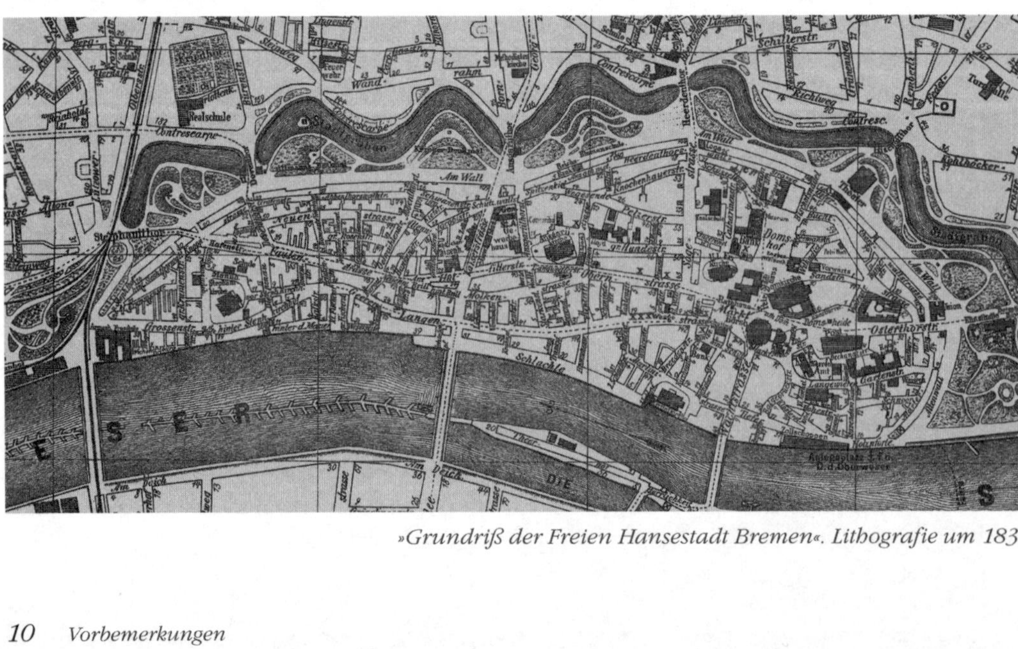

»Grundriß der Freien Hansestadt Bremen«. Lithografie um 1836

I. Das Leben Gesche Gottfrieds bis zu ihrer Verhaftung

Bremen im ersten Drittel des 19. Jahrhunderts

Schlachtenlärm läutete das neue Jahrhundert ein, und halb Europa war beteiligt, wurde überrollt von Napoleons Truppen. So blutig war es auf deutschem Boden seit dem Dreißigjährigen Krieg und dem Siebenjährigen Krieg nicht mehr zugegangen.
Bremen kam noch glimpflich davon: Die Wirtschaft der Stadt profitierte anfangs gar durch Warenlieferungen an das Militär. 1806 wurde die Stadt ohne große Kämpfe zuerst von britischen, dann von französischen Truppen besetzt, 1810 zusammen mit dem gesamten norddeutschen Küstenbereich dem französischen Kaiserreich angeschlossen, um, wie es hieß, »dem französischen Handelskrieg gegen England eine entscheidende Stärkung zu verleihen«. Drei Jahre stand Bremen unter französischer Herrschaft, ehe die Stadt 1813 von Truppen der Alliierten befreit wurde. Zwei Jahre später, im Sommer 1815, war Bremen als selbstständiges Mitglied in dem auf dem Wiener Kongress gegründeten ›Deutschen Bund‹ vertreten und gehörte fortan neben Hamburg, Lübeck und Frankfurt am Main zu den ›vier freien Städten‹ Deutschlands.

Das eigentliche Stadtgebiet Bremens umfasste zu der Zeit kaum mehr als den heute durch die Wallanlagen umschlossenen Innenstadtbereich mit einer auf der gegenüberliegenden Weserseite noch recht kleinen Neustadt. Heutige Stadtteile wie Schwachhausen, Hemelingen oder Walle waren entfernt liegende Dörfer, und nur zögernd siedelten sich die Bremer außerhalb der Stadt, in den sogenannten Vorstädten an.

Wer uns heute von einem ›schönen alten Bremen‹ in der ersten Hälfte des 19. Jahrhunderts fabelt, mag, in subjektiver Verzückung, vielleicht das Stadtbild und die Bewohner um den Marktplatz im Sinn haben, das Leben der durch allerlei ›bürgerliche Vorrechte‹ begünstigten Oberschicht jener Zeit also, übersieht dabei jedoch, dass dieser Schicht nur etwa ein Siebentel der Bremer angehörte. Sie besaßen das ›große Bürgerrecht‹, Vermögen über 3000 Reichstaler (ein Zigarrenmacher etwa verdiente ungefähr 200 Reichstaler im Jahr), waren Senatoren, Geistliche, wohlhabende Ärzte oder Großkaufleute und lebten in Wohlstand und Bequemlichkeit (soweit denn überhaupt von einem solchen Leben zu der Zeit gesprochen werden kann) in den Straßen um den

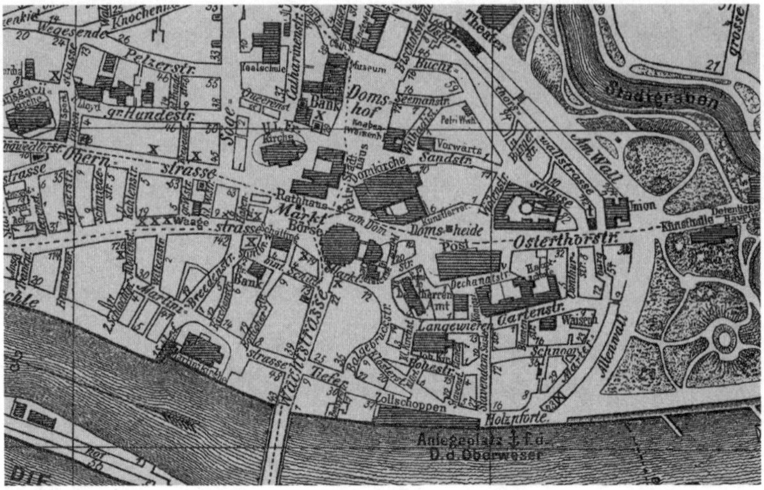

Plan der Altstadt (Ausschnitt) um 1836. Links oben die Pelzerstraße. Ganz rechts, gegenüber der Ostertor Wache, das 1828 fertiggestellte sogenannte Detentionshaus. Dort wartete Gesche Gottfried beinahe drei Jahre auf ihre Hinrichtung

Marktplatz, den Domshof bis zum Wall, Domsheide, in der vorderen Obern- und Langenstraße etwa. Entsprechend drückten die Häuser dieser Straßen Wohlstand aus.

Je näher die Straßen jedoch dem Stephaniviertel zu liefen, desto deutlicher veränderte sich das Bild: wohlhabendere Handwerksmeister mit ihren Betrieben zunächst noch, dann kleinere Handwerker, kleine Krämer und schließlich, im Stephaniviertel selbst, die Unterschicht und die Ärmsten der Armen. Hier wohnten die Arbeiter oder wer gänzlich ohne Einkünfte war. Über ein Viertel der etwas mehr als 40.000 Einwohner zählenden Stadt gehörte dieser Schicht an, die in erbärmlichsten Verhältnissen mehr dahinvegetierte als lebte. Das Armenhaus befand sich hier, auch das Gefängnis, das sogenannte Zucht- und Werkhaus. Es waren die Elendsviertel von Bremen. Hierher verirrte sich kaum ein Maler, diese Teile der Stadt wollte niemand illustriert sehen. Auf den Straßen und in den Häusern herrschten, wie auch in einigen Teilen der Neustadt, katastrophale Verhältnisse. »Höhlen des Jammers, des Elends und der tiefsten Verworfenheit«, nannte der Bremer Arzt Phillip Heineken 1837 die Lebensverhältnisse dieser Menschen: »Auf feuchtem, oft ungedieltem Fußboden bilden sich die Bewohner auf halb verfaultem Stroh in der Ecke ein Lager, auf welchem, den Tieren gleich, Alt und Jung, Mann und Weib bunt durcheinander ruhen. Der Ekel erregende Schmutz hat hier seine Hütte aufgeschlagen und herrscht in den Häusern, wie in dem Gang selbst.«[1]
Das Straßenbild der Altstadt war, im Gegensatz zur Neustadt, wo es auch breit angelegte Straßen gab, von Enge geprägt, verwinkelt und krumm. Das mag uns heute idyllisch vorkommen, aber, wie Heineken schrieb, »den Bedürfnissen einer so stark wie Bremen

bevölkerten Stadt entspricht das nicht. Die Straßen waren oft durch einen einzelnen Wagen so ausgefüllt, dass selbst den Fußgängern der Durchweg erschwert ist.«[2] Die nächtliche Beleuchtung geschah durch Öllampen, die in einem Abstand von ungefähr dreißig Metern an quer über die »Gassen in angemessener Höhe« gespannten Ketten hingen.

Rathaus und Marktplatz um 1820. Im zweiten Haus links, am sogenannten Grasmarkt, befand sich der Krämerladen der Gertrud Lankenau. Von dort ließ Gesche Gottfried über Jahre Mäusebutter holen

Es gab zwei Zeitungen in der Stadt: Die ›Bremer Wöchentlichen Nachrichten‹ erschienen zweimal in der Woche, jeweils montags und donnerstags. Sie waren ohne redaktionellen Teil und bestanden aus amtlichen Mitteilungen, geschäftlichen und privaten Insertionen. Die ›Bremer Zeitung‹ hingegen erschien täglich und hatte einen ausführlichen redaktionellen Teil. Bremische Politik jedoch durfte aufgrund der damals üblichen strengen Vorzensur nicht besprochen werden. Und so war diese Zeitung auch mehr eine »Chronik, besonders der ausländischen Ereignisse«.

Die Lebensader Bremens war die Weser, der Hafen an der Schlachte mit seinen Kränen und Winden, den Packhäusern und Kontoren. Neben der immer größer werdenden Auswanderungswelle nach den USA und Brasilien war es vor allem der Seehandel mit England, Frankreich, den USA und Ostasien, der der bremischen Schifffahrt gute Gewinne einbrachte.

Vielfältige Zoll- und Handelsbeschränkungen jedoch, besonders aber die zunehmende Weserversandung, machten der Bremer Schifffahrt schwer zu schaffen. Die großen, tiefgehenden Seeschiffe konnten Bremen nicht mehr anlaufen, und so mussten bei Brake die Waren von diesen Schiffen umständlich auf sogenannte Leichter umgeladen werden, flachgehende Schiffe, auf denen dann die Waren zum eigentlichen Umschlagort weitertransportiert wurden, dem Bremer Hafen an der Schlachte.

Bremens Hafen an der Schlachte.

Diese immer problematischer werdenden bremischen Hafenverhältnisse – zeitgenössische Berichte sprechen gar von einer für Bremen lebensbedrohlichen Situation – führten schließlich 1827 zum Erwerb eines Stücks hannoverschen Landes an der Außenweser zum Bau eines bremischen Seehafens dort. Es war die Geburtsstunde Bremerhavens. Obgleich diesem Landerwerb ungeheure Schwierigkeiten vorausgingen und er nur durch persönliche Anstrengungen Einzelner realisiert werden konnte, stieß das Projekt in den höheren Ständen keineswegs auf eine breite Zustimmung. Und während die Bremer eifrig mehr das Wider als das Für eines solchen Hafens debattierten, Kosten gegen Nutzen rechneten, da wurde in der Stadt ein Kriminalfall aufgedeckt, der sie aufs Tiefste und Nachhaltigste erschüttern sollte und der in seiner Beispiellosigkeit in Deutschland, Europa und Übersee ungeheures Aufsehen erregte.

Kindheit und Jugend Gesche Gottfrieds. Ehe mit Johann Gerhard Miltenberg

Gesche Gottfried entstammte einer kleinen Handwerksfamilie. Ihr Vater war Schneidermeister. Er betrieb in Bremen eine bescheidene Schneiderei für Frauenkleidung. Seine Herkunft ist dunkel und von ihm selbst verschleiert worden. 1772 war er aus dem Hessischen nach Bremen geflohen, hatte hier seinen Namen Johannes Demme abgelegt und sich fortan Johann Timm genannt. Es bleibt undeutlich, wie es ihm möglich gewesen war, binnen weniger Jahre aus ärmlichen Verhältnissen zu Wohlstand und einem ansehnlichen Haus in der vornehmen Pelzerstraße zu kommen. Er galt als übertrieben fromm, doch werden wir noch sehen, dass er, sobald finanzielle Interessen seiner Familie berührt werden, vor arglistiger Täuschung und sogar Betrug nicht zurückschrecken wird. Geiz und Geldgier sollen bei ihm pathologische Züge erreicht haben. Ein Nachbar schildert ihn in den Akten so: »Timm und ich sahen uns einander ins Fenster. Timm war ein wahrer Quäler. Um zwei Uhr stand er schon auf, wenn im Sommer der Tag graute, und sang seinen Gesang. Er war dann gleich bei der Arbeit.«[3] Beinahe schon berühmt geworden sind jene wiederholt in den Akten auftauchenden Aussagen, dass er beim Nähen den Atem anzuhalten pflegte, um so mit der Nadel noch mehr Stiche zu schaffen.

Gesche Gottfrieds Mutter, Bremerin, eine geborene Schäfer, war Näherin für Frauenkleidung, damals Wollnäherin genannt. 1784 hielt Timm um ihre Hand an, und im selben Jahr fand die Hochzeit statt. Am 6. März 1785 kam Gesche zusammen mit einem Zwillingsbruder zur Welt. Sie besuchte als junges Mädchen die Domschule, wurde im Lesen, Schreiben und in Religion unterrichtet, später auch, im sogenannten Abendunterricht, im Rechnen. Als sie zwanzig Jahre alt war, hielt der Sattlermeister Johann Gerhard Miltenberg um ihre Hand an.

Miltenberg war das einzige Kind eines wohlhabenden Sattlermeisters, 25 Jahre alt und bereits Witwer. Die väterliche Sattlerei mit großem Wohnhaus befand sich in der Pelzerstraße 37, schräg gegenüber von Gesches Elternhaus. »Sein Haus«, schreibt Voget, »imponierte bei den kleineren Nachbarhäusern nicht bloß durch die eigene ansehnliche Größe, sondern sieben dazugehörige, einen eigenen, danach genannten Hof einschließende Nebenhäuser verliehen der Besitzung einen noch viel größeren Wert.« Miltenbergs einzige Beschäftigung allerdings scheint darin bestanden zu haben, das väterliche Vermögen durchzubringen. Der Spiel- und Trunksucht verfallen, führte er ein Leben in Klubs und Bordellen. Seine erste Ehe mit einer zehn Jahre älteren Frau, einer Alkoholikerin, die er, fälschlich für reich gehalten, von seiner Wanderschaft aus Braunschweig mit nach Bremen gebracht hatte, geriet zu einer wahren Hölle, aus der er fünf Jahre später durch den Tod der Frau erlöst wurde.

Pelzerstraße Ecke Kleine Hundestraße. Vier Häuser weiter befand sich Haus Nr. 37 mit dem sogenannten Rumpffs Hof

Geblendet vom Miltenberg'schen Vermögen und nur den sozialen Aufstieg der Tochter vor Augen, wurde die junge Gesche von ihren Eltern in die Ehe mit dem verantwortungslosen Säufer gedrängt. Am 6. März 1806 fand die Hochzeit statt. Miltenberg brachte die Syphilis mit in die Ehe; das am 5. September 1807 zur Welt gekommene erste Kind Adelheid (genannt Adeline) war schwächlich und zeigte laut Voget »als Erbteil seines ausschweifenden Vaters, die Spuren einer abscheulichen Krankheit«. Das zweite Kind kam im Jahr darauf tot zur Welt.

Pelzerstraße Nr. 37. »Das Haus der Gottfried, worin sie fast alle ihre schauderhaften Verbrechen ausübte, und in welchem sie bis zu ihrer Verhaftung wohnte. Es ist ganz treu von der Fronte abgenommen. Durch die sich links befindliche kleine Pforte geht man durch einen Gang auf den früheren Gottfrieds- jetzt Rumpffs-Hof, wo sich noch sieben kleinere Wohnhäuser befinden, welche zu dem größeren Gebäude Nr. 37 gehören.«

Die Ehe mit Miltenberg verlief vom ersten Tag an unglücklich. Als die junge Gesche wenige Monate nach der Hochzeit den Weinreisenden Michael Christoph Gottfried kennenlernte, verliebte sie sich in den Mann. Gottfried, Junggeselle und Zechgenosse ihres Mannes, von Beruf Weinvertreter, stammte aus Regensburg und wohnte ebenfalls in der Pelzerstraße. Er wird als »lustiger Geselle« beschrieben, »lebensfroh und amüsant; ein guter Tänzer, Sänger und Gitarrenspieler«. Er verfasste zwei Liedersammlungen, die damals in Bremen erschienen und sogar mehrere Auflagen erlebt hatten. Bald nach der Bekanntschaft mit Gesche mietete er ein Zimmer im Miltenberg'schen Haus an, beließ es allerdings beim unverbindlichen heiteren Zusammensein. Ein Verhältnis wird er mit ihr erst nach Miltenbergs Tod eingehen.

Zur selben Zeit lernte sie den Weinaufseher Johann Koppisch kennen; ein verheirateter Familienvater und ebenfalls Zechkumpan ihres Mannes. Schräg gegenüber dem Miltenberg'schen Haus hatte er ein Weinlager eingerichtet. Sie ging ein Verhältnis mit ihm ein, und als im Sommer 1810 ihr drittes Kind zur Welt kam, ihr Sohn Heinrich, ging das Gerede, Koppisch sei der Vater. Er starb übrigens wenige Wochen vor Gesche Gottfrieds Verhaftung eines natürlichen Todes. Seine Witwe gab vor Gericht zu Protokoll, dass er es ihr und ihren Kindern verboten hätte, von Gesche Gottfried jemals Speisen oder Getränke anzunehmen.

1812 kam ihr viertes Kind zur Welt: Johanna; es starb fünf Monate nach der Geburt.

Die erste Phase der Vergiftungen

1813 bis 1817

Die Ermordung ihres Mannes Miltenberg, ihrer Mutter, ihrer drei Kinder, ihres Vaters, ihres Bruders und des Michael Christoph Gottfried

Die Kluft zwischen Gesche und ihrem Mann vertiefte sich mehr und mehr, und als im Sommer 1813 Miltenbergs Vater starb, trat die katastrophale finanzielle Lage der Sattlerei offen zutage: Der Betrieb war hoch verschuldet; selbst das Wohnhaus mit den Nebenhäusern zu einem Viertel belastet. Miltenberg indes verfiel infolge einer rasch fortschreitenden Paralyse zusehends körperlich und seelisch und wurde zum Pflegefall. Was sie letztendlich bewogen haben mag ihn zu vergiften, bleibt im Dunkeln. Am ehesten noch kommt wohl Ludwig Scholz in die Nähe einer Wahrheit: »Sie litt unter dem Zusammenleben mit dem ungeliebten Gatten, dessen Pflegerin zu werden ihr jetzt bevorstand. Es war nicht Hass, was sie gegen ihn empfand, sondern Überdruss bis zum Ekel.«[4]

Die Pelzerstraße

Gesche Gottfrieds Vergiftungen beschränkten sich beinahe ausschließlich auf die Menschen ihrer näheren Umgebung. Somit wurde die Pelzerstraße zum Schauplatz einer beispiellosen Mordserie. Dreizehn der fünfzehn Giftopfer wohnten in jener Straße, und von den neunzehn Personen, die teilweise über Jahre von ihr immer wieder Gift in nicht tödlicher Dosis erhalten hatten, lebten fünfzehn in ihrer unmittelbaren Nachbarschaft in den Nebenhäusern auf dem sogenannten »Rumpffs Hof«.

1) Haus Nr. 37
Das Haus Miltenbergs mit dem sogenannten Miltenbergs Hof, später Gottfrieds Hof und zuletzt Rumpffs Hof. Auf dem Hof gehörten sieben Nebenhäuser mit wechselnden Mietern zum Anwesen.

2) Haus Nr. 23
Gesche Gottfrieds Elternhaus. 1815 verkaufte ihr Vater dem Tischler Martin Bolte das Haus, der dann in den folgenden Jahren auf Gesche Gottfrieds Bestellung die Särge für elf Giftopfer lieferte.

3) Haus Nr. 21
Weinlager ihres Geliebten Johann Koppisch.

4) Haus Nr. 12
Wohnhaus des Schneidermeisters Friedrich Dolge, der ihr Geliebter war bis zu ihrer Verhaftung.

5) Haus Nr. 12 Hinterhaus
Hier wohnte zunächst Michael Christoph Gottfried, ehe er auf Miltenbergs Hof zog.

6) Haus Nr. 50
Wohnhaus des Dr. Gottfried Wilhelm Luce, der als »ausübender Arzt und Geburtshelfer« viele Gottfried'sche Giftopfer behandelte.

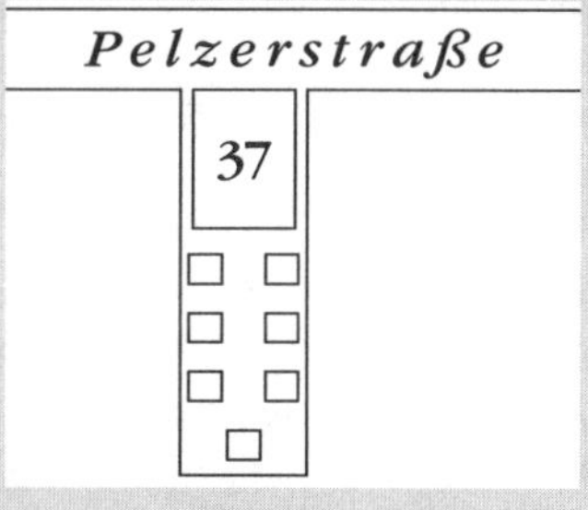

Rumpffs-Hof

(Pelzerstraße Nr. 37 mit den Nebenhäusern)
Der Hof war nicht offen zugänglich, sondern konnte nur durch eine kleine Pforte betreten werden. Im vorderen Haupthaus mit Rumpffs Wohnung, den Werkstätten und dem Zimmer für die Burschen und den Gesellen, bewohnte Gesche Gottfried eine kleine Stube.

In dem Haus Pelzerstraße Nr. 37 vergiftet sie ihren ersten Mann Miltenberg, ihre Mutter, ihre drei Kinder, ihren Bruder und den Michael Christoph Gottfried. Ihren Vater vergiftete sie in dessen Haus Pelzerstraße Nr. 23.

Nachdem sie ihr Haus an den Rademachermeister Johann Christoph Rumpff verkauft hatte und fortan dort eine kleine Stube bewohnte, vergiftete sie dort Rumpffs Frau Wilhelmine, die in den Nebenhäusern wohnenden Mieter Johann Mosees, Beta Schmidt, deren dreijährige Tochter Elise und die in der Pelzerstraße Nr. 12 wohnende Musiklehrerin Anna Lucia Meyerholz.

Teilweise über Jahre gab sie Mietern der Nebenhäuser, deren Dienstmägden, dem Rumpff, dessen Magd, den beiden Burschen und dem Gesellen sowie ihrer langjährigen Freundin Marie Heckendorff Gift in nicht tödlicher Dosis. Ebenfalls erhielten in dem Haus eine ganze Reihe zufällig vorbeikommender Freundinnen, sogar Kinder, die ihr zum Geburtstag gratulieren kamen, Mäusebutter in nicht tödlicher Dosis.

Die Einmündung der Pelzerstraße in die Sögestraße

Als sie von ihm abermals geschwängert wurde, mag der Ekel vielleicht doch in Hass umgeschlagen sein. Unter dem Vorwand, Mäuse in der Dachkammer zu haben, verschaffte sie sich Arsenik von ihrer Mutter, die, übervorsichtig, das Gift selbst auf Brotstücke schmierte, diese eigenhändig in der Dachkammer auslegte und die Kammer verschloss. Ein paar Tage später ging Gesche hinauf in die Dachkammer und kratzte vorsichtig das Gift von den Brotstücken, so, als hätten Mäuse es abgefressen. Mehrere Wochen hielt sie das Gift in Papier eingewickelt in ihrer Kommode versteckt, ehe sie dazu schritt, es ihrem Mann ans Frühstück zu geben. Die Wirkung stellt sich wenige Stunden später ein: fürchterliches Erbrechen, Durchfall und unlöschbarer Durst. Doch erholte Miltenberg sich von dem Gift, und so erhielt er kurze Zeit später eine zweite Gabe Arsenik in Hafersuppe. Vier Tage quälte er sich unter unsagbaren Schmerzen, dann starb er. Der behandelnde Arzt, Dr. Olbers, (der sich auf dem Gebiet der Astronomie weit über Bremen hinaus einen Namen gemacht hatte) konstatierte ein »hitziges Gallenfieber«. Drei Monate nach Miltenbergs Tod brachte Gesche ein Mädchen zur Welt; es bekam den Namen der im Jahr zuvor kurz nach der Geburt gestorbenen Johanna.

Nach Miltenbergs Tod zog ihr Vater von Gläubiger zu Gläubiger und erschlich in betrügerischer Absicht von ihnen einen Forderungsverzicht für die angeblich insolvente Tochter, die in Wahrheit nach Abzug aller Verbindlichkeiten immer noch eine gut situierte Witwe gewesen war. Sie schrieb in der Gefangenschaft ihrem Verteidiger Voget hierüber: »Mein seliger Vater zog einen schlechten, braunen Oberrock an, einen schlechten Hut auf seinem Kopf, und machte mich schuldenrein. Wie er nun nach Hause kam, setzte er sich ganz erschöpft neben mich, mit den Worten: Da sind deine Rechnungen! Es ist ein saurer Schritt für deinen Vater gewesen.« Man mag daraus die tiefe Gewissensnot ersehen, dass er es war, der seine Tochter in die Ehe mit einem verantwortungslosen Säufer getrieben hatte.
Mit der finanziellen Unterstützung des Vaters gelang es ihr, die Sattlerei so weit wieder hochzubringen, dass kleine Gewinne erwirtschaftet wurden. Zwei Gesellen und zwei Lehrlinge führten den Betrieb. In ihren privaten Angelegenheiten galt nach Miltenbergs Tod ihr ganzes Sinnen und Trachten der Ehe mit Michael Christoph Gottfried. Der, so schrieb sie später, »überhäufte mich mit Artigkeiten, lebte höchst vertraulich mit mir, erfreute mich, wo er konnte; aber er ließ sich keine Handlung zuschulden kommen, woraus eine Verbindlichkeit zum Heiraten hätte folgen können, und nie sprach er von einer solchen Verbindung«.

Im Frühjahr 1815 verkaufte ihr Vater sein Haus in der Pelzerstraße an den Tischlermeister Martin Bolte, der dann im Laufe der nächsten Jahre auf Gesches Bestellung die Särge für nicht weniger als elf Mordopfer liefern wird. Zu seinen allerersten Arbeiten in dem neuen Domizil werden auch gleich die Särge für ihre ermordete Familie, die sie innerhalb von vier Monaten auslöschte. Ihre Eltern behielten in dem Haus eine der oberen Wohnungen zur Miete. Als im April 1815 der Einzug des Tischlers vonstatten ging, wurde ihre erkrankte Mutter, der Vater war verreist, wegen des Lärms und der Unruhe zur Pflege in Gesches Haus einquartiert. Und der unglaubliche Zufall wollte es, dass Gesche, als sie aus dem Schrank ihrer Mutter ein paar Kleidungsstücke zu sich herübernahm, Arsenik entdeckte: »Im Schrank vor der Hoftür fand ich ein Papier, worauf geschrieben stand ›Ratzekraut‹. Es war so zusammengelegt, wie die Apotheker das Papier zusammenlegen, wenn sie Pulver ausgeben.«[5] Zunächst ließ sie das Gift unberührt, aber schon drei Tage später nahm sie ein wenig davon an sich und versteckte es in ihrer Kommode. Acht Tage später bereitete sie ihrer Mutter ein Glas Limonade und versetzte diese mit einer Messerspitze von dem Arsenik.
»Ich darf es Ihnen sagen«, schrieb sie später hierüber ihrem Verteidiger Voget, »denken Sie: während ich das Gift einmache, gibt mir der liebe Gott ein herzliches lautes Lachen, dass ich erst mich selbst davor erschrak. Aber gleich besann ich mich, dies gäbe mir der liebe Gott ein, zum Beweis, dass so meine Mutter nun bald im Himmel lachen werde.« Zwei Tage später starb ihre Mutter unter entsetzlichen Qualen.

Wie in einem Rausch folgte nun die Ermordung ihrer Familie: Einen Tag nach der Beerdigung der Mutter gab sie ihrer jüngsten Tochter Johanna von dem Gift auf Butterkuchen, der von der Trauerfeier übrig geblieben war. Das Kind starb innerhalb weniger Stunden. Eine Woche darauf vergiftete sie ihre älteste Tochter, die siebenjährige Adeline. Vier Tage quälte sich das Mädchen, ehe es starb. Sechs Wochen danach erhielt ihr Vater Arsenik in Suppe. Er starb am nächsten Tag. Mit der Vergiftung ihres Sohnes Heinrich ließ sie sich elf Wochen Zeit. »Warum ich diesen Knaben länger leben ließ als die anderen Kinder, weiß ich nicht. Ich habe mir nie darüber Rede gestanden.« Am 20. September gab sie ihm zum Frühstück von dem Arsenik auf Zwieback, zwei Tage später starb er.
Als Motiv für die Ermordung ihrer Familie wird sie in den Verhören zunächst keine Angaben machen können. Auf immer wieder nachbohrende Fragen des Untersuchungsrichters Senator Droste kramte sie schließlich hervor, die Vergiftungen begangen

zu haben, weil sie fürchtete, der Michael Christoph Gottfried wolle sie der Kinder wegen nicht heiraten und ihre Eltern stünden einer Verbindung mit Gottfried im Wege. Beides stimmt nachweislich nicht und wird von ihr später auch widerrufen. Zudem wird sie auch Gottfried, wie wir gleich sehen werden, einen Tag vor der Eheschließung Arsenik verabreichen.

Nach dem Tod ihres Sohnes Heinrich kam ein Gerede auf, in dem Miltenberg'schen Haus gehe es bei den vielen Todesfällen nicht mir rechten Dingen zu, und sie wurde genötigt, die Leiche ihres Sohnes obduzieren zu lassen. Der schon erwähnte Dr. Olbers nahm dieses vor und diagnostizierte nach oberflächlicher, vorzeitig beendeter Obduktion als Todesursache eine »Verschlingung der Eingeweide«.

Ein Jahr später, Pfingsten 1816, stand plötzlich ihr verschollen geglaubter Zwillingsbruder in Lumpen gehüllt vor der Tür. Er hatte als französischer Husar in Russland gekämpft und darauf mit erfrorenen Füßen in Frankreich in einem Lazarett gelegen. Schon einen Tag nach seiner Ankunft erhielt er von seiner Schwester Arsenik an Schellfisch. Zwei Tage später starb er.

Nach dem Tod des Bruders verkaufte sie die Sattlerei. Ihr Hoffen auf eine Ehe mit Michael Christoph Gottfried erfüllte sich allerdings nicht, und als sie schwanger wurde, behauptete der zunächst keck, das Kind könne auch von Koppisch sein. Erst als ihre Schwangerschaft nicht mehr zu verbergen war, willigte er, von Freunden gedrängt, in die Verlobung ein. Das war Ende Juni 1817. Einige Tage später, am 1. Juli 1817, gab sie ihm eine Messerspitze Arsenik ans Essen. Nach wenigen Stunden traten die bekannten Symptome auf: Erbrechen, Durchfall und schneidende Leibschmerzen. Am Tag darauf fand die Trauung statt; am 5. Juli starb Gottfried. Zwölf Wochen später wurde Gesche, die von nun

Die Todesanzeigen

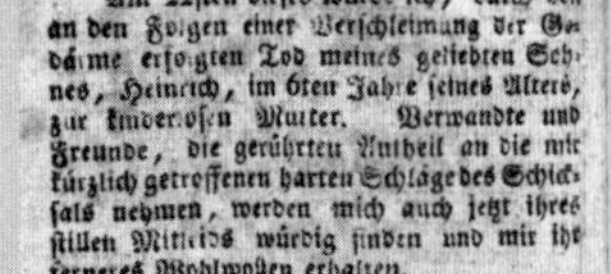
Todes=Anzeige.

Am 22sten dieses wurde ich, durch den an den Folgen einer Verschleimung der Gedärme erfolgten Tod meines geliebten Sohnes, Heinrich, im 6ten Jahre seines Alters, zur kinderlosen Mutter. Verwandte und Freunde, die gerührten Antheil an die mir kürzlich getroffenen harten Schläge des Schicksals nehmen, werden mich auch jetzt ihres stillen Mitleids würdig finden und mir ihr ferneres Wohlwollen erhalten.

Joh. Gerhard Miltenbergs Wwe.

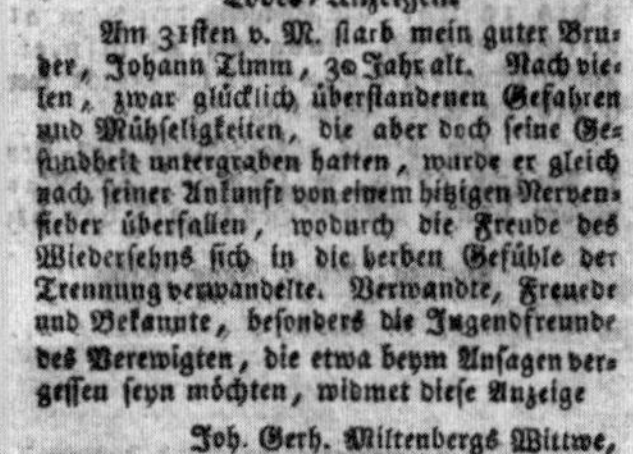
Todes=Anzeigen.

Am 31sten v. M. starb mein guter Bruder, Johann Timm, 30 Jahr alt. Nach vielen, zwar glücklich überstandenen Gefahren und Mühseligkeiten, die aber doch seine Gesundheit untergraben hatten, wurde er gleich nach seiner Ankunft von einem hitzigen Nervenfieber überfallen, wodurch die Freude des Wiedersehns sich in die herben Gefühle der Trennung verwandelte. Verwandte, Freunde und Bekannte, besonders die Jugendfreunde des Verewigten, die etwa beym Ansagen vergessen seyn möchten, widmet diese Anzeige

Joh. Gerh. Miltenbergs Wittwe, geb. Timm.

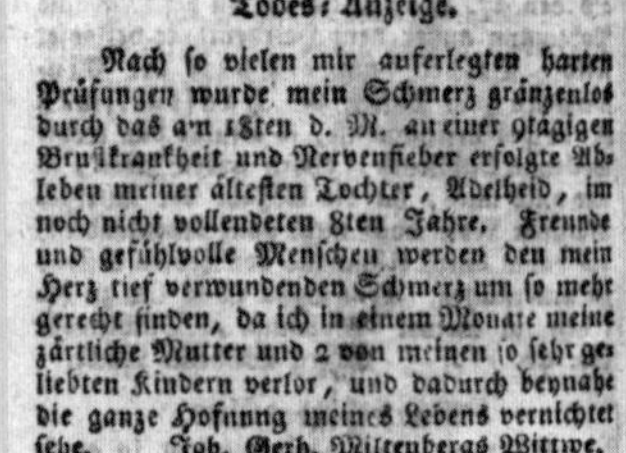
Todes=Anzeige.

Nach so vielen mir auferlegten harten Prüfungen wurde mein Schmerz gränzenlos durch das am 18ten d. M. an einer 9tägigen Brustkrankheit und Nervenfieber erfolgte Ableben meiner ältesten Tochter, Adelheid, im noch nicht vollendeten 8ten Jahre. Freunde und gefühlvolle Menschen werden den mein Herz tief verwundenden Schmerz um so mehr gerecht finden, da ich in einem Monate meine zärtliche Mutter und 2 von meinen so sehr geliebten Kindern verlor, und dadurch beynahe die ganze Hofnung meines Lebens vernichtet sehe. Joh. Gerh. Miltenbergs Wittwe.

Todesanzeigen für die ermordeten Familienmitglieder. Sämtliche Todesfälle wurden von Gesche Gottfried in den »Bremer Wöchentlichen Nachrichten« angezeigt an den Zunamen Gottfried tragen wird, von einem Jungen entbunden; das Kind kam tot zur Welt.

Zwischenspiel. Sechs Jahre ohne Gift
1817 bis 1823

Nach Gottfrieds Tod zeigten sich allerdings in dessen Nachlass nichts als hohe Schulden. Sie verfuhr damit, wie sie es nach Miltenbergs Tod von ihrem Vater gelernt hatte: Sie log. Zunächst gab sie die Summe der Schulden auf ein Dreifaches höher an, dann verbreitete sie, Gottfried habe ein Verhältnis mit einem Mädchen gehabt, das nun abgefunden werden müsse. Sie lieh sich Geld, obgleich sie vermögend war. Allein nur aus den Mieteinnahmen der sieben Nebenwohnungen des Miltenberg'schen Hauses konnte sie ein bequemes Leben führen. Geschah dieses Verschulden, um Mitleid zu erregen? Ludwig Scholz fasste es so zusammen: »Wer hatte nicht Sympathie für die Schwergeprüfte! Dazu verdoppelte sie die Beweise ihrer schon seit Jahren anerkannten Wohltätigkeit. Als Trösterin und hilfreicher Engel erschien sie bei den Armen, Kranken und Wöchnerinnen und ward gesegnet überall.«[6]
Allerdings scheint die immer wieder übernommene Darstellung eines »Engel(s) von Bremen« mehr als zweifelhaft; in den Prozessakten finden sich kaum Hinweise darauf. Wir lesen so etwas nur in den von ihrem Verteidiger Voget herausgegebenen Büchern. Offensichtlich suchte er durch derartige Bilder nichts anderes zu erreichen, als das Wegsehen des Bremer Bürgertums in einer beispiellosen Mordserie zu verschleiern. Auch sollten wir nicht außer Acht lassen, dass in der damaligen Zeit – bei jeglichem Fehlen von sozialen Absicherungen – ein gegenseitiges Helfen in Krankheit oder bei Niederkunft unter den Frauen als eher selbstverständlich galt, keinesfalls also als etwas Besonderes herausgestellt gehört. In diesem Zusammenhang gehört auch das durch Voget in die Welt gesetzte und bis in unsere Tage immer wieder gerne übernommene »zu Tode pflegen« der Giftopfer korrigiert. Letztendlich lässt sich so etwas nur bei einem einzigen Opfer, dem Johann Mosees, nachweisen.

Bei dem Versuch, Licht in Gesche Gottfrieds undurchsichtiges finanzielles Verhältnis zu bekommen, stoßen wir rasch auf den Schneidermeister Friedrich Dolge. Er kam 1802 als zwanzigjähriger Schneidergeselle nach Bremen und über die Freundschaft mit Gesches Bruder Johann in das Timm'sche Haus. Hier verliebte er sich in die drei Jahre jüngere Gesche, folgte dann aber ihrem Bruder nach Hamburg, ging von dort nach London, kehrte 1806 – drei Monate nach Gesches Hochzeit mit Miltenberg – nach Bremen zurück und ließ sich in der Stadt als Schneidermeister

nieder. Er heiratete und erwarb 1809 ein Haus in der Pelzerstraße, schräg gegenüber dem damals Miltenberg'schen Haus.
Dort betrieb er seine Schneiderei. Dolge wurde Vater von neun Kindern und war, wie es scheint, angesehen und nicht ohne Einfluss in der Stadt. Immerhin wagte es Voget in seinen Gesche-Gottfried-Büchern nicht, dessen Namen auch nur anzudeuten, sondern bezeichnete ihn lediglich als einen »Herrn X.«, fügte aber noch charakterisierend hinzu, dass er »ein hübscher und reicher Mann« sei.
Hatte Dolge schon früher Gesche Gottfried kleinere Geldsummen geliehen, so blieb er doch im Hintergrund und trat erst nach Michael Christoph Gottfrieds Tod vor. Er verstand es, sie in eine völlige Abhängigkeit zu sich zu bringen, indem er ihr nicht nur über Jahre immer wieder gegen Schuldverschreibungen größere Geldsummen überließ, sondern sich auch zum Verwalter ihrer Finanzen machte. Dabei gaukelte er der in Geldangelegenheiten unerfahrenen Frau vor, arm zu sein. Sie war daher nicht wenig erstaunt, als ihr der Untersuchungsrichter Senator Droste in einem der Verhöre eröffnete, im Grunde eine wohlhabende Frau gewesen zu sein. Sie hatte den Überblick über ihre Finanzen nicht nur verloren, sondern niemals besessen. »Herr Dolge hat mir oft versichert, niemand gebe mir noch 100 Reichstaler in mein Haus, und würde es verkauft, so käme das nicht dafür, was darin sei, und wovon ich denn leben wolle? So hatte ich die größte Angst vor ihm und vor seinen gedrohten Kündigungen.« Dieses schrieb sie in der Gefangenschaft ihrem Verteidiger Voget. Insgesamt schuldete sie Dolge zwischen 2000 und 3000 Reichstaler, die gesamte Miltenberg'sche Liegenschaft mit den Nebenhäusern aber hatte einen Wert von 8000 Reichstalern. Ohne Frage wäre ihr, selbst nach Abzug der Schulden, die sie anderswo gemacht hatte, bei einem Verkauf des Hauses eine stattliche Summe geblieben. So will es denn scheinen, dass es dem Friedrich Dolge in all den Jahren um nichts anderes gegangen war, als das Gottfried'sche Haus stiekum in seinem Besitz zu bekommen.
Neben dem finanziellen pflegte Dolge auch ein intimes Verhältnis mit Gesche Gottfried. Damit seine häufigen Besuche bei ihr vor den Nachbarn nicht auffielen, wollte er gar eine seiner Töchter zu ihr in die Erziehung geben. So gibt er uns einen kleinen Einblick in das verlogene Fassadenleben des Bremer Bürgertums. Und es ist nicht etwa, wie immer wieder gerne geschrieben wird, das Entkleiden von dreizehn Leibchen am Abend ihrer Verhaftung, was die Bremer Damenwelt an dem Fall beinahe mehr entrüstet haben soll als alle Giftmorde zusammen, sondern Gesche Gottfrieds offen zu Tage getretenes Ausleben ihrer Sexualität, was zu jener Zeit überhaupt nur vage als ›verbotener Umgang‹ zu umschreiben gewagt wurde.

Der Schneidermeister Friedrich Dolge machte Gesche Gottfried über Jahre zu seinem Spielpüppchen, ohne freilich zu ahnen, womit er da spielte. Und es bleibt eines der großen Rätsel um Gesche Gottfried, dass gerade er in all den Jahren von ihren Giftgaben verschont blieb. Wie wir später noch sehen werden, wird er drei Tage nach ihrer Verhaftung in der Privatwohnung des Untersuchungsrichters Senator Droste erscheinen und die kursierenden Giftgerüchte für unsinniges Gerede erklären, ehe ihm aufging, mit welchem Feuer er jahrelang gespielt hatte.

Die zweite Phase der Vergiftungen

1823 bis 1828

Die Ermordung des Paul Thomas Zimmermann, der Anna Lucia Meyerholz, des Johann Mosees, der Wilhelmine Rumpff, der Beta Schmidt, der Elise Schmidt und des Friedrich Kleine. Dazu wenigstens zweiunddreißig Vergiftungen mit nicht tödlichem Ausgang an neunzehn Personen.

Wie es zu dieser zweiten Phase der Vergiftungen kommen konnte, bleibt undeutlich. Auf den ersten Blick könnte sich der Verdacht aufdrängen, Gesche Gottfried habe das Band ihrer Morde wieder aufgenommen, weil sie, von Dolge getrieben, fürchtete, in bittere Armut abzurutschen. Allerdings werden ihr die kommenden Morde keinerlei nennenswerte finanzielle Vorteile einbringen. Auch setzte parallel zum ersten Mord dieser zweiten Phase jenes sonderbare Giftgeben in nicht tödlicher Dosis ein. Über dieses »nur Krankmachen wollen« ist viel spekuliert worden, letztendlich ohne jedoch ein wirklich schlüssiges Motiv dafür zu finden. Ein bekannter Gerichtspsychologe hat es mir gegenüber einmal mit aller Vorsicht so zu formulieren versucht: »Es drängt sich schon auf, dass sie die Vergiftungen ihrer Familie, ihrer eigenen Kinder wohl nie hat verarbeiten können. Denkbar wäre, dass sich daraus derartige Giftgaben entwickelt haben. Ich denke, sie hat sich fortwährend an einer Grenzlinie zur sicherlich schweren psychischen Störung befunden. Ihre hysterischen Anfälle, die ja in den Gerichtsprotokollen dokumentiert sind, lassen durchaus den Schluss einer Psychoneurose zu.« In ein solches Bild scheinen die Giftgaben an den elfjährigen Wilhelm Suhling hineinpassen zu wollen, dem Pflegekind ihrer langjährigen Freundin Marie Heckendorff. Wenige Wochen vor ihrer Verhaftung erhielt er zweimal Gift in nicht tödlicher Dosis. »Welch ein blühender Knabe ist das«, sagte Gesche Gottfried nach der ersten und unmittelbar vor der zweiten Giftgabe zu ihrer Freundin, die sie mit dem Jungen besuchte, »ein echtes Johannes-Gesicht. Wie, wenn du den verlieren müsstest?«[7] Diese den gerichtlichen Aussagen der Marie

Heckendorff entnommene Szene ist immer wieder als ein Beispiel ganz besonderer Bösartigkeit gesehen worden. Aber könnte es nicht auch Ausdruck eines tief verborgenen Gefühls für den eigenen, ermordeten Sohn sein? Wenn mein Sohn tot ist, dann soll deiner auch nicht mehr leben? In einem der Gespräche, die der Untersuchungsrichter Senator Droste nach Abschluss der Verhöre mit ihr geführt hatte, lesen wir in dessen Gedächtnisprotokoll über ihren Sohn: »Das Bild ihres kleinen Heinrich verfolge sie oft. Der stehe oft so lebhaft vor ihr, als wenn sie ihn auf ihrer Bettdecke liegen sähe.«[8]
Um der Sphäre Dolges zu entrücken, vermietete sie im Herbst 1821 ihr Haus in der Pelzerstraße und mietete eine Wohnung in der Obernstraße an, die sie ein halbes Jahr später wieder kündigte, um im Nebenhaus eine Wohnung zu beziehen. Hier nun setzte die zweite Phase der Vergiftungen ein.
Zu jener Zeit gelangte zum ersten Mal die sogenannte Mäusebutter, ein Gemisch aus Schmalz und Arsenik, in Gesche Gottfrieds Hände. In den Verhören wird sie erzählen: »Die Mäusebutter, womit ich späterhin vergiftete, habe ich hier in Bremen gekauft, nachdem ich im Wochenblatt die Anzeige gefunden hatte, dass sie hier zu verkaufen sei.«[9] Ein entsprechendes Mäusebutter-Inserat findet sich tatsächlich unter dem 22. Mai 1823 in den ›Bremer Wöchentlichen Nachrichten‹.

»Ich dachte«, heißt es weiter in ihren Aussagen, »ich wollte diesen Versuch mal machen«[10], den Versuch, herauszufinden, welche Wirkung Mäusebutter auf Menschen haben würde. Besondere Bestimmungen für den Verkauf von Giften oder gar ein Giftbuch gab es in Bremen nicht. »Wir geben die Mäusebutter an jeden, der sie fordert«, ist denn auch als Aussage der Gemischtwarenhändlerin Gertrud Lankenau in der Prozessakte nachzulesen, und sie, die wusste, dass dieses Gift über Jahre immer wieder im Namen von Gesche Gottfried gekauft wurde, setzte dem noch hinzu: »Es fiel mir nur auf, dass zwei Kruken geholt wurden, denn an einer Kruke hat man auf ein Jahr genug.«[11] Erst 1831, im Jahre der Hinrichtung Gesche Gottfrieds, wurde dieser sorglose Umgang mit Giften durch eine Verordnung drastisch eingeschränkt: »... dass Arsenikpräparate insbesondere nur gegen einen vom Empfänger selbst ausgestellten Schein, auf welchem der Tag des Empfanges, das Gift, seine Quantität und seine Bestimmung bemerkt ist, ausgegeben werden, welcher Schein noch von der Polizeidirektion zu contrasignieren und in ein besonderes Giftbuch einzutragen ist.«[12] Allerdings scheint Mäusebutter bereits kurz nach Gesche Gottfrieds Verhaftung aus dem Handelssortiment der unter Schock stehenden Stadt verschwunden zu sein, da, wie

Mäusebutter

Mäusebutter war mit Arsenik versetztes Schweineschmalz und damals in Bremen ein viel gebrauchtes Gift gegen Mäuse und Ratten. Sie wurde in daumengroße Kruken abgefüllt und frei und ohne jeden Käufernachweis in Krämerläden verkauft. Die Herstellung erfolgte allem Anschein nach durch einen nicht näher bezeichneten Fabrikanten.
Das ›Grimmsche Wörterbuch‹ kennt den Begriff ›Mäusebutter‹ gar nicht. Es kommen dort nur die Begriffe ›Rattenkonfekt‹ (Gift in Teigform zur Vertilgung von Ratten) und ›Rattenkuchen‹ (Gift in Kuchenform gegen die Ratten) vor. Ob allerdings daraus geschlossen werden kann, dass die Mäusebutter nur lokale Bekanntheit hatte, vielleicht gar nur in Bremen und Umgebung gebräuchlich war, ist nicht zu belegen.
Arsenik ist ein weißes, geruch- und geschmackloses kristallinisches Pulver, das in der Natur in zwei sogenannten Mineralien-Modifikationen vorkommt. Bereits kleinste Mengen von ein bis zwei Zehntelgramm wirken tödlich, wobei eine erste Wirkung sich nicht sofort einstellt, sondern erst nach mehreren Stunden. Es beginnt gewöhnlich mit Übelkeit und Kratzen und Brennen im Hals. Mund und Schlund trocknen allmählich aus. Der Durst ist unlöschbar. Unter heftigem Erbrechen treten über Tage anhaltende fürchterliche Leibschmerzen auf. Eines der Giftopfer beschrieb diese Schmerzen: »als würde der Leib mit einem Schwert durchschnitten«.
Im weiteren Verlauf kommt es zu einer Mattigkeit in den Gliedern, einer Schwere in den Beinen und im Kopf. Die Augen schwellen zu. Dann folgen, bei völliger Taubheit der Glieder, Schwindel- und Ohnmachtsanfälle. Erst nach mehreren Tagen tritt unter Delirien der Tod ein.
Wird Arsenik fortgesetzt in kleiner, nicht tödlicher Menge gegeben, so kommt es neben den erwähnten Symptomen zu einem Abmagern und einem Ertauben von Händen und Füßen und zu neuralgischen Schmerzen mit Zittern und einem Kribbelgefühl in den Gliedern. Der Vergiftete wird schwächer und schwächer. Da Arsenik stark krebserregend ist, werden die mit dem Leben davongekommenen Giftopfer vermutlich an Nieren- oder Leberkrebs erkrankt und verstorben sein.
1836 gelang dem englischen Chemiker James Marsh der Nachweis von Arsenik an Leichen durch die von ihm entwickelte sogenannte ›Marsh-Probe‹. Durch diese Methode waren auch die allerkleinsten Mengen Arsenik ohne Schwierigkeiten im Körper nachweisbar, selbst noch nach Jahren.

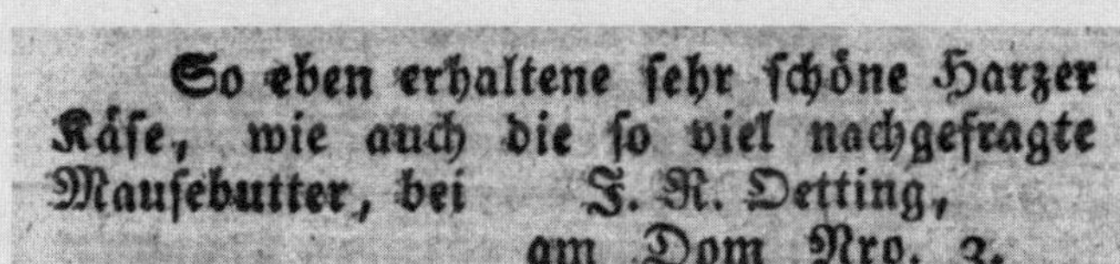
So eben erhaltene sehr schöne Harzer Käse, wie auch die so viel nachgefragte Mausebutter, bei J. R. Oetting, am Dom Nro. 3.

es in der Prozessakte heißt, »das Gericht sich vergebens bemüht hatte, Mäusebutter zu bekommen«.[13]
Im März 1823 erhielt die mittlerweile achtunddreißigjährige Gesche Gottfried einen Heiratsantrag vom Stiefsohn ihres Vermieters, dem Modewarenhändler Paul Thomas Zimmermann. Sie lehnte aus Furcht vor Dolge zunächst ab. Dieser aber ließ durchblicken, gegen eine solche Verbindung keine Einwände zu haben, und lieh ihr sogar Geld, damit sie mit neuem Leinenzeug in die Ehe gehen konnte.

Als Zimmermann seine Verlobungsabsichten im Freundeskreis bekannt gab, wurde er sogleich gewarnt: »Sein Leben schwebe bei der Person in Gefahr. Männer und Kinder seien ihr abgestorben, und man behaupte, dass sie etwas an sich habe, das ihrer näheren Umgebung schädlich sei.«[14] Zimmermann jedoch beachtete diese Warnungen nicht. Kaum aber war er mit Gesche Gottfried verlobt, begann er auch schon unter den Symptomen einer schweren Vergiftung zu leiden, denn noch am Abend vor ihrer Verlobungsvisite hatte sie an ihm die Wirkung der Mäusebutter ausprobiert und ihm »eine Messerspitze voll« auf Zwieback geschmiert. Vier Wochen später, nach einer zweiten Gabe Mäusebutter an einem Kücken auf eingekochten Pflaumen, starb er. Über ein Motiv für diesen Giftmord befragt, wird sie sich in den Verhören in die sonderbarsten Beweggründe verstricken, zuletzt aber keine wirklich konkreten Angaben machen können.
Parallel zur Vergiftung Zimmermanns unternahm sie einen zweiten Mäusebutterversuch an ihrer langjährigen Freundin Marie Heckendorff. Bis zu ihrer Verhaftung fünf Jahre später wurde diese Frau immer wieder von ihr mit kleinen, nicht tödlichen Dosen des Giftes gequält. In den Verhören erklärte sie hierüber: »Bei der Vergiftung der Heckendorff hatte ich durchaus keinen Zweck. Es kam mir der Gedanke, der Heckendorff etwas zu geben, und ich tat es auf der Stelle. Ich habe von der Heckendorff stets viel gehalten und niemals mich mit ihr erzürnt.«[15] Und wer vermag noch zu begreifen, was in dieser Frau vorgegangen sein muss, als sie der von dem Gift gezeichneten Freundin im August 1823 aus Hannover schrieb: »Liebe Marie! Recht weh tut es mir, dass Du noch nicht ganz wohl bist und sogar noch für die Folgen besorgt bist. Marie, glaubst Du, dass noch einige Bäder Dir nützlich sind, so nimm sie doch! Wenn ich zurückkomme, will ich Dir das Geld wiedergeben. Verzage doch nicht! Dein Brief machte mich recht traurig. Du lerntest ja schon so manches ertragen.«
Ein Jahr später, Ostern 1824, zog sie zurück in ihr Haus in der Pelzerstraße. Von jenem Frühjahr an wurde ihre nähere Umgebung bis zu ihrer Verhaftung fünf Jahre später von einer Epidemie des Erbrechens, der Leibschmerzen, des Siechtums und des Sterbens heimgesucht. Sobald ihr die Mäusebutter zur Neige ging, schickte sie ihre Dienstmagd, eine neue Kruke kaufen. In einem Brief an den Untersuchungsrichter Senator Droste fasste sie es so zusammen: »... dass sich eine solche Unruhe und Unzufriedenheit meiner bemächtigte, wenn ich ohne Gift war. Sobald ich eine Kruke hatte holen lassen, ließ ich solche mehrere Wochen unberührt stehen. Doch der Gedanke daran machte mich so besonders zufrieden, was ich mir selbst nicht erklären kann.«[16]

Bis zum Osterfest des nächsten Jahres erhielten in dem Haus das achtzehnjährige Dienstmädchen Antoinette Luchting, die fünfjährige Tochter des bei ihr wohnenden Lehrers Specht, Specht selbst, ihr Nachbar der Kommissionär Johann Mosees, die Apothekenhelferin Henriette Alberti und die Marie Heckendorff Mäusebutter in nicht tödlicher Dosis. Warum, wusste sie selbst nicht: »Einen Grund hatte ich nicht, ich gab es aus Trieb, wie bei mehreren.«[17]
Henriette Alberti allerdings schöpfte Verdacht. In den Gerichtsprotokollen heißt es in ihrer Aussage: »Gab sie mir zwei kleine Stücke Butterkuchen. Ich aß ein Stück, das andere ließ ich aber liegen. Des Abends zehn Uhr, als ich nach Hause kam, fühlte ich Übelkeit und bekam darauf Erbrechen bis fünf Uhr morgens, dazu die fürchterlichste Diarrhöe. Ich sagte zu der Magd, die bei Poppen dient, die Gottfried hat gewiss Gift drangemacht. Die Magd redete mir dies aber aus. Etwa vierzehn Tage nachher kam ich wieder zu der Gottfried und sagte ihr, dass mir nach ihrem Kuchen so übel geworden wäre, dass ich der Magd bei Poppen gesagt hätte, sie habe mir gewiss Gift gegeben. Sie lachte mich aus und sagte, wer wolle wohl Gift an Kuchen tun.«[18]
Nach einem Jahr des Giftgebens in nicht tödlichen Dosen folgte im März 1825 der nächste Mord. Ihre Freundin, die Musiklehrerin Anna Lucia Meyerholz, mit der sie noch am Abend zuvor im Theater gewesen war, besuchte sie zum Frühstück und erhielt einen Zwieback mit Mäusebutter. Drei Tage quälte sich die Frau unter nicht zu beschreibenden Schmerzen, ehe sie starb. In den Verhören nach einem Motiv für diese Vergiftung befragt, wusste Gesche Gottfried nur unter Tränen zu sagen: »Ach, das mag Gott wissen.«[19]
Aber bei diesem Mord wurden Stimmen laut, dass es mit dem Tod der Frau nicht mit rechten Dingen zugegangen sei. Der Arzt, Dr. Luce, der zunächst eine Darmentzündung als Todesursache diagnostiziert hatte, wollte eine Obduktion der Leiche vornehmen. Doch als er tags darauf dazu erschien, war der Leichnam bereits im Sarg und der Sarg verschlossen. Gesche Gottfried erklärte, dass die Leiche habe platzen wollen und daher schleunigst hätte eingesargt werden müssen. Dr. Luce begnügte sich damit und zog wieder ab.

Während der darauffolgenden Monate erhielt ihr Nachbar Johann Mosees weitere Gaben Mäusebutter in nicht tödlicher Dosis. Nach über einjährigem Siechtum starb er am 5. Dezember 1825 unter elendigsten Qualen. Auch die Dienstmägde ihrer näheren Umgebung, Lucie Block, Blandine Witzel und Sophie Luise Fetten wurden mit Mäusebutter in nicht tödlicher Dosis bedacht. Und als die zwölfjährige Johanne Grede ihr am 6. März 1826 zum Geburtstag gratulierte, bekam sie als Dank ein Wurstbrot mit Mäusebutter:

»Ich gab es nicht mit Wahl der Person, sondern den Personen, die der Zufall mir zuführte. Zuweilen war ich monatelang von dem Trieb, etwas zu geben, frei, dann kam aber wieder eine Periode, wo ich mit dem Gedanken aufwachte: wenn die oder die Person kommen sollte, sollst du ihr etwas geben.«[20]
Im Sommer 1826 verkaufte sie ihr Haus in der Pelzerstraße an den Rademachermeister* Johann Christoph Rumpff und stand darauf keineswegs so bettelarm da, wie es Friedrich Dolge ihr jahrelang vorgegaukelt hatte. Sie hatte sich sogar vertraglich die lebenslängliche Nutznießung zweier Hinterwohnungen vorbehalten können, auch tausend Reichstaler zinslich im Haus stehen lassen. Im Juli 1826 zog Rumpff mit seiner Frau in das Gottfried'sche, jetzt Rumpff'sche Haus ein. Gesche Gottfried bezog in dem Haus eine der hinteren Wohnungen.
Auch Rumpff wurde gewarnt: »Ich muss bekennen, dass der Witwe Gottfried Haus hier in besonderem Ruf steht. Wie ich es kaufte, riet man mir ab. Man sagte mir, dass dies ein Unglückshaus sei, in dem die Männer stürben; ich würde gewiss nicht gesund bleiben. Auch riet man es mir, dass ich mich vor der Gottfried in Acht nehmen und sie nicht im Hause behalten möge. Ich bin jedoch nicht abergläubisch, und daher habe ich diese Warnungen, die ich bloß für eine Geburt des Aberglaubens hielt, verachtet.«[21]
Nur fünf Monate nachdem er in das Haus eingezogen war, starb dort unter fürchterlichsten Qualen seine junge Frau Wilhelmine wenige Tage nach der Geburt ihres ersten Kindes. An Hafersuppe hatte Gesche Gottfried ihr zweimal Mäusebutter gegeben. Wie bei allen Todesfällen, so traten auch hier die Sympthome einer schweren Vergiftung offen zu Tage: Erbrechen, Durchfall, schneidende Leibschmerzen, Brennen im Hals mit unlöschbarem Durst, Schwindel, Herzklopfen, Beängstigung, Lähmung der Glieder und Gefühllosigkeit in den Fingerspitzen. Dass auch die Magd und die Amme der Rumpff plötzlich an den genannten ›Krankheitssymptomen‹ zu leiden begannen, erregte bei niemanden einen Verdacht. Wie nebenbei noch hatten beide Frauen Mäusebutter in nicht tödlicher Dosis erhalten.

Nach dem Tod von Rumpffs Frau verstand es Gesche Gottfried, sich im Rumpff'schen Haus unentbehrlich zu machen. Sie ließ sich von Rumpff ›Tante‹ nennen, führte ihm den Haushalt und hatte die Aufsicht über die Küche.

Fünf Monate später, im Mai 1827, vergiftete sie ihre langjährige Dienstmagd Beta Schmidt, die auf dem Rumpff'schen Hof in einem der Nebenhäuser wohnte. Zehn Tage nachdem sie von

* Der Rademacher fertigte Wagenräder

Brief Gesche Gottfrieds an Rumpff

Zum ersten Todestag der von ihr vergifteten Wilhelmine Rumpff legte Gesche Gottfried dem Johann Christoph Rumpff ein kleines Präsent und nebenstehenden Kondolenzbrief auf den Küchentisch.

»Lieber Rumpf!
Die gegenwärtigen Tage geben uns zwiefache Erinnerung, die mein Herz gewiß mit Ihnen theilt!!
Ein Jahr ist nun schon, mit seinen Freuden und Leiden dahin geschwunden, welche erstere nur die Verklärte schmeckte. Doch für Sie eine Beruhigung, Sie allen Erdenleiden entledigt zu wissen.
Ein kleiner Beweiß meiner Aufmerksamkeit werden Sie anzunehmen mir nicht versagen, und die Versicherung der Theilnahme mit Wahrheit aufnehm.
von Ihre G. Gottfried
Bremen, d. 25. Dezemb. 1827«

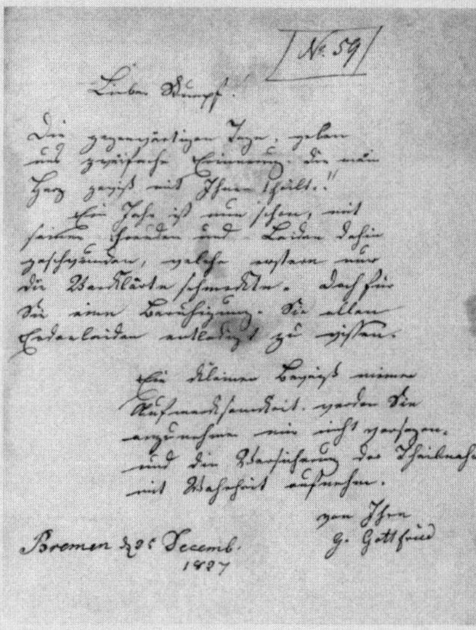

einem Jungen entbunden worden war, erhielt sie Mäusebutter in Haferschleim, vier Tage später eine zweite Gabe in Kirschsuppe. Von dieser Suppe aß auch die dreijährige Tochter der Schmidt. Sie starb vor den Augen ihrer mit dem Tod ringenden Mutter. Zwei Tage später folgte die Mutter der Tochter nach.
Bis zu ihrer Verhaftung werden noch zehn Monate vergehen, in denen im Rumpff'schen Haus von ihren Giftgaben niemand verschont blieb. Viermal hatte Rumpff Mäusebutter, »die für ihn allein bestimmt war«, in nicht tödlicher Dosis erhalten. Bei zwei weiteren Giftgaben entdeckte er die Mäusebutter an seinem Essen. Er zeigte die »schmierige Substanz« seinem Nachbarn, dem Kimkermeister* Steitz, und dieser warnte Rumpff: »Es sei verdächtig und er halte es für Gift.«[22] Er drängte Rumpff, die Sache bei der Polizei anzuzeigen. Als Rumpff aber »durchaus nicht glauben wollte, dass man ihm Gift beigebracht oder beibringen wollte«, warnte Steitz ihn vor Gesche Gottfried: »Trauen Sie dem Weibe nicht, essen Sie ja nichts, was sie Ihnen zurechtmacht.«[23] Hätte Rumpff auf die Warnungen seines Nachbarn gehört und bereits zu diesem Zeitpunkt, um Pfingsten 1827, die an seinem Essen gefundene »weiße Substanz« untersuchen lassen, wie viel Leid wäre nicht nur ihm und seinen Hausmitbewohnern erspart geblieben; auch sieben weitere Vergiftungen ohne Todesfolge und eine tödlich verlaufende Vergiftung wären verhindert worden.

* Der Kimker stellte, im Gegensatz zum Tonnenmacher, Holzgefäße her, die ohne Deckel waren, wie Eimer etc.

Anfang Juli 1827 reiste Gesche Gottfried mit einer Kruke Mäusebutter im Gepäck nach Hannover, um dort den Beschlagmeister Friedrich Kleine zu vergiften. Sie hatte die Familie Kleine einige Jahre zuvor während eines längeren Aufenthalts bei ihrem Vetter in Hannover kennengelernt. Kleine, der ihr offensichtlich ein väterlicher Freund und Ratgeber war, lieh ihr des Öfteren Geld, ohne dabei auf besondere Eile bei der Rückzahlung zu drängen. Als er nun aber doch die auf mittlerweile 800 Taler angewachsene Summe zurückverlangte, fasste sie den Plan ihn zu vergiften, womit allerdings die Schulden nicht aus der Welt waren.
Am 17. Juli 1827 schmierte sie ihm die Mäusebutter auf Schinkenbrot, acht Tage später starb er. Es klingt beinahe unglaublich: Nur einen Tag nach dem Tod des alten Kleine verabreichte sie dem Sohn und dessen Ehefrau sowie einer dort zu Besuch weilenden Mamsell Stockhausen von der Mäusebutter eine nicht tödliche Dosis in Suppe. Wer mag bei einem derart sinnlosen und zudem verräterischen Vorgehen noch von einer »eiskalten Giftmörderin« sprechen? Werden durch eine solche Handlungsweise nicht vielmehr die ihr von ihrer Gesellschaft beigegebenen Attribute wie »durchtrieben«, »kalt berechnend«, oder »hinterlistig« nachgerade ad absurdum geführt? Offenbart sich an einem solchen Handeln nicht das Treiben eines psychisch kranken Menschen?
Obgleich der Sohn einen metallischen Geschmack an der Suppe bemerkte, hegte er keinerlei Verdacht; selbst dann nicht, als er und seine Hausgenossen unter den Symptomen der Krankheit, an der sein Vater verstorben war, über Tage aufs Fürchterlichste zu leiden begannen. Auch er und sein Vater wurden übrigens vor Gesche Gottfried gewarnt. Die schon erwähnte Apothekenhelferin Henriette Alberti, eine in Bremen lebende entfernte Verwandte Kleines, gab zu Protokoll: »Dem Kleine riet ich, sich von der Gottfried loszumachen. Ich sagte ihm, dass die Frau hier in dem Gerücht stehe, dass alle Menschen, die mit ihr verkehren, stürben. Kleine und sein Sohn lachten mich aus.«[24]

Die Vergiftung des alten Kleine war ihr letzter Mord gewesen. In Briefen, die sie zu der Zeit aus Hannover nach Bremen schrieb, schilderte sie die näheren Umstände der Ereignisse. Johann Christoph Rumpff schrieb sie am 1. August: »Lieber Rumpff! Ihren lieben Brief habe ich erhalten und mich sehr gefreut über Ihre jetzige Gesundheit, und dass alles in Ihrem Häuslichen so gut geht. Mein Aufenthalt allein würde bis jetzt der angenehmste gewesen sein, wenn der Tod unseres guten Vaters uns nicht alle in so große Betrübnis versetzt hätte. Denken Sie, am Montag waren wir in Gesellschaft, wo der Selbige lachte und so seelenfroh war und immer Spaß machte, ich sei seine Braut. Den Dienstag wurde er

krank und starb am Sonnabend an einer Lungenentzündung. Ach, wenn Sie es doch gesehen hätten, wie der Selige mich mit seinen Kindern vor sein Bett kommen ließ, mich bat, bei seinen Kindern zu bleiben und Luise nicht zu vergessen. Wir haben uns in seiner Gegenwart ewige Freundschaft gelobt. Ich kann es Ihnen wohl sagen, dass ich einen zweiten Vater verloren habe. Wen hab ich jetzt? Es ist schrecklich mein Los auf der Welt. Alles was ich liebe, wird mir genommen. Ihre betrübte G. Gottfried.«[25]
Ihrer auf Rumpffs Hof wohnenden Nachbarin Marie Sastedt schrieb sie am 7. August 1827: »Liebe Sastedten. Ihren Brief würde ich schon längst beantwortet haben, wenn nicht eine große Traurigkeit mich davon abhielt. Der Verlust unseres guten Vaters hat uns allen Frohsinn benommen. Denken Sie sich, den ersten Tag war er mit mir nach dem Bürgerschießen, wo Selbiger so seelenfroh war, und mich immer neckte zu tanzen. Den andern Tag kam er krank nach Hause und starb am fünften Tag an einer Leberentzündung. Kaum zwei Tage tot, so wurde unser ältester Sohn schlecht krank, bekam ein heftiges Gallenerbrechen, dazu ein solches heftiges Weinen, welches sechs Stunden anhielt. Dreimal in einer Stunde besuchte uns der Arzt. Selbiger ist aber jetzt in der Besserung und verlässt seit gestern das Bett. Luise wurde vier Tage sehr krank, ist aber jetzt völlig genesen. Diese traurigen Tage für mich und so manche schreckliche Nacht, kann ich Ihnen nicht schildern. Mein Herz schwimmt in Tränen. Jedes Plätzchen im Garten erinnert mich an unsern guten und an meinen zweiten Vater. Viel, sehr viel habe ich verloren. Wenn Sie es doch gesehen hätten, liebe Sastedten, wie er uns kurz vor seinem Sterben rief, unsere Hände ineinanderlegte, und mich bat, ewige Freundin seiner Kinder zu bleiben. Diese Stunde wird mir ewig eingedenk bleiben! Grüßen Sie Ihre lieben Kinder wie auch Ihren lieben Mann, und zugleich die wahre Versicherung meiner Aufrichtigkeit gegen Sie. Ihre G. Gottfried.«[26]

Die Monate vor der Verhaftung

Gesche Gottfrieds koboldhaftes Treiben im Rumpff'schen Haus begann immer groteskere Züge anzunehmen. Voget schreibt: „Mal lag Brot auf dem Hof im Dreck, mal war eine Blechdose mit menschlichem Kot gefüllt. Sie bestahl ihre Mitbewohner und brachte Unschuldige in Verdacht." Einem der Lehrburschen bei Rumpff wurde die Frau derart unheimlich, dass er davonlief. »Überhaupt überschritt ihr Unwesen mit dem Gift im Rumpff'schen Haus jetzt alle Grenzen; gleichsam als hätte sie mit Gewalt den Arm der Gerechtigkeit dadurch gegen sich herausfordern wollen«, bemerkte Voget weiter.

Als zwei Tage nach Gesche Gottfrieds Verhaftung eine Nachsuchung in ihrer Wohnung stattfand, wurden in ihrem Proviantschrank, in einem Korb mit Brot, zwei Hälften eines mit Mäusebutter beschmierten Zwiebacks gefunden. In einem der Verhöre erklärte sie später, den giftbeschmierten Zwieback ganz einfach nur zwischen dem Brot vergessen zu haben.

In einem Verhör vom 24. Mai 1828 schilderte uns Gesche Gottfried ihr Treiben im Hause Rumpff in den Monaten vor ihrer Verhaftung:

»Vor dem Tod der Frau Rumpff habe ich Rumpff selbst keine Mäusebutter gegeben. Im Sommer darauf gab ich Rumpff zuerst an frisches Gemüse, wie mir deucht, etwas. Mit Wahrheit kann ich nicht mehr sagen, welches Gemüse es war. Es war am Mittagessen. Es war Mäusebutter, die ich ihm drangab. Entweder hatte ich die Stelle am Gemüse vergiftet, die dem Rumpff zugekehrt war, damit er sich das vergiftete Gemüse auffüllen sollte, oder ich hatte ihm das Essen aufgefüllt, was vergiftet war. Ich aß in derselben Stube, jedoch, wie immer, an einem besonderen Tisch, weil der Tisch zu klein war, um uns alle zu fassen. Rumpff, der Geselle, der Bursche Dietrich und Dorothea waren damals am Tisch. Der zweite Bursche war damals noch nicht dort. Desselben Nachmittags wirkte das Gift bei Rumpff. Er bekam Erbrechen, etwa um sechs Uhr nachmittags. Er sagte es mir, denn ich war nicht dabei, wie er sich erbrach. Er legte sich nicht zu Bett, und nach der Unpässlichkeit eines oder ein paar Tagen war die Krankheit vorbei. Dorothea Meier war damals schon krank gewesen. Die Gesellen und Burschen hatten sich jedoch nicht erbrochen. Die Schmidt lebte noch und war noch in Wochen.

Die Mäusebutter hatte ich in meiner Kommode stehen. Ich pflegte gemeiniglich, wenn ich unten die Mäusebutter brauchen wollte, mit einem Teelöffel, der bei der Mäusebutterkruke lag, auf Papier Mäusebutter zu machen, und brachte diese dann unbemerkt herunter. In der Küche nahm ich dann ein Messer, schabte die Mäusebutter vom Papier, tat sie ans Essen und warf das Papier ins Feuer. Dies war die gewöhnliche Weise, wie ich es zu tun pflegte. Wie bald nachher ich ihm [Rumpff] wieder etwas gab, kann ich nicht angeben. Im Ganzen glaube ich, dass ich ihm viermal Mäusebutter, die für ihn allein bestimmt war, gegeben hatte.

Ich glaube, dass ich zum zweiten Mal auf Lattig oder kleinen Blättersalat, zwischen Ostern und Pfingsten desselben Jahres, dem Rumpff Mäusebutter gab. Das erste Mal muss kurz vor Ostern gewesen sein. Ich machte den Salat in der Küche zurecht. Ich hatte die Mäusebutter auf Papier heruntergeholt und schmierte sie auf die Blätter des Salats, auf eine Stelle, die vor mir stand und die ich nicht begoss. Ich hatte den Salat gespült und auf eine Schüssel gelegt und begossen, wie ich die Mäusebutter darantat. Ich wollte Rumpff den vergifteten Salat auf den Teller legen. Rumpff kam zufällig in die Küche, sah das Weiße auf dem Salat, schalt darüber, und darauf wurde er weggeworfen. Zum dritten Mal habe ich wahrscheinlich dem Rumpff wieder etwas an Gemüse gegeben, denn ich erinnere mich, dass er krank wurde und vierzehn Tage lang Erbrechen und an den gewöhnlichen Unfällen, die nach erhaltener Mäusebutter sich einzustellen pflegten, krank lag. Wie er von der Krankheit genas, sandte die Greden-Frau ihm Bouillon, und an diese gab ich darauf wieder Mäusebutter. Ich erinnere mich jetzt, dass das Gemüse Sauerkraut war. Bei der

Bouillon blieb das Gift als Bodensatz zurück und wurde von Rumpff nicht ausgetrunken, daher ihm die Bouillon auch wenig schadete. Nach meiner Meinung war es schon in diesem Jahr, wie ich ihm [zum vierten Mal] das Gift gab. Ich hatte den Sauerkohl aufgelegt auf Rumpffs Teller und schmierte dann die Mäusebutter daran. Diesmal hatte ich die Mäusebutter nicht in Papier, sondern in einem Teelöffel unbemerkt heruntergetragen. Ich gab die Mäusebutter ans Essen, ehe jemand etwas davon merkte. Ich hatte bloß Rumpffs Teller voll vergiftet. Des Nachmittags, so gegen Abend, wirkte das Gift. Ich war gerade unten in der Vorstube bei Rumpff, als er das Erbrechen bekam. Es war an einem Wochentag. Er legte sich erst aufs Sofa, stand des Abends wieder auf und blieb etwa vierzehn Tage, wie ich berechnet habe, krank. Es fällt mir noch ein, dass es gerade Fastnacht oder der Tag vor Fastnacht war, weil an diesem Tag bei den Handwerkern gefeiert wird. Diese Krankheit ist diejenige, in der ich geäußert habe, ich glaube, dass er sterben würde, er hätte so mit den Händen gegriffen; auch sagte ich ihm, dass ich für sein Kind sorgen würde. Dies sagte ich öfter zu ihm, denn er äußerte manchmal, dass er bald sterben werde. Von Anfang an war es nicht mein Wille, ihn aus der Welt zu schaffen. Daher gab ich ihm nicht zum Sterben genug. Außer den von mir angegebenen Malen hat Rumpff von mir auch Gift erhalten, wenn ich den Hausgenossen Mäusebutter ans Essen gab.«[27]

Und auch hier stellen wir uns die Frage: Geht so eine »durchtriebene, kalt berechnende Giftmörderin« vor? Oder gibt uns dieser bizarre Umgang mit giftbeschmierten Lebensmitteln nicht vielmehr einen knappen, aber erschreckenden Einblick, in was für einem Zustand der Verwirrtheit sich diese Frau in jenen Monaten befunden haben muss?

Die Ärzte

Bei allem Verständnis für die schwierigen Verhältnisse, unter denen ein Arzt in der damaligen Zeit seinen Beruf ausübte, bei allem gebotenen Respekt vor den sicherlich nicht einfachen Bedingungen, unter denen er eine medizinische Versorgung aufrechtzuerhalten hatte, bleibt es doch unverständlich, dass den Ärzten bei der sich immer gleichenden Krankheit des Erbrechens, der schneidenden Leibschmerzen und den sich immer wieder gleichenden Todeskämpfen nie ein Verdacht gekommen war. Während Voget versucht, milde seine Hand darüber auszubreiten, indem er schreibt: »Wie hätten auch sonst mehr als dreißig Vergiftungsfälle in ihrer Nähe den ausgezeichneten Ärzten Bremens [...] verborgen bleiben können«, geben die Gerichtsakten ein anderes, beinahe schon vernichtendes Bild. Als beispielsweise die dreijährige Elise Schmidt nach der mit Mäusebutter versetzten Kirschsuppe tagelang unter unbeschreiblichen Qualen mit dem Tod rang, erklärte der herbeigerufene Arzt Dr. Schütte auf die Vorhaltungen, das Kind habe Leibschmerzen: »A was! Sie hats am

Kopfe«[28], und ließ an dem vom Arsenik aufgedunsenen Gesicht des Kindes Blutegel setzen.
Dr. Doleire, behandelnder Arzt zweier Gottfried'scher Hausmitbewohner, erklärte diesen gar, sie mögen das Gottfried'sche Haus meiden, da in dem Haus so häufig die Krankheit des Erbrechens auftrete, ohne dass er eine Ursache dafür erkennen könne.
Lediglich bei zwei Giftopfern, dem Paul Thomas Zimmermann und der Marie Heckendorff, wurde von Dr. Luce als Diagnose der Krankheit direkt die Cholera attestiert. Bei allen anderen Vergiftungsfällen bescheinigten die behandelnden Ärzte den Opfern »innerliche Entzündung«, »Darmentzündung«, »Schlagfluss«, »Hirnentzündung« oder »Nervenfieber«. Und so will denn die nach Gesche Gottfrieds Verhaftung rasch ins Feld geführte Argumentation der Ärzte, die Symptome einer Arsenikvergiftung seien den Symptomen der Cholera zum Verwechseln ähnlich, eher wie ein kläglicher Versuch anmuten, ihren katastrophalen Fehldiagnosen nachträglich ein Mäntelchen von Entschuldigung umzuhängen.
Die meisten dieser Fehldiagnosen lieferte Dr. Luce. Er war von 1822 bis 1828 behandelnder Arzt der Mordopfer Paul Thomas Zimmermann, Johann Mosees, Anna Lucia Meyerholz und Wilhelmine Rumpff gewesen sowie der Giftopfer nicht tödlicher Dosis Marie Heckendorff, Wilhelm Suhling, Friedrich Specht und dessen Tochter Johanna, Blandine Witzel, Antoinette Luchting, Johann Christoph Rumpff und dessen Magd, Geselle und Burschen. Er wohnte in der Pelzerstraße Nr. 50 und stand somit unmittelbar im Geschehen. Wiederholt wurde er im Laufe der gerichtlichen Untersuchungen vom Untersuchungsrichter Senator Droste vorgeladen. Und immer wieder lehnte er jede Verantwortung ab. Mal gab er an, dass seine »früheren Journale in Unordnung geraten seien«[29], er somit also nichts weiter aussagen könne; dann erklärte er, nicht gewusst zu haben, »dass die Heckendorff, Suhling, Meyerholz in näherer Beziehung mit der Gottfried standen, sonst hätte ich vielleicht auf eine Vergiftung bei einem dieser Fälle geschlossen, so aber konnte ich gar nicht daran denken«[30], obgleich bei den Vernehmungen der Zeugen genau das Gegenteil zu den Akten gekommen war, er also sehr wohl von einer solchen Beziehung gewusst hatte. Zuletzt gar wollte er einige der von Gesche Gottfried eingestandenen Vergiftungen, die er als Arzt behandelt hatte, nicht als Vergiftungen akzeptieren. Und erst, als er durch die Gerichtsbehörde Gesche Gottfried gegenübergestellt worden war, damit er von ihr »selbst höre, dass und wie viel Gift sie einigen von ihm behandelten Patienten gegeben habe«[31], musste er kleinlaut seine Fehldiagnosen einräumen.

Dr. »Medicinae« Gottfried Wilhelm Luce. Durch seine Anzeige wurde der »Kriminalfall Gesche Gottfried« ins Rollen gebracht. Seine katastrophalen Fehldiagnosen als Arzt vieler Gottfried'scher Giftopfer lassen ihn allerdings in der »Criminalaffäre« eine eher unrühmliche Rolle spielen

Wilhelm Olbers

Neben seiner Tätigkeit als Arzt hatte Olbers sich weit über Deutschland hinaus einen Namen in der Astronomie gemacht. Er entdeckte mehrere Kleinplaneten und hielt astronomische Vorträge. Olbers wohnte in direkter Nachbarschaft des Untersuchungsrichters Senator Droste in der Sandstraße, wo er auch eine Sternwarte eingerichtet hatte.

Olbers war Hausarzt der Familie Miltenberg und hatte somit Gesche Gottfrieds erstes Giftopfer, ihren Mann Johann Gerhard Miltenberg, behandelt. Bei zwei weiteren Giftopfern – ihrem sechsjährigen Sohn Heinrich und ihrem zweiten Mann Michael Christoph Gottfried – war er ebenfalls als Arzt gerufen worden. Interessant sind die näheren Umstände der Vergiftung des Kindes. Nachdem Gesche Gottfried von Mai 1815 bis September 1815 ihre Mutter, ihren Vater und ihre drei Kinder vergiftet hatte, kam mit der letzten Vergiftung ein Gerede auf, dass es bei den fünf Todesfällen nicht mit rechten Dingen zugegangen sein könne, und sie wurde genötigt, die Leiche ihres Sohnes einer Obduktion unterziehen zu lassen.

Diese Obduktion nahm Olbers als der behandelnde Arzt des Jungen vor. Nachdem er den Leichnam durch einen Chirurgen hatte öffnen lassen, fand er gleich die Gedärme, hervorgerufen durch die Wirkung des Arseniks, in einem stark veränderten Zustand. Ohne jedoch nun in der Untersuchung fortzufahren, diagnostizierte er eine Darmverschlingung als Todesursache und gab die Leiche frei.

Hätte Olbers die Obduktion ordnungsgemäß fortgeführt, wäre er binnen weniger Augenblicke auf einen von dem Gift völlig verätzten Magen gestoßen. Neun tödliche Vergiftungen und sämtliche Giftgaben in nicht tödlicher Dosis wären verhindert worden. Olbers lehnte es ab, in laufender Untersuchung vernommen zu werden: Als die Gerichtsbehörde ihn in seinem Haus aufsuchte, weigerte er sich, etwas zu Protokoll zu geben. Stattdessen hatte er eine zweiseitige schriftliche Erklärung vorbereitet, die er ohne zu unterzeichnen an Eides statt dem Gericht übergab.

In der Erklärung heißt es unter anderem: *»Aber bey dem 3ten Kinde, dem Sohne, bin ich Arzt gewesen, und ich weiß noch bestimmt, daß ich die Krankheit für eine Darm Entzündung hielt, auch glaubte, diese Entzündung möchte durch einen sogenannten Volvulus (eine Einschiebung des oberen Zipfels des Darmes in den unteren) entstanden seyn. Ich kam deswegen auf diese Vermuthung, weil ich noch kurz vorher ein Kind, an ganz ähnlichen Zufällen, wie für den Miltenbergschen Knaben zeigte, hatte sterben sehen, bei dem nach dem Ende die Section eine Volvulus finden ließ. Das Miltenbergsche Kind wurde auch nach seinem Ende in meiner Gegenwart von einem Chirurgen geöfnet. Auch hier fanden wir, ich darf wohl sagen, unglücklicher Weise, wirklich einen Volvulus, und da dies die vorher vermuthete Todes Ursache war, so wurde dann alle weitere Untersuchung als unnötig geschloßen, die sonst vielleicht Spuhren des Giftes hätten zeigen können. Es ist mir jetzt sehr wahrscheinlich, daß dieser Volvulus blos eine Folge der von dem Gift herrührenden Krämpfe des Darmes war. Daß die eigene Mutter ihrem, von ihr anscheinend so zärtlich geliebten, und so schmerzlich betrauertem Kinde selbst Gift gegeben habe, konnte mir natürlich gar nicht einfallen.«*

II. Das Ende des Wahnsinns

Mittwoch, 5. März, und Donnerstag, 6. März 1828

Gesche Gottfrieds Entdeckung am Mittwoch, 5. März

So kam der Morgen des 5. März 1828 und mit ihm Gesche Gottfrieds letzter Vergiftungsversuch. Im Verhörprotokoll erzählte sie hierüber: »Rumpff hatte sich, als wir ein Schwein geschlachtet hatten, ein Stück frischen Speck vom Schlächter bringen lassen und davon gegessen. Den Rest hob er für sich auf und setzte es in seinen Schrank, mit den Worten: es gäbe einen guten Happen für ihn zum Frühstück auf morgen. Am anderen Morgen sagte ich der Dorothe: sie solle den Schrank abseifen und ging, während sie das Wasser zurechtmachte, hin, räumte Rumpffs Essschrank aus, reinigte ihn und setzte die Sachen, die dringestanden hatten, wieder hinein und hieß dann der Dorothe, den Schrank bloß von außen zu reinigen. Während der Zeit, da die Dorothe nicht in der Kammer war, sondern das Wasser zurechtmachte, machte ich die Mäusebutter an den Speck. Ich hatte sie in Papier mit mir heruntergebracht, das Papier warf ich nachher ins Feuer. Den Entschluss, den Speck zu vergiften, fasste ich am Morgen, wie ich aufstand.«[32]

Am selben Morgen entdeckte Johann Christoph Rumpff auf dem Stück Speck die Mäusebutter. Halb tot durch die wiederholten Giftgaben, ging er jetzt endlich daran, die seltsame »weiße, fettige Masse« näher zu untersuchen. Rumpff gab darüber zu Protokoll: »Ich nahm den Speckteller aus dem Schrank heraus, der an der Stelle stand, wohin ich ihn gestellt hatte. Ich sah gleich, dass der Speck umgedreht lag, und die Galle stieg mir auf, dass man sich an meine Sachen gemacht hatte. Ich dachte an die Gottfried, die immer alle Sachen besieht und kehrt und wendet. Sie muss immer alles in die Hände nehmen und kann nichts liegen lassen, wo es liegt. Damit war mein Hunger weg. Ich war ganz voll Appetit, wie ich kam, und jetzt mochte ich nichts mehr essen. Danach wollte ich schon dabeigehen, kehrte den Speck mit dem Messer um und sah nun was Weißes daraufgeschmiert. Ich rief zur Tür hinaus der Gottfried zu: ›Tante, kommen Sie doch mal, was ist das?‹ Sie antwortete: ›Das ist wohl Fett.‹

Ich: ›Sehen Sie her‹, ich zerrieb etwas dieser weißen Materie, welche ich mit dem Nagel des Zeigefingers aufnahm und mit dem Zeigefinger der linken auf dem Nagel der rechten Hand zerrieb, ›das ist kein Fett.‹

Sie: ›Ja, das scheint mir auch so. Sie brauchen es ja nicht zu essen.‹

Ich: ›Damit bin ich aber nicht zufrieden. Ich muss doch wissen, was an meinen Speck kommt und wie es kommt. Es geht unmöglich an, wenn ich einmal von etwas gegessen habe und wieder davon essen will, dass ich es dann wegschmeißen muss.‹«[33] Beleidigt wirkend verließ darauf Gesche Gottfried das Zimmer. Rumpff nahm den Teller mit dem Speck und zeigte ihn seiner Magd. Weiter heißt es in seiner Aussage: »Auf die Frage an die Magd, was das wohl sei, sagte diese: ›Das ist ja dasselbe, was mal in der Bouillon und auf dem Salat war.‹ Wir rieben es dann zwischen den Fingern, da war es so körnig als wie geriebener Zucker. Ich stellte darauf den Teller mit dem Speck in den Schrank und verschloss ihn. Indem ich noch über den Vorfall grübelte, sah ich meinen Nachbarn Steitz, einen sehr braven Mann und guten Freund vorbeigehen. Ich hatte ihm schon von dem Weißen auf dem Salat damals etwas gezeigt, indem ich ihm ein Blatt brachte. Er sagte: ›Trauen Sie dem Weib nicht, essen Sie ja nichts, was sie Ihnen zurechtmacht.‹ Ich rief ihn herein, erzählte ihm den Vorfall und wollte ihm den Speck zeigen, allein die Gottfried trat ein, forderte etwas Wurst, war sehr freundlich, und wie ich sagte: ›Tante, gerne!‹ und ihr die Wurst reichte, schnitt sie etwas davon ab. Es kam mir vor, als wenn ihre Hand zitterte. Da Steitz keine Zeit hatte und wir Störungen fürchteten, so ging er, um des Nachmittags wiederzukommen, während die Gottfried ihren gewöhnlichen Mittagsschlaf hielt.«[34]

Steitz gab über die Ereignisse im Hause Rumpff an jenem 5. März zu Protokoll: »Am Mittwochmorgen klopfte Rumpff ans Fenster und sagte: ›Kommen Sie einmal, ich habe da eine verteufelte Geschichte, die ich Ihnen erzählen muss.‹ Wie wir sprechen wollten, kam Madam Gottfried in die Stube und bat sich etwas Leberwurst aus. Da ich eilig war, so erklärte ich, ich müsse gehen und wir sprächen uns wohl. Wie ich bei Tisch saß, kam Rumpff und hatte auf dem Nagel des Daumens etwas fettiges Weißes und erzählte, dass er dieses auf seinem Speck gefunden habe. Ich sagte ihm, ich kenne dergleichen, es sei Arsenik, ebenso gut als das, was er mir im Sommer auf Salat gezeigt hatte. Rumpff brachte mir nämlich im Sommer auf einem Salatblatt etwas Weißes, und ich sagte damals schon, es sei Arsenik. Allein Rumpff wollte es nicht glauben. Ich sagte, man könne es an dem Knoblauchgeruch erkennen. Ich versprach ihm, nachher herüberzukommen, wenn Madam Gottfried schliefe. Ich erzählte darauf meiner Frau und der Mamsell Mühlenfeld, die bei mir wohnt, den Vorfall, und meine Frau riet, von Schragen etwas Arsenik holen zu lassen, um es zu vergleichen. Mamsell Mühlenfeld sagte darauf, sie kenne ja dergleichen: ›Ich habe etwas von meinen Eltern hier, darauf steht Gift, vielleicht ist das Arsenik.‹ Sie holte es, und ich erkannte es für

Arsenik. Ich nahm etwas auf Papier und ging zu Rumpff, um es ihm zu zeigen. Er nahm es zwischen die Finger, rieb es und roch und sagte: ›Ja, das ist ebenso.‹ Den Rest nahm ich wieder mit und habe ihn gleich weggeworfen, damit kein Unheil damit entstehe. Das Fleisch ist bei dieser Gelegenheit nicht aus dem Schrank genommen, auch nichts auf dasselbe gestreut, welches ja eine große Dummheit gewesen wäre. Ich habe jedoch Rumpff angetrieben, das Fleisch seinem Arzt zu zeigen, und ihm gesagt, dass ich sein Haus nicht wieder betreten würde, wenn er es nicht tue. Schon früher habe ich den immer kränkelnden Rumpff angetrieben, eine Anzeige zu machen, er wollte aber durchaus nicht glauben, dass man ihm Gift beigebracht oder beibringen wollte.«[35]

Und endlich, endlich überkamen auch Rumpff Zweifel. Noch am selben Tag ließ er Dr. Luce kommen und zeigte ihm den Speck mit der ›Substanz‹, mit der Bemerkung, schon des Öfteren dergleichen Stoff an Lebensmitteln im Haus gefunden zu haben. Jetzt habe er den Verdacht, diese Substanz sei Gift, mit aller Wahrscheinlichkeit von ›Madam Gottfried‹ auf den Speck geschmiert. Dr. Luce war, wie schon erwähnt, auch der behandelnde Arzt von Rumpffs Frau gewesen, dreier weiterer von Gesche Gottfried tödlich vergifteter Menschen und einer ganzen Reihe Giftopfer ohne tödlichen Ausgang. Zusammen mit dem Apotheker Kindt aus der Sögestraße analysierte er am folgenden Tag jene ›weiße Substanz‹. Kindt fertigte darüber folgenden Bericht: »Am 6ten März Anno 1828 morgens, ungefähr 8½ Uhr, kam Herr Doktor Luce zu mir in mein Haus und bat mich, ein Stück Fleisch zu untersuchen, was er mir soeben geschickt habe. Es war aber noch nicht gebracht, und er ging deshalb fort, um den Jungen aufzusuchen, der es bringen sollte. Wie Herr Doktor Luce eben weggegangen war, brachte ein Junge einen Korb, worin ein Teller befindlich, auf welchem ein größeres und ein kleineres Stück gestoftes, fetteres Schweinefleisch lagen. An beiden Stücken Fleisch sah man an mehreren Stellen eine schmierige Substanz, gleichsam, als wenn dasselbe mit einer weißen Ölfarbe bestrichen wäre. Ohne den Teller aus dem Korb zu nehmen, ohne das Fleisch von dem Teller zu entfernen, stellte ich folgende Versuche an: Mit einem Messer nahm ich ein klein wenig von der weißen, schmierigen Masse, die sich auf dem Fleisch fand, und legte sie auf ein Stückchen Holzkohle, das ich an dem Lötrohr gelinde einheizte. Es erhob sich nun weißer Dampf, und auf der Kohle blieb kein Rückstand. Der Geruch des Dampfes war arsenikisch, jedoch wegen des zugleich verbrennenden Fettes auch etwas brenzlig. Auf die erwähnte Weise nahm ich wiederum ein klein wenig der weißen, schmierigen Masse und brachte sie auf ein Stück Papier, bedeckte es damit und legte es so einige Augenblicke auf eine gelinde verwässerte eiserne Platte. Dadurch wurde das Fett eingesogen, und ich bemerkte nun auf dem Papier einige feinere, gröbere, weiße, harte Körner.«[36] Kindt beschreibt nun ausführlich sechs verschiedene chemische Versuche, die er an den Körnern vorgenommen hatte, und kommt darauf zu dem Schluss: »Aus allen Versuchen geht auf das Überzeugendste hervor, dass die weiße, schmierige Masse, die sich auf dem Fleisch fand, großenteils in weißem Arsenik (arsenige Säure) besteht.«[37] Wie muss dem Dr. Luce in jenem Augenblick zumute gewesen sein? Plötzlich wollte sich eine Erklärung zeigen für die so häufig im Hause Rumpff auftretende »Krankheit des Erbrechens«. Noch in derselben Stunde beeilte er sich, dem Kriminalgericht das Untersuchungsergebnis anzuzeigen.

Über ihre Entdeckung an jenem 5. März schrieb Gesche Gottfried im Rückblick: »Den Tag zuvor [vor ihrer Verhaftung] kam Herr Doktor Luce vorgefahren und blieb eine geraume Zeit bei Herrn Rumpff. Ich ging auf den Boden, sah zum Fenster hinaus, sah immer nach dem Wagen. Du bist verraten, sagte mir mein Gewissen; Gott hat dieses so gefügt. Was tust du, gehst du hinunter, fällst Herrn Rumpff und Herrn Doktor Luce zu Füßen, bittest, dass sie dich nicht verraten? – Dann erinnerte ich mich auch zugleich: Herr Doktor Luce ist beeidigt und muss sein Gewissen betrachten. So kämpfte ich lange mit mir.«[38]

Sonnenapotheke

Die Sonnenapotheke in der Sögestraße. Vier Häuser weiter deutet sich die Einmündung der Pelzerstraße an. Der Inhaber der Sonnenapotheke war damals der Apotheker Georg Christian Kindt. Er erhielt am 6. März 1828 von Dr. Luce den mit Mäusebutter beschmierten Speck zur näheren Untersuchung.
Aus dem Untersuchungsbericht des Apothekers Kindt:
»Aus allen Versuchen geht auf das überzeugendste hervor, dass die weisse schmierige Masse, die sich auf dem Fleisch fand, großentheils in weissem Arsenik (arsenische Säure) besteht. Bremen d 7ten März 1828. G C Kindt Apotheker«

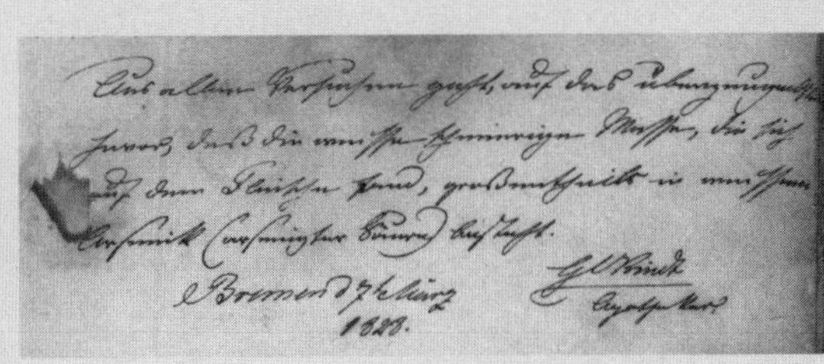

Vor dem Kriminalgericht

»Actum Bremae den 6ten März 1828. Vor dem Kriminalgericht. Präs. Herr Doktor und Senator Droste. Es erschien der Doktor Medicinae Luce, hierselbst als Arzt konzessioniert und wohnhaft, und zeigte an: ›Ich bin Arzt des Rademachermeisters Rumpff, in der Pelzerstraße No. 37, in dem vormals Gottfried'schen Haus wohnend. Gestern rief er mich zu sich und zeigte mir ein Stück Schweinefleisch, welches ihm mit einem fremden Stoffe beschmiert zu sein schien, und bat mich zu untersuchen, ob auch eine schädliche Substanz auf dem Fleisch sei. Ich besah das Fleisch und fand äußerlich eine weiße Substanz darauf. Ich sagte ihm, er möge mir dasselbe des Abends schicken. Des Abends hatte der Bursche mich nicht zu Hause angetroffen, er war daher heute Morgen wiedergekommen, und ich sandte ihn mit dem Korb, worin er das Fleisch hatte, sofort zu dem Apotheker Kindt in der Sögestraße und folgte ihm unmittelbar. Der Speck mit Fleisch durchwachsen lag im Korb auf einem irdenen Teller. Der Apotheker Kindt und ich nahmen von der weißen Masse auf dem Fleisch eine geringe Quantität und untersuchten sie chemisch. Wir fanden, dass eine bedeutende Menge Arsenik darin enthalten sei. Da nun der Rumpff, ein sonst blühender, gesunder Mensch, seit einem Jahr an Erbrechen leidet, auch mehrere Hausgenossen daran erkrankt sind, der Rumpff auch versichert, dass er schon mehr dergleichen Stoff auf dem Essen gefunden habe, so sehe ich mich genötigt, diese Sache anzuzeigen. Ich habe dem Rumpff das Resultat der Untersuchung noch nicht bekannt gemacht.‹ Vorgelesen, genehmigt und wurde derselbe ersucht, den Rumpff zu benachrichtigen, dass das Gericht ihn zu sprechen wünsche; wobei es ihm freistehe, ihm das Resultat der Untersuchung des Fleisches zu melden. Das Gericht wollte nämlich Aufsehen verhindern und daher den Rumpff nicht durch einen Polizeidiener laden lassen. Zugleich empfahl das Gericht dem Dr. Luce, das Fleisch in statu quo zu lassen; demnächst aber wurde der Polizeikommissar Tonjes beauftragt, es vom Apotheker Kindt abzuholen.
Es erschien sodann und deponierte: Johann Christoph Rumpff, 30 Jahre, Rademachermeister, wohnhaft Pelzerstraße: ›Ich habe das Haus der Witwe Gottfried im Jahre 1826 im Monat Juli zu 8520 Reichstaler gekauft. Die Witwe Gottfried hat sich die Miete einiger Nebenhäuser auf Lebenszeit ausbedungen. Sie bewohnt bei mir einen Saal zur Miete; auch hat sie noch tausend Reichstaler zinslich im Hause stehen lassen. Am Freimarkt des Jahres 1826 zog ich ein. Meine Frau kam am 6. Dezember 1826 ins Kindbett und befand sich gut und wohl. Sie bekam Milchfieber, wurde dann wieder besser; allein auf einmal des Nachts bekam sie heftiges Erbrechen, dann Durchfall und lebte noch ein paar Tage,

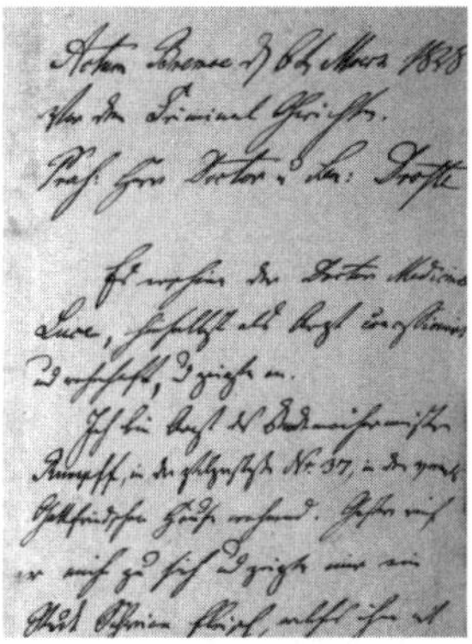

Die erste Seite aus der »Gesche-Gottfried-Prozessakte« mit der Anzeige des Dr. Luce.
Actum Bremae den 6ten März 1828
Vor dem Criminal Gerichte.
Präs: Herr Doctor u Sen: Droste
Es erschien der Doctor Medicinae Luce, hierselbst als Arzt concessioniert und wohnhaft, und zeigte an.
Ich bin Arzt des Rademachermeisters Rumpff, in der Pelzerstraße No.37, in dem vormals Gottfriedschen Hause wohnend. Gestern rief er mich zu sich und zeigte mir ein Stück Schweine Fleisch, welches ihm mit einem fremden Stoffe beschmiert zu seyn schien, und bat mich zu untersuchen, ob auch eine schädliche Substanz auf dem Fleische sey.

worauf sie am 21. Dezember starb. Die Amme, welche ich in Dienst nahm, bekam auch Erbrechen und erklärte mir, dass sie hier doch nicht gesund werden könne, und ging in ihre Heimat zurück.

Nach dem Tod meiner Frau hat die Gottfried es mir wohl scherzhaft nahegelegt, mich wieder zu verheiraten, auch sich wohl merken lassen, dass eine Ehe zwischen ihr und mir stattfinden könne; ich habe es ihr aber in demselben Ton geradezu abgesagt, indem ich ihr erklärte, dass ich mich wahrscheinlich nicht wieder verheiraten würde; wenn ich mich aber verheirate, würde ich keine Witwe nehmen.

Vor einem Jahr um diese Zeit bekam ich ein Erbrechen. Ich glaubte, ich hätte mir den Magen erkältet. Ich quälte mich wohl acht Wochen hin, indem ich mich mit Essen in Acht nahm, viel Milch trank, wodurch ich dann oft einige Tage frei wurde, dann aber wieder Erbrechen bekam, worauf mich, den ganzen Sommer über, Dr. Luce ärztlich behandelt hat. Vorigen Sommer, ich glaube zwischen Ostern und Pfingsten, hatte das Mädchen mir Salat gemacht und auf die Anrichte in der Küche hingesetzt. Die Gottfried war in der Küche. Ich bemerkte etwas Weißes auf den Salat gestreut und glaubte, es sei Zucker. Da ich keinen Zucker esse auf Salat, so schalt ich darüber. Die Magd und die Gottfried wollten keinen Zucker aufgestreut haben. Da ich näher zusah und es kein Zucker zu sein schien, so sagte ich, es sei ja wohl etwas vom Boden heruntergefallen, worauf es weggeworfen wurde. Nachher bekam ich einmal Bouillon zu trinken. Ich fand einen dicken Bodensatz und einen weißen, klebrigen, körnigen Stoff darin. Ich bekam von der Bouillon bald Übelkeit. An eine Vergiftung dachte ich nicht, denn ich sah mich gar nicht als ein Mann an, auf den man es besonders absehen könnte.

Man hat mich schon früher gewarnt, mich vor dem Essen in Acht zu nehmen, solange die Gottfried in meinem Haus sei. Ich habe dies aber nicht geachtet und glaubte, dass die Leute bloß abergläubisch seien und den unglücklichen und plötzlichen Tod zweier Männer, eines Bräutigams, eines Bruders und sechs Kinder ungerechterweise ihr als Schuld beimessen. Jetzt, da mir jedoch Dr. Luce versichert, dass das Weiße auf dem Fleische Arsenik sei, muss ich fürchten, dass man mich hat vergiften wollen. Mein Geselle und zwei Lehrburschen haben auch an Erbrechen gelitten, ja der eine Lehrbursche ist in der Nacht vom Sonntag auf Montag von mir weggelaufen, wie ich vermute, aus dem Grunde, dass er in meinem Haus sterben würde, denn er kam mir sehr abergläubisch vor.‹

Vorgelesen, genehmigt und beeidigte Comparent seine Aussagen, worauf er entlassen wurde. Der gegenwärtige Polizeikommissar Tonjes, befragt, was ihm aus dem Lebenswandel der Gottfried bekannt sei, erklärte: ›Sie steht in üblem Rufe. Man glaubt, dass sie mit dem zweiten Mann beim Leben des ersten im Ehebruch gelebt habe; auch ist viel über die häufigen Todesfälle dort im Haus gesprochen worden; jedoch ohne bestimmte Daten.‹«[39]

Nach diesen Aussagen fiel bereits an jenem Vormittag des 6. März ein so starker Verdacht auf Gesche Gottfried, dass der Präsident des Kriminalgerichts Senator Dr. Franz Friedrich Droste ihre sofortige Vernehmung und eine Haussuchung anordnete. Und so begaben sich Senator Dr. Droste, der Protokollant und Gerichtssekretär Dr. Johann Eberhard Noltenius und der Polizeikommissar Tonjes noch in derselben Stunde in die Pelzerstraße zum Hause Rumpff.

Erste Vernehmung Gesche Gottfrieds in ihrer Wohnstube

Im sicheren Gefühl, dass ein kurz vor der Entladung stehendes Unwetter sich über ihr zusammengebraut hatte, wartete Gesche Gottfried an jenem Morgen des 6. März in ihrer Stube auf das Eintreffen der Polizei. Zurückblickend schrieb sie hierüber: »Sieben Uhr stehe ich auf, habe Seitenschmerzen, die aber erträglich waren. Lege mich wieder zu Bett; denke immer: sollte Rumpff wohl kommen und dir [zum Geburtstag] gratulieren? Aber es geschah nicht. Um zehn Uhr ließ ich ihn bitten, mal heraufzukommen. Beim Hereintreten grüßt er mich bloß. Ich sage: ›Herr Rumpff, wenn ich mir ein kleines Zimmer miete, wollen Sie das wohl annehmen?‹ ›Gerne‹, sagt er, ›ich bin schon oft um ihre Stube gefragt‹, und verlässt mich wieder. Ach, denke ich, hätte er dir doch gratuliert! Du wärst ihm um den Hals gefallen und gebeten, mich nicht unglücklich zu machen! Um elf Uhr schickt mir Herr Dolge eine Mundtasse und einen Brief. Ich danke und sage zu dem Kind, sie sollte Vater fragen, ob er mir wohl sein

Hinterhaus vermieten wolle. Um elf Uhr kommt Dorothe und sagt: ›Was das wohl heißt, Rumpff zieht sich so fein an und sagt, ich solle nicht mit dem Essen auf ihn warten. Und Herr Doktor Luce ist zweimal schon da gewesen und hat lange mit Rumpff gesprochen.‹ Ich antworte nichts darauf; denke aber: dein Unglück ist vor der Tür! In voller Angst verbrenne ich erst Dolge seinen Brief; gehe vor meine Kommode, nehme die Kruke heraus, die noch halb voll [Mäuse]butter war, lege sie auf meine Brust und das Papier, welches drumgewickelt war, werfe ich hinter meine Bettstelle.«[40]
Es gelang ihr tatsächlich, jene Mäusebutterkruke, die gewöhnlich Größe und Umfang eines Erwachsenendaumens hatten unbemerkt mit ins Untersuchungsgefängnis des Stadthauses zu schmuggeln. Das hinter die Bettstelle geworfene Papier, es war ein Stück aus einem Bremer Wochenblatt, wurde zwei Tage später bei einer Nachsuchung unter dem Bett gefunden und erregte sogleich Aufmerksamkeit, weil sich ein klein wenig von der Mäusebutter daran abgesetzt hatte.

Es war halb 12 Uhr am Mittag, als Senator Droste, der Gerichtssekretär Noltenius und der Polizeikommissar Tonjes das Rumpff'sche Haus in der Pelzerstraße betraten. Im von Noltenius geführten Protokoll heißt es: »Es hatte sich das Gericht hierher begeben, um eine Haussuchung vorzunehmen. Während der damit beauftragte Polizeikommissar Tonjes solches vornahm, begab sich das Gericht auf die Stube der Witwe Gottfried, um dieselbe zu vernehmen. Die Witwe Gottfried lag im Bett, schien ziemlich wohl nach ihrer Gesichtsfarbe, klagte jedoch, befragt, was ihr fehle, über Seitenstechen, welches ihr altes Übel sei. Sie schien über das Eintreten des Gerichts keinesfalls bestürzt zu sein. Auf die Anrede des Directoris judicii: ›Es fallen hier im Hause eigene Dinge vor, und es sind dem Gericht Meldungen zugegangen, welche dem Gericht eine genaue Untersuchung auferlegen‹, erwiderte sie: ›Es hat mich schon lange danach verlangt, eine genaue Untersuchung über mich ergehen zu lassen. Es ist mir sehr lieb.‹ Befragt, wie sie zu dem Wunsch komme, erwiderte sie: ›Weil Rumpff immer das Haus verwünscht und meint, es müsse am Haus liegen, dass seine Frau hier gestorben ist. Dann auch, weil Dr. Luce dem Rumpff gesagt habe, wenn seine Frau in die Wochen käme, würde sie es nicht überleben.‹ Sie erwähnte dann noch: ›Als mein siebtes Kind starb, ging in der ganzen Stadt das Gerede, es sei vergiftet. Da bat ich Dr. Olbers, es zu öffnen. Das geschah, und da erklärte Dr. Olbers, die Gedärme seien verschlungen gewesen.‹ Es wurde ihr geäußert, dass es auffallend sei, dass ein solches Gerede entstanden sei. ›Ich weiß nicht, woher das Gerede kam; die Mägde kamen damit ins Haus. Später ist aber nicht mehr

Untersuchungsrichter Senator Dr. Franz Friedrich Droste

Droste wurde am 3. September 1784 als drittes von zwölf Kindern in Bremen geboren. Sein Vater, promovierter Jurist, war Obergerichts-Prokurator und Senator. Zu Beginn des 18. Jahrhunderts war dessen Familie aus Bielefeld nach Bremen eingewandert.

Nachdem Droste in Göttingen und Heidelberg Jura studiert hatte, wurde er, wieder in Bremen, durch geschicktes Vermitteln seines Vaters 1806 zum Prokurator und Obergerichtsanwalt gewählt. Seine weitere Karriere in Bremen verlief, gefördert durch die Beziehungen des Vaters, zielstrebig und entschlossen. Während der drei Jahre der französischen Herrschaft war er Geschäftsführer des öffentlichen Schutzes. 1814 promovierte er zum Doktor der Rechte. Ab 1820 war er Assessor an dem von Senator Johann Carl Friedrich Gildemeister geleiteten Bremer Kriminalgericht. 1825 wurde er für seinen Vater in den Senat gewählt und wurde Mitglied des Bremer Obergerichts.

Privat allerdings verlief sein Leben zunächst in unglücklichen Bahnen: 1813 war nach nur einjähriger Ehe seine Frau Anna gestorben. Erst als er 1815 erneut heiratete, die Tochter des Senators Kuhlenkampff, war ihm Familienglück beschieden: Zehn Kinder gingen von 1815 bis 1833 aus dieser Ehe hervor. Droste wohnte in der Sandstraße Nr. 4. Er war auch Eigentümer des Hauses, das sich erhalten hat und heute zu den ältesten Gebäuden der Bremer Altstadt zählt. Unter dem Namen ›Haus Vorwärts‹ ist es weit über Bremen hinaus bekannt.

Als Senator Gildemeister sich vom Dezember 1826 bis zum April 1828 in, wie es heißt, »*bremischen Angelegenheiten*«, in Brasilien aufhielt, wurde Droste als dessen Vertreter zum Präsidenten des Bremer Kriminalgerichts gewählt. In dieser Funktion führte er die ersten Untersuchungen gegen Gesche Gottfried. Als Gildemeister im April 1828 nach Bremen zurückkehrte, beschloss der Senat, »*dass Herr Senator Dr. Droste rücksichtlich der noch jetzt anhängigen Untersuchungssache wider die Witwe Gottfried bis zu deren gänzlicher Erledigung wie bisher als Direktor des Kriminalgerichts in Funktion verbleibe und alles dabei Erforderliche wahrzunehmen habe*«.

Gesche Gottfrieds Geständnisse ungeheuerlichster Morde bereits in den ersten Verhören aber erschüttern ihn derart, dass ihn die weitere Untersuchung auf Wochen überfordert. Ratlos stand er Gesche Gottfrieds Angstvisionen, ihrem so stark schwankenden Stimmungspendel, das in den Verhören vom wortlosen Dasitzen bis zum völlig enthemmten Drauflosplappern reichte, gegenüber, hielt dieses in den ersten Wochen gar für Verstellung. In jenen ersten Wochen ihrer Haft auch machte er ihr deutlich, dass die Untersuchung für ihn eine »*sehr große Beschwerde habe, und seit ihrem Anfange ihm nicht eine freie Stunde gelassen habe*«. Unverständlich bleibt aus heutiger Sicht, zu welchen Mitteln er anfangs griff, um Gesche Gottfrieds psychische Spannungen gewaltsam aufbrechen zu wollen.

Gegen Ende der Untersuchung trat eine Veränderung bei ihm ein. Er korrigiert seine Sichtweise auf Gesche Gottfried und erkennt, einer Frau von ungeheurer Kompliziertheit gegenüberzustehen, der nur durch behutsames Vorgehen beizukommen ist. Sein in diesem Zusammenhang sicherlich aufschlussreiches Tagebuch, das er während der gesamten Untersuchung geführt hatte, muss heute leider als verschollen gelten.

Droste starb am 21. September 1849, vier Tage nach dem Tod seiner Frau.

Dass er ein Mensch von außergewöhnlicher

Persönlichkeit gewesen sein muss, zeigt sein Nachruf im ›Courier an der Weser‹:
»Am Donnerstag verschied Herr Senator Franz Friedr. Droste im 65. Lebensjahre, nachdem ihm wenige Tage vorher seine Gattin in die Ewigkeit vorangegangen war. Der Tod dieses wackern, ausgezeichneten Mitbürgers ist ein wahrer Verlust für unser Gemeinwesen. Droste war nicht allein ein tüchtiger, geschäftskundiger Senator, er war, was wir noch höher schätzen, ein Menschenfreund im wahren Sinne des Wortes. Ein liebenswürdiger, gemütlicher Charakter, entfernt von dem herablassenden Stolz, mit dem so oft Hochstehende Eindruck auf ihre Mitbürger zu machen versuchen. Und, er war auch ein Mann, welcher von Herzen nicht nur dem Scheine nach die Neugestaltung unserer Zustände anerkannte und würdigte. Um den Verlust eines solchen Mannes trauert nicht nur die Familie, oder ex officio der Staat, nein, auch das Volk!«

von Vergiftung gesprochen, wohl aber davon, dass es im Hause spuke.‹«[41]
Dass Rumpff am Tag zuvor ein mit Gift beschmiertes Stück Speck in seinem Proviantschrank entdeckt hatte und dass dieses der eigentliche Anlass für die Untersuchung war, verschwieg Droste ihr. Im Protokoll heißt es weiter: »Nach diesen mit der Gottfried-Witwe geführten Gesprächen wurde dieselbe vernommen und deponierte befragt: ›Ich heiße Gesina Margaretha Timm, bin heute gerade 40 Jahre alt, Tochter des Schneidermeisters Timm. Ich war zuerst mit Johann Gerhard Miltenberg verheiratet. Er starb, wie ich gerade 25 Jahre alt war. Ich verheiratete mich darauf mit Michael Christoph Gottfried, der vor zwölf Jahren starb. Darauf war ich mit Thomas Zimmermann verlobt; er starb aber kurz vor unserer Hochzeit. Das mag sechs Jahre her sein. Außer meinen beiden Männern starben in diesem Haus mein Bruder Johann Christoph und sieben Kinder. Der Arzt des ersten Mannes war der verstorbene Dr. Hempe; der des zweiten Dr. Olbers und bei Zimmermann die Doktoren Doleire und Schmidt. Bei meinem Bruder und meinen Kindern war Dr. Olbers der Arzt. Das erste Kind, was starb, wurde eineinhalb Jahre alt. Es bekam ein heftiges Erbrechen um vier Uhr, und abends war es tot. Dr. Motz, unser Arzt, sagte, es habe Wasser im Kopf. Das zweite Kind starb an Nervenfieber; eines an den Masern. Ein anderes starb auch an Erbrechen. Die Ursache des Todes der übrigen ist mir entfallen. Das letzte Kind ist schon zwölf Jahre tot. Seit dem Tod von Rumpffs Frau besorge ich dessen Haushalt. Ich habe es der Frau auf dem Sterbebett versprochen, da sie mich darum bat. Ich besorge und koche das Essen und esse selbst mit. Ich ordne das Essen an, frage Rumpff wohl zuweilen um seine Meinung. Was vom Essen übrig bleibt, hebe ich auf und benutze es für Rumpff und seine Leute zum Abendbrot. Des Abends pflege ich auf meiner Stube für mich Tee zu trinken. Ich bin vier Monate in Hannover, im letzten Sommer, gewesen, um einen Cousin zu besuchen.

Gerichtssekretär Dr. Johann Eberhard Noltenius

Noltenius war ab 1828 Sekretär des Bremer Kriminalgerichts. In dieser Funktion protokollierte er sämtliche Verhöre Gesche Gottfrieds und nahm die Aussagen der Zeugen zu den Akten.
Er wurde am 31. Oktober 1777 in Bremen geboren. Sein Vater war Kaufmann.
Noltenius studierte in Jena Jura und promovierte in Göttingen. 1809 übernahm er für seinen in den Bremer Senat gewähltem Bruder das Amt des Gerichtsschreibers beim Kämmereigericht.
Noltenius war in zweiter Ehe mit der Tochter des Senators von Lingen verheiratet und hatte elf Kinder. Er starb am 29. Juli 1845 während eines Kuraufenthaltes in Bad Rehburg.
Im Jahre 1985 wurden in Bremen-Borgfeld, bei den Nachfahren von Noltenius, Aktenkopien aus dem Gesche-Gottfried-Prozess entdeckt. Diese Kopien stammen zweifelsfrei von Noltenius Hand. Offensichtlich hatte er sie damals für sich privat erstellt.

Dass der Protokollant eines auf absoluter Geheimhaltung beruhenden Inquisitionsverfahrens heimlich Kopien von Akten anfertigte, ist in seiner Tragweite nie wirklich erkannt worden.
Unzweifelhaft hätte dieser Vorgang, wäre er damals entdeckt worden, zu seiner sofortigen Entlassung führen müssen.
Im März 1831 hatte der damalige Bremer Bürgermeister Simon Hermann Nonnen sich beim Senat über Noltenius schlechte Rechnungsführung beschwert. In der darauf folgenden Auseinandersetzung wurde die weitere Auszahlung von Noltenius Gehalt ausgesetzt. Inwieweit diese Vorgänge im Zusammenhang mit den heimlichen Aktenkopien stehen, lässt sich heute nicht mehr ermitteln. Dennoch behält der ganze Vorgang einen seltsamen Beigeschmack, zumal, wie wir noch sehen werden, Senator Droste später den Verdacht äußerte, dass jemand unbefugterweise Inhalte aus der Prozessakte weitergegeben habe.

Die Aufgaben des Gerichtssekretärs als Protokollant

Im ›Criminallexikon‹ von Jegemann und Brauer heißt es über das Amt des Gerichtssekretärs:
»Actuar ist derjenige Gerichtsbeamte, welcher die in seinem Beisein vorgehenden Gerichtsverhandlungen zum spätern Gedächtnis getreulich niederzuschreiben hat.
In neuerer Zeit nennt man ihn auch wohl Gerichtsschreiber, Protokollist oder Schriftführer.
Bei nichtöffentlichen Verhandlungen, also namentlich in der Voruntersuchung, hat der Actuar das Protokoll, so oft eine Aussage zu Ende ist, laut vorzulesen; wird dann keine Einwendung erhoben, so kann die betreffende Person dasselbe mit ihrem Vor- und Zunamen zur Bestätigung unterzeichnen.«

Er war aber in Hannover bereits gestorben, ehe ich ankam. Rumpff hat diesen Sommer hier im Haus gekränkelt. Er konnte kein Essen vertragen, auch hatte er kein Gefühl in den Fingern. Der Geselle und die Burschen bei Rumpff haben auch Erbrechen gehabt; der Geselle war aber den Tag vorher lustig gewesen. Auch hat die Magd der Madam Hack, die hier einwohnt, Erbrechen gehabt. Die Amme, welche Rumpff bei seinen Kindern hatte, und die Magd bekamen auch Erbrechen. Herr Mosees starb hier im Haus am rheumatischen Fieber. Mein Schwiegervater Miltenberg starb etwa sechs Wochen vor meinem ersten Mann, und darauf folgten die Kinder nach. Ich kann mir die Ursache der in diesem Haus häufigen Krankheit des Erbrechens nicht erklären.‹ Befragt, ob schädliche Mittel gegen Ratten und Mäuse vielleicht unvorsichtig im Haus gelegt wurden, erklärte sie: ›Ratten und Mäuse sind hier nicht im Haus, und dagegen wird hier im Haus nichts gebraucht. Ich selbst habe nie an Erbrechen gelitten.‹ Vorgelesen, genehmigt; und wurde der Witwe Gottfried aufgegeben, sich anzukleiden; der Polizeikommissar Tonjes beauftragt, bei ihr zu bleiben und sie nach eingetretener Dunkelheit auf das Stadthaus zu führen. Gerichtsseitig wurde noch bemerkt, dass sie bei der Vernehmung durchaus anhaltend und mit vollem Atem gesprochen, sodass es keineswegs schien, als wenn sie Seitenstechen habe. Sooft wie man auf das bei den Bewohnern des Hauses häufige Erbrechen kam und sie gefragt wurde, suchte sie auszuweichen, durch Schilderung ihrer Leiden, über den Verlust ihrer Kinder und Männer, und musste aufgefordert werden, direkt zu antworten. Das Gebot, sich anzukleiden, schien sie nicht zu überraschen, auch wandte sie keineswegs ein, dass sie krank sei. Sie bemerkte bloß, dass sie fürchte, dass sie sich erkälten werde. Es wurde ihr ein Wagen angeboten, den sie ausschlug. Die Haussuchung konnte im Zimmer der Gottfried sich nur auf Schränke und Kommode erstrecken, da man das Bette und die Kleidungen noch nicht untersuchen wollte, auch der Tag sich zu neigen anfing. Bis dahin wurde nichts Verdächtiges gefunden.«[42]

Vernehmung der Magd bei Rumpff, dann der Magd bei Madam Hack

Im Protokoll heißt es weiter: »Das Gericht begab sich in Rumpffs Stube. Es wurde der Johann Christoph Rumpff aufgefordert, den Schrank zu zeigen, in welchem das Fleisch gestanden. Er wies einen Eckschrank an, der unten in seinem Hause in seiner Schlafkammer stehe, und bemerkte, dass oben in dem Schrank das Fleisch gestanden. Er bemerkte, dass er erst die Gottfried hereingerufen, ihr das Fleisch gezeigt und sie ihm geantwortet, wie an-

gegeben. Dass er dann die Magd gerufen, es dieser gezeigt und diese dann geantwortet: das sehe ja geradeso aus wie das, was diesen Sommer auf dem Salat gewesen. Er erwähnte noch, dass die Magd ihm heute gesagt hat, dass die Gottfried sie gefragt habe, was Dr. Luce im Hause mache. Sie schien es bemerkt zu haben, dass der Bursche das Fleisch zu Dr. Luce getragen hatte. Es wurde hierauf die Magd des Rumpff in die Stube des Rumpff gefordert und deponierte, nach Abtritt ihres Herrn befragt: ›Ich heiße Dorothea Meier. Ich diene seit 2½ Jahren hier im Haus, nämlich zuerst bei dem Lehrer Specht und dann 1½ Jahre bei Rumpff. Ich bin zweimal hier im Hause krank gewesen. Einmal, wie ich bei Specht [im Dienst] war, und einmal im vorigen Winter auf Neujahr 1826. Ich kriegte es so mit Erbrechen und Durchfall, hatte viel Kopfweh und war schwer in den Gliedern. Das erste Mal behandelte mich Dr. Luce etwa acht Tage, dann kam ich aufs Krankenhaus, wo Dr. Doleire mich behandelte. Das zweite Mal war ebenso. Ich lag erst hier im Hause wohl vierzehn Tage, dann musste ich aufs Krankenhaus. Die Ärzte, die mich behandelten, waren die nämlichen. Die Witwe Gottfried führt den Haushalt meines Herrn. Haus, Küche und Keller stehen unter ihrer Aufsicht. Sie geht selbst in die Küche. Was von den Mahlzeiten übrig bleibt, wird in den Küchenschrank gestellt. Die Krankheit des Erbrechens haben hier im Hause gehabt: der Herr, die Burschen, die Amme, die Magd der hier im Hause wohnenden Madam Hack und ich.‹«[43]
Darauf wurde die Magd bei Madam Hack, Sophie Luise Fetten, »vorgelassen und deponierte befragt: ›Seit Ostern 1827 bin ich hier im Hause bei Madam Hack, die damals hier einzog und mich mitbrachte. Madam Hack und ihre zwei Kinder haben gar keinen Umgang mit Frau Gottfried, Erstere wohnen oben nach vorne und Letztere daselbst auf den Hinterstuben. Ich habe auch dieselbe Krankheit gehabt, die die Leute alle hier im Hause kriegen. Am zweiten Weihnachtstag bekam ich von Madam Gottfried ein Stück Kuchen, und in der Nacht auf den dritten Weihnachtstag ward mir so schlecht, dass meine Madam meinte, ich wolle sterben. Es wurde mir übel, ich musste mich erbrechen und bekam auch Diarrhöe. Madam Hack, durch mein Schreien geweckt, brachte mir Tee, aber die Pein durch den ganzen Körper hörte nicht auf. Noch am anderen Tag war ich ganz matt, die Beine waren, als hätte ich Blei darin, und dabei hatte ich auch Kopfweh, obgleich nicht so schlimm als die Nacht hindurch. Madam Gottfried hat mir oft wohl mal dies oder jenes an Esswaren gegeben. Außer mir hat die Krankheit, so wie ich sie beschrieben, schon gehabt: Rumpff, der Geselle, beide Burschen, die Magd von Rumpff, die Kinder, vorzüglich der Knabe der Madam Hack. Ob sie sie aber so schlimm gehabt haben wie ich, weiß ich nicht. Die Magd von

Rumpff hatte es auch wohl schlimm, aber früher wie ich. Madam Gottfried besorgt die ganze Haushaltung von Rumpff und hat alles unter [ihren] Händen, namentlich sorgt sie für die Küche mithilfe der Magd. Der Kuchen, den Madam Gottfried mir gab, war Butterkuchen, der ,wie ich glaube, nicht im Hause gebacken war.«[44]

Gesche Gottfrieds Abführung auf das Stadthaus

So gab es bereits an jenem 6. März nur aufgrund der innerhalb weniger Stunden zusammengetragenen Aussagen der Hausmitbewohner Gesche Gottfrieds kaum noch einen Zweifel daran, dass ›Madam Gottfried‹ seit langer Zeit im Hause Rumpff mit Gift hantierte. Im Protokoll heißt es weiter: »Das Gericht entfernte sich hierauf, ließ jedoch den Polizeikommissar Tonjes auf der Stube der Gottfried zurück, mit der Weisung, sich von der Gottfried nicht zu entfernen, auch sie durchaus nicht allein zu lassen, nach eingetretener Dunkelheit jedoch dieselbe auf das Stadthaus zu führen. Der Gottfried wurde bedeutet, dass sie noch heute weiter vernommen werden würde. Es war bereits 5¼ Uhr geworden und hatte das Gericht sich seit 11½ Uhr hier befunden.«[45]
Zu diesem Zeitpunkt bereits muss Droste dunkel geahnt haben, dass eine Katastrophe sich abzeichnete. Auf dem Stadthaus überkam ihn die Befürchtung, Gesche Gottfried könne einen Selbsttötungsversuch unternehmen, und er schickte Noltenius nochmals zurück zum Hause Rumpff. Noltenius bemerkte im Protokoll: »Hatte Herr Direktor mich beauftragt, in der Wohnung der Gottfried nochmals nachzusehen, ob das Befohlene gehörig befolgt wurde. Ich war daher 6½ Uhr dahin gegangen und hatte die Gottfried auf ihrer Stube angekleidet gefunden. Von ihrer Krankheit war gar nicht mehr die Rede. Sie ging resch und schlank in der Stube umher und ordnete ihre Sachen. Im Ofen war Feuer angelegt, und wie mir der Polizeikommissar Tonjes sagte, sei es, wie sie gesagt hatte, deshalb geschehen, damit sie es warm finde, wenn sie wiederkomme. Sie habe ihn jedoch mehrmals gefragt, ob er glaube, dass sie diesen Abend wiederkommen werde, worauf er geantwortet, das wisse er nicht. Ich erklärte darauf, dass er mir jetzt baldigst folgen möge. Er möge alles zuschließen und die Schlüssel ins Gericht bringen.«[46]
Als Noltenius Gesche Gottfrieds Stube verließ, zog Rumpff ihn zu sich und bat um ein Gespräch. Wie stark ihn die Ereignisse in seinem Hause ergriffen haben müssen, aber auch in welch naiver Haltung er immer noch den Geschehnissen gegenüberstand, zeigt das von Noltenius angefertigte Protokoll des Gespräches: »Beim Weggehen bat Rumpff mich, in seine Stube zu treten. Er sagte zu mir: ›Ich höre, dass die Gottfried weggebracht werden

soll. Es ist mir hart, wenn ich es denke, dass sie unschuldig wäre, und ich kann mich noch gar nicht daran gewöhnen, dass sie schuldig ist, denn Sie glauben nicht, wie freundschaftlich sie immer gegen mich gewesen ist, manchmal so zudringlich freundlich, dass es mir lästig war. Hätte Doktor Luce mir gesagt, was er gefunden, ich hätte sie bloß weggewiesen. Doch auf der anderen Seite, sollte sie schuldig sein, so wäre es auch schrecklich.‹ Ich beruhigte ihn, dass die ergriffenen Maßregeln zur Einleitung der Untersuchung nötig seien.«[47]

Über ihre erste Vernehmung auf ihrer Stube schrieb Gesche Gottfried im Rückblick: »Meine Aussage in meiner Wohnung war in den Augen der Herren gewiss nicht nach Wunsch. Meine Bestürzung, meinen Schreck und Gefühl kann ich unmöglich beschreiben. Wie Herr Doktor Noltenius mich fragte, ob ich wohl das Bett verlassen könne, und Herrn Kommissar bat, beim Weggehen aufmerksam wegen des Feuers im Ofen zu sein, dies fiel wie ein Stein auf mein Herz. Stelle dein Schicksal Gott anheim, sagte ich im Stillen zu mir, du bist für diese Welt verloren und wirst dein Haus nicht wieder betreten. Daher nahm ich meine Nachthaube mit nach dem Stadthaus und sagte Herrn Rumpff Adieu. Mein Befinden war so besonders den Abend, welches einzig und allein die Gewissensangst hervorbrachte, welche sich meiner bemächtigte. Wie ich mit Herrn Kommissar weggehe, fragt er mich, warum ich so ängstlich sei? Ach, meine Beine wollten mich nicht tragen! Und dabei solchen Frost, und dann wieder Hitze.«[48]

III. Die ersten Tage in der Gefangenschaft

Donnerstag, 6. März, bis Sonntag, 9. März 1828

Das erste Verhör im Stadthaus am Abend des 6. März

Im Stadthaus waren unterdessen Vorkehrungen für Gesche Gottfrieds Inhaftierung getroffen worden. Mit Einbruch der Dunkelheit traf dann Tonjes mit ihr ein. »Es wurde jetzt gemeldet, dass die Witwe Gottfried angelangt sei. Sie wurde in das Zimmer No. 16 geführt, auf dem der Kanzlist des Gerichts Müller seinen Aufenthalt hat, und dieser und ein Polizeidiener blieben bei ihr. Es war indessen eines der auf dem Stadthaus für bürgerliche Arrestanten befindlichen Gefängnisse in Ordnung gebracht, um die Gottfried aufzunehmen. Der Polizeikommissar Tonjes berichtete, die Gottfried hat sich nach Entfernung des Gerichts [aus dem Haus Pelzerstraße] ziemlich ruhig benommen. Sie fragte mich, wer auf dem Stadthause wohne und ob sie die Nacht über wohl dort bleiben müsse. Ich sagte, dass ich Letzteres nicht wisse, auch nicht glaube. Gegen die Zeit des Fortgehens wurde sie unruhig. Sie forderte einen Oberrock, eine schwarze samtene Bügeltasche, die sie bekam. Die Tasche hing leer im Schranke, sie steckte in meinem Beisein ein Tuch hinein.«[49]
Diese Tasche wurde Gesche Gottfried auf dem Stadthaus sogleich abgenommen und in einem Nebenzimmer in Gegenwart von Droste und Noltenius ausgeleert. »Es fand sich in derselben 1 Schnupftuch, Bund Schlüssel, eine Nachthaube und 1 Groten

Das Stadthaus am Domshof. Neben Post und Standesamt hatte dort auch die Polizeidirektion ihren Sitz, hielt das Kriminalgericht seine Sitzungen ab. Auch befanden sich dort einige Zivilgefängnisse. Vom 6. März bis zum 13. Mai 1828, dem Tag ihrer Überführung in das Detentionshaus am Wall, war Gesche Gottfried in einer dieser Zellen inhaftiert, wurde im Stadthaus die Untersuchung gegen sie geführt

klein Geld.«[50] Während der Inhalt der Tasche von Droste näher in Augenschein genommen wurde, trat der Gerichtsschreiber Müller in das Zimmer und meldete, »dass die Gottfried soeben erklärte, sie werde ohnmächtig. Er habe ihr ein Glas Wasser geben lassen, worauf sie sich erholte. Dann habe sie sich auf einen Stuhl gesetzt, und er habe ihr auf ihr Verlangen Zuckerwasser gegeben, dabei habe er mit ihr auf und nieder gehen müssen. Sie habe gesagt, sie habe Seitenstiche, wenn sie aber gehe, werde es besser. Sie habe ihn gebeten, sie nicht zu verlassen. Sie habe gesagt, sie habe eine große Angst auf dem Leibe, und wenn er der Türe zu gegangen, habe sie ihn fest an die Hand gefasst, damit er bleiben solle. Zuweilen habe sie sich an ihn gelehnt, auch ihn dringend gebeten, zu Mamsell Heckendorff bei Nordsiek zu gehen, diese sei ihre beste Freundin, er möge ihr sagen, sie solle sich nicht ängstigen, sie sei ganz unschuldig.«[51]

Droste ließ darauf Gesche Gottfried zum Verhör vorführen. Jetzt erst eröffnete er ihr, dass an Rumpffs Speck Gift gefunden worden sei:

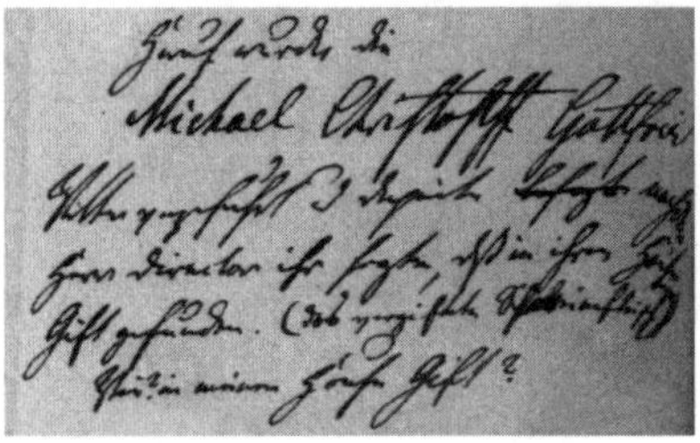

»Hierauf wurde die Michael Christoph Gottfried Wittwe vorgeführt und deponierte befragt, nachdem Herr Director ihr sagte, dass in ihrem Hause Gift gefunden. (Das vergiftete Schweinefleisch) Wie? In meinem Hause Gift?«

Dann aber räumte sie ein: »Ich habe in diesem Sommer Ratten- und Mäusebutter holen lassen. Zweimal ließ ich welche holen. Wenn ich nicht irre, ließ ich zwei Kruken holen. Diese schickte ich nach Hannover. Sonst habe ich keine holen lassen, auch keine im Haus gelegt. Rattenkraut oder Arsenic habe ich nie bekommen. Eine Frau Brüggemann, die hinter meinem Haus wohnt, hat dies geholt.«[52] In immer wirrer werdender Rede fuhr sie fort zu erzählen, wie sie die Mäusebutter ihrem Vetter Timme in Hannover geschickt haben will, dann wurde das Verhör geschlossen.

Gesche Gottfrieds Verhaftung

Nachdem dieses erste Verhör auf dem Stadthaus geschlossen worden war, erfolgte Gesche Gottfrieds Verhaftung: Ihr wurde »angedeutet, dass sie hier auf dem Stadthaus in Haft gehalten werden solle, und sie wurde in das für sie eingerichtete Gefängnis abgeführt«.[53]

Protokoll der Entkleidung Gesche Gottfrieds

Das von der Frau des Polizeidieners Bergmann zu den Akten gegebene Protokoll der Entkleidung listet die Unmengen an Kleidung auf, die Gesche Gottfried zu tragen pflegte.

Bergmanns Ehefrau deponierte: Ihr Anzug bestand aus Folgendem:

1 ein schwarz seidener Ueberrock mit rothem Futter
2 ein weiß Dinity Jacke mit Aermel
3 Zehn sage Zehn Leibchen von Dinity, Leinen und Damast ohne Aermel
4 ein Pique dito mit Aermel
5 ein Dinity dito mit Aermel
6 ein wollenes dito mit Dinity gefüttert, mit Aermel

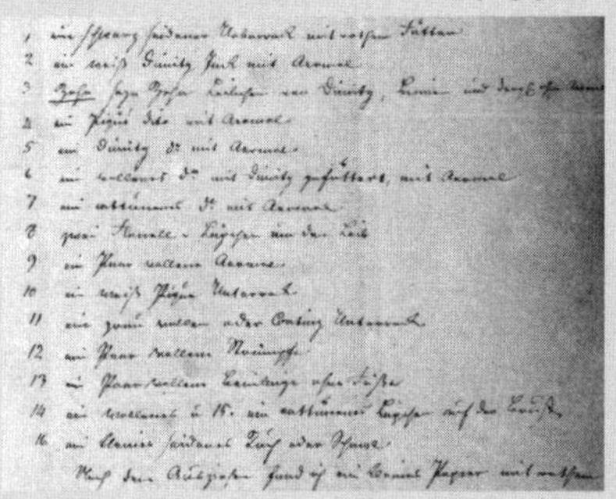

7 ein cuttunenes dito mit Aermel
8 paar Flanell-Läpchen um den Leib
9 ein paar wollene Strümpfe
10 ein weiß Pique Unterrock
11 ein wollener oder coating Unterrock
12 ein paar wollene Strümpfe
13 ein paar wollene Beinlinge ohne Füße
14 ein wollenes und 15. cuttunenes Läpchen auf der Brust
16 ein kleines seidenes Tuch oder Shawl

Der Untersuchungsrichter Senator Droste schrieb über ihre seltsame Kleidungsweise: *»So fragte ich auch nach dem Grund ihrer Kleidung, d.h. warum sie die vielen Leibchen trüge. Ob damit irgendein Glaube oder Wahn, wie man im Publico sage, z.B. dass sie vor Entdeckung geschützt sei, dass sie unsichtbar werde, fliegen könne oder dergleichen in Verbindung stehe? Sie leugnete das durchaus. Sie sei das von ihren Eltern her schon so gewohnt; auch ihr Vater habe ein wattiertes Kamisol getragen, und er oder die Mutter, darunter kann ich irren, habe geglaubt, durch die vielen Leibchen sitze das Zeug besser. Schon als Mädchen habe sie bei ihren Eltern stets sechs Leibchen getragen.«*

Dann wurde trotz der späten Stunde, es mochte wohl neun Uhr am Abend gewesen sein, eiligst noch jene Frau Brüggemann vorgeladen, die für Gesche Gottfried Mäusebutter gekauft haben soll. In ihrer Aussage heißt es: »Ich bin von der Frau Gottfried oft ausgeführt. Ich habe für dieselbe Mäusebutter allerdings geholt. Ich holte sie bei Lankenau am Markt. Die letzte holte ich an Freimarkt. Es waren zwei Kruken, für die ich 15 Groten das Stück gab. Die Gottfried sagte, sie habe so viele Ratten, und die Magd könne sie nicht schicken, denn der würde kein Gift gegeben. Außer den beiden Malen habe ich keine Mäusebutter für die Gottfried geholt. Wie ich das zweite Mal die Mäusebutter holen sollte, sagte die Gottfried, die Mäusebutter habe geholfen. Sie wolle keine Katzen im Hause haben. Ich sollte mich aber genau erkundigen, wie man es damit zu machen habe. Die Schmidt,

welche bei der Gottfried gedient hat, ist viel für sie ausgegangen. Sie ist vor einem Jahr gestorben im Kindbett.«[54]
Nachdem die Brüggemann entlassen worden war, »wurde der Hausmeisterin des Stadthauses Grimm befohlen, alle Kommunikation von Fremden mit der Gottfried zu verhindern, derselben jedoch anständige Kost nach ihrem Wunsche zu reichen, auch das Gefangenenzimmer gehörig zu heizen, und, damit für diese Nacht die Gottfried bei einem etwaigen Unfalle nicht ohne Hilfe sei, die Veranstaltung zu treffen, dass ein junges Mädchen, Luise Surkohl, im angrenzenden Zimmer schlafen und nötigenfalls die Grimm rufen könne.«[55]
Während der Polizeikommissar Tonjes sich nochmals in die Pelzerstraße begab, um aus Gesche Gottfrieds Wohnung Bettzeug und Kleidung zu holen, instruierte Droste die Frau des Polizeidieners Bergmann, sobald Tonjes mit der neuen Kleidung zurück sei, »ihr diese anzuziehen, ihre sämtliche Kleidung aber auszuziehen und dem Gericht zur genauen Durchsuchung einzuliefern«. Dann wurde, mittlerweile war es zehn Uhr geworden, für jenen Tag das Protokoll geschlossen, und Droste begab sich die paar Schritte über den Domshof zu seiner Wohnung in der Sandstraße.
Während des Entkleidens dann wurden Gesche Gottfried von der Frau Bergmann jene berühmten dreizehn Leibchen ausgezogen, die sie seit Jahren zu tragen pflegte, um ihre ungewöhnliche Magerkeit zu verbergen. Die Bergmann gab hierüber zu Protokoll: »Nach dem Ausziehen fand ich ein kleines Papier mit rotem Pulver, vielleicht Zahnpulver oder Schminke, welches ich dem Polizeikommissar gegeben habe. Während des Entkleidens musste ich sie oft antreiben, fortzumachen. Sie setzte sich oft auf ihr Bett, sprach übrigens ganz vernünftig, aber nichts über ihr Hiersein oder den Grund desselben. Sie klagte, dass sie so mager sei, vermutlich um zu entschuldigen, dass sie so viel Zeug anhatte. Ich zog ihr wieder eine Jacke und ein Tuch an. Frau Grimm musste ihr aber auch noch wollene Decken geben und eine Kruke mit heißem Wasser, weil sie sagte, sie friere so. Übrigens war gut warm eingeheizt. Sie hatte reichlich Bettzeug und ging gleich da hinein, als ich sie entkleidet hatte, sodass ich ihr die letzten Leibchen noch im Liegen auszog. Sie fragte mich noch, ob ich die Nacht nicht bei ihr bleiben könnte, was ich verneinte. Es war gleich elf Uhr, als ich fertig war. Als sie umgekleidet war, wurde die Tür zugeschlossen, und ich ging nach Hause.«[56]
Die Kruke mit Mäusebutter konnte Gesche Gottfried in der Achselhöhle verborgen halten: »Wie ich oben auf meiner Schlafstube bin und entkleidet werde, nehme ich die Kruke und lege sie unter meinen Arm und den Arm fest an meinen Leib, dass sie nicht weggleite. Zwei Tage hatte ich diese Kruke unter meinem Kopfkissen liegen.«[57] Erst drei Tage später wird die Kruke bei einer

Durchsuchung der Zelle entdeckt werden. Kaum war Gesche Gottfried allein, machten Visionen ihr die Nacht zum Albtraum. Das Fenster ihrer Zelle ging auf den Liebfrauenkirchhof, der bis 1813 Begräbnisplatz gewesen war und auf dem sich immer noch die alten Gräber befanden. Bei den Grabsteinen nun glaubte sie ihre Giftopfer zu sehen. Ihrem Verteidiger Voget schilderte sie es später so: »Als den ersten Abend die Tür abgeschlossen wurde, öffnete sich das Fenster nach dem Kirchhof, und da erschienen zwei Kinder, des Nachbarn Steitz Kinder, und ein Sargdeckel, woneben Rumpff stand, mit angelehntem Kopf; und nun kam seine Schwiegermutter und küsste ihn, mit der Tochter. Madam Greden und Madam Hack, Mamsell Dohrmann. Gleich nachdem sie zu Rumpff kam, schwebte sie zum Fenster wieder hinaus. Danach verschwand links alles. Erschreckliche Angst dabei. Schauder, Frost; und alles sah ich wachend und mit offenen Augen. Nun näherte sich rechts der alte Herr Kleine und mehrere Herren in großen Oberröcken, die ich nicht kannte. Sie nahten sich meinem Bett; ich griff nach ihnen, um sie abzuwehren. Dann zogen sie zurück. Mein Zimmer wurde hell von einem flammenden Licht und erschien noch einmal so groß. Nun, an der rechten Seite des Bettes, dicht an der Mauer, erschienen viele meiner Bekannten, mit etwas über dem Kopf gehangen, Regenlaken, oder was es war; eine Frau mit kleinen Kindern usw. Ich erkannte bloß die Mamsell Alberti, das war mir so ein ähnliches Gesicht, die konnte ich vergleichen. Ich dachte: das sind alle die Verstorbenen, die mir erscheinen. Der liebe Gott fügt das so, dass die dir alle so vor Augen kommen, um dich zu erinnern.«[58]
Und während Gesche Gottfried ihre erste Nacht in der Gefangenschaft in einem Zustand, verängstigt bis an den Rand des Wahnsinn, erlebte, verbreitete es sich in der Stadt wie ein Lauffeuer, Madam Gottfried habe dem Johann Christoph Rumpff Gift ans Essen gegeben und sei verhaftet worden. Durch die Nachricht der Verhaftung Gesche Gottfrieds war der Vorhang der Gleichgültigkeit gegenüber den Warnungen und Mahnungen vor dieser Frau und vor ihrem Unglückshaus, in dem Krankheit, Siechtum und Tod regierten, wie weggezogen. »Wer nur irgend die Gottfried kannte oder mit ihr einmal in Berührung gekommen war, äußerte jetzt seine darauf Bezug habenden Erinnerungen, verglich und stellte zusammen und kombinierte, wie der Erfolg gezeigt hat, sehr oft richtig.«[59] So offenbarte sich binnen kürzester Zeit, dass diese Frau über Jahre einen außergewöhnlichen Bedarf an Gift gehabt hatte. Und rasch dämmerte es den meisten, dass ihr unerklärliches und qualvolles Leiden der letzten Jahre nichts anderes zur Ursache hatte als Gottfried'sche Mäusebutter. In diesem Licht ging schlagartig auch zusammen, was zuvor von niemandem einer näheren Betrachtung unterzogen worden war: Es wurde zur

schrecklichen Gewissheit, dass zahlreiche Personen aus der Familie und dem Bekanntenkreis Gesche Gottfrieds nach dem Genuss von ihr zubereiteter Speisen unter den Symptomen schwerer Vergiftungen gestorben waren.
Und noch bevor Gesche Gottfried ein zweites Mal im Stadthaus in Verhör genommen worden war, noch bevor sie eine einzige Vergiftung eingestanden hatte, stand sie, aufgrund dieser Aussagen aus ihrem Umfeld, Menschen, die noch wenige Stunden zuvor in ›Madam Gottfried‹ nichts anderes gesehen haben wollten als eine achtungswürdige Frau, mit allergrößter Wahrscheinlichkeit als Mörderin zahlreicher Personen da. »Die Untersuchung gegen die Gottfried wurde das allgemeine Gespräch des Tages, das ganze Publikum nahm den lebendigsten Anteil an ihrem Fortgang, und die dem Gericht zuströmenden Materialien nahmen daher mit jedem Augenblick an Reichhaltigkeit zu.«[60]
Gesche Gottfrieds psychische Verfassung an den Tagen nach ihrer Verhaftung aber machten weitere Verhöre zunächst unmöglich. Zurückblickend schrieb sie hierüber: »Die Nacht sah ich aus dem Fenster nichts wie lauter Truppen. Auswärtige von Hoya und Hannover standen mit finsterer Miene und sahen mich an. Auch viele Herren des Rats mit bloßen Köpfen. Es fing an in der Morgendämmerung und dauerte fort den ganzen Tag und den folgenden, bei vollem Wachen. Der Kirchhof war viel größer und eine große Menge Bürgersleute versammelt. Der alte Herr Meyerholz* und Schmidt haben zwei Tage lang still dagesessen auf dem Kirchhof. Schmidt hatte sein Kind auf dem Arm.«[61]

Aus dem Protokoll vom Freitag, 7. März

Am darauffolgenden Tag war Senator Droste volle vierzehn Stunden, von acht Uhr am Morgen bis zehn Uhr am Abend, damit beschäftigt gewesen, die eingehenden Aussagen zu den Akten zu bekommen. Im Protokoll jenes Tages heißt es: »Zuvörderst berichtete der Polizeikommissar Tonjes über das, was sich gestern Abend zehn Uhr, wo das Gericht sich entfernt hatte, bis jetzt acht Uhr morgens mit der Arrestantin zugetragen, wie folgt: ›Als ich gestern Abend mit den Kleidern aus Rumpffs Haus und dem Bett hierherkam, war es bekanntlich eben nach zehn Uhr. Die Gottfried saß noch auf Müllers Stube. Ich ging mit ihr und des Polizeidieners Frau hinauf in das Gefangenenzimmer. Dort ließ ich die Bergmann mit der Gottfried allein, welche dieselbe bis aufs Hemd entkleidete. Diese Nacht ist sie ruhig gewesen, bis etwa sechs Uhr morgens, wo sie das neben ihr sitzende kleine Mädchen, Luise Suhrkohl, zu der

* Alle Personen sind Angehörige der Mordopfer.

Frau Grimm hier im Hause geschickt hat, um Tee zum Trinken zu bestellen, welchen sie erhielt.«[62]
Der erste der vom Gericht bestellten Zeugen war Rumpffs Geselle Johann Christoph Beenke, der drei Jahre zuvor aus Treptow nach Bremen gekommen war: »Ich bin jetzt im dritten Jahr in Bremen und ebenso lange bei Rumpff in Arbeit, mit dem ich seit Freimarkt 1826 in dem Haus in der Pelzerstraße Nr. 37 wohne, welches mein Lehrherr von der Witwe Gottfried gekauft hat. Das erste Jahr, welches ich bei Meister Rumpff arbeitete, wohnten wir in der Neustadt und an der Ansgariitorstraße. In diesen letzteren Wohnungen hat mir niemals etwas gefehlt, und so auch nicht in früheren Jahren. Seit wir aber im Hause der Witwe Gottfried wohnen, ist mir manchmal unwohl gewesen. Bei Tische oft und zuweilen nach Tische wurde mir so übel, dass ich nichts essen mochte, oder es war mir nach dem Essen, als müsste ich mich erbrechen. Dazu kam es aber nicht, da ich eine starke Natur habe. Früher nämlich, vorigen Sommer, als Madam Gottfried nach Hannover reisen wollte, ich glaube, einige Tage zuvor, gab sie einen Punsch zum Besten in Rumpffs Stube. Ich kam nachher, etwa neun Uhr, nach Hause, da sagte Madam Gottfried zur mir, als ich mit dem Meister auf dem Hausflur stand: ›Hier, Brandenburger, ist noch ein Glas Punsch für Sie.‹ Ich trank das aus und wurde, ohne etwas weiter zu genießen, eine Stunde oder eine halbe Stunde nachher sehr übel, als müsste ich mich erbrechen, und dabei sah ich so blass aus, dass die Mädchen im Hause mir davon sagten. Mein Lehrherr Rumpff war auch oft übel und erbrach sich. Er sagte mir oft, er wisse gar nicht, was das sei. Sonst sei er so gesund und stark gewesen, und nun, seit er hier im Hause wohne, sei er so lahm und machtlos und müsse so oft brechen. Ich kann das bezeugen, dass ihm in unserer früheren Wohnung nichts fehlte.«[63]
Dann wurde nochmals Frau Brüggemann vernommen: »Es war die gestern Abend vernommene Brüggemann Witwe wieder vorgefordert, um über den auf Gottfrieds Hof im Mai vorigen Jahres sich ereigneten Todesfall einer Wöchnerin namens Schmidt und ihres Kindes Auskunft zu geben.« In ihrer Aussage über den Tod von Gesche Gottfrieds langjähriger Dienstmagd Beta Schmidt und deren dreijähriger Tochter heißt es unter anderem: »Im Mai, ungefähr um die Mitte des Monats, wurde eine Tochter der Schmidt plötzlich krank. Sie ging an einem Dienstagmorgen noch gesund und wohl auf dem Hofe (Gottfrieds Hof) herum. Den Mittag kriegte sie es so mit Erbrechen und Durchfall, und in drei, vier oder fünf Tagen war sie tot. Auch die Mutter bekam ein paar Tage vor ihrem Tode, nachdem ich sie den Morgen im Hause noch hatte herumgehen sehen, Durchfall, und sie starb etwa achtundvierzig Stunden nachher.«[64].

Rumpffs Lehrbursche, Diedrich Meyer, gab zu Protokoll: »Seit ich bei Rumpff bin, geht es mir oft schlimm, und sonst hat mir doch mein Leben nichts gefehlt. Jetzt aber bin ich so oft übel. Ich habe mich oft übergeben, besonders wenn wir Reis gegessen hatten. Das habe ich schon fünf- bis sechsmal gehabt, dass ich den keine Stunde im Leibe haben konnte. Diesen letzten Nachsommer habe ich auch außerordentlich viel Durst gehabt. Ich hatte wenig Macht und war so mutlos. Es lag wie Blei mir in den Knochen. In dem ersten Winter, den ich dort war, zwischen Fastnacht und Ostern, holte ich einmal für Madam Gottfried Torf vom Laden. Da gab sie mir zur Belohnung ein Stück Wurst, ein Stück trockenen, großen Zwieback und ein Glas Schnaps. Davon bekam ich so ein Brennen und Reißen im Leib. Ich war schlecht zumute. Den Abend oder Tag darauf aßen wir Milch[suppe], da kam es mir heraus, ich brach mich tüchtig. Vorigen Sommer habe ich Erbrechen und Durchfall noch mal gehabt. Damals habe ich einen Tag darum zu Bett gelegen. Und auch neulich mal, des Morgens, habe ich ein paar Stunden länger im Bett gelegen, weil ich nicht aufstehen konnte. Da war mir so sonderbar und müde zumute, als hätte ich tags zuvor so schwer gearbeitet, und das war doch gar nicht der Fall. Ich hatte auch einen Nebenburschen, Heinrich, der hat dieselben Beschwerden gehabt und mal acht Tage deswegen zu Bett gelegen. Er ist nun weggelaufen, und ich kann mir den Grund nicht denken, da unser Meister so außerordentlich gut mit uns ist und ihm namentlich auch nicht einmal ein Scheltwort sagte. Auch die Mädchen im Haus und eine Amme, die nur noch wenige Tage im Haus war als ich kam, haben dieselben Beschwerden gehabt. Einmal, fällt mir jetzt ein, es war Sonnabendabend, aßen der Meister, der Geselle, der Bursche, Dorothe und ich Warmbier[suppe]. Frau Gottfried aber nicht mit, denn sie pflegte nicht zu Abend mit uns zu essen. Von diesem Essen mussten wir zwei Burschen und die Magd uns tüchtig brechen, der Geselle und der Meister nicht, der Geselle hat aber auch eine ganz starke Natur.«[65]
Dann »fand sich der Apotheker Georg Christian Kindt ein«, um eine schriftliche Ausarbeitung seiner Untersuchungen an der auf dem Speck gefundenen »weißen Substanz« abzugeben. Es wurde ihm der Korb gezeigt, worin auf einem Teller der am Vortag gefundene Speck lag. »Ich habe nichts daran geändert, sondern bloß eine Messerspitze voll von der weißen Materie abgenommen und damit Versuche gemacht, worin ich fand, dass diese Materie Arsenik enthalte. Sie kommt mir vor wie sogenannte Mäusebutter.«[66]
Nach einer Pause von einer Dreiviertelstunde ging es »Nachmittags drei Uhr« weiter. Zunächst ordnete Droste eine nochmalige Untersuchung der ›weißen Materie‹ auf dem Speck durch einen zweiten Chemiker an, und so wurde »Dr. und Professor Heineken als Physikus aufgefordert, sich hierselbst einzufinden«, um eine

solche Untersuchung vorzunehmen. Sodann erschien freiwillig Meister Rumpff mit der Anzeige: ›Er müsse bemerken, dass eine gewisse Frau Caarsen und eine Mamsell Meyer noch über den auf seinem Hof erfolgten Todesfall der Frau Schmidt und ihrer Tochter etwas Näheres würden sagen können.‹ Als Meister Rumpff noch im Gerichte war, erschienen gleichzeitig Dr. Luce, Dr. und Physikus Heineken und der Apotheker Hoffschläger*. Dr. Luce recognizierte in Gegenwart der Genannten, ebenso wie Rumpff, dass der Speck noch unverändert in der Lage und dem Zustande sei, wie er ihn aus Rumpffs Hause empfangen und zum Apotheker Kindt gesandt habe.« Darauf wurden Rumpff und Dr. Luce entlassen.

»Dr. und Professor Heineken und der Apotheker Hoffschläger schabten nun in Gegenwart des Gerichts mit einem Federmesser von der breitesten Stelle des Stückes Speck oberflächlich von der darauf sitzenden weißen Masse etwas – ungefähr ein Drittel eines Teelöffels – ab und entfernten sich damit, um die Substanz zu untersuchen, worüber sie zu berichten versprachen.«[67] Und während von Droste noch bemerkt wurde, dass »bei dem Abschaben die fleischigen Stellen des Specks geschont wurden, da man auf diesen, wegen des Abstrichs der Farbe, die Materie besser sieht, und es wünschenswert blieb, den Anblick zu erhalten«, traten Tonjes und Grimm ein: »Der Polizeikommissar Tonjes und die Hausmeisterin Grimm, welche bis jetzt seit dem gestrigen Verhör die Einzigen waren, welche zu der Arrestantin gelassen worden waren, zeigten dem Gericht an, dass dieselbe abwechselnd so spreche, als wenn sie Visionen habe.« Da Dr. Heineken noch anwesend war, wurde er »beauftragt, sie zu besuchen und ihren Zustand in der Hinsicht zu prüfen, ob es der ärztlichen Hilfe bedürfe. Arrestantin hatte nämlich dem Polizeikommissar und auch der Grimm gesagt, da unten auf dem Lieben Frauen Kirchhofe stehe ihr Bruder und dergleichen. Gerichtsseitig wird bemerkt, dass zwar das Gefangenenzimmer die Aussicht auf den Kirchhof hat, dass man indes von dem Bett aus, worauf Arrestantin lag, als sie dieses sagte, nicht auf den Kirchhof sehen kann, und fernern ist zu bemerken, dass der einzige Bruder der Arrestantin lange Jahre tot ist. Gleich nach solchen Äußerungen, die der Polizeikommissar für fingiert hielt, hatte sie wieder vernünftig geredet. Dr. Heineken kam jetzt zurück und deponierte, der Arrestantin fehle nichts an Erheblichkeit, da sie indes wohl etwas Fieber haben könne, wolle er ihr etwas aufschreiben, worauf derselbe die Mixtur verordnete, deren Rezept beiliegt.«[68]

* Der Apotheker Hoffschläger war als Mitglied des Gesundheitsrates mit den medizinisch-chemischen Fragen des Falles befasst.

Inzwischen war es »Abends, 7 ½ Uhr«. Es erschien die Magd bei Rumpff, Dorothea Meyer. Sie wurde nochmals ausführlich über die Ereignisse um den Speck befragt. Abschließend »deponierte sie noch: ›Als Dr. Luce gestern Morgen da gewesen, ging ich zu Madam Gottfried hinauf und sagte ihr, was das wohl heiße, Dr. Luce sei schon da gewesen und der Bursche sei schon ein paarmal mit dem Korb aus gewesen. Der Herr sagte, der Bursche bringe Würste aus. Ich habe aber wohl gesehen, das sei nicht wahr. Ob und was sie mir darauf antwortete, weiß ich nicht. Ich fuhr fort: er möchte denn mit dem Speck aus sein? Worauf sie antwortete: ›Ach! Da habe ich noch nicht wieder daran gedacht.‹ Ich fing dieses Gespräch an und nicht Madam, denn ich dachte, ich wollte doch mal hören, was Madam wohl sagt, wenn ich von dem Speck erzähle. Als ich dieses mit Madam sprach, lag sie im Bett, denn sie ist gestern gar nicht heruntergekommen und nur einen Augenblick auf gewesen, um ihre Federdecke von der Stube zu bringen, worauf sie gleich wieder zu Bett gegangen ist. Etwa um ein Uhr kam darauf das Gericht; dann sah ich sie nicht mehr, als bis etwa um sechs Uhr, wo sie nach mir klingelte und Tee bestellte. Bei der Überreichung der ersten Tasse äußerte sie zu mir: ›Bald sage ich ihr Adieu!‹.«[69]

Die von Rumpff »bemerkte« Mamsell Meyer war an jenem Tag vom Polizeidiener Bergmann nicht angetroffen worden, wohl aber die Frau Caarsen: »Hierauf erschien Christian Caarsen Ehefrau und deponierte wie folgt auf Befragen: ›Seit einem Jahr wohne ich auf Gottfrieds Hof und habe dort die Todesfälle von Friedrich Schmidts Frau und ihrer Tochter erlebt. Ich zog den Tag ein, als Schmidts Frau entbunden wurde. Von der Krankheit der Schmidt weiß ich nichts. Mamsell Meyer (Catharinenstr. No. 22) muss es genau wissen. Von den ersten dreizehn Tagen der Krankheit der Frau kann ich sagen, dass ich am neunten Tage nach der Entbindung, als ich einmal aus gewesen war, sie im Hause fand, wo sie Wasser vom Feuerherd holte. Am zehnten Tage, als ich meinem Mann das Essen warm machen wollte, rief die Mamsell Meier, die bei ihr war, nach mir. Ich lief ins Zimmer und fand sie auf dem Bett liegend. Sie konnte den Augenblick nicht sprechen und keine Luft holen. Als sie wieder sprechen konnte, klagte sie über die Seite, worüber sie früher schon klagte; dabei bekam sie starken Durchfall, so fürchterlich, dass man sie nicht schnell genug aufheben konnte. Dabei hatte sie schrecklich viel Durst. Die Augen und die Beine waren ihr geschwollen. Die Gottfried war oft da. Einmal, ich glaube, es war nach dem zehnten Tage, schickte die Gottfried ihr Weljen*, die bekamen ihr schlecht, sodass wir glaubten, der Durchfall wurde schlimmer davon. Ich hatte erst

* Suppe aus eingekochter Hafergrütze

den Glauben, die Weljen seien nicht lange genug gekocht. Nachdem ich weg war, lebte sie noch acht oder neun Tage. Der Durchfall soll schlimmer geworden sein.‹«
Nach dieser Vernehmung wurde »für heute, abends zehn Uhr, geschlossen«.

Aus dem Protokoll vom Sonnabend, 8. März

Am nächsten Tag wurde zunächst die am Vortag nicht angetroffene Catharina Meyer vom Polizeidiener Bergmann vorgeführt. Sie erklärte: »›Am letzten Freimarkt (Oktober) 1827 zog ich aus Gottfrieds Hof No. 1 (jetzt Rumpffs Hof genannt), wo ich vier bis fünf Jahre gewohnt hatte. Ich logierte dort bei dem Küper Friedrich Schmidt, dessen Frau und Tochter im Mai vorigen Jahres

Gerichtsordnung
der
freien Hansestadt Bremen.
Bremen, 1820,
gedruckt bei Heinrich Meier, Raths-Buchdrucker.

Der Gang des gerichtlichen Verfahrens gegen Gesche Gottfried

Nachdem das bremische Gerichtswesen durch die französische Herrschaft in den Jahren von 1810 bis 1813 eine grundlegende Modernisierung erfahren hatte – die Justiz wurde von der Verwaltung getrennt, die Gerichtsverhandlungen öffentlich gemacht und bei Kriminalverfahren ein Schwurgericht eingeführt – wurden die Modernisierungen nach der Befreiung Bremens rasch wieder rückgängig gemacht, und man kehrte zum alten, gemeinrechtlichen Inquisitionsprozess zurück, der ›Constitutio Criminalis Carolina‹, die sogenannte ›Peinliche Halsgerichtsordnung Kaiser Karls V.‹ aus dem Jahre 1532.
Hier lief ein Gerichtsverfahren so ab, dass ein Richter des Kriminalgerichts im Geheimen, also nicht öffentlich, die Untersuchung führte. Er führte die Verhöre und hatte die Aussagen des Beschuldigten und der Zeugen unter Wahrung vorgeschriebener Formen protokollarisch zu den Akten zu nehmen.
Bei Tötungsdelikten wie im Fall Gesche Gottfried, war eine sogenannte ›Letalität‹ beizubringen, das heißt, der Beweis, dass bei den Opfern auch wirklich das Gift zum Tode geführt hat. Hierzu genügten weder Indizien noch das Geständnis Gesche Gottfrieds. Es mussten vielmehr die Leichen der Giftopfer ausgegraben und an ihnen der Nachweis von Arsenik erbracht werden.
Erst nach Abschluss der Untersuchung durfte der Beschuldigte einen Verteidiger wählen, der nach Einsichtnahme in die Akten eine schriftliche Verteidigung abzugeben hatte. Todesurteile durften nur vom Bremer Obergericht ausgesprochen werden. Daher musste die Verteidigungsschrift zusammen mit einem die Aktenlage zusammenfassenden Hauptbericht dem Bremer Obergericht vorgelegt werden. Die Gerichtsordnung sah weiter vor, dass gegen ein Todesurteil Berufung durch den Verteidiger eingelegt werden musste. Somit gingen die Akten zur endgültigen Entscheidung an das Oberappellationsgericht, das sich damals in Lübeck befand.
Da das Inquisitionsverfahren auf absoluter Geheimhaltung der Akten beruhte, durften bis zum endgültigen Urteilsspruch aus Lübeck keinerlei Informationen über den Stand der Ermittlungen an die Öffentlichkeit gegeben werden.

binnen vierundzwanzig Stunden starben. Erst starb das Kind, eine Tochter von etwa drei Jahren, dann die Mutter, die Ende April (den 20. oder 22.) in Wochen gekommen war.‹
Befragt nach den Umständen bei der Krankheit, erzählte Comparentin: ›Am ersten oder einem der ersten Montage im Mai vorigen Jahres war das Kind, auf das ich viel hielt und welches stets um mich war, des Morgens noch ganz wohl und munter wie immer. Gegen Tischzeit kam Madam Gottfried, die bei Schmidts aus und ein ging, in Schmidts Haus und holte das Kind in ihr Haus. Ich sagte zu der Kindsmutter, es sei mir nicht recht, dass die Gottfried das Kind gerade gegen Essenszeit holte, worauf die Mutter sagte, ich solle doch das Kind wieder holen lassen. Ich mochte das nicht tun, damit Madam Gottfried es nicht übel nähme. Diese kam aber gleich darauf und brachte das Kind selbst zurück. Ich fragte, ob das Kind so viel zu Mittag bekommen hatte, dass es nichts mehr brauche. Die Gottfried sagte: ›Das wohl nicht.‹ Ich gab dem Kind darauf noch einige Kartoffeln mit Butter. Etwa zwei Stunden nachher kam eine Witwe Griese zu mir, und wir tranken Kaffee. Ich gab dem Kind auch eine Tasse, dies hatte es aber kaum eine halbe Stunde hinunter, so fing sich das Kind an, ein wenig zu übergeben. Gleich darauf erbrach es sich etwas mehr und nach kurzem Zwischenraum recht viel. Auf dieses dritte Brechen sandte ich zum Arzt, Dr. Schütte, welcher kam. Er fragte, was das Kind gegessen habe, und ich erzählte ihm das von den vorhergehenden Tagen. Da sagte der Doktor, das läge im Magen. Erst verschrieb er ihr Pillen, die brach das Kind aus. Kurz, alles was das Kind bekam, brach es aus. Dabei war das Kind verstopft und musste Lavaments haben, die ihm die Krankenwärterin Haneke gab. Die ersten paar Tage jammerte das Kind und bekam es so mit der Angst. Die letzten Tage sprach sie nicht mehr. Ich fragte sie, wie sie noch sprechen konnte, was ihr wehtäte, sie sagte: ›Tante, mein Leib.‹ Ich erzählte es dem Dr. Schütte, dieser sagte aber: ›A was! Sie hats am Kopfe!‹ Sie bekam deshalb auch Umschläge um den Kopf und Blutegel, die Chirurg Becker ihr setzte. Damit wurde fortgefahren, bis das Kind starb. Ich glaube, es war am Sonntag, den Dreizehnten. Ich habe mir nämlich die Todesanzeige aufbewahrt. Überhaupt war der Todesfall so traurig, Mutter und Tochter, und ich habe so viel von dem Kind gehalten.‹
Comparentin weinte bei diesen Worten. ›Von der Schmidt'schen Krankheit kann ich nichts sagen. Ich weiß wohl, dass sie an Durchfall und Erbrechen litt. Dr. Schmidt und Becker waren ihre Ärzte. Die Gottfried brachte ihr oft zu essen, weil sie aber immer Erbrechen bekam, so wollte sie das Essen manchmal nicht und schob es weg.‹«[70]
Nachdem Catharina Meyer entlassen worden war, gab Johann Christoph Rumpff nochmals einen ausführlichen Bericht über

das Auffinden der Specks zu den Akten und kam dann auf die Krankheit des Erbrechens in seinem Haus: »Einmal, im vorigen Herbste, wie mir sehr übel war, ging ich zu Madam Gottfried und sagte: ›Es soll heraus, woher dieses Erbrechen im Hause kommt, und sollte es auch kosten, was es wolle. Entweder liegt es am Brunnen oder irgendeiner Sache, denn natürlich muss es zugehen. An Hexerei glaube ich nicht. Sie erwiderte weinend: ›Ach ich bin unglücklich, man hat mich immer in Verdacht.‹ Ich ging in die Werkstelle, und meine Heftigkeit legte sich. Ich kam heraus und sah die Gottfried weinen. Dies ergriff mich, und ich dachte, ich sei hart gegen sie gewesen und hatte doch unrecht, da gerade sie nur so lieblich und zuvorkommend gegen mich gewesen. Ich ging daher zu ihr und sagte: ›Ich habe ja nicht gesagt, dass ich Verdacht gegen sie hätte. Was die Leute sagen, das glaube ich ja nicht. Ich sage ja bloß, das Ding müsse eine Ursache haben, und diese will ich wissen.‹ Sie sagte, sie sei unglücklich. Sie habe auf dem Sterbebett ihrem Vater etwas geloben müssen, was sie jetzt mit der größten Aufopferung getan habe. Ich wollte wissen, was das sei. Sie sagte aber, sie könne es nicht sagen, sie werde es mir aber wohl einmal sagen. Eine Mamsell bei Donandt hat mir heute erzählt, dass sie Kuchen von der Gottfried bekommen und gewiss von ihr vergiftet sei. Eine Mamsell Heckendorff bei Nordsick ist eine sehr vertraute Freundin von ihr. Ich kann nicht anders denken, als sie ist ihre Gehilfin oder von ihr betrogen. Die Dorothe hat mir heute gesagt, dass die Gottfried ihr, wie sie bei Specht gedient, Pfannekuchen gegeben habe, nach welchem sie Erbrechen bekommen. Wie sie die Ammen begleiten sollte, habe die Gottfried ihr Wein und Butterbrot geboten, was sie ausgeschlagen. Wie der Wagen vor der Tür gestanden, habe die Gottfried sie noch mal heraufgerufen und ihr Wein und Butterbrot gegeben.«[71]
Mit der Aussage der darauf erschienenen Johanna Gröning kam ein erster Verdacht auf, Gesche Gottfried könne ihren Bruder vergiftet haben: »Die Gottfried hat mich besucht und ich sie. Ich wohnte mit in ihrem Haus. Ich war im Hause, wie der Bruder krank lag, und habe bei ihm gewacht. Johann Timm kam vor ungefähr vierzehn Jahren aus Frankreich und wollte sein Kindteil 600 Reichstaler erheben. Er kam freitags gesund an, des Sonntags hatte er bei Kotroed gespeist, kam nach Hause und klagte über Kopfweh. Die Gottfried gab ihm Tee, worauf er sich erbrach. Er wurde krank und starb den neunten Tag nach der Rückkunft.«[72]
Am Nachmittag beauftragte Droste den Sekretär Noltenius mit einer Nachsuchung in Gesche Gottfrieds Wohnung: »Im Hause des Rumpff. Herr Direktor hatte mich beauftragt, eine genaue Nachsuchung im Zimmer der Gottfried vornehmen zu lassen und unter ihren Sachen nach Giften zu suchen, weswegen ich

mich mit dem Polizeikommissar Tonjes, den Polizeidienern Bergmann und Schroeder hierher begab. Zuerst wurde ein Proviantschrank der Gottfried, der auf dem Vorplatz* stand, untersucht. In diesem wurde als verdächtig, dass Gift darinnen sei, zurückgelegt: 1. Eine Kaffeemühle, in der sich etwas Weißes befand, welches teils oben in der Büchse, teils in der Schieblade war. Es schien mir zwar kein Arsenik zu sein, den ich in etwa kenne, da er mir bei Untersuchungen früher vorgekommen ist, allein, um nichts zu vernachlässigen, halte ich sie zurück; 2. Eine Untertasse mit einer geschmolzenen, fettigen Substanz. Es kam mir wie Wachs vor; 3. In einem Brotkorb zwei Hälften eines halben Zwiebacks, auf welchem etwas Weißes zu sehen war. Es war mehr altes Brot da, allein, hierauf war nichts zu sehen. Hierauf wurde die Stube der Gottfried genau untersucht. Die am vorgestrigen Tage durchgesehene Kommode und die Schränke wurden nochmals besehen. Hier fand sich nichts. Die auf Sockeln stehenden Gipsfiguren, die Uhr, zwei Füllhörner, ein Korb wurden durchsucht. Es fand sich nichts Verdächtiges. Darauf wurde das Bett untersucht. Es fand sich nichts Verdächtiges darin. Hierauf wurde die Bettstelle weggenommen. Unter dem Bett fanden sich verschiedene Papierschnipsel. Alles wurde nachgesehen. Am Kopfende des Bettes lag ein Stück von einem Bremer Wochenblatt. Auf dem Blatt war eine weiße, schmierige Materie, die mir wie Mäusebutter vorkam. Dieses Papier wurde in ein Blatt Papier gewickelt und darauf geschrieben, wo es gefunden. Das Schreibbüro wurde aufgenommen, die Stubenmatte aufgerollt und alles genau untersucht. Aus dem Schreibbüro nahm ich eine Tüte mit rein weißer Substanz mit, bezeichnete sie wie das Obige. Mir schien es Mehl zu sein. Auf dem Rand der im Ofen stehenden Waschkumme fand sich etwas Weißes. Ich hielt es für Mandelklein, legte es in Papier gewickelt zurück und bezeichnete es wie die Obigen. Unterm Spiegel, auf einem Topf, fand ich einen braunen Teig mit etwas Weißem überzogen. Ich hielt es für Kuchenteig mit Mehl bestreut und nahm es mit, nachdem ich es wie die Obigen bezeichnete. Weiter wurde nichts Verdächtiges gefunden.«[73]

Noltenius nahm noch allerlei Dokumente in Gewahrsam, die sich in dem Schreibpult fanden. Unter anderem waren es Schuldverschreibungen, Hofbriefe und Quittungen sowie »an barem Geld zwei Reichstaler und 33 Grote«. Dann begab sich das Quartett zurück zum Stadthaus, wo Droste die von Noltenius eingezogenen verdächtigen Gegenstände in Empfang nahm und persönlich zu Dr. Heineken brachte, mit der Bitte, zu untersuchen, ob sich giftige Substanzen daran finden. Aus dem Geburts- und Sterbe-

* Hausflur

register ging dann noch ein, dass »die Gottfried drei Kinder von Miltenberg und ein tot geborenes von Gottfried gehabt habe«. Damit wurde das Protokoll für den Sonnabend geschlossen.

Senator Drostes gestörte Sonntagsruhe:
Die Ereignisse vom Sonntag, 9. März

Erschrocken über die Nachricht der Verhaftung Gesche Gottfrieds und verwirrt über die in der Stadt umlaufenden Giftgerüchte, begab sich am nächsten Morgen, es war der Sonntag nach der Verhaftung, der Schneidermeister Friedrich Dolge, der bekanntlich über Jahre ein Verhältnis mit Gesche Gottfried gepflegt und sie durch geliehene Gelder in finanzielle Abhängigkeit zu sich gebracht hatte, zu der Privatwohnung Drostes in der Sandstraße.
Ob er diesen privaten Weg gewählt hatte, weil er nicht den geringsten Wert darauf legte, seinen Namen in den Gerichtsakten wiederzufinden, oder ob er ganz einfach nur glaubte, in sonntäglicher Privatatmosphäre den Herrn Senator in günstigerer Stimmung anzutreffen, bleibt ungewiss. Hätte der Mann allerdings geahnt, was er mit seinem Besuch auf sich laden würde, er hätte sich gehütet, einen solchen Gang anzutreten, denn an jenem Sonntag kam sein jahrelanges Verhältnis mit Gesche Gottfried *en detail* zu den Akten. Aber der Reihe nach.
Kaum hatte Dolge Drostes Wohnung wieder verlassen, begab Droste sich ins Stadthaus und fertigte dort ein Gedächtnisprotokoll über das Gespräch an. Darin heißt es: »Sonntag, den 9. März 1828. Morgens, 9 1/2 Uhr. Soeben erschien der hiesige Schneidermeister Dolge in meiner Wohnung, um ein Wort über die Gottfried zu sprechen, die er so lange schon kenne und die er seiner Versicherung nach an den Übeltaten, die ihr jetzt in der Stadt nachgeredet würden, so unschuldig halte, dass er wohl dafür einstehen möge. Die Gottfried daure ihn, da sie niemanden habe, der sich ihrer annehme, und er ihr stets beigestanden und sie beraten habe. Er kenne sie seit ihrer Kindheit, da er schon den Vater, den Schneidermeister Timm, gut gekannt habe und dieser ihm reelle Dienste erzeigt hätte. Auch während Miltenbergs und Gottfrieds Zeiten und später habe er stets guten Umgang dort im Hause gehabt, ihr durch Geldvorschüsse und sonst gedient und geholfen, woher er bezeugen könnte, dass die Frau stets ihm sehr brav erschienen sei und vielen Leuten auf der Nachbarschaft gedient habe. Er halte es für unglaublich, dass die Vergiftungsgeschichten, die in der Stadt erzählt werden, wahr seien, und könne viele Details über manche dort im Haus gestorbenen Personen erzählen.

Gesprächsweise äußerte derselbe, dass Gottfried stark getrunken und sich kurz vor seiner Krankheit selbst durch Verletzung und Erkältung geschadet hätte und dergleichen. Zugleich gab Comparent an, wann der eine oder andere zu der Gottfried gekommen, wann er gestorben und dergleichen. Sodann fragte er, ob er wohl – wenn es angehe – wissen dürfe, ob wirklich schon erhebliche Anzeigen gegen die Gottfried vorhanden seien, worauf ich erwiderte, ich dürfe ihm darüber nichts sagen. Dabei erzählte er, der Nachbar Steitz habe ihm am Tage nach der Arrestation der Gottfried gesagt, gestern hätte Rumpff ihn zu sich gerufen und ihm Speck gezeigt, worauf sich eine verdächtige weiße Materie befunden habe, und ihn gefragt, was das sei, oder: ob das Gift sei? Er, Steitz, habe dann erwidert, da wollten sie schon hinterkommen. Darauf sei durch Steitz oder Rumpff Arsenik von Schragen geholt und auf den Speck gestreut, um zu vergleichen, ob dies ebenso aussehe wie das, was auf dem Speck sich schon fand, was dann auch der Fall gewesen. Schon da war dann ja der Speck ›wirklich vergiftet‹, setzte Dolge hinzu. Ich fragte ihn, ob ihm Steitz das factum des Aufstreuens selbst erzählt habe und ob er das behaupten könne, auch, ob er es schon weitererzählt habe. Er erwiderte: ich kann jeden Augenblick beschwören, dass ich dies aus Steitz Mund selbst gehört habe. Ich hatte es auch weitererzählt, selbst in Gesellschaft.
Ich sagte ihm, dass es untersucht werden solle und ich jetzt ausgehen müsste, worauf Dolge beim Weggehen noch bat, ob er die Gottfried wohl mal sprechen dürfe. Die Frau habe jetzt niemanden und daure ihn. Ich sagte, dass er sie besuchen solle, sobald es nach Lage der Untersuchung angehe, und dass es mich wundere, dass die Gottfried noch nicht nach ihm gefragt habe. Darauf entfernte ich mich, um die sofortige Vorladung von Rumpff und Steitz zu besorgen und diese Registratur anzufertigen, welche ihm vorgelesen werden muss, da sie weder in seinem Beisein geschrieben noch ihm vorgelesen ist.«[74]

Eine ungeheuerliche Verdächtigung war somit gegen Rumpff und Steitz zu den Akten gekommen, die zudem durch Dolge bereits gehörig in der Stadt kolportiert worden war. Nachdem auch Noltenius im Stadthaus eingetroffen war, wurden sogleich beide vorgeladen. Rumpff gab nochmals in aller Ausführlichkeit die näheren Umstände des Auffindens des vergifteten Specks zu Protokoll und erklärte: »auf meinen geleisteten Eid, dass durchaus keine Veränderung an dem Fleisch vorgenommen ist.« Dann kam er ungefragt auf die von Dolge in der Stadt ausgestreuten Gerüchte: »Ich habe heute gehört, dass der Schneider Dolge, der ein sehr intimer Freund der Gottfried war, sie in der Stadt als unschuldig aussprengt, und glaube, dass ich dies dem Gericht anzeigen muss.

Der Dolge kam oft gegen Dunkelwerden zu der Gottfried und besuchte sie. Sie hat mir selbst gesagt, er habe ihr gesagt, er wolle ihr eines seiner Kinder zur Erziehung geben, dann könne er ungestört zu ihr kommen; dann hieße es, er besuche sein Kind.«[75]
Der darauf vernommene Steitz gab ausführlich die Speckgeschichte zu den Akten und erklärte ebenfalls, an dem Speck keinerlei Veränderungen vorgenommen zu haben. Dann erzählte er: »Am Freitagmorgen kam Dolge zu mir und sagte: ›Das ist ja eine verzweifelte Sache, dass die Gottfried arretiert ist.‹ Ich erwiderte: ›Ja, man hat Arsenik auf dem Speck gefunden.‹ Er erwiderte: ›Woher weiß man denn, dass es Arsenik ist?‹ Ich wollte ihm nun nicht sagen, dass ich von Mamsell Mühlenfeld etwas Arsenik bekommen, sondern sagte: ›Ja, ich habe von Schragen Arsenik geholt, und wir haben diesen verglichen. Überhaupt kenne ich Arsenik, man braucht ihn nur zu reiben, so erkennt man ihn gleich an dem Knoblauchgeruch.‹ Er entgegnete: ›Ja, wie will man denn beweisen, dass die Madam Gottfried den Arsenik auf den Speck gemacht habe?‹ Ich antwortete: ›Das geht mich auch nichts an, das will ich ihm auch nicht beweisen.‹«[76]
Darauf wurde Dolge durch einen Polizeidiener sofort vorgeladen. Er erschien noch in derselben Stunde. Zunächst wurde ihm das von Droste angefertigte Gedächtnisprotokoll vorgelesen: »Er erklärte: ›Das hier bemerkte habe ich allerdings gesagt.‹«. Darauf wurden ihm aus den Aussagen von Rumpff und Steitz die den Speck betreffenden Passagen vorgelesen, und Dolge musste eingestehen, mit seiner Bemerkung, er habe aus dem Mund von Steitz gehört, dass Steitz oder Rumpff Arsenik auf den Speck aufgestreut hätten, die Unwahrheit gesagt zu haben. Im Protokoll ließ Droste bemerken: »Comparent wurde dabei feuerrot und verlegen.« Es wurde nun Steitz vorgelassen, und er beeidigte seine Aussage in Dolges Gegenwart. »Dem Dolge wurde seine Verlegenheit, da sie im höchsten Grade auffallend war, vorgehalten. Er erklärte: ›Ja, ich wurde leicht verlegen, denn da der Mann es geschworen hat, so kann ich nicht an der Wahrheit seiner Aussage zweifeln.‹ Es wurde hierauf Rumpff vorgelassen, auch dieser erklärte nochmals, dass er seine heutige Aussage auf seinen geleisteten Eid nehme, worauf der Dolge bemerkte: ›So kann ich mich wohl geirrt haben.‹«[77]
Und so ließ der Schneidermeister Friedrich Dolge an jenem Sonntag seine Gesche, für die er noch am Morgen bereit gewesen war, einen Meineid zu schwören, fallen wie eine heiße Kartoffel. Und wir werden nie erfahren, wann es dem Mann gedämmert haben mag, über Jahre in allergrößter Lebensgefahr geschwebt zu haben. Übrigens soll er sich, so schilderte es Gesche Gottfried später ihrem Verteidiger Voget, in den darauffolgenden Wochen des Öfteren auf dem hinter dem Stadthaus gelegenen Kirchhof aufge-

halten und, einen Strohhut tief ins Gesicht gezogen, zu ihrem Zellenfenster hinaufgeschielt haben.
Einmal im Amt und bei den Akten, ließ Droste an jenem Sonntag noch eine ganze Reihe Personen durch den Polizeidiener Bergmann vorladen. Zuerst erschien Friedrich Leopold Voget, Gesche Gottfrieds späterer Verteidiger. Er hatte am Vortag auf der Straße Noltenius gegenüber geäußert, »etwas über die Gottfried aussagen« zu können. Voget gab zu Protokoll: »Am fünfzehnten Mai vorigen Jahres kam der Bruder der verstorbenen Beta Schmidt zu mir und erzählte, dass seine Schwester und ihr Kind gestorben. Er habe tags vorher noch fünfzig bis sechzig Reichstaler in einer Schatulle bei ihr gesehen, jetzt aber fehle das Geld. Er wolle meinen Rat haben, ob wohl das Kriminalgericht die Sache übernehmen würde. Es sei eine Wöchnerin bei seiner Schwester zur Pflege gewesen. Ich riet ihm, da er keinen Beweis habe, die Sache beruhen zu lassen. Ich habe jetzt gehört, dass Madam Gottfried sich der Beta besonders in der Krankheit angenommen und ihr Suppe gebracht. Dann hat ein junger Alberti bei der Gottfried gewohnt. Er hat einen geschwollenen Leib bekommen und ist durch seinen Arzt, Dr. Schmidt, erst geheilt, nachdem er aus dem Haus gekommen. Die Gottfried habe ihm Wurst und dergleichen gereicht. Er hat meinem Bruder, in dessen Hause er gewohnt, gesagt: ›Der Teufel weiß, was ich im Leibe habe, aber das Wasser habe ich gewiss nicht, wie der Arzt meint.‹«[78]
Die Mäusebutterhändlerin Gertrud Lankenau wurde ›citiert‹ und gab zu den Akten: »Die Gottfried Witwe schickte in der Mitte Dezember vorigen Jahres eine Frau und ließ zwei Kruken Mäusebutter holen. Ich hatte keine vorrätig, darauf kam die Frau auf acht Tage wieder, und ich gab ihr zwei Kruken. Sie kosten 15 Groten das Stück. Damals gab die Frau den Namen der Gottfried als Käuferin an. Wir geben die Mäusebutter an jeden, der sie fordert. Es fiel nur auf, dass zwei Kruken geholt wurden, und meine Dienstmagd sagte noch, die müssen ja viel Mäuse haben, denn an einer Kruke hat man auf ein Jahr genug. Ich habe noch eine Kruke vorrätig. Alle unsere Mäusebutter ist sich gleich, denn ich bekomme sie von einem Fabrikanten.«[79] Droste händigte ihr 15 Groten aus, und ihr wurde »bekundet, die noch vorhandene Kruke dem Polizeidiener Bergmann mitzugeben, der zu dem Ende mit ihr geschickt wurde. Er brachte sofort die Kruke mit zurück.«
Die Apothekenhelferin Henriette Alberti erklärte: »Ich kenne die Gottfried von Hannover her. Sie hatte dort einen Vetter namens Timme, den sie jährlich besuchte. Er ist jedoch gestorben. Ich hatte dort einen Verwandten, den Beschlagmeister Friedrich Kleine. Bei diesem verkehrte die Gottfried, wie sie dort war. Er hatte ihr Geld geliehen. Im vorigen Jahr schrieb mir der alte Kleine, dass die Gottfried ihm Geld schuldig sei. Da ich doch nach

Hannover kommen wolle, so möge ich zu ihr gehen, das Geld fordern und mitbringen. Ich ging zu ihr und forderte das Geld, sie sagte mir aber, sie wolle selbst nach Hannover kommen. Dem Kleine riet ich, sich von der Gottfried loszumachen. Ich sagte ihm, dass die Frau hier in dem Gerücht stehe, dass alle Menschen, die mit ihr verkehren, stürben. Kleine und sein Sohn lachten mich aus. Wie ich von der Reise zurückkam, traf ich die Gottfried noch hier. Etwa acht Tage nach meiner Rückkunft reiste die Gottfried nach Hannover. Sie ist acht Tage in Hannover gewesen, als auf einmal Kleine und sein Sohn an einer Entzündung krank geworden und Ersterer gestorben, Letzterer aber nach gefährlichem Krankenlager wiederhergestellt ist. Die Gottfried hat den alten Kleine in seiner Krankheit gepflegt und noch einige Wochen nach dessen Tod sich in Hannover verweilt. Am Sonnabend vor Ostern 1825 schickte die Gottfried zu mir und ließ mich einladen, zu ihr zu kommen, weil der alte Kleine, den ich Vater nannte, bei ihr logierte. Wie ich bei dem alten Vater in der Stube bin, gab sie mir zwei kleine Stücke Butterkuchen. Ich aß ein Stück, das andere ließ ich aber liegen. Des Abends, zehn Uhr, wie ich nach Hause kam, fühlte ich Übelkeit und bekam darauf Erbrechen bis fünf Uhr Morgens, dann die fürchterlichste Diarrhöe. Ich sagte zu der Magd, die bei Poppen dient, die Gottfried hat gewiss Gift darangemacht. Die Magd redete mir dies aber aus. Etwa vierzehn Tage nachher kam ich wieder zu der Gottfried und sagte ihr, dass mir nach ihrem Kuchen so übel geworden wäre, dass ich der Magd bei Poppen gesagt hätte, sie habe mir gewiss Gift gegeben. Sie lachte mich aus und sagte, wer wolle wohl Gift an Kuchen tun. Etwa ein halbes Jahr nachher bot sie mir etwas Wurst, von der ich aß. Es wurde mir wieder nachher übel, auch bekam ich Erbrechen, aber nicht so schlimm wie von dem Kuchen.«[80]

Gesche Gottfrieds langjährige Freundin Marie Heckendorff, über Jahre mit kleinen Mäusebuttergaben an den Rand des Todes gebracht, erklärte an jenem Sonntag ungläubig über die in der Stadt umlaufenden Giftgerüchte: »Ich kenne die Gottfried seit langer Zeit. Ich kenne sie nicht anders als eine sehr guttätige Frau. Etwas Leichtsinn wäre das Einzige, was ich an ihr aussetzen könnte. Ich kenne sie von der Zeit her, wie ich mit ihr zum Prediger Rotermund in die Kinderlehre ging. Sie hat mich manchmal in Krankheiten gepflegt und unterstützt. Wie Gottfried bei ihr wohnte und wie sie ihn heiratete, hatte ich mit ihr viel Umgang. Später habe ich sie oft besucht. Über den Tod der Kinder kann ich wenig aussagen. Ich habe sie bei den Sterbefällen getröstet und sie immer sehr traurig gefunden. Ich habe oft von der Gottfried Essen bekommen, aber niemals darauf Erbrechen gehabt. Vor fünf Jahren hatte ich einmal ein Gallenfieber und erbrach mich. Damals

aber besuchte mich die Gottfried nicht, denn damals war ihr Bräutigam Zimmermann krank, und sie pflegte ihn. Ich bin wöchentlich einmal, zuweilen auch nur in vierzehn Tagen einmal, bei ihr gewesen. Wir lasen dann in ihren Büchern, auch arbeitete ich zuweilen für sie. Wir sprachen wohl über das Unglück ihrer Umgebung, und sie sagte, es sei ein trauriges Schicksal, dass sie denen, womit sie umgehe, die Augen zudrücken müsse.«[81]
Darauf wurde Marie Heckendorff von Droste entlassen. Doch nach einer von quälender Ungewissheit durchwachten Nacht wird sie, wie wir noch sehen werden, schon am nächsten Morgen wieder bei Droste erscheinen und ihre Aussagen unter Tränen von Grund auf revidieren.
Zu jenem Zeitpunkt hatten die gesammelten Aussagen, nebeneinandergestellt und verglichen, den schlimmsten Verdacht gegen Gesche Gottfried derart erhärtet, dass Droste sie am Abend zum zweiten Mal in Verhör nehmen ließ.

Das zweite Verhör am Sonntagabend, 9. März

Angstvisionen nahmen der seit drei Tagen in ihrer Zelle isolierten Gesche Gottfried beinahe alle Besinnung. In ihren Aufzeichnungen heißt es: »Meine Angst die letzten vierzehn Tage kann ich nicht beschreiben. Oft dachte ich, wenn ich meine Hände so rang, auf und nieder ging: du verlierst ja wohl die Vernunft. Nachmittags, zwei Uhr, ruhe ich ein wenig; höre ich auf einmal draußen an der Tür sagen: der Kopf soll ihr abgehauen werden und die rechte Hand! Den Abend höre ich einen Sarg auf- und zuschlagen, viel Geräusch, und laut sagen: lebendig soll sie begraben werden ohne alles Vorgefühl. Zwei Abende, wenn ich mich niederlegte, war es immer, als ob zu den Füßen mein Bett ganz hoch aufgehoben würde. Dann glaubte ich, es säße jemand unter meinem Bett. Späterhin bekam ich oft Anfälle, wo ich niedersank, wenn ich vorm Tisch stand, und kroch auf Händen und Füßen, bis ich an dem Tisch mir selbst wieder in die Höhe half. Mein Butterbrot glaubte ich oft in der Hand zu halten, und wenn ich hinsah, war es ohne mein Wissen auf den Tisch gefallen. Zweimal fiel die eingeschenkte Tasse Kaffee so aus der Hand. Eines Morgens, beim Erwachen, es war sechs Uhr, sehe ich einen Mann mit rötlichem Haar, ich richte mich auf, und statt des Kirchhofs sehe ich eine schöne Wiese. Da saß Schmidt* tief in Gedanken versunken, sein kleines Kind in seinem Arm. Seine selige Elise spielte im Grase, hinter ihr saß der alte Meyerholz. Die Meyern stand auf einer Anhöhe und schlug immer beide Arme

* Alle genannten Personen sind Giftopfer bzw. deren Angehörige.

über ihrem Kopf zusammen. Ich höre schöne Gesänge und die letzte Strophe war immer Herr Specht sein Ton. Da denke ich: jetzt wirst du weggebracht. Nun danken alle Menschen dem lieben Gott mit Singen, dass deine Tat entdeckt ist. Diese Erscheinung blieb unverändert zwei ganze Tage.«[82]

Dass auch während der Verhöre derartige Visionen auftraten, berichtete sie später ihrem Verteidiger: »Einmal im Verhörsaal, es war Abend, konnte ich mein Taschentuch nicht genug ansehen, so voll Blut war es, dass ich eine solche Angst bekommen, es aber nicht wage zu sagen, um nicht albern zu scheinen. Ein andermal im Verhör mochte ich Herrn Senator gar nicht ansehen; wenn ich aufsah, standen vor unserem Verhörfenster so sehr viele Menschen. Ich schwieg, denn ich glaubte, es geschehe absichtlich, mich zu sehen, und da darfst du nichts zu sagen; aber auch hierin habe ich mich geirrt. Ein andermal im Verhör war es, als ob der Saal in Rauch stände, und ich bekam einen Schwindel, dass ich mich am Stuhl festhielt, und eine solche Angst, die sich nicht beschreiben lässt. Einmal führte mich Herr Kommissar herunter; da glaubte ich unten im Haus viele von meinen Bekannten im Zimmer zu sehen; bis Herr Kommissar selbst die Tür öffnete und mich vom Gegenteil überzeugte.«[83]

Wie aufgelöst und kaum mächtig ihrer Sinne nahm sie an jenem Abend im Verhörzimmer auf dem Stuhl Platz. Um sie zunächst zu beruhigen, begann Droste das Verhör mit allgemeinen Fragen über ihre Person. Im Protokoll heißt es: »Erschien vorgeführt Michael Christoph Gottfried Witwe und deponierte befragt: ›Ich weiß nicht genau, wie alt ich bin.‹ Auf mehrere Fragen, die an sie gerichtet wurden, machte sie darauf ein stieres Gesicht und sagte: ›Ich weiß es nicht.‹

Ermahnt, alle Verstellung fahren zu lassen, deponierte sie darauf: ›Mein Vater hieß Johann Timm, war Schneider. Meine Mutter hatte meinen Vornamen und war eine geborene Schäfer. Ich habe einen Zwillingsbruder Johann gehabt. Den ersten Unterricht genoss ich bei dem Schullehrer Schweers. Ich wurde darauf bei dem Prediger Rotermund in die Kirchschule geschickt und etwa 18 Jahre alt konfirmiert. Etwa zwei Jahre nachher wurde ich mit Miltenberg verheiratet. Wir waren Nachbarskinder. Miltenberg hielt bei meinen Eltern um mich an. Mir war die Heirat so ganz recht nicht, da wir uns nicht genug kannten. Sonst hatte ich nichts gegen ihn, auch kannte ich niemand, den ich ihm vorzog. Ich heiratete auf meinem Geburtstag, den 6. März vor zweiundzwanzig Jahren, und hatte sechs Kinder von Miltenberg und von Gottfried. Im folgenden Jahr, am siebten September, gebar ich eine Tochter Adelheid, nach Miltenbergs Mutter genannt.‹

Die Inculpatin gab diese Antworten mit mannigfacher Unterbrechung. Sie gab Übelkeit vor, ging verschiedentlich beiseite, um

sich zu erbrechen, allein, es zeigte sich kein Erbrechen. Sie fuhr nach vielem Befragen fort: ›Mein zweites Kind hieß Luise, der Name war ihr aus dem Kalender gegeben.‹
Es wurde ihr bemerkt, dass ein solches Kind sich weder in den Geburts- noch Sterberegistern findet. Sie erklärte: ›Pastor Garms hat es getauft, es starb aber gleich nach der Geburt und wird nicht im Kirchenbuch stehen. Das dritte Kind war Heinrich, nach Vater Miltenberg genannt. Auf Heinrich folgte Johanna, nach meinem Vater Timm genannt. Sie war am Ende des Sommers nach Miltenbergs Tod, etwa drei bis vier Monate, geboren.‹
Es wurde ihr vorgehalten, dass sie sieben Kinder angegeben. Sie erklärte: ›Ja, ich habe sieben gehabt. Adeline, Heinrich, Louise, Gesine und eins, welches gleich bei der Geburt starb. Dazu den Knaben Heinrich von Miltenberg und ein tot geborenes von Gottfried. Die Kinder sind in unserm Begräbnis auf dem neuen Kirchhof beigesetzt.‹
Comparentin wurde nochmals bedeutet, die Wahrheit zu sagen, da ihre Angaben mit dem Geburts- und Sterberegister nicht stimmten. Sie erklärte: ›Es ist ja wohl vergessen, sie in die Bücher einzutragen. Seit meiner Kinder Tod bin ich nicht zum Abendmahl gewesen.‹
Gefragt, warum: ›Ich habe das ein bisschen versäumt. Mein Schwiegervater Miltenberg war der Erste, der in unserem Hause starb, sechs Monate etwa vor meinem Mann. Meine Mutter starb an ihrem Geburtstage zwei Jahre nachher. Darauf starb meine Tochter Johanna, an Wasser im Kopf, den zweiten Tag nach der Mutter Beerdigung. Ich glaube, vierzehn Tage darauf starb Adeline. Zwei Monate nach der Mutter Tod starb mein Vater. Darauf starb mein Sohn Heinrich. In diesem Jahr starb niemand mehr. Im Jahre 1816 starb mein Bruder Johann. Ich verheiratete mich darauf mit Gottfried. Den Tag weiß ich nicht genau. Ich glaube im Juli. Er wurde mir auf seinem Sterbebett angetraut und starb zwei Tage nach der Hochzeit. Ich gebar im Oktober darauf einen toten Knaben. Von 1818 bis 1823 ist niemand gestorben. Nach des Knaben Tod zog ich aus, zu Eckerlien, dem Stiefvater von Paul Thomas Zimmermann. Vier bis sechs Monate waren wir uns versprochen, darauf starb er. Bei Eckerlien wohnte ich zwei Jahre, dann zog ich wieder in mein Haus. Mit mir zogen Herr Specht und Herr Mosees ein. Mosees wohnte zwei oder drei Jahre in meinem Haus und starb im Dezember. Im Jahre 1826 starb Rumpffs Frau in meinem Haus. Ich hatte nämlich Rumpff zu Michaelis das Haus verkauft, und er zog zu Freimarkt ein. Bei mir diente die Magd Beta Schmidt, geborene Cornelius. Nach ihrer Verheiratung wohnte sie auf meinem Hofe. Im vorigen Jahr starben sie und ihr Kind. Ihr Kind starb noch vor ihr. Sie bekam es mit sich in den Sarg.‹
Der Polizeikommissar Tonjes, dem befohlen war, das Gefängniss der Gottfried während des Verhörs genau zu untersuchen, trat ein

und gab einen Wink, dass er etwas anzuzeigen habe. Inculpatin musste daher abtreten. Der Polizeikommissar berichtete: ›Das Gericht hat am Abend der Haft der Gottfried mehrere Stücke Betten aus ihrem Hause geholt. Ich habe soeben die Bettdecke durchsucht und finde darin diese Kruke, die ich hier übergebe. Es ist eine Kruke von der Art, wie diejenigen sind, in welchen die sogenannte Mäusebutter verkauft wird.‹«[84]

Es war jene Kruke, die Gesche Gottfried in ihrer Achselhöhle verborgen mit ins Stadthaus geschmuggelt hatte. »Das Gericht überzeugte sich durch Vergleichung mit derjenigen Kruke, die heute von dem Bergmann eingeliefert worden war« davon, dass es sich tatsächlich um eine Mäusebutterkruke handelte. Dass Droste über den Vorfall zutiefst erschrocken gewesen sein muss, lässt sich denken. Im Protokoll jedoch suchte er den Vorfall zu verharmlosen. Er ließ bemerken, dass die Kruke sich in der Bettdecke befunden haben musste, als diese Decke vom Polizeikommissar Tonjes am Abend des 6. März aus Gesche Gottfrieds Wohnung geholt und ins Stadthaus gebracht worden war, und dass es lediglich »versäumt worden war, die Bettdecke zu untersuchen«.

Unterdessen war der vorläufige Bericht des Dr. Heineken über das Untersuchungsergebnis der bei der Nachsuchung in Gesche Gottfrieds Wohnung aufgefundenen Gegenstände im Stadthaus eingegangen. Der Bericht wurde sogleich Droste ins Verhörzimmer gereicht. Darin heißt es unter anderem: »Die von den uns vorgelegten zwei Stücken Schweinefleisch abgeschabte und von uns zur Prüfung mitgenommene Masse enthält eine bedeutende Menge Arsenik, welche aller Wahrscheinlichkeit in Form der hier häufig feilgebotenen auch sehr gefährlichen Mäusebutter gebracht ist. Auf dem Stück eines hiesigen Wochenblattes war eine schmierige Masse, welche bei der Prüfung eine gehörige Menge Arsenik ergab und ebenfalls allem Ansehen nach die besagte Mäusebutter war. Auf der Oberfläche des in zwei Teile zerteilten halben großen Zwiebacks zeigte sich eine weiße schmierige Masse, die eine bedeutende Menge Arsenik bei sich führte und wahrscheinlich ebenfalls von der weißen Mäusebutter ist.«[85]

Somit hatte Droste den endgültigen Beweis, dass sich an Lebensmitteln aus Gesche Gottfrieds Wohnung Gift befand. Er ließ sie wieder ins Verhörzimmer führen: »Es wurde hierauf die Witwe Gottfried wiederum vorgeführt. Herr Direktor hielt ihr alle Data betreffend der Magd bei Hack, Dorothea Meyer, Henriette Alberti, Frau Schmidt, deren Kind, Mosees, Johann Timm, den Gesellen und Rumpff vor. Sie suchte ihn zu unterbrechen und sagte: ›Ja, ich habe einigen etwas gegeben, aber nichts Schlimmes.‹

Es wurde ihr darauf die gefundene Kruke, das Wochenblatt mit Mäusebutter, der Zwieback gezeigt und ihr ernstlich zugeredet, die Wahrheit zu sagen. Sie erklärte:

›Ja, ich will alles sagen. Auf den Speck habe ich Mäusebutter geschmiert. Auf den Zwieback habe ich auch Mäusebutter geschmiert, und auf dem Papier ist auch Mäusebutter. Ich habe das Papier um die Mäusebutter gewickelt und habe es weggeschmissen. Am Mittwochmorgen habe ich die Mäusebutter auf den Speck geschmiert. Ich habe dem Rumpff nur zweimal was gegeben, einmal diesen Sommer auf Ostern und dann diesmal. Wann ich ihm zuerst etwas gegeben habe, weiß ich nicht. Das erste Mal habe ich es auf gekochtes Fleisch gemacht, was in dem Eckschranke stand. Der Magd von Hack habe ich am zweiten Weihnachtstag Kuchen gegeben, aber nichts drangetan. Der Amme habe ich nichts gegeben, der Dorothea Meyer auch nichts.‹
Es war ihr erstes Geständnis, einem Menschen vorsätzlich Gift an Nahrungsmittel gegeben zu haben, verworren und unter unsagbarer Angst hervorgebracht. Nachdem sie von Droste abermals »ernstlich ermahnt wurde, die Wahrheit zu sagen«, folgte ein zweites Geständnis: »Ich habe auf den Kuchen der Hack'schen Magd, in der Mitte, mit einem gewöhnlichen Tischmesser, etwas Mäusebutter aufgeschmiert.« Droste ließ sie darauf die Größe des Kuchenstücks aus einem Blatt Papier ausschneiden und auf dem Blatt die Stelle markieren, wo sie die Mäusebutter hingeschmiert hatte.

Das von Gesche Gottfried während des Verhöres ausgeschnittene Stück Papier, das die Größe des vergifteten Kuchens zeigt. In der Mitte das Signet von Droste und Noltenius. Es bezeichnet die Stelle, wo sie die Mäusebutter aufgeschmiert hatte. Originalgröße 19,8 x 9,1 cm

Nachdem sie das getan hatte, fuhr sie fort, zu erzählen: »Der Dorothea Meyer habe ich nichts gegeben. Meine Mutter hatte von jeher Mäusebutter im Hause. Ich habe von ihr noch drei Kruken bekommen, die aber größer waren wie die fragliche. Ich habe dem Gesellen und Burschen nichts gegeben. Ich habe zweimal Zwieback mit Mäusebutter beschmiert und in dem Proviantschrank liegen gehabt, in dem Korb, aus dem die Leute das Brot nehmen für Warmbier; der eine ist vorgefunden, der andere kann aus Versehen heruntergekommen und zum Abendbrot eingebrockt sein, und davon können sie Erbrechen bekommen haben. An den Salat habe ich nichts gemacht. An die Bouillon habe ich auch nichts gemacht. Sonst habe ich niemandem etwas gegeben, als wie ich angegeben habe, namentlich nicht der Schmidt, deren Kinde, Mosees, Kleine in Hannover, noch irgend sonst jemandem.«
Droste beendete das Verhör und ließ sie zurück in ihre Zelle führen. Doch als wolle Gesche Gottfried sich endlich von einer ungeheuren Last befreien, so wird sie sich in den fünf nachfolgenden Verhören vom 10. bis zum 15. März zwölf ihrer fünfzehn Morde von der Seele reden.

IV. Mordgeständnisse

10. bis 15. März 1828

Drittes Verhör am Montag, 10. März:

Die Vergiftung ihrer drei Kinder und des Friedrich Kleine

Am nächsten Tag ging es Droste zunächst darum, Licht in Gesche Gottfrieds familiäre Verhältnisse zu bekommen; auch war eine Menge Schriftverkehr zu erledigen, etwa Briefe nach Hannover in der Sache des alten Kleine. So war an jenem Tag nur die Marie Heckendorff erschienen, um ihre Aussagen vom Vortag zu revidieren: »Ich habe den Sohn des Tonnenmachers Suhling, Wilhelm, elf Jahre, bei mir zur Erziehung. Diesen Knaben hatte ich damals mit mir zu der Gottfried. Wir lasen geistliche Bücher zusammen und spielten nachher mit dem Kind Karten. Das Kind wurde den Dienstag darauf krank, bekam starkes Erbrechen. Er erbrach sich darauf in der folgenden Nacht noch viermal, und tags darauf auch wieder. Ich schickte den 1. Februar zu Dr. Luce. Der Knabe bekam Schwindel, geschwollene Augen, auch schwoll ihm der Leib. Er klagte über Mattigkeit in den Gliedern. Nach drei Wochen genas er so weit, dass er auf einen Montag wieder in die Schule ging. Die Gottfried hatte an das Haus des Schullehrers Schweers, der der Gottfried schräg gegenüber wohnt, sagen lassen, dass Wilhelm doch einmal zu ihr kommen möge, sie habe an mich etwas zu bestellen. Sie hat ihm darauf zwei Brotscheiben gegeben, jedoch nichts an mich bestellen lassen. Dies ist Dienstag vor vierzehn Tagen gewesen. Der Knabe wurde darauf am Mittwochnachmittag wieder krank, erbrach sich und bekam die Verstopfung, die neun Tage dauerte. Am Sonntag, wie ich bei ihr war, lesen wir in Tiedges ›Morgen- und Abendstunden‹ und den ›Stunden der Andacht‹. Der Knabe stand bei uns und die Gottfried sagte: ›Siehe, welch ein blühender Knabe ist das, ein echtes Johannes-Gesicht. Wie, wenn du den verlieren müsstest?‹ Ich sagte, es würde mir schrecklich sein.‹ Comparentin weinte bei dieser Erzählung sehr heftig und sagte: ›O Gott! Wenn sie so arg gewesen wäre, diesen Knaben zu vergiften! Seit fünf Jahren kränkele ich. Meine Krankheit war mit Erbrechen verbunden. Ich erinnere mich, dass Zimmermann, der damals auch krank war, gesagt hatte, wir hätten einerlei Krankheit. Herr Dr. Luce hat mich ärztlich behandelt. Ganz gesund bin ich seitdem nicht wieder geworden.‹«[86]

Sie übergab Droste noch zwei Stammblätter mit religiösen Sprüchen, die sie einst von Gesche Gottfried erhalten hatte: »Sehen Sie nur, wie gottesfürchtig sie immer tat«, und wurde entlassen.

Droste bestellte darauf sofort Dr. Luce ein, »und wurde ihm anbefohlen, den Knaben Wilhelm Suhling und Rumpff und seine Hausgenossen genau zu beachten, und den Umständen nach anempfohlen, Gegenmittel gegen die Wirkung des Arsenik anzuwenden, da eine versuchte Vergiftung sehr möglich sein könne.«[87]

Dr. Heineken, der Gesche Gottfried an jenem Morgen ärztlich untersucht hatte, gab zu Protokoll: »Es scheint mir, als wenn sie an ihren nahen Tod, vielleicht an eine Enthauptung denkt. Sie hat mir gesagt, ich möge doch sagen, dass ihre beste Freundin, ihre Marie [Heckendorff], bei Nordsick wohnend, ihren Pelz und ihre Ringe haben soll.«[88]

Stammblatt Gesche Gottfrieds für Marie Heckendorff

Eines der Stammblätter, die Marie Heckendorff unter Tränen dem Gericht mit den Worten übergab: *»Sehen Sie nur, wie gottesfürchtig sie immer tat.«* Sie hatte das Blatt wenige Monate zuvor von Gesche Gottfried erhalten. Wenigstens viermal wurde sie von ihrer Freundin mit Mäusebutter in nicht tödlicher Dosis bedacht und trug schweren gesundheitlichen Schaden davon. Einen Grund für diese Giftgaben wußte Gesche Gottfried nicht zu nennen: *»Bei der Vergiftung der Heckendorff hatte ich durchaus keinen Zweck. Es kam mir der Gedanke, der Heckendorff etwas zu geben, und ich tat es auf der Stelle. Ich habe von der Heckendorff stets viel gehalten und niemals mich mit ihr erzürnt.«*

»Wenig Wünsche finden hier Gewährung, Glück, wenn wir die Kunst verstehen, Muthig zwischen Duldung und Entbehrung Unsern Pilgerpfad zu gehen. Die besten Wünsche für Dich, verbinden sich mit der Bitte, mir Deine Liebe zu erhalten. Deine Gesine Gottfried. Der Zufriedene ist immer Glücklich«

Als dann am Abend das Stadthaus für Behördenbesucher geschlossen wurde, ließ Droste Gesche Gottfried zum Verhör vorführen. Um sie zunächst zu beruhigen, begann er das Verhör wieder mit allgemeinen Fragen über ihre familiären Verhältnisse: »Hierauf wurde vorgeführt Michael Christoph Gottfried Witwe, und wurde ihr vorgehalten, dass nur drei Kinder von Miltenberg und eines von Gottfried aufgefunden. Sie erklärte: ›Ich habe auch nur drei Kinder von Miltenberg und eins von Gottfried gehabt.‹ Sie wurde darauf gefragt, wann sie im vorigen Jahr in Hannover gewesen. Sie guckte darauf stier um sich her und sagte: ›Ich habe die Klein'schen Kinder auf meiner Stube gesehen. Lassen Sie sie herkommen. Sie sind hier. Da sind sie. Lassen Sie sie kommen.‹

Sie fragte dann, was ihr wohl passieren werde. Es wurde ihr gesagt, sie möge auf Gottes Gnade rechnen und aufrichtig alles sagen, was sie frei bekennen könne. Sie sagte darauf: ›Am Tod der Eltern bin ich nicht schuld. Auch nicht an meines Mannes Miltenberg Tod.‹«[89]

Im Protokoll ist nur an dieser Stelle eine Pause vermerkt, in der Gesche Gottfried sich einzuigeln suchte. Dass aber sämtliche Geständnisse in den Verhören nur stockend, satzweise und unter großen Pausen zustande gekommen waren, geht aus späteren Notizen Drostes hervor: »... da sie nur mit Mühe und für Augenblicke in eine gerührte oder bewegte Stimmung zu versetzen war, ohne welche sie nichts gesteht und dasitzt wie ein gefühlloses und verstocktes Wesen, das nichts anficht.«[90], oder: »zwar erzählte sie alles unter Weinen, mit leiser Stimme ... allein teils musste ich, wie immer, alles stückweise herausfragen, teils äußerte sie auch kein Wort.«[91], oder: »sie, die in einem Moment in Tränen zerfließen will, kann durch eine einzige Frage, durch eine Äußerung, ich möchte sagen, versteinert werden, sodass nichts auf sie Eindruck machte.«[92]

Im Protokoll heißt es weiter: »›Ich kann nur das sagen: ich bin an vielen Toden schuld. Mehr kann ich nicht sagen. Johanna habe ich was gegeben. Auch Adelheid, aber dem Vater Timm nicht. Auch Heinrichs Tod habe ich verschuldet. Meinem Bruder Johann gab ich nichts. An Gottfrieds Tod war ich nicht schuld. Der alte Morisse ist natürlichen Todes gestorben. Zimmermanns Tod habe ich nicht verschuldet. Ich habe wohl gesagt, dass er dieselbe Krankheit habe wie meine Kinder, aber ich habe ihm nichts gegeben. An Mosees Tod, an dem Tod von Rumpffs Frau bin ich unschuldig. Am Tode der Schmidt und ihrer Tochter bin ich unschuldig. Des alten Klein Tod in Hannover habe ich verschuldet.‹ Inculpatin bat darauf, sie doch jetzt nicht härter zu bestrafen als früher und sie doch nicht aus dem jetzigen Gefängnis zu nehmen. Es wurde ihr dasselbe vor der Hand zugesichert. Sie erklärte darauf: ›Ich habe eine schlechte Amme gehabt, und meine Mutter hat nur immer gesagt, dass des verruchten Menschen Milch mir geschadet hatte.‹«

Darauf verstummte sie. Unter welchem ungeheuren psychischen Druck sie stand, zeigt ihr anschließendes Verhalten: »Sie fing dann wieder an und sagte: ›Wie will es aber gehen, wenn ich nach oben komme? Kleines Kinder sind da. Haben Sie nicht auch gesagt, ich würde vor 1000 Menschen erscheinen?‹ Mir und dem Senator schien dies Benehmen Verstellung zu sein, denn wenn man von gleichgültigen Dingen zu sprechen anfing und nicht in der Sache selbst vorging, war sie ganz ruhig und gefasst. Sie wurde befragt, auf welche Weise sie dem Kleine etwas gegeben. Sie fing erst wieder an Visionen zu bekommen und wollte durchaus

zur Stube hinaus und ins Wasser. Endlich sagte sie: ›Ich habe dem alten Kleine auf Weißbrot des Morgens ein Butterbrot gegeben und darauf ihm etwa einen halben Teelöffel voll Mäusebutter mit einem Tischmesser aufgeschmiert und gegeben.‹ Gefragt, ob dies denn eine so große Wirkung habe, sagte sie: ›Mein Gott, ein halber Teelöffel voll ist genug.‹«
Umständlich und verworren erzählte sie noch, wie sie dem Kleine und ihren Kindern das Gift gegeben hatte, ehe »für heute keine weiteren Angaben mehr aus ihr herauszukriegen waren« und sie zurück in ihre Zelle geführt wurde. Hoch aufgeregt aber über diese ersten Mordgeständnisse, bat sie, sich noch ein wenig ergehen zu dürfen, und so wurde der Polizeikommissar Tonjes beauftragt, sie »im Korridor eine Zeit lang ihrem Wunsche nach auf und nieder gehen zu lassen.«
Das Geständnis der Vergiftung ihrer Kinder, dreizehn Jahre zurückliegender Morde, an die bis zu jenem Zeitpunkt niemand gedacht hatte, eröffnete den Reigen der gerichtlichen Nachforschungen über die Umstände sämtlicher Todesfälle aus Gesche Gottfrieds Umfeld. Und so stand sie lange Zeit im Verdacht, weit über sechzig Menschen vergiftet zu haben.

Viertes Verhör am Dienstag, 11. März:
Die Vergiftung ihres Bruders und der Beta Schmidt

Am nächsten Morgen eröffnete Noltenius das Protokoll: »Es hatte Herr Direktor mir aufgetragen, die Büchersammlung der Gottfried durchzusehen und davon ein Verzeichnis anzufertigen. Ich nahm zu dem Ende den Kanzlisten Müller mit, und unter meiner Aufsicht wurde das Verzeichnis der Bücher aufgenommen. Johann Christoph Rumpff kam zu mir auf die Stube der Gottfried und zeigte mir an: Es seien ihm zwei Schlüssel zu dem Gesindeabtritt, desgleichen ein Hausschlüssel zur Straßentür und einer zur Hintertür abhanden gekommen. Er wollte es nur bemerken, falls dergleichen Schlüssel sich vorfänden. Ich zeigte ihm die Schlüssel, welche sich unter den Sachen der Gottfried gefunden hatten. Es zeigte sich, dass die beiden Abtrittschlüssel, welche in der Wohnstelle gehangen hatten, darunter waren. Die Gottfried hatte für sich die Schlüssel nicht bedurft, da sie mit der Madam Hack den Gebrauch eines besonderen Abtritts hatte. Bei der ersten Haussuchung hatte ich mich bei Rumpff schon erkundigt, ob ein ausgegrabener Abtritt im Hause vorhanden, und erfahren, dass dies nicht der Fall sei, sondern dass wöchentlich zweimal die Abtritte auf den täglich durch die Stadt fahrenden sogenannten Dreckkarren ausgekarrt würden und dies erst an jenem Morgen geschehen sei.

Jetzt verfügte ich mich nach dem Gesindeabtritt, und da ich merkte, dass man von diesem in einen Gang kommen könne, durch welchen ein Wasserlauf nach der Straße floss, so ließ ich diesen Gang durch den Polizeidiener Bergmann genau untersuchen, es fand sich jedoch nichts Verdächtiges.«[93]

Das von Noltenius angefertigte Bücherverzeichnis ist übrigens erhalten und der Prozessakte beigefügt worden. Es umfasst 106 Positionen, zum Teil mehrbändige Werke, die überwiegend aus dem Nachlass von Michael Christoph Gottfried stammten. Voget, der die kleine Büchersammlung anscheinend ebenfalls inspiziert hatte, bemerkte darüber: »Die Bibliothek, dem besseren Teil nach ungelesen in prächtigen Einbänden bloß zur Prunkerei dastehend, schien mehr durch Zufall als freie Auswahl zusammengebracht.«

Nachdem Droste an jenem Vormittag zunächst damit beschäftigt gewesen war, aus dem Sterberegister sämtliche Todesdaten aus Gesche Gottfrieds Familie herauszusuchen und, wie eben geschildert, Noltenius in Gesche Gottfrieds Wohnung eine Liste der vorhandenen Bücher aufnahm, wurde es Nachmittag, ehe mit der Vernehmung weiterer Zeugen fortgefahren werden konnte.

Zunächst hatte Dr. Heineken Gesche Gottfried untersucht: »Er erklärt, er finde sie nicht krank.«[94] Der Lehrer Friedrich Specht, fünf Jahre zuvor Mieter einer der Hinterwohnungen im Hause Gesche Gottfrieds und, gemeinsam mit seiner kleinen Tochter Johanna, Giftopfer in nicht tödlicher Dosis, gab zu Protokoll: »Ich habe zwei und ein halbes Jahr bei der Witwe Gottfried gewohnt.

Brief Gesche Gottfrieds an Rumpff

»Schuldlos seyn ist des Leidenden höchste Würde, und der Edle, welcher mit heiterem Antlitz unter das Geschick sich beugt, ist ein Anblick, über welchen der Himmel sich freut! ... «

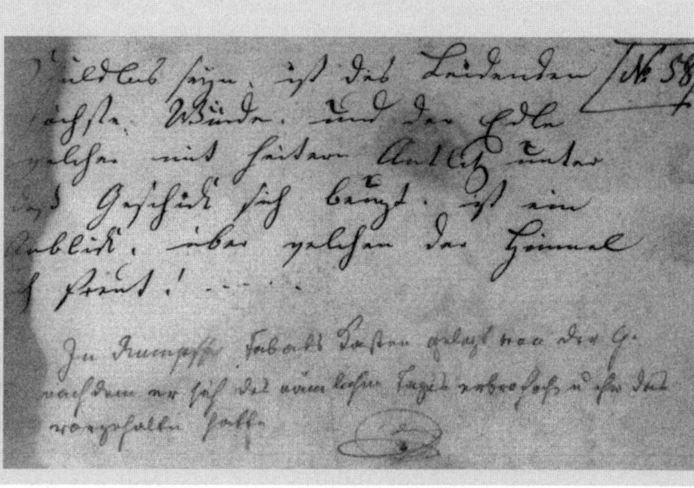

Einer der von Rumpff dem Gericht überbrachten Briefe, die er im Laufe der Zeit von Gesche Gottfried erhalten hatte. Interessant ist der handschriftliche Zusatz des Untersuchungsrichters Senator Droste: *»In Rumpffs Tabak Kasten gelegt von der G. nachdem er sich des nämlichen Tages erbrochen und ihr dies vorgehalten hatte. Droste«*

Während ich dort wohnte, starb Mosees im Gottfried'schen Haus. Der Gottfried Benehmen war außerordentlich gefällig und einnehmend. Dass sie deshalb gelitten war, benutzte sie denn aber auch und drängte sich in die häuslichen Angelegenheiten ihrer Wirtsleute ein. Nach und nach fehlten mehrere Kleinigkeiten als Bürsten, Leinenzeug, ja sogar einmal ein Überschuh eines bei mir zur Schule gehenden Kindes. Ich kam darüber manchmal mit ihr aneinander, allein sie wusste sich nachher immer wieder zu infimieren. Meine Frau hatte sich einmal in Schwachhausen eingemietet, ich glaube Sommer 1825. Ich bekam damals mein Essen von Madam Deetjen. Die Gottfried übernahm es, mir aufzuwarten, nahm das Essen der Magd ab und brachte es mir. Dies Essen wollte mir gar nicht schmecken. Ich verlor den Appetit und bekam davon Erbrechen. Dasselbe Übel hatte auch Mosees, der damals im Haus wohnte. Dies Erbrechen ließ bei ihm dann und wann nach und kam dann wieder. Das Gesicht war dann geschwollen, die Augen tränten. Einmal lud ich die Gottfried ein, mit mir nach Schwachhausen zu gehen und meine Frau zu besuchen. Dort ließ ich mir Milch geben, mir wurde übel und des Nachts bekam ich Erbrechen. Des Morgens, wie ich erwachte, sagte meine Frau: ›Du siehst ja gerade aus wie Mosees.‹ Dr. Luce behandelte mich dann und mir wurde besser, allein das Erbrechen hörte erst auf, wie meine Frau auf Dr. Luces Rat zurückkam und wieder für mich kochte. Einmal waren meine Frau und ich ausgefahren gewesen. Wie wir nach Hause kamen, fanden wir unsere Tochter Johanna todkrank, und sie musste sich achtzehn Mal nacheinander erbrechen. Sie bekam dann eine Verstopfung, die neun Tage dauerte, Andrang des Blutes nach dem Kopf, bekam Blutegel und genas nach ärztlicher Hilfe, nachdem wir sie beinahe aufgegeben hatten. Das Kind griff mit den Händen in die Luft und hatte Zuckungen. Wie das Kind so in die Luft griff, kam die Gottfried einmal herein und sagte, das Kind würden wir nicht behalten. Unser Kind bekam oft Erbrechen, wenn sie von der Gottfried etwas bekommen hatte, allein, wir dachten, sie hatte zu viel Süßigkeiten genossen. Mosees, der damals im Haus wohnte und mit mir zwei Jahre ungefähr dort war, war wohl ein Jahr lang krank. Er bekam Erbrechen und Verstopfung, war schwer in den Gliedern, worüber er besonders klagte. Seine Zunge war geschwollen und klebte beinahe am Gaumen fest. Die Augen waren geschwollen und sein Gesicht aufgedunsen. Der Arzt riet ihm, aufs Land zu gehen, was er seiner Geschäfte wegen nicht wollte. Er wurde darauf schlimmer und sagte mir selbst, dass er sterben würde. Ich habe ihn in der letzten Krankheit nur einmal besucht. Er hatte einen Krankenwärter, allein die Gottfried pflegte ihn, und der Krankenwärter wurde entlassen. Wie er fühlte, dass sein Ende nahe, sorgte sie dafür, dass er sein Testament machte. Bei dem Begräbnis besorgte die Gottfried alles. Es schien ihr ordentlich wohl zu sein, wenn sie dergleichen Geschäfte besorgen konnte. Unsere Magd Dorothee, die jetzt auch bei Rumpff dient, war auch einmal mit Erbrechen geplagt. Sie sagte gleich: ›Ach, ich Unglückliche, das kömmt von nichts, als von der Gottfried ihre Pfannekuchen.‹ Es ging nämlich immer schon ein Gerede, als wenn die Gottfried gewissermassen einen pestilenzialischen Hauch an sich habe, denn dass sie absichtlich jemanden etwas Giftiges gebe, dachte man nicht. Sie wusste ihre Gutmütigkeit so hervortreten zu lassen, dass man ordentlich beschämt wurde. Ja, wenn man sich kurz mit ihr erzürnt hatte, so konnte man nach ihrem Benehmen bald nachher nicht umhin, ihr wieder gut zu sein.«[95]

In der an jenem Tag zu Protokoll gegebenen Aussage des Georg Friedrich Altmann, einem ebenfalls langjährigen Nachbarn Gesche Gottfrieds in der Pelzerstraße, heißt es: »Es wurde damals viel von den vielen Todesfällen gesprochen. Ja, ich wurde als Nachbar manchmal darüber befragt. Allein Vermutungen von Vergiftungen wurden später erst geäußert, wie spät, kann ich nicht sagen. Die Gottfried hatte meiner Frau bei dem zweiten Kind eine Suppe gebracht. Ich wollte nicht, dass meine Frau sie aß, denn ich hatte wegen der vielen Sterbefälle dort im Haus böse Gedanken dabei. Ich sagte der Magd, sie solle sie weggießen.«[96]
Am Abend ließ Droste Gesche Gottfried wieder in Verhör nehmen. Er lenkte die Befragung zunächst auf die Todesfälle ihrer Familie. Sie erklärte: »›Der alte Miltenberg starb an einem Schlagfluss. Meinem Mann Miltenberg habe ich nichts gegeben, ich habe das ja gestern Abend gesagt. Mein Mann hatte die Hirnwut.‹
Sie wurde ermahnt, die Wahrheit zu sagen. Sie erklärte: ›Ich kann ja nicht sagen, was nicht wahr ist. Der Vater Miltenberg und mein Mann Miltenberg sind natürlichen Todes gestorben. Mein Bruder kam am Sonntag bei mir an, wurde krank und starb. Ich habe ihm nichts gegeben. Es ist wahr, dass er Erbrechen bekam, fantasierte und rief: vive l' empereur, und starb.‹
Auf Ermahnung, die Wahrheit zu sagen, sagte sie: ›Ja, ich will es nur sagen: ich habe meinem Bruder am Sonntagmittag eine Spitze voll auf einen Teelöffel von der Mäusebutter gegeben. Ich gab es ihm auf den Teller, ich glaube auf Schellfisch. An Morisses Tod bin ich unschuldig. Er hatte den Krankenwärter Schäfer bei sich, bekam von seinen Verwandten Dröge das Essen. Zimmermann ließ durch seine Mutter um mich anhalten. Er ist von dem nicht gestorben, was ich ihm gegeben habe. Er hat die Krankheit nicht gehabt, die die anderen hatten. Ich habe ihm gar kein Gift gegeben. An dem, was ich ihm schickte, war gar nichts Schlimmes. Ich kann es nicht einräumen, dass ich ihm etwas Schädliches gegeben habe.‹

Ermahnt, die Wahrheit zu sagen, erklärte sie: ›Ich kann ja nicht sagen, was ich nicht getan habe. Ich müsste ja am Ende alles auf mich nehmen. Ich habe es wirklich nicht getan.‹
Sie wurde aufgefordert anzugeben, was sie sonst noch getan. Sie schwieg. Es wurden ihr die Namen: Mosees, Schmidt, Alberti, Rumpffs Frau, Specht genannt und sie gefragt, ob sie jemandem von diesen Gift gegeben: ›Der Rumpff habe ich nichts gegeben, das muss ich auch gleich sagen. Der Schmidt und ihrem Kinde auch nichts. Weder in den Weljen noch sonst worin.‹
Ermahnt, die Wahrheit zu sagen: ›Ja, ich habe es der Schmidt in den Weljen gegeben. Ich nahm eine Teelöffelspitze voll, tat dies in die Schale, goss die Weljen darauf und rührte es um. Es war Mäusebutter, was ich gab.‹
Ermahnt, freimütig alles zu sagen, um ihr Gewissen zu befreien. Sie erwiderte: ›Ach, ich habe ja schon genug bekannt.‹
Befragt, ob sie Mosees etwas gegeben habe, woran er gestorben, erklärte sie: ›Nein, ich habe es nicht getan.‹

Bis hierher hatte die Inculpatin ruhig auf dem Stuhl gesessen, hatte von den in früheren Verhören vorgegebenen Fantasien sich nichts merken lassen und stets mit Ruhe geantwortet. Das Gericht wollte fortfahren, die Inculpatin stand auf, ging umher und setzte sich bei dem Ofen. Sie fragte, ob oben ein Gericht wäre, da aber hierauf nicht geantwortet wurde, sagte sie: ›Ich habe gesagt, dass ich an dem mehrsten Teil der Tode schuld sei, das ist wahr. Ich kann aber nicht mehr sagen, als was ich gesagt habe.‹
Sie wurde aufgefordert, die Todesfälle nochmals anzugeben, die sie gestanden. Sie erklärte: ›Ein Stücker zehn kommen wohl heraus. Ich kann sie aber nicht nennen. Dr. Noltenius hat sie aufgeschrieben. Die drei Kinder, meinen Bruder.‹
Hierauf hielt sie ein und erklärte, sie könne sich jetzt nicht besinnen. Darauf fuhr sie fort: ›Mit Rumpff und Kleine habe ich Ihnen auch gesagt. Mosees und Zimmermann habe ich nichts gegeben. Ich habe ja gesagt, an dem größten Teil der Sterbefälle bin ich schuld.‹
Sie hielt darauf wieder ein und aufgefordert, die weiteren Sterbefälle anzugeben, woran sie sich schuldig bekenne, blieb sie eine ganze Weile stehen ohne zu antworten. Aufgefordert, zu sprechen, sagte sie: ›Ich kann mich nicht besinnen. Ich habe ein kurzes Gedächtnis.‹

Es wurde ihr gesagt, sie habe heute noch einen Fall genannt. Sie möge sich erklären, ob dies richtig sei: ›Ach ja, mit der Schmidten. Das ist wahr. Das habe ich eingestanden.‹
Aufgefordert, aus freien Stücken anzugeben, was sie noch Weiteres wisse, und ihr dabei bemerkt, dass sie selbst soeben ange-

Seite 105 der Verhörprotokolle vom Dienstag 11.März 1828.

Die Seite vermittelt einen recht guten Eindruck, wie die Verhöre niedergeschrieben wurden:

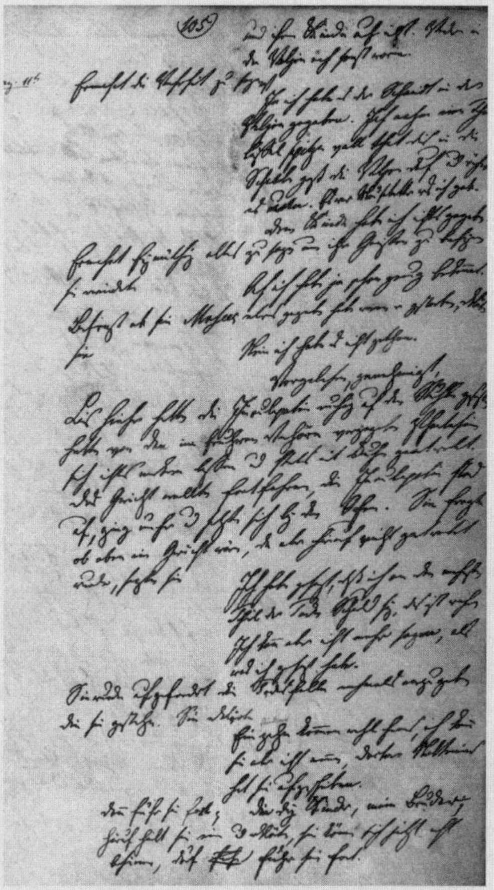

und ihrem Kinde auch nicht.
Weder in den Weljen noch sonst worin.
Ermahnt die Wahrheit zu sagen.
Ja ich habe es der Schmidt in den Weljen gegeben. Ich nahm eine Theelöffelspitze voll that dies in die Schale goß die Weljen darauf und rührte es um. Es war Mäusebutter was ich gab.
Ermahnt freymüthig alles zu sagen um ihr Gewissen zu befreyen
sie erwiderte
Ach ich habe ja schon genug bekannt
Befragt ob sie Mosees etwas gegeben habe woran er gestorben,
erklärte sie
Nein ich habe es nicht gethan
Bis hierher hatte die Inculpatin ruhig auf dem Stuhl gesessen
hatte von den in früheren Verhören vorgegebenen Phantasien
sich nichts merken lassen und stehts mit Ruhe geantwortet.
Das Gericht wollte fortfahren, die Inculpatin stand auf, ging umher und setzte sich bey dem Ofen. Sie fragte ob oben ein Gericht wäre, da aber hierauf nicht geantwortet wurde, sagte sie
Ich habe gesagt, daß ich an dem mehrsten Theil der Tode schuld sey, das ist wahr.
Ich kann aber nicht mehr sagen, als was ich gesagt habe
Sie wurde aufgefordert die Todesfälle nochmals anzugeben die sie gestanden.
Sie erklärte
Ein Stücker zehn kommen wohl heraus, ich kann sie aber nicht nennen, Doctor Noltenius hat sie aufgeschrieben.
Dann fuhr sie fort
Die drey Kinder, meinen Bruder
hieraus hielt sie ein und erklärte, sie könne sich jetzt nicht besinnen, darauf fuhr sie fort

geben, dass es etwa zehn Fälle seien. Sie erwiderte nach langem Besinnen: ›Ich kann sie nicht schaffen. Ich weiß nicht mehr. Ich kann mich den Augenblick nicht mehr besinnen.‹«[97]
Droste beendete das Verhör, und sie wurde zurück in ihre Zelle geführt.

Fünftes Verhör am Mittwoch, 12. März

Ein Verhör ohne Geständnis

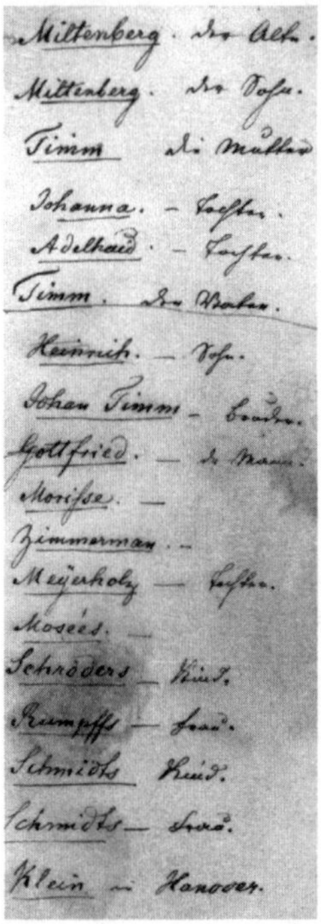

Drostes Liste Fünf Tage nach Gesche Gottfrieds Verhaftung erstellte der Untersuchungsrichter Senator Droste eine Liste vermuteter Giftopfer und brachte so, ohne es zu wissen, bereits die Namen von dreizehn der fünfzehn Opfer zu Papier

Wie stark Droste die Ereignisse entsetzt haben müssen, zeigt die Planlosigkeit, mit der er die ersten Untersuchungen anging. Am Morgen des nächsten Tages rief er gar den zufällig vor seinem Haus in der Sandstraße vorbeikommenden Schwiegervater des Paul Thomas Zimmermann aus erster Ehe, den Friseur Nicolaus Luchting, zu sich in die Wohnung. In seinem darauf angefertigten Protokoll des Gespräches heißt es: »Den 12. März 1828. Morgens acht Uhr. Vor einer Viertelstunde sah ich den Friseur Luchting, den Vater, vor meiner Wohnung vorbeigehen. Da er mir als Schwiegervater des Paul Thomas Zimmermann bei seiner ersten Verheiratung bekannt ist, rief ich ihn zu mir und fragte ihn, ob er in Zimmermanns letzter Krankheit um ihn gewesen sei, und als er dieses bejahte, auch hinzufügte, dass er nach dem Anlass der Grabprüfung des zweiten Arztes, Dr. Schmidt, gewesen, bestellte ich ihn sofort hierher aufs Stadthaus in das Lokal des Kriminalgerichts, um vorläufig einige Notizen von ihm aufzunehmen, da die auf heute zitierten Zeugen erst auf halb zehn Uhr bestellt werden konnten, weil das Verhör gestern bis elf Uhr dauerte.«[98]

Auf dem Stadthaus gab Droste zunächst eine von ihm zusammengestellte Liste mit achtzehn Namen vermuteter Giftopfer zu den Akten und hatte damit, ohne es zu wissen, dreizehn der fünfzehn Mordopfer bereits zu Papier gebracht. Dann erschien Nicolaus Luchting. Da Noltenius noch nicht im Stadthaus eingetroffen war, führte Droste auch das Vernehmungsprotokoll. Darin heißt es: »›Ich heiße Nicolaus Luchting, bin 65 Jahre, reformiert, Frisör und Thorschreiber*.‹ Ermahnt, die Wahrheit zu sagen, wie er sie würde beschwören können, erzählte er: ›Paul Thomas Zimmermann hatte zwei meiner Töchter seinerzeit in der Ehe. Zuerst Susanna, die hatte er kein volles Jahr. Sie ist wohl schon zwölf Jahre tot. Dann Catharina als zweite Frau. Die hatte wohl vier bis sechs Jahre mit ihm. Sie ist den 1. Mai sechs Jahre tot. Zimmermann war aber kein starker Mann, er hatte viel mit dem Mund zu tun, ich meine Zahnschmerzen. Sonst war er gesund. Zimmermanns Mutter heiratete in zweiter Ehe den alten Eckerlien, dass er also Stiefvater meines früheren Schwiegersohnes wurde. Bei diesem Eckerlien lernte Zimmermann die Gottfried Witwe kennen und verliebte sich in sie, weil sie so ein Putzmädchen war. Sie trug Hüte wie ein Schlittenpferd** und war schrecklich vital. Dabei konnte sie so zärtlich und

* Schreiber am Stadttor, der die eingehenden Personen und Waren aufzeichnet.

** ›Aufgeputzt wie ein Schlittenpferd‹ meint einen auffallend gekleideten Menschen.

liebereich tun, und Zimmermann hatte nicht studiert und kannte die Welt nicht. Erst als sie verlobt waren, erfuhr ich davon. Sie hatten das mit Eckerlien abgekartet und war sogar Verlobung gehalten ohne mich. Nachher machten sie Besuch als Braut und Bräutigam. Darauf dauerte es nicht lange, dass er krank wurde. Es kam mit Brechen und Durchfall, doch wurde es nach etwa acht Tagen besser. Die Gottfried und die Ladenmamsell Wolter, jetzt Wilkens Frau, pflegten ihn und meine Tochter Antoinette. Diese Tochter hat sie auch mal gehabt mit Kuchen, den sie ihr gegeben hatte. Ich weiß nicht, wann, nach Ostern oder nach Pfingsten, aber sie war da noch Kind. Ich besinne mich, dass, als Zimmermann so weit besser war, dass er aus seiner Krankenstube in die Vorderstube gegangen war, die Gottfried mal ein gebratenes Kücken oder eine gebratene Taube schickte. Das hat er gegessen, da war nichts richtig. Da gings immer über und unter, und damit gings zu Ende. Es dauerte nicht lange, da starb er. Er musste reichlich gekämpft haben. Ich war täglich dort, obgleich nicht lange zur Zeit. Einmal, als er schon den Braten gegessen und so fürchterlich die Krämpfe im Leibe und Geschwulst in den Beinen hatte, es war donnerstags oder freitags, da sagte ich zu der Gottfried: ›Tochter, mir deucht, dass er hält heute den Tag nichts ab, er ist gar zu schwach‹. Und sie antwortete: ›Ach Gott, mein Vater, er hat noch Kräfte, aber sonntags, dann findet sichs‹, oder: ›dann ändert sichs‹. Und Sonntag abends halb sieben war er weg. Klock sieben kamen beide Doktors angefahren, ja da wars vorbei. Wir meinten, er hätte ein Gallenfieber, denn alles was er ausbrach war so grün wie ein Frosch. Die Doktors äußerten sich nicht. Der Buchhändler Müller soll Zimmermann von der Partie abgeraten haben, weil es hieß, sie halte mit Mosees und Dolge zu. Aber er war zu verliebt. Dies hat Zimmermann mir gesagt.
Mit meiner Tochter war es so: vor vier Jahren, Sonnabend vor Pfingsten oder Ostern, war Antoinette bei der Gottfried. Sie soll sie mit Kuchen traktiert haben. Darauf ist sie gleich dort schon wunderlich geworden. Der Angstschweiß ist ihr ausgebrochen. Doch weiß ich nicht, ob sie es geäußert hat. Die Nacht darauf kam das Übergeben und Laxieren. Das dauerte den Montag fort. Sie brach und schwoll dick im Gesicht. Aber meine Frau wollte nach keinem Arzt. Dienstags – tags darauf – begegnet mir Dr. Luce. Dem sagte ichs, und er ging gleich mit. Er schrieb ein Rezept, verordnete Blutegel, weil sie so dick war im Gesicht, denn sie ist ein magerer Spucht, sie hat nicht viel zuzusetzen. Dr. Luce glaubte, es wäre das Nervenfieber. Die Geschichte dauerte sechs bis acht Tage. Da wurde sie besser. Dass sie nachher was gehabt hat, weiß ich nicht. Aus ihrer Giftkramerei habe ich kein Arg gehabt. Ich war immer sonst dagegen, dass meine Tochter mit ihr umging, weil die Gottfried für liederlich galt.‹«[99]

Unterdessen war Noltenius erschienen und übernahm, nachdem Nicolaus Luchting entlassen worden war, das Protokoll: »Es erschien der Dr. Luce und zeigte an: ›Ich habe erfahren und halte es für meine Pflicht anzuzeigen, dass die bei Hagemeiers, Langenstraße, dienende Magd Lucie, welche jetzt an einem Fieber krank ist und von mir behandelt wird, einige Zeit bei der Gottfried gedient und ihr Mäusebutter von Lankenau geholt hat.‹«[100]
Der Polizeikommissar Tonjes berichtete: »Rumpff zeigt an, dass die Gottfried auf seinem Boden noch eine verschlossene Kiste mit schmutziger Wäsche stehen habe. Das Gericht beauftragte ihn, diese Kiste sofort zu untersuchen. Derselbe kehrte bald zurück und berichtete: ›Die Kiste enthält bloß schmutzige Wäsche, von der es jedoch nötig ist, dass sie gewaschen werde, damit sie nicht verderbe. Ich habe zwischen derselben eine ausgebrauchte Kruke Mäusebutter gefunden, und zwar von der größeren Gattung, welche Lankenau verkauft. Sie haben diese Gattungen nicht zu allen Zeiten, ich kenne dergleichen aber, da ich selbst einmal eine ähnliche Kruke habe holen lassen.‹ Das Gericht überzeugte sich, dass in der Kruke eine weiße, fettige Materie war, ähnlich wie die der Mäusebutter. Dem Polizeikommissar wurde dann befohlen, für die Erhaltung der Wäsche Sorge zu tragen.«[101]
Martin Bolte, Tischlermeister und »wohnhaft Pelzerstraße, im Hause des Vaters der Gottfried«, gab zu den Akten: »Ich habe für die beiden alten Timm, den jungen Timm und die Miltenberg'schen Kinder, Mosees, Rumpffs Frau, Schmidts Frau und ihr Kind, desgleichen für die gegenüber wohnende Meyerholz die Särge gemacht und alle diese Leichen gesehen. Mosees Leiche fiel mir auf, weil sie sehr geschwollen war und im Gesicht braun und schwarz. Ein Gleiches war an des jungen Timm Leiche zu sehen. Schmidts Frau und Rumpffs Frau waren auch geschwollen, sahen aber doch nicht ungestaltet aus. Bei den anderen Leichen ist mir nichts aufgefallen. Die Meyerholz, sagte man damals, sei nur einen Tag und eine Nacht krank gewesen. Dolge, in dessen Hinterhaus sie wohnte, kann etwas Näheres darüber sagen.«[102]
Elise Wolters erklärte an jenem Tag über die Umstände des Todes von Paul Thomas Zimmermann: »Ich bin in Thomas Zimmermanns Haus als Ladenjungfer* gewesen. Ich wohnte dort, wie Zimmermann starb. Er wollte die Gottfried heiraten. Ich erzählte ihm, dass von der Frau so Nachteiliges gesprochen werde. Dann wurde er krank. Er bekam des Nachts Erbrechen, und wir mussten zu Dr. Luce schicken. Dr. Luce behandelte ihn, und darauf wurde er wieder besser. Hierauf schickte ihm die Gottfried ein gebratenes Kücklein. Dies aß er mit großem Appetit und bekam des Abends sein Erbrechen wieder. Wir glaubten damals, dass

* Verkäuferin

der Rückfall davon komme, dass er zu früh aus dem Bette in den Laden gegangen sei. Ich riet damals selbst, dass er die Gottfried zur Pflegerin möge kommen lassen. Die Gottfried pflegte ihn jetzt. Er bekam heftige Fieberanfälle und immerwährendes Erbrechen und starb nach etwa vierzehn Tagen.«[103]
Die Dienstmagd Maria Rulffs gab an jenem Tag über die Todesumstände von Zimmermann an: »Ich habe bei Paul Thomas Zimmermann zur Zeit seines Todes im Dienst gestanden. Die Krankheit fing mit Erbrechen am Morgen an, wie er abends vorher bei Madam Gottfried, wie ich glaube, zum Essen gewesen war. Er wurde wieder besser. Darauf schickte die Gottfried ihm ein Kücken, welches er ganz aufaß. Er sagte, das Kücken habe ihm gut geschmeckt. Des Nachmittags bekam er wieder Erbrechen. Ich musste den Arzt holen, der ihm Arznei gab. Zimmermann klagte über Brand in dem Leibe, hatte gewaltigen Durst. Zuweilen flog er geradezu in die Höhe und hatte eine grässliche Angst. Wenn es vorüber war, war er ruhig.«[104]
Am Abend ließ Droste Gesche Gottfried wieder zum Verhör vorführen: »Nachdem sie aufgefordert worden, weiter sich zu erklären, ob und wer von ihr sonst noch Gift bekommen habe, außer denen, die sie angegeben: ›Der Bursche im Hause hat vermutlich von dem vergifteten Brot gegessen, was zur Linsensuppe von mir heruntergegeben ist. Den Eltern habe ich gar nichts gegeben. Den drei Kindern Adelheid, Johann und Heinrich habe ich was gegeben. Dann dem Bruder. Zimmermann und Mosees habe ich nichts gegeben.‹ Sie hielt darauf an und sagte: ›Wir haben ja wohl schon acht bis neun.‹ Es wurde ihr geantwortet, dass dies nicht der Fall sei. Sie fuhr fort: »Ja, Herr Kleine in Hannover. Dann Herr Rumpff, aber nicht seine Frau. Jetzt wüsste ich weiter keinen.‹
Es wurde ihr die vom Herrn Direktor erbrachte Liste behändigt und sie aufgefordert, sich hierüber zu erklären. Sie erwiderte: ›Der Meyerholz, eines Lehrers Tochter, habe ich nichts gegeben. Auch den anderen, mit Ausnahme der Erwähnten, habe ich nichts gegeben. Es ist hier noch die Schmidt-Frau, der habe ich etwas gegeben. Morisse betreffend, so wollte ich, dass ich von allen mich so frei fühlte als von diesem. Das war ein Mensch, den ich gar nicht näher kannte.‹
Bei diesem Morisse muss bemerkt werden, dass sie, sobald dieser Mann erwähnt wurde, stets gleich mit der Antwort bei der Hand war, dass sie diesem nichts gegeben habe, dagegen aber bei anderen gemeiniglich mit der Antwort zögerte. Sie wurde aufgefordert zu sagen, wem sie zuerst Gift gegeben. Sie erklärte: ›Meiner Tochter Adelheid. Ich gab ihr eine kleine Messerspitze voll Mäusebutter auf einen Zwieback.‹
Warum sie es getan? ›Ich habe unüberlegt gehandelt. Das weiß ich nicht. Ich kann es nicht angeben. Das muss ich erst ordentlich bei

mir überlegen. Das kann ich so nicht aussagen. Meinen Bruder schaffte ich aus der Welt, weil er ungesund war oder weil ich für seinen schwächlichen Körper besorgt war. Sein Nachlass ist mir geblieben. Ich glaube, es waren nur sechshundert Taler. Aber deshalb brachte ich ihn nicht um. Warum ich die Beta Schmidt aus der Welt schaffte, weiß ich nicht. Den alten Kleine brachte ich aus der Welt, weil er sich wieder verheiraten wollte. Es ging mich freilich nichts an, allein ich tat es doch deshalb. Ich habe ja bekannt und ergebe mich darin, was man über mich verhängen wird, aber weiter kann man mir nichts zumuten. Ich kann nichts mehr sagen.‹
Da in sie gedrungen wurde, haltbare Gründe anzugeben, weshalb sie die Kinder, den Bruder, die Schmidt und Kleine, wie sie gestanden, vergiftet, erklärte sie: ›Ich bitte Sie, dies nicht zu berühren. Wie kommen Sie auch gerade darauf? Darauf bin ich nicht vorbereitet.‹
Es wurde ihr vorgehalten, dass bei der Schmidt sechzig Taler, die vorhanden gewesen seien, fehlten. Sie erklärte: ›Der Bruder hat mir Geld zum Begräbnis gebracht. Mithin habe ich dort im Hause nichts an Geld gefunden.‹

Aller Ermahnung ungeachtet, war von der Inculpatin keine weitere Erklärung zu erlangen. Es wurde ihr hierauf die heute eingelieferte Kruke vorgehalten. Sie erklärte: ›Das ist eine von den Kruken, die meine vorige Magd Lucie, jetzt bei Hagemeiers dienend, mir von Lankenau geholt hat. Ich glaube, es waren zwei Kruken, vielleicht drei. Mitte Sommer ließ ich sie holen.‹«[105]
Droste hielt ihr darauf zwei Aussagen vom Nachmittag über geliehene Gelder vor. »Sie erkannte dies für richtig. Inculpatin klagte darauf, dass sie Leibschmerzen habe, auch Unwohlsein. Sie werde gewiss bald sterben.«

Als Droste sie über die Vergiftung des alten Kleine in Hannover befragte, erhielt er einen kleinen Bericht: »Neun Tage nachdem ich an Rumpff meine Ankunft in Hannover gemeldet hatte, gab ich dem Kleine das Gift. Es war an einem Freitag oder Sonnabend. Er hat neun Tage lang gelegen. Ich habe ihm nur einmal beim Frühstück auf Butterbrot etwas gegeben. Ich weiß nicht, wann ich den Vorsatz ihn umzubringen fasste. Ich fasste ihn nicht hier, und wann in Hannover, weiß ich nicht.‹
Es wurde ihr vorgehalten, dass sie gesagt, sie habe Mäusebutter mitgenommen. Sie erklärte: ›Ja, das habe ich gesagt und auch getan. Ich fasste auch den Vorsatz kurz vorher. Ich hatte etwa drei Wochen vorher von Kleine einen Brief bekommen, worin er mich an das Geld erinnerte. Ein paar Monate vorher schrieb er mir auch.‹«
Damit verstummte sie für jenen Abend. Droste beendete das Verhör.

Sechstes Verhör am Donnerstag, 13. März:
Die Vergiftung ihres ersten Mannes Miltenberg, ihres zweiten Mannes Gottfried, ihres Verlobten Zimmermann und des Johann Mosees

Noltenius begann das Protokoll jenes Tages mit der Bemerkung: »Es wurde gemeldet, dass die Inculpatin heute Erbrechen bekommen hatte. Es wurde der Physikus Dr. Heineken zu ihr gesandt, welcher ihr Arznei verschrieb. Er erklärte dem Gericht, dass er nicht glaube, dass sie Arsenik genommen. Es sei ein Anfall einer echten Cholera, den sie habe.«[106]

Dann erschien als erster der für jenen Tag vorgeladenen Zeugen Paul Thomas Zimmermanns früheres Dienstmädchen Meta Fehloh: »Ich war zur Zeit des Todes des Thomas Zimmermann im Zimmermann'schen Hause. Zimmermann war schon krank, wie ich ins Haus kam. Es hatte die Krankheit ihren Anfang mit Erbrechen genommen. Zimmermann genas so weit wieder, dass er mit uns am Tische essen wollte. Nach meiner Meinung war es Sonntag vor Pfingsten, als die Gottfried ihm ein gebratenes Kücken sandte, welches er an dem gemeinschaftlichen Tische alleine verzehrte. Zimmermann sagte, dass er recht mit Appetit gegessen habe. Wir sagten gleich, ob dies ihm auch wohl bekommen würde, und er erklärte selbst, er habe wohl zu viel gegessen. Er legte sich aufs Sofa, wurde unwohl, ging zu Bett und bekam Erbrechen. Er lebte noch bis Sonntag. Er klagte über Beängstigung, klagte über Reißen im Leib und Durst und fuhr manchmal in die Höhe. Einige Tage vor Zimmermanns Tod, wie der Gottfried geäußert wurde, dass Zimmermann bald sterben werde, sagte sie, sie fände ihn noch nicht so schlecht, bis Sonntag könne er noch leben, er habe noch so viel Leibeskräfte. Ich habe auf der Nachbarschaft der Gottfried gewohnt, sie hat mir manchmal Kuchen und dergleichen gegeben und war sehr freundlich. Mir ist nichts Nachteiliges passiert.«[107]

Nachdem darauf eine ganze Reihe Personen aus Gesche Gottfrieds engerem Bekanntenkreis vernommen worden waren, ohne dass deren Aussagen zur Erhellung beitrugen, tauchte freiwillig Friedrich Dolge auf. Hatte er noch am Sonntag für die Unschuld seiner Gesche bürgen und sogar einen Meineid schwören wollen, bekam seine Aussage jetzt einen ganz anderen Klang: »Die Meyerholz wohnte in meinem Haus. Sie gab Unterricht an der Gitarre. Ich glaube, dass sie mit der Gottfried in der Komödie gewesen war und des anderen Tages krank geworden und ein schreckliches Erbrechen bekommen hatte. Von dem Vater habe ich gehört, dass sie des Morgens noch bei der Gottfried gewesen und gefrühstückt hatte, dann aber zu anderen Personen gegangen wäre. Sie hat darauf Durchfall und schreckliches Erbrechen bekommen.

Meine Frau hat ihr Tee gemacht. Es wurde zu Dr. Luce geschickt, der sie behandelte. Sie wurde immer schlimmer und verlangte nach der Gottfried, die des Abends auch kam und die Nacht bei ihr blieb. Die Meyerholz bekam Umschläge um den Leib und wurde von mehreren Freundinnen mit der Gottfried verpflegt. Sie starb drei bis vier Tage nachdem sie krank geworden, an einem Montag.«[108]
Dr. Doleire zeigte an: »Eine Grede ist von mir behandelt. Sie ist Schwägerin des Rumpff, und jetzt muss ich glauben, dass sie Gift bekommen, da die verschiedenen Erscheinungen bei ihrer Krankheit allerdings vom empfangenen Gifte entstanden sein könnten. Überhaupt kann diese Familie noch manches aussagen.«[109] Die darauf sofort vorgeladene Sophie Grede erklärte zunächst über den Tod von Rumpffs Frau: »Ich habe Rumpffs Frau im Wochenbett besucht. Sie wurde den 6. Dezember entbunden und starb den 21. Dezember. Sie war etwas schwächlich. In den ersten Tagen war sie ganz gesund. Am dritten Tag bekam sie abends Erbrechen. Sie hatte an den Tagen nichts gegessen, wohl aber Weljen getrunken, welche die Gottfried ihr gemacht hatte. Verdacht auf die Gottfried, dass diese ihr etwas gegeben habe, hatten wir nicht. Es wurde zum Arzt geschickt, der etwas verschrieb, worauf sich Durchfall einstellte. Sie bekam Beängstigungen, Lähmung in den Gliedern. Sie hatte heftigen Durchfall. Zuweilen wurde ihr Zustand besser, dann aber verschlimmerte er sich wieder. Die Gottfried war um und bei ihr und verpflegte sie.«[110]
Weiter heißt es in ihrer Aussage: »Meine Tochter Hannchen, vierzehn Jahre alt, war am 6. März 1826 bei der Gottfried und wünschte ihr Glück zum Geburtstag. Sie gab ihr ein halbes Kreuzbrot mit Butter und Mettwurst und ein Glas Wein. Nach Genuss desselben war ihr übel geworden. Es hatte ihr so süßlich geschmeckt, sodass sie es nicht aufgegessen hatte. Wie sie nach Hause kam, musste sie sich erbrechen. Ich gab ihr Tee, worauf das Erbrechen so arg wurde, dass ich zu Dr. Doleire schicken musste. Er gab Arznei und sie bekam Durchfall. Sie hatte in der Krankheit ein geschwollenes Gesicht, dicke Beine und war drei Wochen krank. Rumpff hatte manchmal Verdacht, dass Gift die Ursache der Krankheit sei. Er sagte, es müsse eine Giftquelle irgendwo im Hause sein, denn die Nachbarn sagten, dass die Krankheiten aller dort im Hause verstorbenen Personen sich gleichen und dieselbe sei, die er habe.«[111]
Nachdem Rumpff dem Gericht mehrere Briefe überreichte, die er im Laufe der Zeit von Gesche Gottfried erhalten hatte und die sich heute in der Prozessakte befinden, erschien die Tochter der Sophie Grede, die vierzehnjährige Johanne: »Am 6. März 1827 wünschte ich der Gottfried Glück zu ihrem Geburtstag. Sie gab mir ein Butterbrot mit Mettwurst, welches mir so scheußlich

schmeckte, daher ich es nicht ganz aufaß, dazu ein Glas Wein. Mir wurde übel danach, und wie ich mich zu Bett legte, musste ich erbrechen. Dies wurde so arg, dass Dr. Doleire zugezogen wurde.«[112]
Am Abend dann wurde Gesche Gottfried wieder vorgeführt. Droste eröffnete das Verhör mit der Frage nach dem Motiv der Vergiftung ihrer Kinder. Sie erklärte: »Ich kann keinen Hauptgrund angeben. Größtenteils wohl war es wegen Gottfried. Gottfried hatte bestimmt geäußert, dass er mich der Kinder wegen nicht nähme. Er hatte dies mir selbst gesagt. Sonst hatte ich keinen Grund, die Kinder zu töten. Meinen Bruder Johann brachte ich wegen seiner Körperschwäche um.«[113] In den späteren Verhören wird sie die Anschuldigung gegen Michael Christoph Gottfried als »erdacht« zurücknehmen. Ein greifbares Motiv aber, warum sie ihre Kinder vergiftet hatte, wird sie auch später nicht nennen können.

Weiter fragte Droste nach dem Motiv der Vergiftung der Beta Schmidt und des Friedrich Kleine. Zunächst gab sie auch hier wieder seltsame Beweggründe an. Die Beta Schmidt wollte sie vergiftet haben, um deren Kind zu bekommen, den Friedrich Kleine, weil er sich wieder verheiraten wollte. Erst auf Drostes Vorhaltungen, dass derartige Gründe doch abwegig seien, erklärte sie, den Kleine »wegen Besorgnis der Gelder, die ich (ihm) zu zahlen hatte«, vergiftet zu haben. »Ich habe mit dem Messer an den Schinken das Gift gemacht, das ist auch wahr. Ein Butterbrot habe ich ihm nicht vergiftet. Ich weiß den Tag nicht, wann ich es ihm gab; mir deucht aber, es war kein Donnerstag, sondern Dienstag. Er lag bis sieben Tage, bis er starb. Ich habe nie etwas anderes gehabt als Mäusebutter und diese an den Schinken gemacht. Ich holte erst den Schinken, dann aus meinem Koffer die Mäusebutter und machte in der Küche auf der Anrichte dieselbe an den Schinken. Ich machte eine Messerspitze voll daran. Er hat ebenso viel bekommen, als wie ich anderen gegeben habe, wie zum Exempel der Schmidten. Der alte Kleine hat nur einmal etwas gekriegt. Wahr ist, dass Kleines Sohn und eine Mamsell auch Erbrechen und Durchfall bekommen, allein ich habe ihnen kein Gift gegeben.«
Darauf las Droste ihr von den bisher gesammelten Aussagen jene vor, die keinen Zweifel daran lassen konnten, dass der Paul Thomas Zimmermann von ihr vergiftet worden war: »Es wurden ihr jetzt aus den Akten die Aussagen vorgehalten. Sie erklärte: ›Ich bin an Zimmermanns Tod unschuldig.‹
Sie wurde ermahnt, die Wahrheit zu sagen und dadurch eine aufrichtige Reue zu bezeugen. Sie tat, als wenn sie weinen wollte, hielt jedoch mehrere Minuten mit einer Antwort ein. Dann

erklärte sie: ›Ich will es nur gestehen: ich habe Zimmermann vergiftet, mit Pflaumen, die ich durch meine Magd hinschickte. Ich habe die desselben Tags hingeschickt, wie ich das Kücken hinschickte. Ich hatte das Gift an die Pflaumen gegeben. Es waren kurz eingekochte Pflaumen, die ich selbst auf einem Teecomfoir kochte, erst mit dem Gift beschmierte, dann mit Zucker bestreut. Ich hatte das Gift auf die verschiedenen Pflaumen verteilt.‹«

Sie brach ab. Droste hielt ihr alle als wahrscheinlich geltenden Vergiftungen vor. »Sie erklärte: ›Den Eltern habe ich nichts gegeben. Aber Miltenberg und Gottfried habe ich das Gift am Essen gegeben. Morisse gab ich nichts. Mosees gab ich es am Essen. Der Meyerholz habe ich nichts gegeben. Rumpffs Frau aber auch nichts. Ebenso wenig habe ich dem Schröder'schen Kind etwas gegeben. Dem Schmidt'schen Kind habe ich nichts Besonderes gegeben. Dem Miltenberg gab ich das Gift vierzehn Tage vor seinem Tod. Gottfried gab ich es bei Gemüse vierzehn Tage vor seinem Tod.‹

Es wurde bemerkt, dass der Bruder ja gleich nach Empfang des Giftes gestorben, die zuletzt angegebenen aber nach vierzehn Tagen. Sie erklärte: ›Die Naturen sind verschieden. Mosees habe ich zweimal Gift an Gemüse gegeben. Ungefähr vierzehn Tage nacheinander im Sommer. An dem Tode der Rumpffsfrau bin ich aber gewiss unschuldig.‹

Sie wurde aufgefordert, freimütig zu erzählen und anzugeben, was sie noch auf dem Herzen habe. Sie erklärte: ›Ich wünsche nur den Tod. Ich bin sehr unglücklich. Wenn ich auch heute aus der Welt gehe, so muss ich sagen, ich bin an dem Tod der Rumpffsfrau unschuldig. Miltenberg, der Vater, starb natürlich am Schlage. Des Morgens, wie er aufwachte, konnte er den Kopf nicht bewegen. Er glaubte, dass alles, was auf der rechten Seite stand, auf der linken stehe. Des Abends kam eine Wiederholung des Schlages, und er starb.‹

Sie wurde angehalten, den Grund anzugeben, weshalb sie ihren Mann Miltenberg getötet. Sie sagte: ›Verschonen Sie mich, meine Herren. Ich kann den Grund nicht sagen. Ich weiß es nicht. Ich kanns nicht sagen, so gerne ich auch will. O Gott, wie wäre es nur möglich, in diesem Augenblicke darüber nachzudenken. Lassen Sie mich einmal ruhig einen Tag im Bett nachdenken. Ich bin wohl krank und bedarf der Ruhe. Ich bereue es jetzt genug, was ich getan habe. Lassen Sie mich doch jetzt ruhig zu Bett gehen. Warum ich Gottfried umbrachte, weiß ich nicht. Ich bin jetzt nicht in der Stimmung, mich zu erklären.‹«

Droste aber brach das Verhör nicht ab. »Sie wurde nochmals wegen der Rumpff befragt. Sie erklärte: ›Auf Ehre, diese habe ich nicht umgebracht.‹

Sie wurde aufgefordert zu sagen, wie sie überhaupt auf die Idee gekommen, Gift zu geben: ›Ich hatte gehört, dass Mäusebutter tötet, und meine Mutter hatte immer etwas, davon bekam ich sie. Die ersten drei Kruken fand ich in dem Nachlass meiner Mutter.‹
Es wurde ihr bemerkt, dass ihre Mutter aber 1815 gestorben und Miltenberg und die Kinder schon früher getötet seien. Sie erklärte: ›Ich wurde so viel befragt, ob ich Miltenberg umgebracht, daher sagte ich nur Ja.‹
Es wurde ihr bemerkt, dass doch die Kinder auch früher gestorben seien. Sie erwiderte: ›Ich habe diese Mäusebutter von Lankenau geholt.‹
Sie wurde wegen Miltenberg juniors Tod wieder befragt und erklärte: ›Wenn ich die Wahrheit sagen soll, so habe ich es nicht getan.‹
Comparentin bat, ihr zu erlauben, wieder hinaufgehen zu dürfen.
Sie wurde befragt, was sie rücksichtlich Miltenberg jun. erklärte.
Sie erwiderte: ›Ja, ich habe ihn umgebracht.‹«
Dann wurde sie zurück in ihre Zelle geführt. Droste aber, aufgeschreckt durch ihr Benehmen, ordnete noch am selben Abend an, dass zukünftig eine der Aufseherinnen für die Nacht zu Gesche Gottfried mit in die Zelle eingeschlossen werden soll. Wohl nicht zu Unrecht fürchtete er einen Selbsttötungsversuch. Allerdings war, wie Droste im Protokoll bemerkte, keine der Aufseherinnen bereit, die Nacht mit Gesche Gottfried alleine zu verbringen: »Es war nicht möglich, eine Frauensperson aufzufinden, welche es übernähme, allein bei der Gottfried zu wachen, daher mussten zwei angestellt werden.«[114]

Ein Tag ohne Verhör

Die Ereignisse vom Freitag, 14. März

Am nächsten Morgen gab Droste zunächst eine Dienstanweisung für die Aufseherinnen zu den Akten: »Instruktion für die bei der Witwe Gottfried wachenden Frauen. Die Gottfried soll durch sie bewacht werden, damit sie sich nicht heimlich etwas selbst zuleide tue oder gar das Leben nehme. Jede von ihnen muss also genau darauf achtgeben, was die Gottfried die Nacht über macht. Sobald ihnen etwas in dem Befinden oder dem Betragen der Gottfried verdächtig oder gefährlich vorkommt, müssen die Frauen es sogleich melden. Es ist den Frauen zwar gestattet, eine Beschäftigung vorzunehmen, doch dürfen sie im Zimmer der Gefangenen keine Schere, kein Messer, keine Nähnadel oder Stricknadel, noch irgendein anderes Instrument haben, was die Gottfried gebrauchen könnte, sich damit zu schaden. Über die Behandlung der Gefangenen, wenn dieselbe unpässlich ist oder sein

sollte, haben sie die Vorschriften des Arztes zu befolgen. Die Frauen dürfen mit der Gefangenen reden, doch haben sie nicht das Recht, sie auszufragen. Sie dürfen ebenso wenig ihr Verbrechen vorhalten oder ihr erzählen, was man in der Stadt sagt. Noch weniger dürfen die Frauen sie fragen, warum sie dies oder jenes, was von ihren Verbrechen erzählt wird, getan habe. Sollte die Gottfried den Frauen etwas auftragen oder sie um eine Bestellung an eine dritte Person bitten, so müssen die Frauen das nicht abschlagen, sondern dem Gericht anzeigen, damit das ihnen sage, ob sie den Auftrag ausrichten dürfen. Die Gottfried hat die Erlaubnis bekommen, zu schreiben. Die Frauen dürfen sie daran nicht hindern. Bei schwerer Strafe dürfen die Frauen aber niemanden anders als dem Gericht etwas von demjenigen geben, was die Gottfried geschrieben hat. Ebenso streng ist es ihnen verboten, an andere als den zum Gericht gehörenden Personen von dem zu erzählen, was sich auf dem Zimmer der Gefangenen zuträgt, was dieselbe sagt, erzählt und verlangt oder dergleichen. Würde die Gottfried den Frauen oder einer etwas schenken oder schenken wollen, so müssen sie es dem Gericht melden.«[115]
Dann begaben sich Droste und Noltenius zu der Wohnung des blinden Vaters der Anna Lucia Meyerholz: »Hatte das Gericht sich hierher begeben, um den alten und blinden Meyerholz zu vernehmen, da derselbe im Gericht nicht erscheinen konnte: ›Ich heiße Daniel Meyerholz, bin 83 Jahre alt und bin jetzt etwa sechs Jahre blind. Seitdem haben sich meine anderen Sinne gestärkt, und namentlich ist mein Gehör seitdem stärker. Ich kann durchs Gehör alle Personen genau unterscheiden, die mit mir sprechen. Meine Tochter war am Mittwochabend mit der Gottfried in der Komödie gewesen. Sie kam gesund nach Hause, schlief gut und stand des Morgens gut und wohl auf. Sie gab Unterricht an der Gitarre. Sie sagte zu mir, sie müsse zu Mamsell Dreseln gehen, die damals auf dem Wall wohnte. Vorher aber sollte sie noch bei der Gottfried vorkommen. Ich sagte, sie möge sich nicht zu lange aufhalten. Nachher wurde sie mir krank ins Haus gebracht. Sie sagte, sie habe erst bei Madam Gottfried ein Frühstück und ein Glas Wein bekommen, sei darauf bei Mamsell Dreseln eine Stunde lang gewesen, und wie sie darauf auf die Straße gekommen, habe sie einen gewaltigen Stuhlzwang bekommen. Sie sei bei Willings eingekehrt. Wie sie darauf auf die Straße gekommen, habe sie ein Erbrechen bekommen, sodass sie nur noch eben an die Straßenecke hat kommen können. Mamsel Willing und Madam Claussen haben sie darauf hergebracht. Sie wollte mich beruhigen und sagte, sie habe bloß ein Erbrechen. Das Erbrechen dauerte aber unaufhörlich fort, sodass wir zu Dr. Luce schicken mussten. Dr. Luce war nicht zu Hause gewesen und kam daher erst sehr spät. Er verschrieb ihr Arznei, die sie einnahm. Sie

wurde darauf schlimmer und wurde nun von ihren Bekannten gepflegt. Namentlich war Mamsell Göppel bei ihr. Sie lag bis Montagmorgen, wo sie starb. Sie klagte über Erbrechen, Verstopfung und hauptsächlich über Herzklopfen.‹«[116]

Zurück im Stadthaus, wurden vorgeladene Zeugen vernommen, wobei weitere Aussagen über den Tod des Paul Thomas Zimmermann zu den Akten kamen. Dann erschien Dr. Schütte und erklärte: »Ich bin am 1. Mai zu der Beta Schmidt gerufen. Die Schmidt hatte ein Kindbettfieber, jedoch klagte sie, dass sie seit acht Tagen schon Leibweh und Erbrechen gehabt habe. Ich behandelte sie, und es schien, als wenn sie sich bessere. Auf einmal war das Kind krank, bekam ein heftiges Erbrechen, hatte einen geschwollenen Kopf, daher ich dann auf einen Wasserkopf schloss. Ich behandelte es, allein es starb. Die Mutter wollte das Kind durchaus nicht von sich lassen, und diesem Umstand, dass sie das Kind sterben sah, schrieb ich hauptsächlich den Tod der durchs Kindbett geschwächten Mutter zu. Wie ich am dritten Tag hinkam, war sie tot. Ich wollte früher gerne haben, dass die Gottfried das Kind zu sich nehmen möge, sie ging aber nicht auf meinen Antrag ein. Wie das Kind tot war, sagte mir die Gottfried, sie habe auf meinen Antrag nicht eingehen wollen, weil die Leute so viel davon schwatzten, dass bei ihr so manche Menschen gestorben seien, und sie gefürchtet hatte, in neues Gerede zu kommen.«[117]

Sophie Torrels, eine entfernte Verwandte von Rumpff, gab über die näheren Umstände des Todes von Rumpffs Frau zu den Akten: »In ihrem Kindbett ging ich am Morgen nach der Entbindung zu ihr und wartete Tag und Nacht auf. Darauf ging ich am folgenden Abend nach Hause. Wie ich des andern Morgens wiederkam, fragte ich, wie es gegangen sei, und erfuhr, es sei elend gegangen. Das Erbrechen, dessen Anfang ich noch gesehen, sei stärker geworden. Die Gottfried erzählte mir dies selbst, auch dass zu Dr. Luce geschickt sei und dass es nunmehr mit dem Erbrechen besser geworden sei. Das Erbrechen hörte auf, allein Durchfall stellte sich ein. Ich war beim Sterben der Rumpff. Schon in den Tagen vorher sagte sie, dass sie sterben würde. Sie zeigte auf den Leib und sagte: ›Hier habe ich was.‹ Sie klagte, sie habe kein Gefühl in den Fingern, es staute sich alles bei ihr. Sie hatte unlöschbar Durst, sodass sie sagte, sie wolle, dass ich ihr einen Eimer voll Wasser gebe. Sie verlangte auch Bier zum Löschen des Durstes. Besonders klagte sie über Kraftlosigkeit. Die Gottfried hat sie gepflegt, und ich glaube, auch in den ersten Tagen für sie gekocht.«[118]

Durch die Aussagen des Schneidermeisters Johann Conrad Dorbam erhärtete sich der Verdacht, dass auch Gesche Gottfrieds Vater unter den Giftopfern zu finden sei: »Ich kenne die Gottfried

seit ihrem dritten Jahre. Ihr Vater war mein intimer Freund. Meine Tochter war bei ihm in der Lehre. Im Jahre 1815 wollte ich mit ihm nach seinem Geburtsort reisen. Kurz vorher kam meine Tochter angelaufen und sagte: ›Vater, komm mal her, was hat Timm im Leibe.‹ Ich lief hin und sah, dass Timm rücklings aufs Bett niederfiel und mit sich rang und über seinen Leib schrie, mit den Worten: ›für Gott, für Gott‹. Timm starb an demselben oder an dem folgenden Tag. Bald nachher sagte meine Tochter mir, sie habe in dem Schrank ein Pulver gefunden, worauf gestanden habe ›Rattenkraut‹. Ich glaubte, er habe sich selbst vergiftet. Wie ich zu Timm kam, war die Gottfried bei ihm. Sie sagte, Vater hat es ein bisschen im Leibe. Timm war am Sonntag noch auf dem Wall, und am Mittwoch war er schon tot.«[119]
Die darauf sogleich vorgeladene Tochter erklärte: »Wie ich am Montagmorgen kam, lag er im Bett in seiner Werktagskleidung und klagte über seinen Leib. Nach meiner Meinung lag er drei Tage krank. Nach dem Tod des alten Timm musste ich Zwirn haben. Ich kam vor seinen Schrank, um den Zwirn zu holen, und fand dort ein Papier, worauf stand: ›Rattenkraut‹. Ich habe dieses meinem Vater erzählt.«[120]
Am Abend dann wurde Gesche Gottfried angezeigt, »dass das Gericht ihrem Wunsche gemäß heute die weitere Vernehmung aussetzen wolle. Sie dankte dafür und äußerte, wenn das Gericht es aber nicht gerne tue, so sei sie erbötig, zu kommen. Sie rühmte die Hilfe des Arztes, tat aber, als wenn ihr die Hilfe nicht recht sei, indem sie sagte: ›Pflegen Sie mich doch nicht zu sehr. Ich wünsche zu sterben.‹«[121]

Siebentes Verhör am Sonnabend, 15. März:
Die Vergiftung des Vaters

Waren die ersten Verhöre geprägt gewesen von einer Suche nach Orientierung eines über die Geständnisse ungeheuerlichster Morde zutiefst entsetzten Senators Droste, so bewirkte die eintägige Verhörpause bei ihm eine Wandlung, entwickelte er nun Möglichkeiten, sich behutsamer Gesche Gottfried zu nähern.
Auch Gesche Gottfried scheint durch die Verhörpause innerlich gesammelter.
Droste begann das Verhör mit Fragen über ihre bislang ungeklärten familiären Verhältnisse. Sie erzählte über Miltenbergs Schulden und davon, wie ihr Vater diese Schulden immer wieder aufs Neue ausglich. Dann lenkte er die Befragung vorsichtig auf die Todesumstände ihrer Eltern. Nach den vorliegenden Zeugenaussagen konnte es kaum noch einen Zweifel daran geben, dass sie auch ihren Vater und ihre Mutter vergiftet hatte. Sie wich der

Frage aus und begann umständlich über ihre Kinder zu erzählen. Erst als sie damit zu Ende gekommen war, brachte Droste die Befragung zurück auf die Todesumstände ihres Vaters: »Sie wurde jetzt ernstlich ermahnt, die Wahrheit zu sagen und durch ein offenes Bekenntnis ihr Gewissen zu erleichtern. Sie war lange stille und schien mit sich zu kämpfen, was sie sagen sollte. Endlich erklärte sie auf die Frage, wie es mit des Vaters Tod sei, ob sie ihm Gift gegeben: ›Ja!‹

Auf die Frage, wann und warum sie ihm Gift gegeben, erklärte sie: ›Nein, ich habe ihm nichts gegeben.‹

Sie wurde nochmals ermahnt, die Wahrheit zu sagen. Nachdem sie sichtlich an sich kämpfte, sagte sie, zum ersten Mal mit Tränen, die aus echter Rührung zu kommen schienen: ›Ja, ich habe ihm etwas gegeben. Ich gab es ihm des Mittags am Essen. Er lag, glaube ich, um vier Tage. Ich gab ihm von der Mäusebutter. Ich gab sie an sein Essen, nachdem es gekocht war. Ich war gegenwärtig bei seinem Essen. Es war Kalbfleischsuppe, die ich ihm vergiftet machte. Ich habe die Suppe selbst gekocht und durch die Magd hinübergeschickt. Bei seinem Tode war ich gegenwärtig. Sein Ende war ruhig. Er erkannte mich noch. Er sagte, er habe seine Papiere in Ordnung gebracht. Sie ständen in einem kleinen Kästchen unterm Bette, damit kein Fremder dabeikomme. Er freute sich, zu Mutter zu kommen.‹«[122]

Die Frage, ob sie auch der Mutter Gift gegeben habe, verneinte sie. Droste beendete das Verhör. Das milde geschilderte Ende ihres Vaters entspricht, wie wir bereits in der Aussage des Johann Conrad Dorbam gesehen haben, natürlich nicht der Wahrheit. Weitere Augenzeugen seines Todes berichten von einem sich über Tage hinziehenden entsetzlichen Todeskampf, in dessen Verlauf der Mann irrsinnig vor Schmerzen aus dem Bett gesprungen, über seinen Unterleib geschrien und sich auf dem Fußboden gewälzt haben soll.

V. Stockungen

17. März bis 25. April 1828

Der »Drang, Gift zu geben«

Auch in der zweiten Woche nach Gesche Gottfrieds Verhaftung riss der dem Gericht zugehende Strom über die Todesumstände aus ihrem Umfeld Verstorbener nicht ab. Immer stärker aber drängte jetzt die Fantasie der Menschen in den Vordergrund und wollte in jedem Todesfall eine Vergiftung sehen. »Man spricht davon«, heißt es beispielsweise über den Tod einer Waschfrau Bunjes, »dass sie von der Gottfried vergiftet sei.«[123] Aber alle diese vermuteten Vergiftungen sollten sich im Laufe der Untersuchung nicht bewahrheiten. Mancher auch glaubte sich jetzt zu erinnern, nach von Gesche Gottfried empfangenen Speisen unter Erbrechen gelitten zu haben: »Ich aß bei der Gelegenheit ein Butterbrot bei ihr und bekam des andern Tages ein Erbrechen«[124], oder: »Ich habe die Gottfried mit meinem Sohn Heinrich, jetzt zweieinhalb Jahre alt, besucht. Sie hat ihm etwas vom Butterkuchen gegeben. Er ist darauf übel geworden, hat Erbrechen bekommen und ist sehr krank gewesen. Das Kind bekam Durchfall und zuletzt Ausschlag. Jetzt ist es gottlob gesund.«[125] So wähnten sich in jenen Wochen eine ganze Reihe Bremerinnen und Bremer von Gesche Gottfried vergiftet, ohne es je gewesen zu sein.

Da, wie schon erwähnt, aufgrund einer strengen Pressezensur nichts über den Stand der gerichtlichen Ermittlungen an die Öffentlichkeit gegeben werden durfte, schossen die Gerüchte über diese Frau mit jedem Tag mehr ins Kraut. »In allen geselligen Unterhaltungen und Zusammenkünften war davon die Rede«, und nur »schwer waren von diesem unerquicklichen und schauderhaften Gegenstand die Blicke und das Gespräch abzuwenden«, schreibt Voget. Wie tief die Verhaftung Gesche Gottfrieds die Stadt erschüttert haben muss, lässt eine Zeitungsmeldung ahnen, die sieben Tage nach Rumpffs Anzeige erschien und ihre Quellen aus den in der Stadt umlaufenden Gerüchten bezog. In der Zeitungsmeldung heißt es: »Durch die gefängliche Einziehung eines Frauenzimmers, welches in den Verdacht der Giftmischerei geraten war, ist unsere Stadt seit einigen Tagen in lebhafte Aufregung versetzt. Es verbreiten sich darüber die seltsamsten Gerüchte, mit welchen man eine Menge ungewöhnlicher Todesfälle von Personen, welche mit ihr in nähere Berührung gekommen waren, zusammenstellt. Es würde nicht passend sein, schon jetzt etwas darüber sagen und der eingeleiteten Untersuchung vorgreifen zu wollen; nach allem aber, was man hört, möchte dieser Fall eine der merkwürdigsten psychologischen Erscheinungen darbieten und dürfte er den interessantesten Kriminalgeschichten an die Seite zu stellen sein.«[126]

Bei Voget finden sich die angesprochenen Gerüchte detaillierter beschrieben: »Zu allem Furchtbaren, dessen Gerüchte, als nur zu wahr, unmöglich unterdrückt werden konnten, gesellte sich bald, wie es zu gehen pflegt, manche Ausgeburt lügenhafter Sage und Erdichtung. Ihre Kinder sollte Madam Gottfried zur Bereitung des schändlichsten aller Gifte, der Aqua Toffana, totgekitzelt, das Fleisch derselben zur Bereitung von Speisen benutzt und als Werkstätte aller dieser und vieler anderer unnatürlichen Gräuel sollte sich in dem Hause der entsetzlichen geheimen Verbrecherin ein unterirdisches Gewölbe befunden haben, dem Eigentümer des Hauses selbst bisher unbekannt.«

Weiter berichtet Voget über eine Person, die in der Stadt selbst erdachte Schauergeschichten über Gesche Gottfried verbreitet hatte: »Auf die Aussage eines ebenso überspannten fantastischen als abergläubischen Menschen der niederen Volksklassen, dessen durch die schreckliche Stadtneuigkeit doppelt krankhaft erhitzte Fantasie sich allerlei Chimären geschaffen hatte, die er nun selbst für wahr hielt, wurde die Gottfried bald auch als eine Giftmischerin im eigentlichen, engeren Sinne des Wortes verschrien. Schon ihre Mutter, behauptete dieser Mensch, sei nicht nur als Giftmischerin in der Stadt berüchtigt gewesen, sondern habe hexenartig mit dem bloßen Blick ihrer Augen unschuldige Kinder töten können und so wirklich seine eigenen getötet. Erst als er über deren Todesursache eine Wahrsagerin um Rat gefragt und, von derselben unterrichtet, der Mutter unserer Verbrecherin starr ins Auge geblickt habe, sei ihre Hexenkraft gebrochen und das Leben seiner nach Anwendung dieses Mittels geborenen Kinder verschont geblieben. Da behauptete man überall, die Gottfried sei schon als Kind in die Kunst der Bereitung subtiler Gifte von ihrer Mutter eingeweiht und nachher durch deren heilloses Vermächtnis zweier hiervon handelnden Bücher zur Meisterschaft darin erhoben worden.«

Es finden sich tatsächlich in den Protokollen Aussagen, dass Gesche Gottfried bereits als Kind »den Leuten Sand ins Essen gestreut« haben soll, auch wurde sie einer »grenzenlosen Wollust« bereits als junges Mädchen bezichtigt. Tratsch und Klatsch hatten sich längst verselbstständigt und, immer wieder um neue Details angereichert, bis in unsere Zeit erhalten.

Aber zurück zum Bremer Kriminalgericht, auf das Johann Christoph Rumpff in jenen Wochen förmlich abonniert gewesen zu sein scheint. Mehrmals die Woche war er im Stadthaus erschienen, um irgendetwas anzuzeigen. Oft kam er mit Namen von Personen, die nach seiner Meinung Näheres über »den

Lebenswandel der Gottfried aussagen konnten«. Offensichtlich betrieb er selbst intensive Nachforschungen; immerhin lastete die fürchterliche Ungewissheit auf ihm, ob womöglich seine Frau unter den Mordopfern zu finden sein würde. Am 20. März erklärte er gar: »Ich wünsche, dass meine Frau ausgegraben und unter Zuziehung des Gerichts untersucht werde, ob sie vergiftet sei. Ich wünsche auch, dabei zu sein. Es hat mir nämlich mehrmals geträumt, dass meine Frau dies von mir verlange, und ich habe schon ein besonderes Grab kaufen wollen und dann die Behörde ersuchen wollen, sie dorthin bringen lassen zu können.«[127] Wie wir später sehen werden, wurde seinem Wunsch entsprochen.

Die Verhöre indes wurden mit Ausnahme der Sonntage täglich fortgesetzt, und so ließ Droste Gesche Gottfried am folgenden Montagabend, es war der 17. März, wieder ins Verhörzimmer führen. Zunächst erzählte sie ausführlich über die finanziellen Verhältnisse ihres Vaters und über die Todesumstände ihrer Eltern, wobei sie die Vergiftung der Mutter weiter leugnete. Dann tischte sie Droste unter Tränen eine Lüge auf: »Comparentin fing darauf heftig an zu weinen und sagte: ›Ich muss Ihnen doch etwas entdecken, was ich eigentlich nicht sagen wollte. Mein Vater war erzürnt, dass Miltenberg immer in Schulden kam. Er sagte einmal heftig: Würde der Hund an der Straße liegen, ich nähme ihn nicht auf. Vergifte den Hund, so ist er von der Welt. Nach einiger Zeit brachte meine Mutter ein aufgeschmiertes Butterbrot mit Mäusebutter, das sie auf die Plunderkammer unter den Balken und umher legte. Sie sagte zu mir, ich lege für Ratten und Mäuse etwas

Verhör vom 17. März 1828

Gesche Gottfried spricht erstmals von einem »Drang, Gift zu geben«:

»Späterhin bekam ich immer einen Drang, Gift zu geben, es war, als wenn eine Stimme mir sagte, ich müsse es thun, ich hatte gewissermaßen Wohlgefallen daran. Ich schlief ruhig und alle diese unrechten Handlungen drückten mich nicht. Man schaudert doch sonst vor dem Bösen, allein das war nicht bey mir der Fall, ich konnte mit Lust Böses thun. Zuletzt gab ich sogar in kleinen Portionen etwas; aus Trieb mehr, denn um Schaden zu thun. Ich sehe Gott hat es nicht gewollt, daß ich weiter sündige. Ich habe das Abendmahl lange nicht genossen, auch mich um die Kirche nicht bekümmert, ich fühle jetzt Bedürfnis mich Gott zu nahen. Ist meine Zeit auf Erden auch nur kurz, so wünsche ich sie doch reuig und zu meiner Besserung anzuwenden. Helfen Sie mir, dass ich noch ein wenig gut werde.«

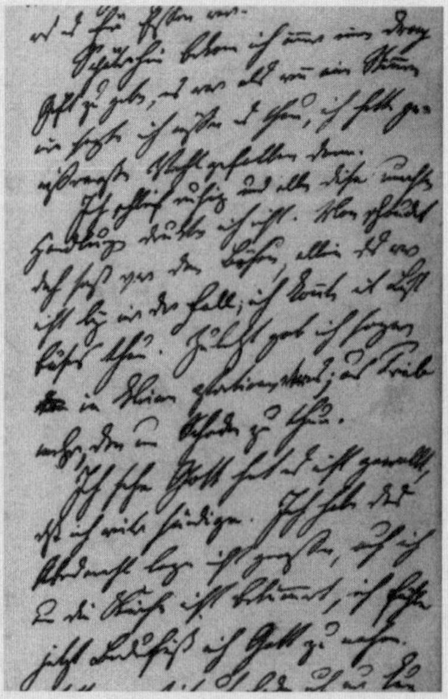

dahin. Sie schloss die Kammer wieder zu. Meine Mutter hat übrigens nicht einmal etwas gegen die Ratten und Mäuse gelegt, sondern mehrere Male. Von diesen Broten nahm ich die Mäusebutter oben ab und gab sie meinem Mann ans Essen. Ich gab ihm zweimal etwas. Es verflossen vierzehn Tage bis drei Wochen zwischen dem ersten und zweiten Mal.‹«[128]

Die Anschuldigungen gegen ihren Vater wird sie später als »erdacht« zurücknehmen.

Droste suchte ihre reumütige Stimmung für weitere Geständnisse zu nutzen, indem er sie milde aufforderte »frei und unumwunden nunmehr zu sagen, was sie sonst noch auf dem Gewissen habe«. Doch mehr als: »Mir fällt niemand ein«, war ihr an jenem Abend nicht zu entlocken, und so schloss er das Verhör.

Am nächsten Tag gab zunächst Dr. Heineken zu Protokoll, »dass er die Gottfried-Witwe für genesen erkläre und dass er sie jetzt nur von Zeit zu Zeit noch besuchen werde, um zu sehen, wie sie sich weiter befinde«.[129] Im Verhör am Abend erzählte sie über ihre Beziehung zu Dolge, über ihre finanzielle Abhängigkeit zu ihm und dass er seine älteste Tochter zu ihr in Pflege geben wollte, damit seine häufigen Besuche nicht auffielen. Dann erklärte sie: »Dolge ist an meinen Übeltaten durchaus unschuldig. Überhaupt habe ich durchaus keine Teilnehmer gehabt.«[130]

Zu einem Eingeständnis der letzten drei noch fehlenden Morde, dem an der Anna Lucia Meyerholz, an der Wilhelmine Rumpff und an ihrer Mutter, fühlte sie sich nicht bemüßigt, stattdessen log sie Droste vor: »Ich habe bekannt, was ich getan habe. An dem Tode der Meyerholz zum Beispiel bin ich durchaus unschuldig. Ich habe es wohl gehört, dass ihre Krankheit mit Erbrechen angefangen hat, allein ich habe ihr nichts gegeben. Da ich alles bekannt habe, so würde ich dies gewiss nicht verschweigen. Sie war damals fünfzig Jahre alt. Ein Alter, das für Frauenzimmer gefährlich ist. Man schrieb ihre Krankheit diesem Umstand zu. Auch an dem Tod der Rumpff bin ich unschuldig. In der ersten Nacht nach der Entbindung wachte ich mit Rumpff bei ihr. Sie befand sich die beiden ersten Tage wohl, in der Nacht, wie ich mit Rumpff wachte, wurde ihr unwohl. An lebenden Personen habe ich Gift gegeben: an die beiden Mädchen, zwei Lehrburschen und Rumpff. Der Geselle hat vielleicht von dem eingebrockten Brot, was vergiftet war, bekommen. Hacks Kinder haben nichts bekommen. Ich habe bei Kleinigkeiten Gift gegeben: 1. der Henriette Alberti das erste Mal im Butterkuchen, nicht aber das zweite Mal in der Wurst; 2. an Lucie Block wenige Tage vor ihrem Abgange auf Butterbrot; 3. der Heckendorff vor drei Jahren auf Butterbrot; 4. der Antoinette Luchting gab ich es vor drei Jahren auf selbst gebackenes Weißbrot, sie sagte noch, es sei sehr frisch.«

Als Droste sie am nächsten Abend aufforderte, »in ihrem Bekenntnisse fortzufahren«[131], erklärte sie lediglich: »Ich muss eine frühere Unwahrheit zurücknehmen. Ich habe niemals nach Hannover Kruken mit Mäusebutter gesandt, wie ich es am ersten Tag der Untersuchung sagte.« Sie erzählte noch über ihr Verhältnis mit Koppisch; im Ganzen aber verlief das Verhör unergiebig, und Droste ließ sie zurück in ihre Zelle führen.

Verhör vom 20. März 1828

Gesche Gottfried erzählt über ihren »Gifttrieb«:

»Die Gemütsstimmung, deren ich erwähnt habe, dass es mir nämlich war, als wenn eine innere Stimme mich trieb, Gift zu geben, mag wohl sechs Jahre her sein. Ich habe manchmal für mich beschlossen, dass ich es nicht wieder tun wolle. Ja, ich habe sogar eine Kruke Mäusebutter weggeworfen, um es nicht mehr zu tun. Nachher aber verfiel ich doch wieder zum Böses tun. Ich weiß mir übrigens die ersten Fälle nicht mehr zu besinnen, wo ich dergleichen gab. Mir war gar nicht schlimm dabei zumute. Ich konnte das Gift ohne die mindesten Gewissensbisse und mit völliger Seelenruhe geben. Ich gab es nicht mit Wahl der Person, sondern den Personen, die der Zufall mir zuführte. Zuweilen war ich monatelang von dem Trieb, etwas zu geben, frei. Dann kam aber wieder eine Periode, wo ich mit dem Gedanken aufwachte, wenn die oder die Person kommen sollte, sollst du ihr etwas geben. Ich machte es gewöhnlich auf dem Vorplatz zurecht, denn ich hatte die Kruke im Schrank auf dem Vorplatz stehen und brachte dann das geschmierte Butterbrot hin.

Sehr häufig und am häufigsten gab ich die Mäusebutter Personen, die gerade mich allein besuchten, wo ich dann am häufigsten den Trieb fühlte. Auch dachte ich wohl, dass ich besser unentdeckt bleiben werde, wenn ich es einem gäbe, da es auffallend sein würde, wenn zwei erkrankten und dann die Sache entdeckt werden konnte. Ich wunderte mich manchmal auch selbst, dass die Sache immer unentdeckt blieb. Denjenigen, denen ich aus Trieb etwas gab, gab ich weniger als den anderen. Wenn sie weg waren, hatte ich Unruhe, wie es mit den Personen geworden war, die etwas erhalten hatten. Ich schickte anderntags unter leerem Vorwand hin und erfuhr dann jedes Mal die Wirkung, nämlich Erbrechen. Nicht ein einziges Mal blieb die Gabe ohne diese Wirkung. Ich habe es nie in flüssige Sachen gegeben, denn dies war nicht möglich, da das Fett oben treibt, wohl aber an Suppe, Bouillon und dergleichen. In Suppe wurde es ganz ohne Verdacht gegeben, da es sich mit dem Reis und dergleichen Sachen leicht vermischte. Auf meiner Stube habe ich nie Mäusebutter stehen gehabt. In der Kruke, die ich in meine Bettdecke gesteckt hatte, war damals noch ein kleiner Rest. Ich habe zuletzt daraus geschmiert, wie ich auf den Speck etwas schmierte. Von der Ausdünstung muss die Butter geschmolzen und herausgelaufen sein. Das Papier, was hinter der Bettstelle gefunden ist, war das, was ich um die Kruke gewöhnlich zu wickeln pflegte. Ich schmierte gewöhnlich mit einem Tischmesser die Mäusebutter auf. Das Tischmesser pflegte ich dann selbst wieder zu reinigen und auf einem Wasserbrett völlig rein zu machen. Den vergifteten Zwieback habe ich im Schrank vergessen gehabt. Es wurde immer das übrig gebliebene Rocke- und Weißbrot gesammelt, und wenn so viel da war, ein- bis zweimal in*

* der Mäusebutter

der Woche Suppe gekocht und das Brot eingebrockt. Wenn ich schlimme Nachrichten über diejenigen erhielt, denen ich ohne Absicht zu töten etwas gegeben hatte, so wurde mir wohl einmal ängstlich, und ich ging dann gewöhnlich des Abends hin, um selbst zuzusehen. Furcht vor Entdeckung habe ich nur gehabt, wie Herr Rumpff entdeckte, dass etwas auf dem Speck sei.
Die Dorothe sagte mir des Morgens, dass der Bursche ausgeschickt, vorgeblich mit Würsten, wahrscheinlich aber mit dem Speck. Ich konnte darauf wohl denken, dass die Sache untersucht werden würde. Den Salat hatte ich für alle Tischgenossen zurechtgemacht. Obenauf hatte ich auf einige Blätter Mäusebutter geschmiert und wollte ihn begießen, als Rumpff eintrat und die Sache bemerkte. Von der Heckendorff und Zimmermann bekam ich die schlimmsten Nachrichten gleich des andern Tages. Ich kann übrigens sagen, dass es im Ganzen mich doch nicht sehr ergriff. Niemals habe ich erfahren, dass eine Gabe Mäusebutter nicht gewirkt hatte; bei dem einen war aber das Erbrechen anhaltender, bei dem anderen aber geringer.«[132]

Konfrontation mit dem Gottlieb Kleine

Das sich in Gesche Gottfrieds ungezwungenem Erzählen widerspiegelnde Vertrauen zu Droste sollte aber schon tags darauf durch eine von ihm herbeigeführte Konfrontation mit einem der Giftopfer auf viele Wochen eine völlige Zerstörung erfahren.
Am nächsten Tag, Freitag, dem 21. März, war der Sohn des von Gesche Gottfried im Jahr zuvor in Hannover vergifteten Friedrich Kleine, der Tierarzt Gottlieb Kleine, vom Gericht vorgeladen nach Bremen gekommen. Dieser Mann, bekanntlich damals auch von ihr in nicht tödlicher Dosis mit Mäusebutter bedacht, war ihr in ihren nächtlichen Visionen nicht von der Seite gerückt: »Der junge Herr Kleine ist mir bei Nacht erschienen; er rief mich. Ich hörte, dass er ein Pferd vor den Wagen spannte, dann, dass man ein hässliches Tier darauf werfe. Da sollte ich mit hinaufgeworfen werden. Zuletzt hörte ich den Wagen wegrollen, es war ein zweirädriger Karren. Zwei Stunden hörte ich noch das Klappergefahre dieses Wagens.«
Was Droste letztendlich bewogen haben mag, Gesche Gottfried unvermittelt einer Konfrontation mit dem Mann auszusetzen, bleibt undeutlich. Er zerstörte dadurch nicht nur das so mühsam aufgebaute Vertrauen, auch geriet ihm die weitere Untersuchung ins Stocken, nahmen die Verhöre immer wieder aufs Neue so dramatische Wendungen. Dass die Szene einen nachhaltigen Eindruck auf ihn gemacht haben muss, zeigt, dass er am Abend ein Gedächtnisprotokoll davon anfertigte. Vielleicht hatte er im Laufe des Tages erkannt, dass ihm mit der Gegenüberstellung ein Fehler unterlaufen war. Doch hören wir zunächst, wie Noltenius die Gegenüberstellung im Protokoll festgehalten hatte. Nachdem Kleine in der Sache vernommen worden war, »wurde die Inculpatin Michael Christoph

Gottfried Witwe ihm in ihrem Gefängnis vorgestellt. Er erkannte sie für die von ihm in seinen Aussagen erwähnte Person. Die Inculpatin blieb eine Weile stehen, sie schien zu zittern. Plötzlich schritt sie auf Comparent zu und bat ihn weinend um Vergebung dessen, was sie getan, worauf Comparent entlassen, die Inculpatin wieder eingeschlossen.«[133]

Drostes Gedächtnisprotokoll gibt ein ausführlicheres Bild: »Der Tierarzt G. Kleine aus Hannover war heute um die Mittagszeit abgehört und, teils zur Recognitation der Gottfried, teils weil er es wünschte, gestatte ich, dass er sie in ihrem Zimmer hier im Stadthause sähe. Da nun bis jetzt noch keiner, dem sie Gift gegeben, auch kein Angehöriger eines solchen ihr gegenübergestellt war, so musste es interessieren, zu sehen, wie sie sich dabei benehmen würde. Ich ging mit Sekretär Noltenius, Kleine und dem Polizeikommissar Tonjes hinauf. Sie saß auf dem Bett am Tisch, auf welchem ein lutherisches Gesangbuch lag (welches ich ihr am Montag, den 17. d. gegeben hatte). Ob sie darin gelesen, oder nur zum Scheine dahingelegt hatte, weil sie [jemanden] kommen und die Doppeltür aufschließen hörte, weiß ich nicht. Gleich beim Eintreten zog ich, als zuerst eintretend und absichtlich, ihren Blick auf mich, damit sie Kleine nicht gewahren sollte, was auch nicht geschah, indem ich fragte, wie es ihr gehe. Dann trat ich zur Seite, mit den Worten ›Kennen Sie den?‹ auf Kleine zeigend. Eine trockene Hitze überflog ihr Gesicht; sie stand auf, und fasste – wie um sich zu halten – an den Tisch, schlug die Augen zur Erde und wieder auf, mit dem ihr eigenen matten Blick, atmete wie geängstigt und war ein Bild der Verwirrung. Dabei war ihr Körper in ewiger Unruhe und Bewegung; das Blut stieg ihr zu Kopfe; sie fasste sich in die Seite, wandte den Kopf hin und her. Das alles vielleicht in einer halben Minute. Da sagte Kleine zu ihr: ›Ich muss die Mörderin meines Vaters doch noch einmal sehen‹, und gleich nachher rief er ihr ins Gesicht: ›Scheusal!‹, was er demnächst mit dem Blicke höchster Verachtung wiederholte. Sie hob die Hände, wie zum Ringen oder Bitten, ohne eine Silbe zu sprechen oder eine Träne zu vergießen. Sie war oder schien sehr gepresst, angstvoll und stand keine Sekunde still ohne sich zu bewegen, ohne eine entschiedene Richtung derselben. Da sagte der Polizeikommissar: ›Mein Gott, haben Sie denn kein einziges Wort für den Menschen‹, oder dergleichen. Jetzt brach sie in Tränen aus (seit der ganzen Untersuchung ist dies vielleicht erst das vierte oder fünfte Mal, dass ich sie weinen sehe). Sie wollte auf Kleine zugehen und sah auf den Boden, als wolle sie vor ihm knien. Da aber Kleine, blass wie eine Leiche, abgewendet dastand, so mochte Tonjes glauben, das sei dem unlieb und sagte: ›Bleiben Sie da nur stehen.‹ Sie weinte jetzt heftiger und eilte auf Kleine zu,

fasste ihn an der Hand und dem Arm, bog sich darüber und schluchzte laut, ohne ein Wort hervorbringen zu können. Kleine verstand sie auch ohne Worte; er hatte bis dahin abgekehrt gestanden, jetzt wandte er sich zu ihr und sagte: ›Ich soll ihr vergeben?‹ Und sah mich fragend an. ›Der Allbarmherzige vergibt ja auch unsere Sünden‹, antworte ich. Da reichte er ihr die Hand, mit den Worten: ›Nun ja, ich vergebe Ihnen.‹ Darauf küsste sie Kleine die Hand und das Zeug am Arm, weinte laut und heftig und wollte den Arm kaum wieder lassen. Nachdem ich dann die Recognitionsfrage an beide getan hatte, sagte Kleine: ›Nun nur weg!‹ Oder dergleichen, und wir entfernten uns.
Da mich Tonjes eben diese Privatnotiz schreibend fand, las ich sie ihm vor. ›Ja, so war es akurat‹, sagte er. ›Meine Aufforderung zum Reden an die Gottfried‹, setzte er hinzu, ›sollte kein Vorwurf sein. Ich wollte ihr andeuten, dass sie reden dürfe; aber sie war so ganz bestoßen, die Brust ging ihr immer so hoch. Eine Stunde nachher weinte sie noch.‹ Den 21. März 1828, abends acht Uhr. Gez. Droste.«

Ein ratloser Senator Droste

Der Schock, durch Droste unvermittelt dem Gottlieb Kleine gegenübergestellt worden zu sein, saß so tief in Gesche Gottfried, dass sie sich in den nachfolgenden Verhören einigelte. Im Verhör vom 22. März nahm sie gar das Geständnis der Ermordung ihres Vaters zurück und gab auf die Frage, »Wem sie noch sonst außer den bisher von ihr bekannten Personen Mäusebutter in kleinen oder großen Portionen gegeben« habe, zur Antwort: »Ich weiß niemanden mehr. Wenn Sie, meine Herren, noch jemand wüssten, so nennen Sie mir solchen. Ich habe der Meyerholz und Rumpffs Frau nichts gegeben. Ich kann ja nicht sagen, was nicht wahr ist.«[134] Ratlos ließ Droste sie zurückführen.
Dass neben solchen Stockungen in den Verhören auch die in der Stadt umlaufenden Gerüchte über vermeintliche Vergiftungen die Untersuchung in einem ganz erheblichen Maße erschwert hatten, zeigt das Protokoll der nächsten Tage. Die Familie des Zacharias Meiselbach, einige Jahre zuvor Mieter einer der Nebenwohnungen auf dem Gottfried'schen Hof, gelangte in das Gerichtsprotokoll, »da zu Kunde gekommen, dass eine Meiselbach gestorben und das Gerede ging, dass diese mit der Gottfried verkehrte«.[135] Am 24. März war Zacharias Meiselbach von Droste vorgeladen worden. Er erklärte: »Ich habe zu zwei verschiedenen Zeiten vier Jahre auf Gottfrieds Hof gewohnt. Meine Frau und Kinder haben mit ihr Umgang gehabt. Meine Frau und Kinder besuchten sie, und sie besuchte dieselben wieder.

Wie wir zum zweiten Mal auf den Hof zogen, fing meine Frau an zu kränkeln. Zuerst war Dr. Kampe und Dr. Olbers ihr Arzt. Diese gaben sie als schwindsüchtig auf. Sie lebte noch fünf Jahre, nachdem Dr. Olbers sie aufgegeben hatte. Vor sieben Jahren starb sie, nach meiner Überzeugung an der Schwindsucht. Meine Tochter, welche gestorben ist, wurde vor drei Jahren zuerst krank, dann kränkelte sie die ganze Zeit. Der letzte Ausbruch war im September vorigen Jahres. Seitdem ist sie bettlägerig gewesen. Frau und Tochter hatten viel mit der Gottfried Umgang gehabt. Beider Krankheit fing mit Husten und Erbrechen an, doch kann ich nicht behaupten, ob dies Erbrechen unmittelbar nach einem Verkehr mit der Gottfried stattgefunden hat. Meiner Tochter Hauptleiden waren Leibschmerzen, Beängstigung, ein ganz außerordentlicher, kaum zu stillender Durst. Ich habe auch das Gerede gehört, als wenn die Gottfried an ihrem Tod schuld sei. Diese Möglichkeit kann ich nicht behaupten.«[136]

Im Verhör am Abend wurde Gesche Gottfried über die Meiselbach und über andere vermutete Vergiftungen befragt. Sie erklärte: »In meinem Hause habe ich Besuch gehabt von der Heckendorff, Göbel, Behrens, auch hat mich Frau Meiselbach und ihre beiden Töchter Doris und Mienchen oft besucht. Die älteste soll die Schwindsucht haben, sie kränkelte seit einigen Jahren. Zuletzt waren die beiden Meiselbach Töchter bei mir, wie 1826 mein Geburtstag war. Doch ja, mir fällt ein, sie waren auch im letzten Sommer einmal bei mir. Ich habe der Meiselbach und ihrer Tochter durchaus niemals ein Gift und namentlich keine Mäusebutter gegeben. Ich habe alle diejenigen bekannt, denen ich etwas gegeben habe. An allen Übrigen, worüber ich befragt bin, bin ich unschuldig.«[137]
Da Droste bereits drei Tage zuvor erste Maßnahmen für eine Exhumierung der Leichen der Giftopfer eingeleitet hatte, ordnete er dasselbe auch für die Leiche der Doris Meiselbach an. Er hoffte, durch an dieser Leiche nachgewiesene Giftspuren, Gesche Gottfried eine Vergiftung nachweisen zu können und sie so zu Geständnissen weiterer vermuteter Giftmorde zu bewegen.
Am Dienstag, dem 25. März, begab sich daher das Gericht, bestehend aus Droste, Noltenius und Senator Iken sowie Dr. Heineken, Chirurg Wittmann und dem Apotheker Hoffschläger auf den Herdentorsfriedhof. »Es hatte das Gericht sich hierher begeben, um eine Obduktion der Leiche der Doris Meiselbach vornehmen zu lassen. Es wurde die Leiche, welche bisher im Sarg lag, in eine Stube gebracht. Äußerlich war bloß zu bemerken, dass der Körper sehr abgemagert zu sein schien. Die Leiche wurde den Ärzten übergeben, um dabei zu sehen, ob mit

einiger Gewissheit oder Wahrscheinlichkeit zu bestimmen sei, dass die Doris Meiselbach an einer Vergiftung gestorben sei. Sie wurde durch die Bauch- und Brusthöhle geöffnet, der Magen aufgeschnitten und das Eingeweide von den Ärzten untersucht. Herr Doktor und Physikus Heineken erklärte darauf zu Protokoll, dass, da sie den Magen und das Eingeweide im gesunden und keineswegs entzündlichen Zustand gefunden, auf eine Vergiftung mit Arsenik nicht zu schließen sei. Es habe sich gefunden, dass die Lunge voller Geschwüre sei, daher man als Todesursache eine förmliche Lungenschwindsucht annehmen müsse.«[138]

Somit zerfielen für Droste die in der Stadt umlaufenden Gerüchte über vermeintliche Vergiftungen in hysterisches Gerede. Die in einem Nebenzimmer wartende sechzehnjährige Schwester der Doris Meiselbach erklärte nach der Obduktion: »Meine Schwester Doris war gerade zwei Jahre älter. Wir sind oft zu Madam Gottfried gegangen, die uns sehr freundschaftlich jederzeit aufgenommen hat. Seit wir nicht mehr auf dem Hof wohnen, sind wir nur wenig zu ihr gekommen. Vor zwei Jahren waren wir mit mehreren jungen Mädchen auf ihrem Geburtstag. Wir gingen 2½ Uhr mittags zu ihr, tranken Kaffee und aßen Butterbrot bei ihr. Beim Kaffee hatten wir einen Kuchen. Ich weiß nicht, dass meine Schwester und die anderen jungen Mädchen darauf krank geworden sind. Meine Schwester Doris hatte seit ein paar Jahren gekränkelt. Sie hatte einen Husten, und wie dieser heftiger wurde, bekam sie Erbrechen. Zuletzt war meine Schwester und ich bei Madam Gottfried, wir aßen dort nichts. Sie gab uns aber 6 Schwaren* und ein Stück Zucker, um dafür uns dicke Milch geben zu lassen. Seitdem sind wir nicht wieder bei ihr gewesen.«[139]

Das Verhör am selben Abend brach ein ratloser Senator Droste bereits nach wenigen Minuten ab, da Gesche Gottfried mehr als ein: »Ich bin am Tod der Meyerholz und der Rumpff unschuldig. Ich kann nichts weiter bekennen, als was ich bereits bekannt habe«,[140] nicht zu entlocken gewesen war. So ließ er sie zurück in ihre Zelle führen, »da offenbar zu ersehen war, dass sie zu offenen Geständnissen nicht geneigt zu sein schien. Überhaupt hatte das Gericht sie vorführen lassen, mehr um zu versuchen, ob sie sich gestimmt fühle aus eigenem Antrieb Geständnisse zu machen, als um sie weiter zu vernehmen, da dazu eine weitere Instruktion der Sache noch nötig schien.« Wie diese weitere Instruktion freilich auszusehen hatte, erklärte er nicht.

* Bremer Kleingeld

Herdentorfriedhof, Grab Nr. 881

Am darauffolgenden Tag waren die Vorbereitungen für eine Exhumierung der Leichen der Giftopfer abgeschlossen, und so wurde »auf heute die Ausgrabung der verschiedenen Leichen, deren Vergiftungen gestanden oder vermutet wird, beschlossen. Um indessen nichts zu versäumen, wurde vorgeführt Michael Christoph Gottfried Witwe und ihr bekannt gemacht, dass man jetzt die Ausgrabung der Leichen vornehmen wolle, sie auch befragt, ob sie dabei gegenwärtig zu sein verlange. Sie erklärte: ›Das Grab ist leicht zu finden. Die mehrsten Toten, um die ich befragt bin, liegen in dem Grab, wovon das Gericht mir schon das Dokument gelegentlich gewiesen hat, es ist sehr kenntlich an dem schwarzen Geländer, welches Herr Rumpff vor einem Jahr um dasselbe gemacht hat. Ich bitte, mich mit der Hinführung zu verschonen. Herr Rumpff kennt das Grab.‹ Es wurde der Comparentin das Dokument Nr. 881 nochmals vorgelegt, und sie erklärte: ›Ja, dies ist das Grab, worin Rumpffs Frau, Mosees, mein Bruder Timm, mein Heinrich, mein Vater, meine Adeline, meine Johanna, meine Mutter, mein erster Mann Johann Gerhard Miltenberg beerdigt sind.‹«[141]

Bevor allerdings zu der Exhumierung geschritten wurde, hatte Droste seine Kollegen beim Kriminalgericht schriftlich davon in Kenntnis gesetzt: »Meine hochverehrten Herren Kollegen beim Kriminalgericht erinnern sich aus unseren Besprechungen, dass wir den Beschluss notwendig erachteten, die Leichen der von der Gottfried nach ihren Geständnissen vergifteten Personen ausgraben und untersuchen zu lassen. Ich habe mit dem Herrn Physikus Herrn Dr. und Prof. Heineken über das Quomodo geredet und das Lokal gemeinschaftlich mit dem Herrn Polizeidirektor besehen.

Es ergibt sich nun, dass die Untersuchung der Leichen in dem Leichen- oder Bahrenhaus auf dem Herdentorskirchhof in dem dort befindlichen geräumigen Zimmer wird geschehen können. Herrn Dr. Heineken habe ich ersucht, sich so einzurichten, dass wir am nächsten Sonntag ganz früh zu der Untersuchung schreiten können. Indessen ist es ratsam, die Ausgrabung einige Tage früher vorzunehmen, damit die Leichen erst etwas ausdünsten, zu welchem Zweck die Särge auf dem Kirchhof in freier Luft zuerst geöffnet, dann aber in das vorhin genannte Zimmer gestellt werden könnten, welches sorgfältig zu verschließen und zu versiegeln sein würde. Der Herr Physikus fand dieses Verfahren unbedenklich und wünschenswert. Dass die Ausgrabung, Sargöffnung und Transportierung in Gegenwart des Gerichts geschehen wird, versteht sich wohl von selbst, und wenngleich es genügen würde, dass man den Secretarium judici dazu kommittierte, so

werden wir das in dem vorliegenden Fall doch nicht wollen. Ich schlage daher vor, dass diesen Abend gegen Dunkelwerden oder Morgen mit Anbruch der Morgendämmerung mit der Ausgrabung begonnen wird, je nachdem die nächst bevorstehenden Beerdigungen es gestatten werden, worüber ich noch nähere Nachricht erwarte.
Eine andere Frage ist die, ob die Gottfried auf den Kirchhof geführt werden soll, das Grab zu rekognoszieren. Dass sie das Grab kennt, worin die meisten Leichen liegen, hat kein Bedenken, da sie selbst geäußert hat, dass sie es wohl besucht und mit Blumen bepflanzt habe. Dies Grab hat Nr. 881 und fand sich das Dokument darüber unter ihren Papieren. Diese Bezeichnung des Grabes ist bekanntlich unter obrigkeitlicher Autorität geschehen und kann daher keinen Zweifel über die Identität des Grabes Raum geben. Die Särge in den Gräbern, soweit sie noch vorhanden sein mögen, wird sie unmöglich kennen und wohl weniger noch die Gerippe oder Leichenreste, die sich in den Gräbern finden. Vielmehr wird man darüber von dem sehr verständigen Leichenaufseher oder Totengräber Schaub die einzige sichere Auskunft erhalten, da die Särge nach einer gewissen vorschriftsmäßigen Ordnung in die Erde gesenkt wurden. Mir will es daher scheinen, dass man die Gottfried nicht hinzuführen brauche, was ich kaum auf eine solche Art auszuführen sehe, dass ein ungeheurer Lärm daraus entstehe. Abgesehen davon, welchen Einfluss eine solche Prozedur auf die Gesundheit der Inculpatin haben könnte. Sollten meine hochverehrten Herren eine mündliche Besprechung wünschen, so stehe ich von vier Uhr an auf dem Stadthaus zu Diensten.«[142]
Das Protokoll der dann bereits anderntags, es war Mittwoch, der 26. März, durchgeführten Exhumierung lässt uns einen Blick auf die damals in Bremen herrschende Friedhofsordnung werfen. Zunächst bemerkte Noltenius noch im Protokoll, dass die Kollegen beim Kriminalgericht »nach mündlicher Beratung sich mit Herrn Direktor einstimmig erklärt hatten«. Somit konnte zur Aushebung des Grabes 881 geschritten werden. Warum allerdings die Abendstunden gewählt wurden, bleibt unklar. Vielleicht wollte Droste die Gefühle zufällig anwesender Friedhofsbesucher nicht verletzen. Wie konnte er auch ahnen, dass sich das Unternehmen durch die ganze Nacht ziehen würde und erst um vier Uhr am Morgen ein Ende fand. Heute mutet die Aktion an wie eine Szene aus einem der damals in Konjunktur stehenden Schauerromane. Aber lassen wir das Protokoll sprechen: »Auf dem Kirchhof vor dem Herdentor. Abends, 6½ Uhr. Es hatte das Gericht sich hierher begeben in Begleitung des Polizeikommissars Tonjes und des Polizeidieners Bergmann um die Aushebung des Grabes 881 vornehmen zu lassen. Der Leichenkommissar Gerhard Heinrich Tölken übergab

vorab ein Verzeichnis derjenigen, welche seinen Büchern nach in das Grab 881 beigesetzt worden; dabei Grundriss der Lage des Grabes.
Es muss hier bemerkt werden, dass der Kirchhof vor dem Herdentor erst seit dem Jahre 1813 existiert. Zur Zeit der französischen Okkupation wurde das Begraben der Toten in der Stadt verboten und dieser Kirchhof auf einer der Bürgerschaft gehörenden, sehr niedrig liegenden Viehweide angelegt. Damit das Winterwasser das Beerdigen nicht hindere, war um den Kirchhof ein breiter Graben gezogen und mittelst dieser Erde der Kirchhof erhöht, sodass die Leichen nicht tiefer als in dieser aufgeworfenen Erde zu liegen kommen. Bei dem vorigjährigen Deichbruch war das Wasser jedoch bis auf eine ziemliche Höhe an den Aufwurf hinangekommen.
Der auf dem Kirchhof wohnende Totengräber Schaub, welcher seit einem Jahr erst angestellt ist, erklärte: ›Nach meiner Überzeugung ist es nicht möglich, dass wir in dem angegebenen Grab neun Leichen und darunter sehr große Leichen finden können. So oft ich es auch versucht habe, so ist es mir doch niemals gelungen, tiefer als neun Fuß* zu graben, und bei dieser Tiefe können in einem Grab, wie das Grab 881, welches 48 Quadratfuß enthält, nur vier große Leichen beerdigt werden. Mein Vorgänger hat sich von den Leuten eine höhere Gebühr bezahlen lassen und ihnen versprochen, elf Fuß tief zu graben, und ihnen vorgespiegelt, dass er dann drei Schichten Särge auf einmal setzen könne. Allein könnte er auch so tief graben, was ich noch nicht habe tun können, so würde doch seine Rechnung schwerlich auskommen, denn dreieinhalb Fuß Höhe hat ein Sarg, und wenn nun auch die Särge sich unmittelbar berühren, so macht dies zehneinhalb Fuß, und es würde nur ein halber Fuß Erde zur Bedeckung übrig bleiben. Da es nun keinem Zweifel unterworfen sein kann, dass neun Leichen in dem Grabe 881 liegen, indem die Bücher dies nachweisen, so will ich wohl vor der Öffnung vorhersagen, dass wir die unteren Särge werden zertrümmert finden, denn sonst ist es schlechterdings unmöglich, dass diese Leichen dort können Platz gefunden haben.‹
Das Gericht verfügte sich jetzt zu dem Grabe 881, welches das Leichenverzeichnis anwies. Der Rademacher Johann Christoph Rumpff, dem das Gericht erlaubt hatte, bei der Öffnung des Grabes gegenwärtig zu sein, stand bereits bei demselben und erklärte, dass in diesem Grab seine Frau begraben liege. Das schwarze Geländer, welches um dasselbe war, habe er vor einem Jahr um dasselbe gemacht. Es wurde durch die Gräber jetzt die Öffnung begonnen und zwei Särge von Erde entblößt. Rumpff, im Norden

* 1 Fuss entspricht zwischen 0,25 und 0,34 m.

des Grabes stehend, erklärte: ›Der Sarg rechts ist derjenige, worin meine Frau begraben ist.‹ Der Gräber Claussen erklärte: ›Ich bin dabei gewesen, wie diese Leiche beerdigt ist. Es ist die Frau des hier stehenden Mannes, und die danebenstehende Leiche ist die des jungen Mannes, welcher im Gottfried'schen Haus ein Jahr früher starb. Über die unter diesen liegenden Leichen kann ich nichts sagen. Ich war bei deren Beerdigung nicht. Ich habe nur hier gearbeitet, wie die Witwe des letzten Totengräbers nach ihres Mannes Tod hier die Aufsicht hatte.‹
Es wurde hierauf zuerst der rechts stehende Sarg herausgehoben und neben dem Grab niedergesetzt. Dann wurde der links stehende Sarg herausgehoben und gleichfalls beim Grab niedergesetzt. Ersterer ist mit. No. 1, letzterer mit No. 2 bezeichnet. Der Totengräber Schaub machte vor dem Herausheben des zweiten Sarges dem Gericht bemerklich, dass dieser Sarg mit den Füßen in einem anderen, bereits eingedrückten Sarg stehe, der mit Erde gefüllt sei. Es wurde nach dem Herausnehmen der präsumtigen Leiche des Mosees die Ausgrabung fortgesetzt. Unter der Leiche der Rumpff fand sich ein Sarg, an welchem der Deckel ganz und gar fehlte, auch war der Boden sehr morsch. Es wurden ein paar Dielen untergebracht und so die Leiche herausgebracht. Beim Mondenschein und mittelst einer Laterne bemerkte man in den drei Brettern bloß einen Schädel und einige Knochen. Ein Schädelknochen wurde aus der Gruft hervorgebracht und dazugelegt. Man vermutete, dass dies die Leiche des Johann Timm sei. Jetzt wurde links, wo Mosees Leiche gestanden, nachgegraben. Hier fand sich ein bloßer Boden eines Kindersarges, allein keine Spur von Knochen. Er wurde herausgelegt. Dass das herausgelegte Stück Holz der Boden eines Kindersarges sei, beurkundete der zum Öffnen der Särge mitgenommene Tischler Millius. Hierauf fand sich wieder ein Boden eines Kindersarges, nebst ein paar Brettern. Der Tischler Millius, der eilends in die Grube stieg, um das von Erde entblößte Holz, bevor es herausgenommen wurde, in seiner jetzigen Lage zu besehen, erklärte das für einen Boden und bemerkte, dass der Boden umgekehrt, d.h. die obere Seite unten liege. Daher der Sarg entweder umgekehrt müsse in die Grube gebracht oder bei einer späteren Beerdigung, um Platz zu machen, umgestülpt sein. Auch dies Holz wurde herausgebracht. Kinderknochen fanden sich gar nicht. Von einem dritten Kindersarg fand sich keine Spur.
Unter der präsumtigen Leiche des Johann Timm wurde jetzt weiter gegraben und ein so wie No. 3 zertrümmerter Sarg herausgebracht. Doch waren bei diesem Sarg noch ein paar Bretter des Deckels. Es war ein Schädel darin sichtbar, auch einige Knochen. Er wurde mit No. 4 bezeichnet. Der Leichenkommissar Toelken hielt diese Leiche nach der gewöhnlichen Ordnung des Begra-

bens für die des Timm, des Vaters. Links unter den Kindersärgen wurde jetzt ein Sarg ohne Deckel herausgebracht, der noch ganz zusammenhielt. Der Kommissar Toelken hielt ihn für den Sarg der Timm Frau. Es war nur Erde darin zu bemerken. Er wurde mit No. 5 bezeichnet. Rechts wurde hierauf wieder ein Sarg gefunden, der aus dem Boden, zwei Seiten Brettern und zwei Deckelbrettern bestand. Er wurde mit No. 6 bezeichnet. Man sah in demselben einen Schädel und mehrere noch zusammenhängende Knochen. Der Leichenkommissar Toelken hielt ihn für die Leiche Miltenbergs.
Die beiden letzten Leichen standen im Wasser. Ihre bessere Erhaltung schrieb man dem Wasser zu. Es wurden die Leichen darauf seitlich mit möglichster Sorgfalt auf Tragebahren in das der Totengräberwohnung gegenüberliegende Haus gebracht und der Reihe nach, in der sie aus der Gruft gebracht, hingestellt. Das Haus wurde darauf verschlossen und der Schlüssel mitgenommen. Dem Schaub dabei eine besondere Aufsicht anbefohlen. Womit um vier Uhr morgens geschlossen wurde.«[143]
Indem wir die Grenzen des Zumutbaren erreicht zu haben meinen, wollen wir auf das anschließende Protokoll der Obduktion der aufgefundenen Leichen verzichten*. Nur so viel sei noch erwähnt, dass Johann Christoph Rumpff während der Obduktion in einem Nebenraum auf die Freigabe der Leiche seiner Frau wartete, um sie noch am selben Tag in einem neuen Grab beerdigen zu lassen. Den längst in Verwesung übergegangenen Leichnam anzuerkennen, war ihm freilich zu viel, und so ließ er sich nur den vom Finger abgenommenen und gereinigten goldenen Ehering zeigen, den er aufgrund der eingravierten Initialen J.C.R. zweifelsfrei als den Ring seiner Frau erkannte.

Ostergespräche

Fünf Tage später, am Abend des 31. März, es war der Montag der Osterwoche, ließ Droste Gesche Gottfried ins Verhörzimmer führen, um mit ihr allein und in privater Atmosphäre »über Allgemeines zu reden«. Er hoffte, durch solch ein Gespräch Spannungen lösen zu können und Ansätze zu neuen Verhören zu finden. Am Morgen des nächsten Tages fertigte er über das Gespräch ein Gedächtnisprotokoll. Darin heißt es: »Die Gottfried war seit dem

* Die in Bremen durchgeführte Untersuchung der Eingeweide auf Spuren von Arsenik blieben ohne Ergebnis. Wie wir noch sehen werden, ordnete Droste daraufhin auch die Exhumierung der Leiche der Beta Schmidt an. Die anschließende Untersuchung ließ er dann in Göttingen durchführen.

26. März, wo ihr angezeigt wurde, dass man die Toten ausgraben wollen absichtlich nicht wieder verhört, teils weil in den letzten Verhören kein Schritt mit ihr vorwärts zu tun war, da sie nur mit Mühe und für Augenblicke in eine gerührte oder bewegte Stimmung zu versetzen war (ohne welche sie nichts gesteht und dasitzt wie ein gefühlloses und verstocktes Wesen, das nichts anficht); teils weil ich hoffe, die Besorgnis über das, was sich an den Leichen finden möge, und die Beschäftigung mit dem Gedanken an diese Ausgrabung und ihren Hergang werde – ich möchte sagen – erweichend auf sie wirken. Um nun den Eindruck zu erfahren und die Stimmung ihres Innern zu prüfen, ließ ich sie gestern Abend 8¼ Uhr zu mir allein in das Gerichtszimmer führen, da sonst Herr Secr. Dr. Noltenius und gewöhnlich Tonjes dabei sind.«[144]
Droste eröffnete das Gespräch mit der Klage, dass die Untersuchung ihm »sehr große Beschwerden« bereite und ihm »seit deren Anfang nicht eine freie Stunde« gelassen habe. Dann setzte er ihr auseinander, dass Senator Gildemeister, den er in dessen Amt als Präsident des Kriminalgerichts vertrete, aus Brasilien kommend, in Bremen eingetroffen sei und es nun für ihn, Droste, eigentlich keine weitere Veranlassung gäbe, die Untersuchung fortzuführen, sondern er eigentlich die Sache an Senator Gildemeister abzugeben habe. »Ich würde dieselbe daher nur unter der einen Bedingung fortführen«, so Droste weiter, »wenn ich nämlich Aussicht hätte, dass für ihr Seelenheil noch irgendetwas zu tun sei, d. h. wenn ich hoffen dürfte, dass die Zeit nicht mehr fern sei, wo eine wahrhafte, dauernde Reue, wo eine Erkenntnis der Größe ihrer Verbrechen, von denen sie noch immer keinen rechten Begriff zu haben scheine, und wenn ein inneres Verlangen nach einem etwas erleichternden Aufblicken zum lieben Gott über sie käme. Das könne aber alles nicht sein, so lange es noch ginge wie bisher. Dass man durch Vorhalten der Umstände dieser oder jener Tat und dergleichen sie erst darauf führen müsse, zu gestehen, sondern das könne erst dann sein, wenn sie sich selbst gedrängt fühle, die Verbrechen, die auf ihr lasten, auch die uns unbekannten, zu entdecken, nicht damit wir sie erführen, sondern damit sie sich erleichtere.
Auf die Frage, welche Tat sie am meisten drücke, sagte sie weinend: ›Ach mein Vater! Er steht mir jede Nacht vor‹ oder: ›Ich sehe ihn jede Nacht. Er war so gut. Er hat so viel für mich getan.‹ Ich ermunterte sie, dieses Bild festzuhalten; auch vom Himmel aus wolle er noch väterlich für sie sorgen und sie zur Reue führen, damit sie hoffen könne, im Himmel ihn einmal wiederzufinden. Dann fragte ich: ›So? Also der Vater drückt sie am meisten. Nicht die Mutter? Nicht die Kinder?‹ Sie schüttelte erst bloß mit dem Kopf, dann sagte sie laut: ›Nein, der Vater!‹, mit einem Ton, den ich eher für Schmerz, als für Reue halten musste. In dem Augen-

blick fiel mir ein, dass sie bis jetzt noch gar nicht gestanden hat, der Mutter etwas gegeben zu haben, und da meine Frage also eigentlich nicht erlaubt war, so sprach ich nicht mehr davon. So nahe mir nun auch die Frage lag, wie sie, trotz dieser Liebe, den Vater habe morden können, hielt ich es für besser, sie zu unterdrücken, da diese Frage gerade jetzt sehr nachteilig wirken musste und sicher eine grobe Lüge zur Folge gehabt hätte, von der sie denken konnte, dass ich sie dafür nehmen und erkennen würde; während alles bis dahin Gesagte, wenigstens ihrer Ansicht, mir als wirkliche Wahrheit erscheinen musste; so verlor ich auch die Hoffnung auf fernere Wahrheiten für den Abend.

Es war mir nicht um Details zu tun, sondern um Bereicherung meiner Ansicht im Allgemeinen. Namentlich wollte ich gerne erfahren, ob irgendein Aberglaube bei ihr zum Grunde liege; ob ihre Handlungen sich aus dem Lesen gefährlicher und abenteuerlicher Bücher erklärten; ob ihr Temperament von jeher die jetzige Richtung gehabt, ob sich ermitteln lasse, wie der Anschlag des ersten Verbrechens in ihr aufgetaucht? Wie er gewachsen und gereift und zur Tat geworden sei und dergleichen. In diesem Blick hörte ich etwa Folgendes: Die Fragen, ob sie wohl die Geschichten ähnlicher Verbrechen, ob sie von Vergiften überall, ob sie Räubergeschichten, Romane der Art, Gespenstergeschichten, Märchen oder dergleichen gelesen, verneinte sie einzeln, ›ich habe überhaupt nicht viel gelesen, weil meine Augen so schwach sind‹. Auf den Vorhalt: Handarbeiten habe sie aber, wie man hört, auch nicht gemacht; womit sie denn die Zeit hingebracht habe?, konnte sie nur Beschäftigung im Haushalt angeben.

Ihre Eltern, namentlich die Mutter, müssen nach ihrer Äußerung abergläubisch gewesen sein. Die Mutter habe sich oft aus Karten und dem Bodensatz von Kaffee, ›dickem Kaffee‹, wahrsagen lassen. Es sei ein Frauenzimmer, was gelb im Gesicht ausgesehen, sie glaube, dass es eine Zigeunerin gewesen, wohl zu ihrer Mutter gekommen und habe derselben von großem Unglück gewahrsagt. Sie glaube, auch eine Frau aus der Neustadt, die sie aber nicht bezeichnen könne. Mutter habe sie dann wohl (aus Miltenbergs Haus) herüberholen lassen und viel geweint und geäußert, sie hätte alles, was an ihr läge, getan, um sie (die Gottfried) gut und rechtschaffen zu bilden oder sie zu sichern, dass ihr nichts angetan werden könne. In diesem Blick erinnere sie sich, dass Mutter ihr einen Kreuzhalben Groten* in einen Zipfel ihres Kopfkissens gesteckt; ferner, dass sie ihr so etwas wie einen braunen Stängel in ihre (der Gottfried) Kleider genäht habe.

Einmal wäre Mutter sehr traurig gewesen, sie sei auf der Obernstraße in einem Haus gewesen, wo was zu sehen gewesen sei,

* Bremer Kleingeld.

bei dem man so in ein Rohr habe hineinsprechen müssen, und wo dann eine unsichtbare Stimme geantwortet habe. Da hätte ihre Mutter ganz was Schreckliches zu hören bekommen und sehr darüber geweint, als sie es erzählte. Ich sagte ihr, das sei wahrscheinlich ein sogenannter Automat gewesen, und fragte nach dem Haus, was sie aber nicht angeben konnte.

Auch ihr Vater, erzählte sie, habe auch einmal was gesehen. Er sei zu einer Person (ich glaube einem Mann) in der Neustadt gegangen. Dem habe er sich gegenüberstellen müssen, dann habe derselbe ihrem Vater sich umzusehen verboten, ihm aber über die Schulter einen Spiegel gehalten, wo er hineinblicken müsse, und in dem Spiegel soll er dann eine grässliche Figur erblickt haben. Auch ihren Vater will sie oft still weinend und nachdenkend gefunden haben.

Ich kann nicht sagen, dass sie irgend erheblichen Wert auf diese Umstände zu legen schien, d.h. dass sie die Fakta so erzählt hätte, als wolle sie sich als ein Opfer des Fatums, als dadurch exkulpiert oder dergleichen darstellen. Zwar erzählte sie alles unter Weinen, mit leiser Stimme und mit der Haltung und dem Blick, womit man über Erscheinungen und über Geheimnisse spricht, die an das Wunderbare grenzen, die man sich zwar nicht zu enträtseln vermag, an die man aber doch einigermaßen glaubt und bei deren Mitteilung man nur den Argwohn des Hörenden fürchtet, als habe man die Fakta erfunden; und ihr Ton, wie ihre Gebärde, bat, das zu glauben, dass sie die Wahrheit rede. Allein teils musste ich, wie immer, alles stückweise herausfragen, teils äußerte sie auch kein Wort der Art, als zum Beispiel, sie könne es also nicht helfen, dass sie so viel Übels begangen, es sei ihr angetan oder dergleichen. Dagegen schien es mir andererseits, dass sie doch ihre Gräueltaten als eben das ihren Eltern geweissagte Unglück betrachte.

Mein Wunsch, zu erfahren, wann und wie der Gedanke der ersten Vergiftung ihr gekommen, wie er gewachsen und was dabei in ihrem Innern vorgegangen sei, war ihr, namentlich in der letzten Beziehung, nicht recht klarzumachen. Sie sagte, dass nach der Zeit der Äußerung ihres Vaters (die schon zu Protokoll steht): ›Gib dem Hund Gift, so kommt er von der Welt‹, und, wie ich glaubte, etwa sechs Wochen vor ihres Mannes (Miltenbergs) Tod, ihr zuerst der Gedanke gekommen sei, dass sie ihn vergiften wolle. Trotz meines Vorhaltens, dass ich nicht begriffe, wie der Tag und die Umstände dieses Entschlusses ihr bei ihrem guten Gedächtnis sollten entfallen sein, beteuerte sie, nichts mehr zu wissen, als dass ihr eines Tages in ihrer Hinterstube der Gedanke gekommen sei, und zwar an einem Wochentag, nicht an einem Sonntag. Dass dieser Gedanke erst nur so aufgetaucht, dann bekämpft, aber immer wiedergekehrt sei, bis er zum Entschluss geworden, schien mir natürlich; allein aus ihren Antworten auf meine Fragen danach ist es mir doch wahrscheinlich geworden, dass der Gedanke sogleich Entschluss wurde. Diesen Entschluss hat sie zwar, wie sie sagt, erst etwa acht Tage später ausgeführt; aber es scheint dieser Aufschub mehr auf Rechnung einer fehlenden, passlichen Gelegenheit als auf die eines Schwankens gestellt werden zu müssen. Ob ich sie gefragt habe, wie sie es ihm gegeben, erinnere ich mich nicht mehr.«[145]

Weiter erzählte sie Droste über Miltenbergs ausschweifendes Leben, über dessen Geschlechtskrankheit und über ihr Verhältnis zu Gottfried. Dann lenkte Droste das Gespräch wieder auf die Vergiftungen: »Ob sie jemals einen Hund oder eine Katze vergiftet oder an einem Tier einen Versuch mit dem Gift gemacht? Sie sagte Nein. Woher sie denn gewusst habe, dass ihr Mann von der Mäusebutter sterben werde und wie viel sie ihm geben müsse? Ersteres habe sie gedacht, weil es ja Gift sei und weil Tiere daran stürben; Letzteres (das Wieviel) habe sie ja auch nicht gewusst. In der letzten Äußerung schien mir, dem Tone nach, so viel zu liegen als: darum gab ich ihm ja nachher auch zum zweiten Mal. (Bekanntlich hat sie das schon früher gestanden.) Sie räumte auch ein, als ich sie darauf brachte, dass sie ihm zum zweiten Male gegeben habe, und nannte, wenn ich nicht irre, vierzehn Tage als Intervall zwischen den beiden Gaben. Vier oder sechs Wochen habe ihr Mann im Ganzen gelegen, doch nicht beständig.

Es sei mir, sagte ich, unerklärlich, dass nach der Tat und als nun die Folgen angefangen sich zu zeigen, nicht Angst und Reue über sie gekommen sei; dass sie nicht gewünscht habe, sie ungeschehen zu machen, dass sie keinen Arzt gerufen. Ihre Antwort war: sie habe auch Angst genug gehabt und habe, als Miltenberg tot gewesen, gar nicht bei dem Sarge hingehen können. Dass aber, wenn jemand Gift bekommen habe, der Arzt dagegen noch helfen könne, das glaube sie nicht. Sie habe gedacht, das könne nun alles nichts mehr helfen. Befragt, ob sie denn nicht schon oft im Leben gehört hätte, dass man Milch, Öl und dergleichen als Mittel gegen Gift gebrauche, versicherte sie, davon niemals gehört zu haben.

Oben, wo ich die Lektüre der Gottfried erwähnte, habe ich speziell zu bemerken vergessen, dass ich namentlich nach ihren Traumbüchern fragte, ob sie darin vielleicht irgendetwas Grässliches gelesen habe? Sie leugnete das aber durchaus. So fragte ich auch nach dem Grund ihrer Kleidung, d.h. warum sie die vielen Leibchen trüge. Ob damit irgendein Glaube oder Wahn, wie man im Publico sage, z.B. dass sie vor Entdeckung geschützt sei, dass sie unsichtbar werde, fliegen könne oder dergleichen in Verbindung stehe? Sie leugnete das durchaus. Sie sei das von ihren Eltern her schon so gewohnt; auch ihr Vater habe ein wattiertes Kamisol getragen, und er oder die Mutter, darunter kann ich

Träume

Nach Gesche Gottfrieds Verhaftung fanden sich in ihrem Schreibpult zwei Traumbücher. Für die Deutung ihrer Träume muss sie demnach ein großes Interesse gehabt haben. Einige ihrer Träume aus der Gefangenschaft schrieb sie für ihren Verteidiger auf:

Einmal, des Abends, es war noch sehr helle, sehe ich in die Höhe und sehe am Verhörzimmerfenster das Bildnis von dem alten Meyerholz am Fenster kleben.

Einmal höre ich sagen: Gott erhöh den Menschen.

Einmal bin ich in der Kirche, wie ich mich setze, stehen alle Leute auf und gehen weg. Über diesen Traum habe ich viel geweint.

Einmal sehe ich Zimmermann, in einem schönen Laden, ganz blass aussehend. Wie ich hereintrete, reicht er mir die Hand und ein ganz schmutziges Gesangbuch mit den Worten: Suche hier deinen Trost, mein Gesangbuch ist verloren.

Gottfried und Miltenberg sehe ich in Uniform mit weißen Federn auf ihrem Kopf. Laut rufe ich: Das sind meine Männer. Es war in der Pelzerstraße, in dem seligen Gottfried seiner Wohnstube.

Einmal bin ich stumm und konnte ordentlich die Zunge nicht rühren.

Einmal bin ich krank, liege im Bett. Herr Dr. Rotermund bückt sich über mich mit den Worten: Fürchtet euch nicht vor denen, die den Leib töten.

Die Nacht erschien mir der selige Mosees im Traum und stellt sich gegen mich über und singt einen kleinen Vers, und ich erwache. Da denke ich, wie glücklich ist er wohl mit den Engeln im Himmel.

Einmal werden mir zwei Kruken Mäusebutter gereicht.

irren, habe geglaubt, durch die vielen Leibchen sitze das Zeug besser. Schon als Mädchen habe sie bei ihren Eltern stets sechs Leibchen getragen. Befragt, ob sie mir wohl jemanden nennen könne, der das derzeit gesehen und es bezeugen könne, wusste sie niemanden anzugeben. Es kam mir nach allen Äußerungen so vor, als wenn wirklich wohl Eitelkeit und Verwöhnung oder Verweichlichung die Ursache ihrer Kleidung sein könnte. Weitere Details erinnere ich mich nicht mehr.

Im Ganzen war ihre Stimmung diesen Abend gut, d.h. weich; sie war sehr oft ganz gerührt und erschien fast als reuig. Aber leider muss ich doch sagen, dass das mir mehr momentan schien; dass auch heute ein Streben zu Abweichungen in den Hauptpunkten und eine schreckliche, ich möchte sagen starre Ruhe sich bei allen Gegenständen des Gesprächs zeigte, die nicht gerade die Religion oder die Todesfälle betrafen. Ich fürchte sehr, dass sie von wahrer Reue noch fern ist.

Ein leiser Versuch, den ich am Ende machte, ob sie noch dies oder jenes unaufgefordert bekennen wolle, wurde zwar verstanden, hatte aber keinen Erfolg.«[146]

Zwei Tage später, am Mittwoch, dem 2. April, es war der Abend vor Gründonnerstag, unternahm Droste »im Hinblick auf das bevorstehende Osterfest« einen weiteren Versuch, sie durch ein in privater Atmosphäre geführtes Gespräch zu weiteren Geständnissen zu bewegen. »Mir käme es nur darauf an«, begann er jenes Gespräch, »da morgen schon Gründonnerstag sei, und nun die Festtage folgten, dass ich ihr Gelegenheit gäbe, sich noch vorher auszusprechen, weil sobald keine förmlichen Verhöre wieder sein werden.«[147] Das Gespräch aber verlief so unergiebig, dass Droste es nach einer halben Stunde abbrach. Zwei Wochen ließ er sie darauf ohne Verhör.

»Der Vater ist der Mörder«

Johann Christoph Rumpff, aufgewühlt durch die Ereignisse auf dem Herdenthorsfriedhof und überreizt durch die in der Stadt kursierenden Gerüchte über Geheimkammern in seinem Haus, begab sich in jenen Tagen auf die Suche nach verborgenen Gewölben und durchstrich das Gebäude vom Dachboden bis zum Keller. Tatsächlich entdeckte er im Fußboden Ungewöhnliches, traute sich jedoch nicht, selbst nachzugraben; ob in der Furcht, womöglich Schauerliches ans Licht zu bringen, wissen wir nicht. Am 3. April erschien er in jener Sache vor dem Kriminalgericht: »Es hatte Johann Christoph Rumpff angezeigt, dass er in der Kammer hinter der Stube eine Diele bemerkte, in der ein viereckiges Stück Holz etwa sechs Zoll im Quadrat gewesen. Er habe die Diele aufgebrochen und finde darunter einen alten, verschütteten Brunnen. Das Gericht besichtigte darauf diesen Brunnen und ließ ihn dann unter Aufsicht des Polizeikommissars Tonnjes heute aufgraben. Derselbe berichtete nunmehr, dass sich nichts Verdächtiges gefunden, nachdem er tiefer als sechs Fuß hat aufgraben lassen. Es sei der Brunnen allein mit Bauschutt ausgefüllt gewesen.«[148]

Und so kommt Johann Christoph Rumpff uns aus den Augen. Wir werden nicht wieder hören von ihm. Er wird sich wieder verheiraten und Gesche Gottfried um sechzehn Jahre überleben. Mit Hilfe von Dr. Luce, der ein entsprechendes ärztliches Gutachten erstellte, hatte er noch versucht, in einem Zivilprozess Schmerzensgeldansprüche gegen Gesche Gottfried geltend zu machen. Immerhin standen tausend Reichstaler von ihr zinslich auf seinem Haus, auch liefen die Mieteinnahmen der Nebenhäuser weiter. Ob es zu einem Gerichtsverfahren gekommen und wie dieses möglicherweise ausgegangen war, liegt im Dunkeln. Da im späteren Urteil verfügt wurde, dass sämtliche Kosten des über dreijährigen Verfahrens aus Gesche Gottfrieds Nachlass zu bestreiten seien, dürften sich auch kaum noch Gelder vorgefunden haben.

Aber kehren wir zurück zu den gerichtlichen Untersuchungen. Am Dienstag, dem 15. April, ließ Droste Gesche Gottfried wieder in Verhör nehmen. Seit seinem letzten Gespräch mit ihr waren zwei Wochen der Isolation vergangen, war sie gequält von der

Vorstellung, es laufen Vorbereitungen einer grausamen Todesstrafe. So lässt sich erklären, warum sie in jenem Verhör auf die absurde Darstellung verfiel, ihr Vater sei der Mörder ihrer Familie gewesen: Es geschah aus Angst, »sie werde zu den ausgegrabenen Leichen in den Sarg gelegt und mit siedendem Wasser übergossen«.[149] Droste sollte glauben, ihre Vergiftungen seien »ein Erbfehler«, und dann »würde ihre Strafe nicht so groß« werden. Erstaunlich ist, wie sie Drostes Interesse für ihre seltsame Kleidungsweise aus dem Gespräch zwei Wochen zuvor mit einzuflechten verstand, ganz so, als habe es damit doch eine rätselhafte Bewandtnis auf sich.

Das Verhör nahm zunächst einen ruhigen Verlauf. Sie hatte wohl eine Stunde frei und ohne Stockungen über ihre Ehe mit Miltenberg gesprochen, über dessen Schulden und nachlässigen Umgang mit ihr und den Kindern und über die Verbindung mit Michael Christoph Gottfried. Dann lenkte Droste das Verhör auf die Giftmorde, indem er sie fragte, »wie sie dazu gekommen, ihren Ehemann zu vergiften«.

»Die Inculpatin«, heißt es im Protokoll, »bedachte sich eine Weile und sagte dann nach einigem Bedenken unter heftigem Weinen: ›Ich wünsche, dass Sie mir eine Frage beantworten; ich freue mich, dass ich Gelegenheit habe, etwas dem Gericht vorzustellen. Wenn man dem Vater auf dem Todbett etwas verspricht, muss man das halten?‹«[150]

Als Droste ihr darauf antwortete, »dass sie es dem Gericht schuldig sei, die Wahrheit zu sagen«, kramte sie zum Erstaunen aller Anwesenden hervor: »Wie meine Mutter krank war, verlangte sie, dass ich sie zu mir herübernehmen möchte. Ich tat dies, und darauf wurde sie immer schwächer, nahm das heilige Abendmahl und zeigte mir ein Gesangbuch mit den Worten, dies solle ich dem Vater geben und ihm sagen: hier solle er nur Trost suchen, wenn sie tot sei. Wie nun darauf mein Vater krank wurde und ich ihn besuchte, sagte er mir: ›Ich sterbe an derselben Krankheit, woran dein Mann und deine drei Kinder gestorben sind. Ich will es dir nur gestehen, ich habe sie alle und mich selbst umgebracht. Wenn sie dir einmal deine zehn Rumpfe*, die du anhast ausziehen, so bete für deinen unglücklichen Vater.‹ Zugleich auch gestand er mir, dass, wie meine Mutter eine Tochter fünf Vierteljahr nach meiner Geburt geboren habe, habe er derselben, wie sie drei Tage alt gewesen, mit den Fingern den Kopf eingedrückt. Er sagte mir auch, dass er von Herrn Kümmel aus Hamburg, der alle Jahre nach Bremen reiste, die Mäusebutter erhalten habe, womit der die Vergiftungen vorgenommen. Er sagte, er habe die Mäusebutter von den Butterbroten geschabt, die Mutter auf die Kammer in

* Leibchen

unserem Haus gelegt, und das Brot zwischen die Dielen versteckt. Drei Monate nachher habe er ihm in seinem Haus gleichfalls was gegeben, aber die Mäusebutter nicht von den Butterbroten genommen. Während Miltenbergs Krankheit sei er oft auf den Boden gegangen, wo heilige Bilder als Tapete sich befänden, und habe dort gebetet. Dies habe er auch später getan. Den Bruder, Heinrich, Gottfried, Zimmermann Mosees, Kleine, die Schmidt habe ich vergiftet.«

Drostes ratlos erstauntes Gesicht mag sie in der Tat an jenem Abend von einer ungeheuren Last befreit haben. Nachdem ihr das Protokoll vorgelesen worden war, äußerte er, »dass es doch sehr unerklärlich sei, dass ihr Vater Derartiges getan habe, da er allgemein für einen sehr braven Mann gegolten habe.« Sie erwiderte: »Ja, und wer hätte mir das zugetraut, was ich getan habe«, und wünschte dem Gericht mit einer »zeremoniösen Verbeugung gute Nacht«.

Voget beschreibt übrigens das Ende dieses Verhörs ganz anders: »Kaum war es dem Gericht möglich, während dieser Verleumdung die Zeichen des Erstaunens und Abscheus zurückzuhalten; der Sekretär brach, nach einer Mitteilung der Gottfried, in die der Verbrecherin so unvergesslichen Worte aus: ›Nein! Jetzt habe ich alle Achtung vor Ihnen verloren! Ihren alten braven Vater so zu beleidigen!‹ – Um die Verbrecherin zum Nachdenken und Widerruf dieser Gräuel zu veranlassen, ließ das Gericht dieselbe auf eine Zeit lang abtreten. Als sie zurückgeführt war, fragte der Inquirent, ob sie bei ihrer Aussage beharre. Und nun schlug sie ihren Blick zum Himmel auf mit den Worten: ›Der liebe Gott ist Zeuge!‹ Hiermit wurde das Verhör geschlossen.« Im Protokoll findet sich weder die Szene des Abtretens, noch finden sich dort die beiden Zitate.

Gesche Gottfrieds Erleichterung indes war nur von kurzer Dauer. Da der folgende Tag ohne Verhör verstrich, überkam sie wieder die Furcht vor einer unmittelbar bevorstehenden grausamen Hinrichtung. Sie bat daher am Morgen des 17. April um eine Unterredung mit Droste, der dann auch »auf eine Viertelstunde« zu ihr in die Zelle kam. Und wieder klammerte sie sich an ihre Leibchen, um die von ihr befürchtete Hinrichtung hinauszuzögern oder gar zu verhindern. In dem von Droste angefertigten Gedächtnisprotokoll des Gespräches heißt es unter anderem: »Etwa elf Uhr morgens sagte die Grimm: ›Sie (die Gottfried) bitte, ob ich nicht einmal hinaufgehen wolle.‹ Ich tat es. Sie saß ruhig auf ihrem Bett und sagte: ›Hören Sie mal, diese Nacht habe ich meinen Vater gesehen. Er war ganz blutig und sagte, ich solle an die zehn Leibchen denken. Wo sind die zehn Leibchen? Wo ist deine Kraft geblieben? Er war ganz blutig.‹ Ich sagte: Das wundere mich nicht, wenn sie ihren Vater blutig sähe, nach den grässlichen Beschuldigungen, die sie im letzten Verhör auf ihn gebracht habe. Sie fing dann an zu weinen und sagte:

›Ich habe die Wahrheit gesagt. Ist es wahr, dass ich geköpft werde und mir die Hand abgehauen wird?‹, fuhr sie fragend fort, und als ich fragte, wie sie dazu käme, sagte sie: ›Gestern Nachmittag, drei Uhr, als ich hier auf dem Bett lag, wurde die Klappe in der Tür aufgemacht, es sah einer durch und sagte, ich würde geköpft; ein anderer sagte, das Haar wäre mir schon geflochten und mir würde die Hand abgehauen.‹ Ich sagte, das müsse ihr geträumt haben, denn vor der Tür, worin die Klappe sich befinde, sei ja noch eine andere Tür, die stets, so gut wie die erstere, verschlossen sei. ›Ach sehen Sie mich doch mehr als eine Unglückliche an wie als Verbrecherin. Nehmen Sie sich doch meiner an.‹ Ich führte ihr zu Gemüte, dass sie ja so behandelt würde, wie sie es nur erwarten könne, und vermahnte sie zur Reue und Buße, damit sie sich selbst wenigstens als Unglückliche betrachten könne, was so lange unmöglich sei, als sie noch Lügen vorbringe und nicht von selbst ihre Taten bekenne. Dann sagte Sie wieder: ›Ach, verbrennen Sie doch meine zehn Leibchen, die sie von mir haben. Ich fragte: ›Warum?‹ Ihre Antwort ist mir aber entfallen. Sie muss wohl nichtssagend gewesen sein.«[151]
Noch am Abend desselben Tages ließ er sie wieder in Verhör nehmen. War das Gespräch am Morgen noch geprägt gewesen von Milde, so suchte er jetzt in aller Schärfe die Anschuldigungen gegen ihren Vater als Lüge zu entlarven. Mit Erfolg, denn auf seine Frage, wer Miltenberg vergiftet hatte, gestand sie, dass sie es war, die ihm das Gift ans Essen gegeben hatte.
Auf Drostes Aufforderung, nähere Einzelheiten über die Vergiftung Miltenbergs anzugeben, erklärte sie: »Ich gab ihm das Butterbrot so, als wenn ich ihm gewöhnlich das Frühstück hab gegeben. Ich glaube, dass ich es schon vorher aufgeschmiert hatte. Späterhin hatte ich die Mäusebutter in einem Schrank, damals aber glaube ich, hatte ich sie in meinem Schreibpult oder Kommode, die auch jetzt auf meinem Saal steht. Ich gab ihm einen Teelöffel voll, mit einem Messer aufgeschmiert. Mein Mann ging mit dem gegessenen Butterbrot aus. Ich erinnere mich nicht, ob es denselben Tag noch wirkte. Mir deucht, es wirkte erst des Nachts. Ich glaube, des Nachts wurde er unwohl. Davon wurde ich aber des Nachts nichts gewahr, da er oben schlief und ich unten. Des andern Morgen sagte er mir, wie er herunterkam und mit mir Kaffee trank, dass ihm unwohl geworden und ihm noch unwohl sei. Er klagte über Kopfweh. Ich erinnere mich aber nicht, dass er sich erbrach. Soviel ich mich erinnere, hatte mein Mann vierzehn Tage bis drei Wochen gelegen. Den Tag nach seinem Tod schlich ich hinauf, um ihn zu sehen, und blickte auf die Kammer. Da ich aber sah, dass man meinem Mann ein Leder über die Augen gelegt hatte, damit die Augen sich schließen, so schauderte ich und ging zurück.«[152]

Die Anschuldigungen gegen ihren Vater nahm sie zurück und erklärte jetzt, er habe ihr lediglich gesagt: »Ich finde deinen Mann nicht besonders. Der liebe Gott wird meinen Wunsch erhören, dann bist du geholfen.«
Aber die Furcht vor einer plötzlichen Hinrichtung beherrschte sie weiter. Nachdem ihr das Protokoll vorgelesen worden war und Droste sie fragte, »ob die heute abgegebene Erklärung der Wahrheit gemäß sei«, sagte sie: »So ist es gewiss die Wahrheit. Aber sagen Sie mir, wenn ich nun hingerichtet werden soll, kommen Sie dann so ohne Weiteres herauf*, kündigen mir mein Urteil an und sagen: ›Jetzt musst du mit?‹ Es ist mir doch gestern so lebhaft zugerufen, ich würde geköpft, und mir [würde] die Hand abgehauen.«
Erst jetzt, sechs Wochen nach ihrer Verhaftung, setzte Droste ihr den weiteren Gang des gerichtlichen Verfahrens auseinander. Er erklärte ihr, dass ihr »nach erfolgtem Aktenschluss ein Verteidiger gegeben würde, dass ihr vom gefällten Urteil nicht allein die Appellation zustehe, sondern den Umständen nach notwendig erfolgen müsse, auch, dass ihr der Weg auf die Gnade des Senats nicht benommen werden würde«.
So mochte sie wohl ein wenig beruhigter den Gang zurück in ihre Zelle angetreten haben. Aber schon drei Tage später sollte diese Beruhigung wieder umschlagen in eine panikartige Furcht vor einem »lebendig Begrabenwerden«.

Exhumierung der Leiche der Beta Schmidt

Für den nächsten Tag nämlich war von Droste auch die Exhumierung der Leiche der Beta Schmidt und die ihrer im selben Sarg mitbeerdigten Tochter Elise angeordnet worden. Ein Unterfangen, das sich allerdings als äußerst schwierig erwies, da die Beta Schmidt anonym beerdigt worden war und es keinerlei Aufzeichnungen darüber gab, wo genau auf dem Herdentorsfriedhof das Grab sich befand.
Hatte der Totengräber Schaub noch am 15. April gemeldet, »dass die Verwandten der Schmidt mit ihm sich besprochen und sie über die Stelle des Grabes ziemlich einig seien«[153], so musste er tags darauf feststellen, das in jenem Grab kein Sarg mit einer Frauen- und Kinderleiche zu finden gewesen war. »Der Totengräber Schaub gab hierauf dem Gericht Kunde, woher es so schwierig sei, eine Leiche zu finden, die nicht in einem Privatgrab liege, und erklärte: ›Wie hier auf dem Kirchhof die Steine, welche in jedem Achtelteil rund umher liegen, zeigen, befinden sich die

* zu ihr in die Zelle

Privatgräber in drei Reihen an der äußeren Seite jedes Achtels. Die mittleren Reihen, auf welchen keine Steine stehen, werden die „gemeinen Gräber" genannt, und in diesen werden alle diejenigen begraben, die keinen eigenen Begräbnisplatz haben. Hier wird an der östlichen Seite auf den einzelnen Achtelteilen von oben herunter eine Reihe Gräber gemacht, wenn diese beerdigt, stets eine zweite und so weiter. In der Regel wird in jedem Jahr in einem anderen Achtelteil gegraben. Auf diese Weise müsste man freilich der Reihe nach berechnen können, wo eine Leiche liegen müsse, wenn nicht das dazwischenkäme, dass, wenn an einem Tag sechs bis acht Leichen, wie es sich wohl trifft, begraben werden, diese nicht in einer Linie begraben werden können, weil die Gräber, zu nahe nebeneinandergelegt, ineinanderfallen würden. Es wird daher in diesem Falle zwischen jeder Leiche eine Grabeslänge freigelassen und nachher wieder die Leichen anderer Tage in diese leeren Stellen eingegraben, dadurch ist also die Reihenfolge unterbrochen.‹«[154]

So waren am 19. April nicht weniger als sechsundzwanzig Särge ausgegraben worden, ohne dass sich der Sarg mit der Leiche der Beta Schmidt und ihrer Tochter Elise hatte finden lassen. Erst nachdem anderntags zunächst nochmals fünf falsche Särge freigelegt worden waren, war endlich der richtige Sarg gefunden. Catharina Meier, die uns bereits zwei Tage nach Gesche Gottfrieds Verhaftung über den Tod der kleinen Elise so erschütternd berichtet hatte, war von Droste mit auf den Friedhof bestellt, um die beiden Leichen anzuerkennen. Sie hatte noch eine Probe von dem Stoff mitgebracht, aus dem die Totenhaube der Schmidt gefertigt war, und erklärte zudem, dass sich auch ein Kamm im Haar der Schmidt finden lassen müsse. Aber wir wollen nicht vorgreifen, sondern mit den Ereignissen vom 19. April beginnen. Übrigens schien Droste nicht das geringste Interesse gehabt zu haben, sich noch einmal auf dem zugigen Friedhof eine Nacht um die Ohren zu schlagen, und so ließ er die Aktion am helllichten Tage durchführen: »Auf dem Kirchhof vor dem Herdentor. Es hatte das Gericht in Begleitung des Polizeikommissar Tonjes und des Polizeidiener Bergmann sich hierher begeben, um die Leiche der Beta Schmidt und ihres Kindes ausgraben zu lassen. Der Leichenkommissar Toelken, der Totengräber Schaub und sieben Gehilfen, worunter der Tischler Millius, um den Sarg zu öffnen, sich befand, waren bereits versammelt.

Derjenige Teil des Kirchhofes, welcher zum Begräbnisse dient, hat einen Weg, der um das ganze Oblongem führt, dann wird solches durch einen der Länge nach in der Mitte befindlichen Weg durchschnitten, quer aber wieder durch drei Wege geteilt und zerfällt auf solche Weise in acht gleiche Teile. Einige Fuß tiefer führt ein Weg um diesen Platz, der mit zwei Reihen italienischen

Pappeln umgeben ist. Der übrige, nicht zum Begraben bestimmte Platz ist mit Gebüsch und Blumen bewachsen. Der Totengräber Schaub führte das Gericht in den zweiten Achtelteil an der rechten Seite vom Eingang an angerechnet. Er zeigte, dass Rumpff und Cornelius ihm eine Stelle angegeben, die seines Bedünkens unrichtig sei, auch weiche sie zu auffallend von der Stelle ab, die von der Catharina Meier angegeben. Nach seiner Meinung liege die Leiche in der Mitte. Es wurde hierauf ein Grab gegraben und ein Sarg entdeckt, welcher in der Erde vom Tischler Millius geöffnet wurde. Es fand sich darin eine weibliche Leiche mit einem Kind im Arm, allein das Kind lag im rechten Arm, die Locken der Frau waren blond. Die Frau hatte eine Haube von einem gleichförmigen Stoff auf, auch trug das Kind eine Haube. Diesen Umständen nach konnte dies nicht die Leiche sein, welche gesucht wurde, da alle Angaben der Zeugen in ihrer Hinsicht abwichen. Es wurde hierauf zu dem Tischler Bolte und der Catharina Meier als den zunächst wohnenden Zeugen gesandt, welche nacheinander erschienen. Bolte erklärte, dass der vorliegende Sarg nicht seine Arbeit sei, auch die Leiche nicht die der Schmidt sei. Die Catharina Meier erschien dann und bemerkte, dass das Grab weiter nach hinten sein müsse. Sie gab darauf eine Stelle an, die ganz mit ihrer früheren Aussage übereinstimmte, nach welchem das Grab in der dritten Reihe vom Grabe des Meinardus, auf welchem ein Blumentopf stehe, entfernt liegen sollte.

Schaub bemerkte sodann, dass er glaube, dass die Meier sich irre und die Leiche zwischen dem von ihr angegebenen Platz und dem bereits geäußerten liege. Die Meier erklärte, sie sei bei der Beerdigung nicht selbst gewesen. Sie habe einige Tage nach der Beerdigung Schaub gefragt, wo die Frau mit ihrem Kind liege, und er habe ihr gesagt, es liege solche in dem frischen Erdhügel bei dem Blumentopf, und dies sei die Stelle, welche sie angegeben.

Es wurde darauf an beiden Stellen ein Grab gemacht, und zwar in der Breite, dass immer zwei Reihen Gräber bloß gelegt werden konnten. In der Stelle, welche Schaub für die richtige gehalten, fand sich ein Mann mit einem Kind, welches dazu eingelegt worden, an der Stelle, die von der Meier angegeben, aber eine Frau mit einem Kind, das jedoch im rechten Arm lag. Die Frau hatte dabei ein Tuch um das Kinn gebunden, auch hatte das Kind eine Haube auf. Die Meier erklärte, dass dies nicht die rechte Leiche diesen Umständen nach sein könne, und übergab eine Probe von dem Zeug, wovon der Boden der Haube gemacht worden. Sie gab auch noch als näheres Kennzeichen an, dass die Schmidt Strümpfe angehabt habe. Ihr rechter Arm sei mit langem Ärmel bekleidet. Der Arm, worin das Kind, liege aber bloß. Hierauf kam Heinrich Cornelius, der Bruder der Schmidt. Er gab den auf dem Plan mit B. bezeichneten Platz an und bemerkte, dass er den Platz

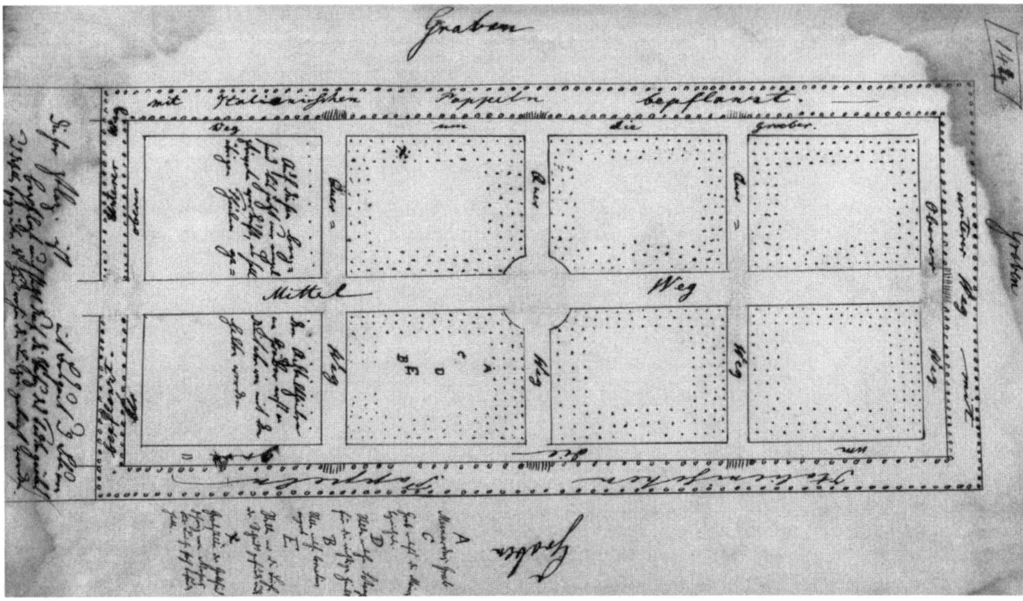

Vom Gerichtssekretär Noltenius angefertigter Plan des Herdentorfriedhofes mit der Lage der Gräber der Giftopfer. »E: Stelle wo die Leiche der Schmidt gefunden wurde.«

daran sich gemerkt habe, dass eine Pappel im Seitenweg fehle und diese Stelle, das Grab der Rumpff (Miltenberg) und das Grab seiner Schwester beinahe eine Linie ausgemacht haben.

Schaub bemerkte, er habe im März vorigen Jahres sein Amt angetreten und die auf dem Plan mit Reihe C. und B. bezeichneten angefangen. Da die Schmidt im Mai begraben sei, so müsse sie sich in diesen und den beiden folgenden Reihen finden. Es wurde daher fortgefahren mit dem Öffnen der Gräber, und wie nachmittags vier Uhr die Ärzte erschienen, waren bisher achtzehn Särge bloß gelegt und geöffnet. Es wurde den Ärzten eröffnet, dass die Leiche noch nicht gefunden sei, ihnen jedoch die geöffneten Särge, um eventuelle Vergleichungen erstellen zu können, gezeigt. Während der Anwesenheit der Ärzte wurde mit dem Öffnen der Gräber bis Sonnenuntergang fortgefahren und so sechsundzwanzig Särge bloß gelegt und in der Erde geöffnet, ohne dass die Leiche gefunden wurde. Hierauf wurde für heute geschlossen, um morgen um sieben Uhr wieder fortzufahren.«[155]

Und so traf man sich am nächsten Morgen um sieben Uhr wieder an gleicher Stelle: »Hatten sich sämtliche Personen, welche gestern zur Aufsuchung der Leiche gegenwärtig gewesen, jedoch mit Ausnahme des Tischlers Bolte, welcher statt seiner den Gesellen Kohn sandte, sich wieder versammelt und wurde mit dem Öffnen der Gräber fortgefahren.

In den drei ersten Särgen fand sich die Leiche nicht. Dann aber wurden zwei Särge entblößt, und der Geselle Kohn erklärte sofort, den einen derselben, so wie den Deckel, um den entblößt wurde, für denjenigen, in welchem die Schmidt liegen müsse. Er gab an, es müssten dreizehn blecherne Buckel dran sein, und zwar zwei zum Kopfe, einer zu den Füßen und fünf an jeder Seite. Wie der Sarg weiter entblößt wurde, zeigte sich dies richtig. Es war eine der Buckel bloß gegraben und wurde heraufgebracht. Er erklärte, er erkenne den Sarg umso mehr für denjenigen der Schmidt, da die Buckeln gerade einen solchen bunt geschlagenen Rand gehabt hatten wie der gegenwärtige. Der Sarg wurde ganz von Erde entblößt, sodass man unter ihm die Füße des Sarges fühlen konnte. Es fand sich, dass die Füße am Kopfende aus ihren Löchern herausgenommen und mehr unterwärts wieder hinuntergenagelt waren. Es wurde der Sarg geöffnet und fand sich darin eine weibliche Leiche mit einem Kind im linken Arm. Die Frau hatte eine Haube auf, die von demselben Zeug war, wie die Meier angegeben. Das Kind hatte einen Kranz um den Kopf und Blumen in den Händen. Der rechte Arm der Frau war mit einem langen Ärmel bekleidet, der links war wegen des darin ruhenden Kindes nicht sichtbar. Die Frau hatte breites Atlasband an der Haube und das Kind eine solche Schleife um den Leib.

Der Stoff der Nachthaube

Probe des Stoffes von Beta Schmidts Nachthaube. Die Probe wurde dem Gericht von Catharina Meyer eingereicht und sollte der Identifizierung der Leiche dienen. Als 1931 zum hundertsten Todestag Gesche Gottfrieds der Schünemann-Verlag einige Fotos aus den Akten anfertigte, wurde auch dieses Stoffstück fotografiert. Später wurden die Fotos dem Bremer Staatsarchiv übergeben, wo sie in einem Umschlag in einer Nebenakte ihren Platz gefunden haben. Seitdem allerdings geistert unausrottbar durch Bremen, auf dem Foto sei eines der Leibchen Gesche Gottfrieds abgebildet.

Die Stelle, wo die Leiche gefunden, traf mit der Angabe des Heinrich Cornelius überein um eines Grabes Breite. Dieser Sarg wurde darauf sorgfältig aus dem Grab herausgebracht und in die Stube gebracht, wohin früher die Leichen Mosees etc. gebracht wurden. Hier erschienen nacheinander die Catharina Meier, Heinrich Cornelius, der indessen auch gekommene Martin Bolte, desgleichen dessen Geselle Kohn, und erkannten diese Leichen für die Leiche der Beta Schmidt und ihrer Tochter Elise. Um die Leichen nicht in ihrer Lage zu stören, wurde vor der Hand nach dem von der Meier angegebenen Kamm nicht gesucht. Herr Direktor erließ darauf das Schreiben an den Herrn Physikus Dr. Heineken. Nach einer Weile kehrte der mit Überbringung des Schreibens beauftragte Polizeidiener Bergmann zurück und brachte die Nachricht, dass

er das Schreiben in Herrn Physikus Hause zurückgelassen habe. Man habe ihm die Antwort erteilt, dass er aufs Land gefahren sei. Herr Direktor beschloss darauf, die Mitglieder des Gesundheitsrates und sämtliche Ärzte auf heute, drei Uhr, einzuladen, um das Äußere der Leiche in Augenschein zu nehmen. Das Haus, wo die Leiche sich befand, wurde darauf geschlossen und nahm Herr Direktor den Schlüssel zu sich.«[156]
Wir aber ziehen uns leise zurück und verzichten auch hier auf das Protokoll der anschließenden Obduktion. Nur so viel sei noch mitgeteilt, dass das Eingeweide den Leichen entnommen und zur weiteren chemischen Untersuchung an die medizinische Fakultät nach Göttingen gesandt wurde.

Leichenschau

Obgleich Gesche Gottfried schon früher erklärt hatte, mit den ausgegrabenen Leichen nicht konfrontiert werden zu wollen, fragte Droste sie am 18. April nochmals, »ob sie bei der Ausgrabung der Leiche der Schmidt gegenwärtig sein wolle«. Sie erklärte: »Ich bitte, mich damit zu verschonen, diese Leiche zu sehen.« Darauf ließ Droste sie zwei Tage ohne Verhör. Und wieder war sie gequält von der Vorstellung, er treffe heimlich Vorbereitungen, dass sie »zu der Leiche der Beta Schmidt mit in den Sarg gelegt und mit kochendem Wasser übergossen werden« soll.
Drei Tage später, es war der 21. April, trat der Polizeikommissar Tonjes um fünf Uhr morgens zu ihr in die Zelle und erklärte, sie werde jetzt zum Herdentorsfriedhof gefahren, um dort die Leiche der Beta Schmidt und die ihres Kindes anzuerkennen. Wie tief erschrocken Gesche Gottfried darüber gewesen sein muss, lässt sich denken. Hatte Droste ihr noch zwei Tage zuvor erklärt, dass eine Konfrontation mit den Leichen nicht notwendig sei, so musste sie jetzt tatsächlich glauben, es gehe zu ihrer Hinrichtung. Im Protokoll heißt es: »Das Gericht hatte es für notwendig erachtet, der Inculpatin Gottfried Witwe die beiden Leichen, welche ausgegraben worden, zu zeigen und sie zu befragen, ob sie dieselben für die Leichen der Beta Schmidt und ihres Kindes anerkenne.
Der Polizeikommissar Tonjes hatte die Inculpatin in einem Wagen hierher* begleitet, und war es bereits nach fünf Uhr, wie er mit ihr erschien. Um Auflauf des Volkes vorzubeugen, war diese Frühstunde gewählt. Michael Christoph Gottfried Witwe wurde vorgeführt und, da sie von dem, was vorgehen sollte, ergriffen schien, ihr ein Stuhl zu dem Fußende des Sarges gesetzt, auf dem sie sich niederließ. Sie schien beklommen zu sein, war jedoch

* Herdentorfriedhof

Der Weg vom Stadthaus (unten Mitte) zum Herdenthorfriedhof

ruhig und ihre Augen ohne Tränen, obgleich sie ihr Schnupftuch vorhielt und sie [Tränen] erpressen zu wollen schien.
Auf eine kurze Anrede des Herrn Direktors an die Inculpatin wurde der Deckel vom Sarg genommen, nachdem das darauf befindliche Siegel, welches Herr Direktor gestern auf denselben gesetzt, unverletzt gefunden, und die Leiche ihr gezeigt. Befragt, erklärte dann die Inculpatin: ›Ja, ich erkenne diese Leichen für die Leichen der Beta Schmidt und ihres Kindes Elise.‹ Sie fing darauf an zu jammern und sagte: ›Ach, meine Herren, ich bin unglücklich.‹ Sie vergoss auch wirklich einige Tränen, die aber keine Tränen der Rührung sein konnten, da sie gleich darauf sagte: ›Meine Herren, soll ich nur einmal zum Fenster hinaussehen.‹ Es wurde ihr gestattet, und sie eilte ans Fenster, sah, sowie sie ans Fenster kam, nicht auf den Kirchhof, sondern rechts um.
Es waren nämlich die Fensterläden des zweiten Fensters verschlossen geblieben, weil sie ohne viel Geräusch nicht hatten geöffnet werden können, da dasselbe aufgequollen war. Wahrscheinlich hatte Inculpatin vermutet, dass dort ihrem Blick etwas absichtlich verborgen wäre. Sie war darauf ganz beruhigt, besah die Leichen nochmals mit der größten Ruhe und erkannte die Leichen nochmals an. Sie wurde darauf wie sie gekommen zurückgeführt. Um Missverständnissen vorzubeugen, wird ausdrücklich bemerkt, dass durch das eine geöffnete Fenster das volle Tageslicht auf die Leichen fiel und sie daher deutlich zu sehen waren.«[157]
Bei Voget lesen wir übrigens auch diese Szene auffallend anders, als im amtlichen Protokoll von Noltenius niedergeschrieben: »Unter furchtbarer Unruhe und stetem Fantasieren verging die Nacht. Frühmorgens am 21. April erfolgte der Transport in einer Kutsche vom Stadthaus nach dem Herdenthors-Kirchhof. Wie sie drei Jahre später an gleichem Tage (21. April 1831) zum Richtplatz gefahren wurde, so glaubte sie jetzt diesem Ziel entgegenzugehen, ein Raub jenes starren, betäubenden, tränenlosen Schmerzes. Stumm saß sie neben dem ihr zur Bewachung in der Kutsche beigegebenen Polizeikommissär T. und dessen Frau. (Frau T. war der Verbrecherin ein Dorn im Auge, sodass sie später oftmals ihren anderen Wärterinnen erzählte: jene habe damals in der Kutsche sich wunder etwas eingebildet und sie, die Inquisitin, so recht ›belachschaut‹.) Auf dem Kirchhof angelangt, stierte ihr Blick wild umher, als sie in das Totenhäuschen, rechts von des Gräbers Wohnung, an den gefürchteten Sarg geführt wurde. Von den wenigen Worten des Inquirenten bei ihrem Eintritt vernahm sie nichts. Sie presste krampfhaft ihr Taschentuch ans Auge, aber es blieb trocken. Doch als jetzt der Deckel des Sarges sich auftat und der Blick der Mörderin ihre Schlachtopfer darin erblickte – da durchfuhr sie ein Strahl der Hoffnung, dass doch dieser Sarg nicht

für sie bestimmt sei, sie erkannte die Leichen als ihre Vergifteten an. (Dem Defensor äußerte sie später einmal, sie wisse nichts davon, wer im Sarg gelegen; das habe sie auch für ganz gleichgültig gehalten und daher umso weniger des Inquirenten Frage verneinen mögen.) Und augenblicklich vermochte sie Tränen hervorzubringen. Es waren egoistische Tränen freudiger Rührung über jenen Hoffnungsstrahl, denen sie nun leicht mit einigem Gejammer einen anderen Anschein verlieh. Aber wenngleich die größte Angst der Schmerzensscheuen – vor dem Sarg mit siedendem Wasser – geschwunden war, so drohte ihr doch hinter einer Fensterlade, wie sie wähnte, jetzt eine Guillotine (von diesem Wahn hat sie den Frauen später oft erzählt), erst als ein Blick aus dem Fenster hinaus, wo sie weder die vermutete Menschenmenge noch sonstige Vorkehrungen gewahrte, sie vom Gegenteil belehrt hatte, kam sie zur Ruhe. Der grässlichsten Erwartung plötzlich enthoben, vergaß sie sogar vor innerem Behagen nunmehr, ihre Gefühllosigkeit bei den Leichen ihrer Ermordeten zu verbergen.«
Die Leiche der Beta Schmidt wurde von Droste für eventuell notwendige weitere Untersuchungen zunächst zurückbehalten und unter dem Bremer Dom gelegenen sogenannten Bleikeller gebracht; ein Kellergewölbe, in dem Leichen mumifizieren: »Herr Direktor gab zu Protokoll, dass die Leiche der Schmidt in letzter Nacht in seiner Gegenwart und unter Aufsicht des Polizeikommissars Tonjes in den Bleikeller gebracht wurde.«[158] Acht Wochen später mahnten besorgte Verwandte der Schmidt, »dass die Leiche aus dem Bleikeller herauskomme und wieder beerdigt werde«.[159] Doch erst als am 24. Juli eine schriftliche Beschwerde bei Droste einging, »dass die Leiche der Schmidt wegen üblen Geruchs, den sie in der Kirche verbreite, aus dem Bleikeller fortgeschafft werden möge«[160], lenkte er ein: »Ich ließ darauf in der folgenden Nacht unter Leitung des Polizeikommissars Tonjes und Hinzuziehung der Verwandten die Leiche wieder beerdigen.«[161]

VI. Gesche Gottfried erzählt

26. April bis 11. Mai 1828

Von der Vergiftung Miltenbergs, ihrer Kinder und des Vaters

Da die Konfrontation mit den Leichen ohne die befürchtete grausame Todesstrafe vorübergegangen war, setzte Beruhigung bei Gesche Gottfried ein. In zuversichtlicher Erwartung des von Droste angekündigten Verteidigers fasste sie zu ihm aufs Neue Vertrauen. Am 26. April wurde sie wieder ins Verhörzimmer geführt. Nachdem ihr das Protokoll des letzten Verhörs, ihre Schilderung der Vergiftung Miltenbergs, vorgelesen worden war, scheint sie geradezu drauflosgeschwatzt zu haben: »Diese Aussage ist richtig. Bloß habe ich nicht sagen wollen, dass ich einen Teelöffel voll Mäusebutter meinem Mann gegeben, sondern bloß die Spitze eines Teelöffels voll. Mir deucht, es war ein Zwieback, auf den ich die Mäusebutter schmierte, denn mein Mann aß gewöhnlich einen Zwieback. Meinem Mann gab ich das Butterbrot nicht mit der Ruhe, womit ich in späteren Zeiten etwas gegeben habe. Damals war ich noch ängstlich dabei. Nachdem mein Mann das Butterbrot gegessen hatte, bemächtigte sich meiner eine große Furcht. Da es meine erste Tat war, so wusste ich noch nicht, welchen Ausgang die Sache nehmen würde. Ich fürchtete, er würde schnell sterben, und aus diesem schnellen Tod würde ein Verdacht gegen mich entstehen. Wohl ein paar Tage hatte ich mich mit dem Gedanken herumgetragen, meinen Mann zu vergiften.«[162]

Auf Drostes Frage, »wie der Gedanke in sie gekommen«, antwortete sie: »Dies weiß ich nicht. Das Gericht glaubt wohl, dass der eigentliche Grund gewesen sei, um Gottfried heiraten zu können, dies ist aber nicht der Grund gewesen. Der Grund war, weil mein Vater mir sagte, wenn du den Mann nicht hättest und allein wärst, so könntest du besser fertig werden als jetzt. Wenn er auf der Straße läge, ich nähme ihn nicht auf, das verdient er nicht.

Acht Tage nach der ersten Gabe Mäusebutter gab ich meinem Mann wieder eine Gabe in gewöhnliche Fleischsuppe, die ich selbst gekocht hatte. Mein Mann ging noch umher, war aber so unwohl, dass er kein Butterbrot essen konnte. Ich gab ihm ein bisschen, auf dem Messer vorne, in seinen Teller oder Kumme, in welches von beiden, kann ich nicht sagen, und machte Suppenkraut in die Suppe. Ich brachte ihm die Suppe selbst hinauf in die Kammer. Mein Mann lag im Bett. Ich weiß nicht, ob mein Mann alles aufgegessen hat. Hat er es nicht gegessen, so weiß ich nicht, wo der Rest geblieben ist. Der Löffel lief von dem Gift nicht

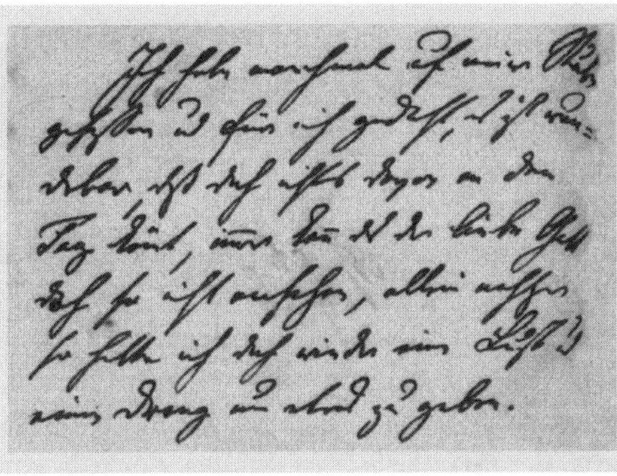

Aus dem Verhörprotokoll vom 26. April 1828

»Ich habe manchmal auf meiner Stube gesessen und für mich gedacht, es ist wunderbar, daß doch nichts davon an den Tag kömt, immer kann das der liebe Gott doch nicht ansehen, allein nachher so hatte ich doch wieder eine Lust und einen Drang um etwas zu geben.«

an, ich habe darauf gesehen. Über den Geschmack der Suppe äußerte mein Mann nichts. Es war Mittag, denn mein Mann aß abends keine Suppe. Ich habe meinem Mann mehrmals Suppe gegeben, allein nur einmal Mäusebutter darangegeben.«
»Unter seufzen«, so ließ Droste im Protokoll bemerken, »fuhr sie fort zu erzählen: ›Ach Gott, meine Herren, ich fühle, dass ich eine große Sünderin bin und mag gar nicht daran denken.
Dass ich darauf verfiel, meinen Mann mit Gift wegzuschaffen, kam wohl daher, weil ich dies Mittel im Hause hatte. Niemand hat mir zu der Tat geraten, ich bin ganz allein schuld.‹«
Hierauf wurde ihr ihre Aussage aus dem Verhör vom 15. April vorgelesen, wo sie ihren Vater als Mörder ihrer Familie beschuldigt hatte. Sie erklärte: »Mein Vater hat allerdings wohl gesagt: ›Gib dem Hund Gift, so ist er von der Welt.‹ Allein er ist ganz und gar unschuldig und hat an Vergiften nie gedacht, er war viel zu fromm. Bloß im Zorn konnte er so etwas sagen.«
Nachdem sie sich über die Vergiftung Miltenbergs ausgelassen hatte, lenkte Droste das Verhör auf den Tod ihrer Mutter. Sie leugnete diese Vergiftung sofort und entschieden ab, erzählte aber über deren Todesumstände: »Durst und Beängstigung hatte meine Mutter in ihrer letzten Krankheit. Sie lag drei Wochen in meines Vater Haus und fünfzehn Tage in meinem Haus krank. Wie sie tot war, glaubte mein Vater, sie sei scheintot. Es wurde ihr ein Spiegel vorgehalten, um zu sehen, ob sie noch atme, auch schob mein Vater die Beerdigung auf einen Tag auf.«
Über die Vergiftung ihrer Kinder erzählte sie in jenem Verhör: »Johanna gab ich zuerst etwas. Sie ist nur zwei Tage krank gewesen. Ich glaube, dass ich ihr mittags nach Tisch etwa ein bis eineinhalb Uhr auf Kuchen die Mäusebutter gab. Dr. Motz war damals unser Arzt. Es ist ein Irrtum, wenn ich früher gesagt habe, Dr. Olbers sei [der] Arzt gewesen. Johanna erbrach sich sehr bald nach dem Genusse der Mäusebutter, und zwar schon des Nachmittags. Des andern Tags starb sie. Der Kuchen, auf den ich die Mäusebutter schmierte, war noch von der Beerdigung [der Mutter]

übrig geblieben. Den Tag nach der Beerdigung der Mutter gab ich ihr es, und am folgenden Tag war sie tot. Das Kind bekam sofort Erbrechen. Ich glaube, dass Beta Schmidt und Meta bei dem Kind zur Pflege waren. Ich schickte zu Dr. Motz, da der glaubte, dass das Kind Wasser im Kopf habe.«

Auf Drostes Frage, warum sie ihre Tochter vergiftet habe, antwortete sie: »Ich weiß es nicht.«

Auf seine Ermahnung zur Wahrheit schob sie wieder den Michael Christoph Gottfried vor, der ihr – was sie später widerrufen wird – gesagt haben soll, dass er sie heiraten würde, wenn sie keine Kinder hätte. Weiter erzählte sie: »So wie ich es dachte, der Johanna etwas zu geben, führte ich es gleich aus. Ich dachte, wenn Gottfried dich dann eher heiratet, so tue dieses. Ich war in der Hinterstube, das Kind allein bei mir, wie der Gedanke kam. Ich schmierte sofort die Mäusebutter auf Kuchen und gab ihn dem Kind. Ich schmierte nur ein Stück Kuchen auf, den das Kind sogleich aufaß. Eine Stunde oder ein paar nachher erbrach sich das Kind schon. Ich hatte die Mäusebutter oben in der Schiebkommode, die ich noch habe, in einer flachen Kruke. Ich hatte diese Kruke bei meiner Mutter nachgelassenen Sachen nebst einer zweiten gefunden und zu mir genommen. Außer Erbrechen hatte das Kind Durst und war am andern Tag abends gegen zehn Uhr tot. Der Arzt gab ihr Arznei. Adeline war unwohl, wie Johanna starb. Dies rührte daher, weil sie auf dem Begräbnis zu viel gegessen hatte. Erst drei bis vier Tage nach Johannas Tod gab ich Adeline auch Mäusebutter, auch auf Kuchen, nicht auf Butterbrot.«

Über wie viele Stunden dieses bisher längste Verhör bereits gegangen war, lässt sich nicht rekonstruieren. Dass ihr aber das Erzählen ihrer entsetzlichen Taten mit zunehmender Verhördauer immer schwerer wurde, zeigt, dass Droste auf ihren Wunsch das Verhör nach dieser letzten Schilderung über die Vergiftung ihrer Tochter Adelheid abrupt abbrach: »Inculpatin bat, das Verhör abzubrechen, weil ihr unwohl werde. Es wurde ihr darauf das Protokoll vorgelesen, von ihr genehmigt und sie zurückgeführt.«

Dass sie die Vergiftung ihrer Familienmitglieder mit Mäusebutter vollführt haben will, ist natürlich nicht richtig. Bekanntlich besaß sie zu jener Zeit (aus dem Kleiderschrank ihrer Mutter) einen Umschlag mit reinem Arsenik. Mäusebutter geriet erst acht Jahre später in ihre Hände. Sie selbst wird dieses in einem späteren Verhör richtigstellen: »Ich habe in meinen früheren Aussagen angegeben, dass ich alle Vergiftungen durch Mäusebutter bewerkstelligt hätte. Dies ist aber unrichtig. Die ersten Vergiftungen, die ich verübte, machte ich mit Arsenik. Im Schrank vor der Hoftür fand ich ein Papier, worauf geschrieben stand ›Ratzekraut‹. Es war so zusammengelegt, wie die Apotheker das Papier zusammenlegen, wenn sie Pulver ausgeben.«[163]

Am Montag, dem 28. April, wurde Gesche Gottfried wieder ins Verhörzimmer geführt. In äußerst redefreudiger Stimmung knüpfte sie dort an, wo sie im letzten Verhör aufgehört hatte, bei der Schilderung der Vergiftung ihrer Kinder: »Adelinen gab ich auch in meiner Wohnstube Mäusbutter auf Kuchen. Die Tageszeit kann ich nicht mehr angeben. Wie ich glaube, war der Kuchen auch noch von dem Begräbnis [der Mutter] übrig geblieben. Ich glaube, dass es drei bis vier Tage nach Johannas Tod war, wie ich den Kuchen gab. Desselben Tages erbrach sich das Kind schon nach dem Genuss des Kuchens. Es erbrach sich bei mir in der Wohnstube, und dann auch im Hause. Das Kind hatte sich [zuvor] den Magen verdorben und lag krank oben in demselben Zimmer, worin mein Mann gestorben war. Wie darauf Johanna begraben war, ließ ich Adeline herunterbringen in meine Wohnstube. Sie war damals ungefähr acht Tage krank gewesen. Wie ich sie darauf in meiner Wohnstube bei mir hatte und sie von ihrer Unpässlichkeit beinahe genesen war, gab ich ihr den Butterkuchen, und sie starb, nachdem sich Erbrechen eingestellt hatte, nach einigen Tagen, sodass sie im Ganzen, die erste Unpässlichkeit mitgerechnet, vierzehn Tage krank gelegen hatte. Adeline starb, soviel ich mich erinnere, unten in der Hinterstube. Ich war bei dem Tod gegenwärtig, vielleicht war auch die Hinnbeck da, ich weiß es aber nicht mehr. Ich weiß noch, dass das Kind sich an mich anklammerte, ich es dann auf dem Sofa, dann wieder ins Bett legen musste, weil es so beklommen war, auch dass es über den Leib klagte. Adeline schlief am Ende ziemlich ruhig ein. Den Grund, weshalb ich Adelinen etwas gab, habe ich neulich schon bei Johanna angegeben, denn er ist derselbe.«[164]
Wenn Gesche Gottfried uns erzählt, ihre Kinder seien ruhig eingeschlafen, so entspricht das natürlich nicht der Wahrheit. Wenn sich auch für diese Todeskämpfe keine Zeugenaussagen finden, so können wir doch davon ausgehen, dass sich unbeschreibliche Szenen abgespielt haben müssen und die Kinder unter den entsetzlichsten Qualen tagelang mit dem Tode rangen.
Weiter erzählte sie in jenem Verhör: »Auf Adelines Tod folgte der Tod meines Vaters. Meinem Vater gab ich Mäusebutter an der Suppe, an einem Sonntagmittag. Es war Kalbfleischsuppe, die ich selbst gekocht hatte. Ich hatte sie auch selbst in einer runden Kumme hinübergetragen. Drei oder vier Tage lag mein Vater krank, dann starb er. Ich blieb dabei, wie mein Vater aß, und nahm auch das Geschirr wieder mit mir [mit] nach Hause. Etwa eine halbe Stunde lang war ich damals bei ihm. Am Sonntagnachmittag kam mein Vater zu mir und ging darauf mit mir spazieren, in den Anlagen auf dem Wall und Contrescarpe. Dann gingen wir dem Kirchhof außer dem Herdentore zu. An der Bürgerviehweide kehrte ich um, und er ging noch, um das Grab

seiner Frau, meiner Mutter, zu besuchen. Er kam nachher noch wieder zu mir in mein Haus, sagte, dass er dort gewesen, und ging dann nach seinem Hause. Erst am anderen Morgen erfuhr ich, dass er krank geworden sei. Bolte schickte herüber und ließ es mir sagen.«

Unter Tränen fuhr sie fort, in aller Ausführlichkeit die drei Tage des Siechtums ihres Vaters zu schildern. Über das Motiv dieser Vergiftung sagte sie: »Wie ich dazu gekommen bin, meinem Vater Gift zu geben, weiß ich nicht. Wenn ich mich so darum frage, warum ich es getan habe, so kann ich mir den Grund gar nicht angeben. An eigennützige Absichten habe ich nicht gedacht. Den Entschluss, meinem Vater Mäusebutter ans Essen zu geben, fasste ich in meinem Haus. Ich kann aber nicht mehr angeben, als dass ich mich entschloss, das Gift zu geben, und tat es. Einen bestimmten Grund habe ich mir nie angeben können. Vielleicht kam es daher, dass ich schon so tief gesunken war und nun einen Drang, Böses zu tun, bei mir fühlte. Meines Vaters Vermögen fand ich größer, als ich vermutet hatte. Allein ich kann nicht sagen, dass ich meinen Vater vergiftete um des Vermögens willen. Die Kruke, aus welcher ich die Mäusebutter nahm, war eine von den Kruken, die ich in der Mutter Nachlass gefunden hatte. Ich hatte sie in der Hinterstube im Schreibpult stehen. Tags vorher kam der Gedanke in mir auf, dass ich dies tun wolle. Warum, mag Gott wissen. Sonnabendnachmittag hatte ich den Gedanken. Es hatte sich aber wohl nicht eher die Gelegenheit ihn auszuführen [ergeben], als am Sonntag, und so führte ich ihn aus. Ich dachte bloß, ich wollte die Tat tun, und so tat ich sie, ohne mir Rechenschaft zu geben, warum.«

Dass sie für die Ermordung ihres Vaters kein Motiv angeben konnte, durfte Droste nicht hinnehmen. Er ermahnte sie, »in sich zu gehen« und zu erklären, »was sie eigentlich zu der Tat erwogen habe«. Sie erklärte: »Um des Vermögens willen habe ich es gewiss nicht getan. Mehr möchte wohl der Grund gelten, ob Vater meiner gewünschten Verbindung mit Gottfried auch entgegen sein möchte. Er hatte mir schon gesagt, Gottfried sei kein Mann für mich.«

Droste beendete das Verhör. Die ausführliche Schilderung der Vergiftung ihres Vaters muss ihr allerdings doch peinlich gewesen sein, denn beim Verlesen des Protokolls bat sie »leise zu lesen, damit man es draußen nicht hören könne«.

Im Verhör am Abend des nächsten Tages forderte Droste sie auf, genauere Angaben über den Grund der Vergiftung ihres Vaters zu machen. Aber sie konnte nur das wiederholen, was sie bereits im letzten Verhör erklärt hatte: »Den Beweggrund, weshalb ich meinen Vater vergiftete, kann ich nicht genauer angeben, als dass ich wohl fürchtete, dass Vater die Heirat mit Gottfried nicht gestatten würde.« [165]

Dann fuhr sie fort, über die Ermordung ihrer Kinder zu erzählen: »Auf des Vaters Tod folgte der Heinrichs, im September desselben Jahres. Dem Heinrich gab ich Montagmorgen, acht Uhr, ehe er zur Schule ging, Mäusebutter auf gewöhnliches Butterbrot, nämlich Zwieback, den ich ihm vor dem Zur-Schule-Gehen zu machen pflegte. Ich gab ihm aus der Kruke, die ich in der Hinterstube in der Schiebkommode hatte und die aus meiner Mutter Nachlass [war], auf einer Messerspitze so viel (sie zeigte beinahe ein Zoll Länge). Es war niemand dabei. Das Kind kam um zehn Uhr nach Hause, weil es sich in der Schule erbrochen hatte. Den Entschluss, Heinrichen Gift zu geben, fasste ich am Morgen, wie ich das Gift gab, und führte ihn sofort aus. Der Grund, weshalb ich Heinrich Gift gab, ist derselbe, den ich bei den anderen Kindern angegeben habe, nämlich, weil ich dachte, dass mich Gottfried sonst nicht nähme.« Dann brachte Droste das Verhör auf jene in der Stadt umlaufenden Gerüchte, wonach ihr von Kartenlegerinnen prophezeit worden sein soll, ihre ganze Familie würde aussterben.

Vom Kartenlegen und von Prophezeiungen

Solche Gerüchte kursierten bereits kurz nach Gesche Gottfrieds Verhaftung in der Stadt. Sie selbst hatte derartige Prophezeiungen in ihrem Bekanntenkreis ausgestreut. Carl August Straßner, ein früherer Nachbar Gesche Gottfrieds, gab hierüber am 10. April zu Protokoll: »Meine selige Frau hat mir wohl erzählt, dass die Gottfried ihr gesagt habe, sie habe sich prophezeien lassen und man habe ihr gewahrsagt, dass ihre ganze Familie aussterben werde. Sie werde allein übrig bleiben und werde dann sehr gut leben können. Sie hat meiner Frau dies allein vertraut, und diese hat es mir wiedererzählt. Damals, wie sie dies geäußert hat, ist noch niemand von ihrer Familie gestorben. Wahrscheinlich hat meine Frau es mir aus Veranlassung der vielen Sterbefälle, die dort im Hause vorfielen, erzählt, denn ich erinnere mich nun, dass die es mir in der Zeit erzählte, wie wir in der Grützmacherstraße wohnten.«[166]

Im obigen Verhör nun fuhr Gesche Gottfried fort zu erzählen: »Ich habe mir niemals wahrsagen noch die Karten legen lassen. Allein bei meiner Mutter war mehrmals eine Frau, die ihr aus Karten wahrsagte. Ich ging dann hinüber. Dies war aber zu einer Zeit, wo Miltenberg und die Kinder noch lebten. Meine Mutter hatte sich auch aus dem Kaffee von einer Frau, vor dem Hohentore in einem Gang wohnhaft, wahrsagen lassen, auch einmal einen Automat auf der Obernstraße gefragt. Alle hätten prophezeit, dass ich meine Familie überleben würde, aber nie ganz glücklich auf der Welt wäre. Eigentlich hatte die Kaffeefrau gesagt, ich würde nicht ganz glücklich sein. Meine Mutter solle sich freuen, wenn ich das vierzigste Jahr überlebte. Die Kartenlegerin hatte gesagt, ich würde viele Sterbefälle haben und mich zum zweiten Mal verheiraten. Von dem Automat erinnere ich mich des Näheren nicht mehr. Die Prophezeiungen haben aber niemals auf meine Handlungsweise irgendeinen Einfluss gehabt. Unwahr ist es durchaus, dass ich mich mit einer Frau zum Kartenlegen eingeschlossen und die Beta alsdann aufgepasst hätte, dass niemand zu mir komme.

Mutter hatte Glauben an dergleichen Sachen. Wenn ich im Kindbett lag, so pflegte sie mir ein kleines Kissen mit Kräutern anzunähen. Den Inhalt habe ich nicht untersucht. Vater hatte auch einmal auf Stephani von einem Mann, dem er meinen Namen und mein Geburtsjahr aufgegeben und der aus einem Punktierbuch* prophezeit hatte, über mich traurige Nachrichten erhalten, und zwar namentlich: ich würde in einer kleinen Stube mein Leben beschließen. Ich kann nicht leugnen, dass ich nicht ganz frei vom Glauben an diese Prophezeiungen war, doch haben sie mich zu keiner Handlung bestimmt.«[167]

In einem späteren Verhör kam Droste nochmals und ausführlicher auf diese Kartenlegerinnen zurück: »Die erste Wahrsagerin, die ich bei meiner Mutter traf, war eine kleine Frau, die in einem fremden Dialekt redete. Ich kenne sie nicht weiter. Die zweite Person hieß mit Vornamen Adelheid und wohnte in der Neustadt. Ob sie noch lebt, weiß ich nicht. Die dritte ist eine Witwe Meier. Die Frau war korpulent und schien eine gewisse Bildung zu haben. Die vierte ist eine Frau aus Hastedt, deren Namen ich mich nicht mehr erinnere.«[168] Droste begnügte sich nicht damit und ließ die Kartenlegerinnen ausfindig machen: »Es hatte das Gericht sich angelegen sein lassen, die Kartenlegerinnen aufzusuchen, welche der Gottfried Karten gelegt, um zu erfahren, ob deren Angaben sie zu Handlungen bestimmt habe.«[169]

Hören wir zunächst, was Jacob Ehlers Witwe zu Protokoll gab: »Ich sage die reine Wahrheit. Ich glaube an Gott und sein Wort. Ich gebe nichts auf Karten zu legen. Fordert mich aber jemand auf und glaubt daran, so lege ich die Karten. Sie [die Gottfried] sagte, sie habe gehört, dass ich Karten legen könne. Ob ich es nicht einmal ihr zum Vergnügen tun wolle. Ich sagte, es lägen so viele Todesfälle am Haus. Wenn sie Gottfried haben wolle, müsse sie machen, denn dem Mann läge auch ein schleuniger Tod zu.

* spezielles Buch zur Deutung der Zukunft aus wahllos auf der Erde oder auf Papier markierten Punkten.

Vielleicht kriegt sie ihn auf dem Krankenbett. Niemals habe ich ihr gesagt, sie würde Gottfried bekommen, wenn sie keine Kinder hätte. Vor des Bruders Ankunft sagte ich ihr: er käme, aber es läge eine Krankheit ihm zu und er stürbe auch. Sie erwiderte, das dächte sie doch nicht. Die Gottfried fragte mich einmal, ob ihr Vater lange lebe. Ich sagte: es läge viel Trauer an ihrem Haus, ich könne nicht sehen, wer die Leichen wären. Allein ihre Verwandten müssten es doch sein. Ich glaubte, dass ihre ganze Familie ausstürbe.«[170]
Adelheid Becker gab zu Protokoll: »Die Gottfried hatte gehört, dass ich Karten legen könne, und so wurde ich bestellt. Zum ersten Mal kam ich dahin, wie ihr erster Mann Miltenberg noch lebte. Sie fragte mich über künftige Dinge, namentlich glaube ich darüber, ob sie ihre Gemälde gut verkaufen würde. Ich habe wohl von ihr erfahren, dass ihr Vater sie zu einem guten Preis verkauft habe. Nachher bin ich wieder zu ihr gerufen, wie sie in Trauer war. Ich weiß wohl, dass sie mich wieder über die Zukunft fragte. Namentlich fragte sie, ob sie wieder heiraten würde. Sie fragte nicht nach einer von ihr genannten Person, namentlich nicht, ob sie Gottfried heiraten würde, sondern nur, ob sie den heiraten würde, an den sie jetzt denke. Diese Art zu fragen ist beim Kartenlegen überhaupt die gewöhnliche. Nie hat sie bei mir nach Todesfällen gefragt, namentlich nicht nach dem Tod ihrer Eltern oder ihres Bruders. Einmal fragte sie über ihren Bruder, ob er wieder zurückkehren würde. Überhaupt waren alle ihre Fragen im Ganzen nichts weiter als: Ob sie Glück haben würde? Ob sie sich wieder verheiraten würde? Ob sie die Gemälde gut verkaufen würde? Ich habe ihr jedes Mal das angegeben, was die Karten sagen.«[171]

Von der Vergiftung des Bruders und des Michael Christoph Gottfried

Im Verhör am Abend des nächsten Tages erzählte Gesche Gottfried über die Vergiftung ihres Bruders: »Ich gab ihm die Mäusebutter an Fleischsuppe, an einem Sonntag zu Mittag. Mein Bruder, das Mädchen, die Schmidt und ich aßen zusammen. Wir aßen Kalbfleischsuppe, vielleicht auch Schellfisch, das weiß ich nicht mehr. Mein Bruder war schon in der Stube, wie ich das Essen auftrug. Wir drei aßen zusammen Suppe. Vielleicht war auch mein Bruder auf der Nachbarschaft und ich tat unter der Zeit die Mäusebutter auf seinen Teller. Ich gab ihm auf eine Messerspitze so viel (sie zeigte die Größe von ¾ Zoll). Die Kruke, woraus ich die Mäusebutter nahm, hatte ich in meiner Schiebkommode. In der Stube, wo die Kommode stand, aßen wir, und ich machte in dieser Stube die Mäusebutter auf seinen Teller und gab gleich die Suppe darüber, dass sie nicht sichtbar war. Wir saßen ungefähr eine halbe Stunde am Tisch, und mein Bruder aß den Teller ganz aus. Was außer der Suppe gegessen und getrunken ist, weiß ich nicht mehr. Ob er mehr als den einen Teller voll aß, weiß ich auch nicht. Er ging darauf mit Blanke aus und kam des Abends krank nach Hause. Mein Bruder klagte über Kopfweh und legte sich zu Bett. Die Beta Schmidt und ich blieben des Nachts bei ihm. Er brach nicht viel, aber am Morgen bekam er Fieber. Dr. Bicker war sein Arzt, wie ich glaube. Es wurde des andern Tages gleich zu ihm geschickt. Auch erinnere ich mich, dass Dr. Olbers als Arzt dort kam, indessen weiß ich nicht, wie das zusammenhing. Mein Bruder erbrach sich nicht immer, hatte aber viel Fieber. Er fantasierte viel, aber so recht stark kann ich nicht sagen. Er hatte auch viel Durst. Er starb im Fantasieren, indem er viel von seinen Militärsachen sprach. Er starb oben auf der Kammer, zwei Treppen hoch nach hinten zu, wo jetzt Rumpffs Geselle schläft.«[172]

Auf Drostes Frage, »warum sie ihren Bruder vergiftet?«, antwortete sie knapp: »Wegen der Teilung.«

»Was für eine Teilung?«

»Des Vermögens«

»Welches Vermögens?«

»Des Nachlasses unserer Eltern. Mein Bruder hatte noch nicht darauf gedrungen, auch noch nicht davon gesprochen. Er musste ja den halben Nachlass der Eltern von mir heraushaben.«

Hatte sie in den vorherigen Verhören als Motiv der Vergiftung ihrer Familie nur angeben können, dass sie fürchtete, der Michael Christoph Gottfried würde sie nicht heiraten, so erklärte sie jetzt, ein Familienmitglied aus Gewinnsucht ermordet zu haben. Als das Verhör darauf geschlossen und sie zurück in ihre Zelle geführt wurde, mag sie sich dessen bewusst geworden sein, und die Furcht, dadurch härter bestraft zu werden, quälte sie die Nacht. Als darauf der folgende Tag ohne Verhör blieb, muss sie sich in diese Vorstellung förmlich hineingesteigert haben, glaubte sie wieder einmal, es werde im geheimen Schreckliches gegen sie vorbereitet. Und so, um vielleicht noch abzuwenden, was da auf sie zuzukommen drohte, leugnete sie im nächsten Verhör vom 2. Mai die Vergiftung des Michael Christoph Gottfried ab: »Über meines Bruders Tod habe ich mich auch näher bedacht, kann aber nichts weiter sagen, als ich gesagt habe. Ich bin ungewiss, ob ich an Schellfisch oder Kartoffeln oder an Suppe ihm gegeben habe. Allein ich glaube doch an Suppe. Nach meinem Bruder starb Gottfried, ihm habe ich aber gewiss nichts gegeben.«[173]

Ihr wurden darauf ihre Geständnisse des Mordes an Michael Christoph Gottfried aus dem Verhörprotokoll vorgelesen.

Sie erwiderte: »Ich erinnere mich dessen nicht.« Droste brach das Verhör ab und ließ sie zurückführen.
Zwei Tage blieb sie darauf ohne Verhör. Als sie am 5. Mai wieder ins Verhörzimmer geführt wurde, lenkte Droste das Verhör sogleich auf die Todesumstände Gottfrieds. In aller Ausführlichkeit und, wie es scheint, frei von jeder Furcht, schilderte sie sein Siechtum. Dann fragte er vorsichtig, ob ihr die Ursachen der letzten Krankheit bekannt seien. Sie antwortete: »Ich habe im letzten Verhör wohl gesagt, ich sei an Gottfrieds Tod unschuldig, allein ich will nur gestehen, was ich früher schon gestanden habe: ich bin dran schuldig. Am Sonnabend gab ich ihm von der Mäusebutter an Essen, erinnere mich aber nicht mehr, was für Essen es war. Ich war dabei, wie er das Essen aufaß, weiß aber nicht mehr, in welcher Stube es war, ob in seiner oder meiner Stube. Der Teller wurde in der Küche mit den übrigen aufgewaschen von der Magd. Ich machte das Gift mit einem Messer an das Essen. Es war Gemüse. Am Sonntag oder vielleicht am Sonnabend schon spürte er Unwohlsein. Ich gab ihm eine Messerspitze voll am Essen in der Hinterstube. Ich glaube, Gottfried war noch in der Vorderstube, während ich es tat. Ich nahm es aus einer von den flachen Kruken. Ob sie schon angebrochen war, weiß ich nicht. Ich kann nicht sagen, ob sie aus Mutters Nachlass oder von Lankenau geholt war. Ängstlich war mir zumute, wie ich es gegeben hatte, denn ich dachte, es könne immer einmal zu schnell wirken und man daher auf den Gedanken der Vergiftung fallen. Späterhin hatte ich bei Vergiftungen solche Furcht nicht. Des Morgens sieben Uhr ging ich zu ihm in seine Stube. Ich tat es oft, dass ich des Morgens zu ihm in die Stube ging. Gottfried klagte, dass er keine gute Nacht gehabt habe. Er habe sehr viel Kopfweh gehabt und wenig geschlafen. Er trank Tee im Bett. Er äußerte keine Vermutung, woher seine Krankheit kam. Gegen zehn Uhr stand er auf, ging dann gegen Mittag [aus dem Haus] und bekam Erbrechen. Soviel ich mich erinnere, hatte er im Haus noch nicht erbrochen. Ich denke mir manchmal, sollten die Menschen, die etwas von dir bekommen haben, dir nicht vergeben. Und sollten die Lebenden sich nicht vereinigen und dir helfen, dich zu bessern?«[174]
Als Droste ihr darauf antwortete, dass er sie wahrscheinlich im Verlaufe »der Untersuchung diesen Personen vorstellen werde, wo sie denn Vergebung erlangen könnte. Indessen möge sie nicht denken, dass sie durch diese Vergebung von etwaiger Bestrafung freikomme«, warf sie rasch ein: »Ich dachte auch nur, ich wollte gerne einmal wieder zur Kirche gehen. Gottfried wurde schlimmer und darauf entdeckte* ich meine Schwangerschaft** an Herrn

* Entdecken hier im Sinne von mitteilen.

** Sie erwartete bekanntlich von Gottfried ein Kind.

Dr. Olbers. Er riet mir noch desselben Abends, die Trauung vornehmen zu lassen. Allein es ging die Nacht vorüber, ohne dass dem Gottfried etwas Besonderes zustieß, und des Tages darauf wurden wir getraut, um neun Uhr morgens. Gottfried hatte keine Ahnung davon, dass er vergiftet sei. Gottfried starb am Tage nach der Trauung. Er fantasierte noch, allein doch nicht sehr stark. Ich glaube, dass er ziemlich ruhig starb.«

Droste beendete das Verhör. In den gerichtlichen Zeugenaussagen stellt sich der Tod des Michael Christoph Gottfried natürlich anders dar, als Gesche Gottfried es uns glauben zu machen versucht: Unaufhörliches Erbrechen mit fürchterlichstem Durchfall ließen den Mann binnen weniger Tage bis aufs Skelett abmagern, wobei er von solch ungeheuren Schmerzen gepeinigt gewesen sein soll, dass er über Stunden in wildeste Raserei verfiel.

Im Verhör am nächsten Tag ging es Droste um die Klärung des Motivs der Vergiftung Gottfrieds. Auf die Frage, was sie zu der Vergiftung bewogen habe, eierte sie förmlich von einer seltsamen Erklärung zur nächsten: »Gottfried zögerte, die Verbindung mit mir zu schließen, und ich dachte, wenn er krank würde, so würde er desto schneller sich zur Vollziehung der Heirat entschließen. Er wollte immer die Heirat noch auf ein paar Jahre hinaussetzen und verlangte von mir, ich solle unten im Lande, wohin er gewöhnlich seine Handlungsreisen machte, meine Niederkunft abwarten.«[175] Dann sagte sie: »Ich kann nicht leugnen, dass ich die Mäusebutter gab, um ihn zu töten, denn an bloßes Krankmachen dachte ich nicht.« Und zuletzt: »Um sein Vermögen habe ich es wohl getan. Ich glaubte, er habe in seiner Vaterstadt Regensburg Vermögen. Auf vierhundert Taler schlug ich es an und dachte, dass ich dies Geld erhalte, wenn ich seine Frau würde. Dass Gottfried vor der Heirat noch sterben könnte, fiel mir nicht ein.«

Von der Vergiftung des Paul Thomas Zimmermann

Nach eintägiger Pause nahm Droste sie am Donnerstag, dem 8. Mai, wieder in Verhör. Da das Verhör nicht am Abend stattfand, sondern bereits um vier Uhr nachmittags, bestand die Möglichkeit, dass Gesche Gottfried auf dem Weg ins Verhörzimmer mit Besuchern des Stadthauses zusammentreffen konnte. Da sie bereits früher wiederholt darum gebeten hatte, auf den Fluren des Stadthauses niemandem begegnen zu wollen, wurde, wie Droste im Protokoll bemerken ließ, »diesem Wunsch entsprechend, für dieses Verhör ein anderes Zimmer gewählt«. Der Grund des Verhörzimmerwechsels aber war ihr zu Beginn des Verhörs nicht mitgeteilt worden. Und so wurde dieses zum ersten Glied einer Kette von Ereignissen, an derem Ende Gesche Gottfried fünf Tage

später psychisch zusammenbrechen wird. Aber der Reihe nach. Nachdem sie zu Beginn des Verhörs noch einmal von ihrer Trauung mit Gottfried erzählt hatte, lenkte Droste die Befragung auf die Vergiftung des Paul Thomas Zimmermann: »Nach Gottfrieds Tod habe ich Zimmermann Gift gegeben und dazwischen gewiss sonst niemanden. Zimmermann lernte ich kennen, wie ich bei seinen [Stief]eltern Eckerlien wohnte. Die Mutter machte mir einen Heiratsantrag, und ich willigte in eine Heirat [ein]. Wir machten auch Verlobungsvisiten, die aber ins Stocken gerieten. Ich weiß nicht, was eigentlich dazwischenkam. Ich weiß, dass ich ihm darauf wieder zusagte, die Visiten fortsetzen zu wollen. Am andern Morgen war er unwohl. Er hatte den Abend vorher Butterbrot gegessen, und da war etwas auf gewesen. Auch Wurst hatte er dazu gegessen.«[176]
»Was darauf gewesen?«, unterbrach Droste ihre Schilderung.
»Mäusebutter.«
»Wie viel?«
»Eine Messerspitze voll.«
»Wie diese darangekommen?«
»Ich hatte sie auf den Zwieback geschmiert. Er aß zwei Hälften des Zwiebacks. Auf eine habe ich jedoch nur Mäusebutter geschmiert. Er aß die Wurst zu dem Zwieback. Ich erinnere mich nicht mehr, ob er zuerst die vergiftete oder die unvergiftete Hälfte gegessen hat. An die Wurst habe ich nichts gemacht. Die Mäusebutter hatte ich auf dem Vorplatz* in meinem Schrank stehen, demselben Schrank, der jetzt wieder auf meinem Vorplatz steht. Er war verschlossen und enthielt Kleidungsstücke. Es war auf einem Sonntagabend, mir deucht, drei Wochen vor seinem Tod. Er kam zwischen sechs und sieben Uhr und blieb des Abends, bis Licht da war, gegen zehn Uhr. Wir aßen bei Licht, und es war ordentlich gedeckt. Wir tranken etwas gewöhnlichen Wein oder Bier dazu. Das Butterbrot schmierte ich auf, wie wir an den Tisch gehen wollten. Ich schmierte das Butterbrot auf der Stube jedenfalls. Ich nahm ein Tischmesser aus meinem Schrank, nahm damit die Mäusebutter aus der Kruke und kam dann damit in die Stube, schmierte die Mäusebutter auf den Zwieback und gab ihn Zimmermann. Wahrscheinlich habe ich das Messer mit der Mäusebutter doch auf einem Teller hereingebracht, erinnere mich aber dessen nicht genau. Zimmermann bemerkte nichts von dem, was ich tat, und aß gleich von dem Butterbrot. Ich erinnere mich nicht mehr, wovon wir den Abend sprachen, als bloß, dass wir verabredeten, des andern Tages Visiten zu machen. Wir hatten, glaube ich, schon ein paar Tage vorher dies verabredet.«

* Als Vorplatz wurde, wie schon erwähnt, der Wohnungsflur bezeichnet.

Auf Drostes Frage: »Warum sie Zimmermann von der Mäusebutter gegeben?«, erklärte sie: »Ach! Des Vermögens wegen wieder. Namentlich wegen dessen, was ich schon erhalten hatte. Ich dachte, ich würde das behalten, was er mir gegeben hatte. Er hatte mir namentlich einst zweihundert Taler, dann einhundert Taler gegeben. Ich dachte, wenn er krank würde, so würde er mir dieses Geld schenken, auch würde ich von seinem Nachlass noch wohl etwas geschenkt oder vermacht erhalten.«

Dass diese Erklärungen ganz unsinnig waren – mit der bevorstehenden Eheschließung wären natürlich sämtliche Schulden, die sie bei Zimmermann gehabt hatte, erloschen –, gehört zu den vielen, von Droste niemals geklärten Widersprüchen, über die wir so oft schon bei der Angabe ihrer Motive gestolpert sind. »Wie ich auf den Gedanken kam, kann ich nicht sagen. Ich kam dazu, ich weiß nicht, wie. Am Montagmorgen schickte Zimmermann her und ließ sagen, dass er krank sei. Des Abends vorher, so lange er bei mir war, klagte er über nichts. Mir deucht, er ging von mir noch zu seinen Eltern in die Stube. Es war am andern Morgen zwischen acht und neun Uhr, oder noch wohl früher, wie Zimmermann sagen ließ, dass er krank sei, wir möchten mit dem Ausgehen doch noch warten. Ich besuchte ihn darauf am Montagabend. Er klagte sehr über Kopfschmerz und hatte den Tag über Erbrechen gehabt. Sonst klagte er über nichts. Etwa acht Tage blieb er krank und wurde dann wieder besser, sodass er, wie ich glaube, mich in derselben Woche wieder besuchte, und zwar zu verschiedenen Malen. Er freute sich, dass ihm wieder wohl sei, klagte jedoch über die Beine.

Ich weiß nicht, wie lange nachher, so erbrach er sich wieder, nachdem ich ihm an einen Sonntag oder Montag ein gebratenes Kücken mit Pflaumen geschickt hatte. Das Kücken hatte ich bei dem Koch Dorje braten lassen, die Pflaumen hatte ich selbst auf einem Teecomfoir oben auf meiner Stube gekocht. Auf die Pflaumen machte ich eine Messerspitze voll Mäusebutter und streute darüber Zucker. Es mögen ungefähr ein halbes Pfund Pflaumen gewesen sein, die ich in einer weißen, länglichen Gemüseschüssel ihm schickte. Ich machte nur an einige Pflaumen die Mäusebutter, die ich oben in die Mitte der Schüssel legte und mit Zucker bestreute. Ich nahm nicht mehr Mäusebutter, wie das erste Mal. Wenn mir recht ist, so war es auf einem Montag, wie ich ihm das Kücken sandte, und er lebte dann noch vierzehn Tage, bis er starb. Während dieses letzten Anfalls der Krankheit bin ich die meiste Zeit bei ihm gewesen, und zwar auch zwei Nächte. Er hatte Erbrechen und Durchfall und fantasierte sehr stark. Er starb an einem Sonntag, fantasierte den Tag nicht so stark, hatte aber viel Unruhe. Die ›Stunden der Andacht‹ habe ich aus seinem Nachlass zu mir genommen, weil Zimmermann sie mir geschenkt hatte. Den Tischspiegel nahm ich als Geschenk gleichfalls mit. Zimmermann hatte mir angetragen, seine Universalerbin zu werden. Dies schlug ich aber aus. Niemand war dabei gegenwärtig, wie er dies mir sagte. Zimmermann griff in der Krankheit auch oft mit den Händen umher und flog in die Höhe. Ich bin im Ganzen nur fünf bis sechs Wochen mit Zimmermann verlobt gewesen. Ich kann nicht angeben, wie mir zuerst der Gedanke kam, Zimmermann zu vergiften. Den Gedanken, Zimmermann zu vergiften, hatte ich schon früher, als ich das Gift gab. In der Woche vor dem Sonntag kam er mir schon. Ich kann den Tag nicht angeben. Er kam mir so auf einmal. Ich dachte, ich wollte diesen Versuch* mal machen.«

An dieser Stelle ließ Droste im Protokoll bemerken: »Comparentin wurde während des letzten Teils des heutigen Verhörs sehr unruhig, musste oft zwei-, dreimal gefragt werden, ehe sie antwortete, und schien eine innerliche Angst zu haben.« Er vermutete, der Wechsel des Verhörzimmers habe ihren »Angstzustand« ausgelöst. Er suchte sie darüber zu beruhigen und erklärte ihr den Grund des Verhörzimmerwechsels, damit es zu keiner zufälligen Begegnung mit Fremden auf dem Flur komme. Aber er befand sich in einem Irrtum: Eine solche Begegnung war bereits geschehen. Ohne dass er davon wusste, war ihr, als sie über den Flur geführt wurde, eine junge Frau begegnet. Und so führte Drostes Beruhigungsversuch bei ihr zu keiner Beruhigung, denn nichts anderes glaubte sie, als dass jene Begegnung mit der Frau von ihm absichtlich herbeigeführt worden war, um ihr sein geheimes Wissen über alle ihr Taten anzudeuten. Und so wird sie, getrieben von Angstvisionen, im nächsten Verhör einen weiteren Giftmord gestehen und einen Meineid.

* Den Versuch, die Wirkung der Mäusebutter an ihm auszuprobieren.

VII. Der psychische Zusammenbruch

9. Mai bis 17. Mai 1828

Ein weiteres Mordgeständnis:

Die Vergiftung der Anna Lucia Meyerholz. Ein Meineid zu Stade

Als Gesche Gottfried am nächsten Tag ins Verhörzimmer geführt wurde, wollte es der Zufall, dass ihr auf dem Flur wieder jene Frau vom Vortag, Frederike Wagenbrett, begegnete. Wie auch schon am Tage zuvor, hatte die Frau ihren Bruder besucht, der in der Zelle neben der von Gesche Gottfried seit zwei Tagen inhaftiert war. Und wieder erfuhr Droste von dieser Begegnung zunächst nichts.

Gesche Gottfried indes glaubte, dass auch diese Begegnung von ihm absichtlich herbeigeführt worden war. Und so entwickelte sie auf dem Weg ins Verhörzimmer folgende Chimäre: Es war sechs Jahre zuvor, im Sommer 1822, als sie während eines mehrwöchigen Besuchs bei einer Freundin in Stade ihre Geldverlegenheit dadurch zu verdecken suchte, indem sie vorgab, bestohlen worden zu sein, wodurch ihr ein Vorwand gegeben war, sich ohne Blöße aus Bremen Geld schicken zu lassen. Zu ihrem allergrößten Schreck aber wurde die Angelegenheit vom Ehemann der Freundin groß aufgebauscht. Er ordnete eine genaue Untersuchung des Diebstahls an und ließ die Polizei rufen. Unter Eid musste Gesche Gottfried ihre Aussagen beschwören. Im weiteren Verlauf der Untersuchung wurde das dortige Dienstmädchen des Diebstahls verdächtigt und konnte einer gerichtlichen Anklage nur mit knapper Not entgehen.

Jetzt, auf dem Flur des Stadthauses, glaubte Gesche Gottfried in der Frau jenes durch sie zu Unrecht verdächtigte Dienstmädchen aus Stade zu sehen und war überzeugt, dass Droste ihr durch diese Begegnung sein Wissen über den Meineid anzudeuten suchte. Beklommen betrat sie das Verhörzimmer. Nachdem ihr zunächst das Protokoll vom Vortag vorgelesen worden war und sie ihre Aussagen bestätigte, kam sie, undeutlich ob von Droste darüber befragt oder von selbst, auf den Tod der Anna Lucia Meyerholz: »›Mit der Meyerholz war ich an einem Mittwoch in der Komödie gewesen. Es war der ›Freischütz‹ gegeben. Am Donnerstagmorgen gegen zehn Uhr kam sie zu mir mit einem Notenbuch unter dem Arm und blieb eine halbe Stunde.‹

Inculpatin bat darauf, sie doch für heute zu entlassen, weil ihr unwohl werde. Da es ein leerer Vorwand zu sein schien, so wurde ihr gesagt, dass das Gericht den Vorfall mit der Meyerholz nur

vernehmen wolle und sie denn für heute entlassen wolle, wenn sie es verlange. Sie sagte darauf: ›Ich glaube, ich habe der Meyerholz nichts gegeben.‹
Befragt, ob die Meyerholz bei ihr gefrühstückt? ›Ich glaube, sie hat einen Zwieback bei mir gegessen. Auch ein Glas Wein getrunken.‹
Befragt, ob sie der Meyerholz Gift gegeben?
›Ich gab ihr die Mäusebutter, wie ich gewöhnlich zu geben pflegte. Die Mäusebutter stand in der Stube in der Comode wo meine (unleserlich) lagen, späterhin hatte ich sie im Schrank auf dem Vorplatze stehen. Ich schmierte zuerst die Mäusebutter auf und dann Butter überher. Die Meyerholz hatte es nicht gesehen. Ich schlug den Zwieback zusammen, und so bemerkte sie nichts. Ich schnitt erst den Zwieback durch, während die Meyerholz auf dem Sofa saß. Ich ging dann mit dem Messer an die Schiebkommode, nahm die Mäusebutter und schmierte sie auf den Zwieback, ohne dass die Meyerholz es merkte. Die Meyerholz wollte von mir [aus] hingehen und [Musik]stunden geben. Des Abends, neun Uhr, bekam ich Nachricht, dass die Meyerholz sich unwohl befinde. Des Nachmittags, zwischen drei und vier Uhr, schickte ich hin, um etwas anfragen zu lassen; ich wollte eigentlich wissen, wie es der Meyerholz gehe.‹
Inculpatin sagte darauf mit einem tiefen Seufzer: ›Ach Gott, ich habe von Jugend auf schon viele kleine Fehler begangen.‹
Befragt, was sie darunter verstehe: ›Vergiften mit Mäusebutter meine ich nicht. Ich meine, ich habe wohl Kleinigkeiten weggenommen.‹
Inculpatin zeigte darauf wieder viel Beklommenheit und Angst wie gestern und bat, hinaufgehen zu dürfen, es sei ihr so zumute, als wenn sie weinen müsse. Sie fing darauf an: ›Vor Jahren habe ich ein Vergehen begangen, was mich drückt.‹
Sie fuhr darauf in abgebrochenen Sätzen unter steigender Angst fort: ›Ach, Sie wissen es – ich bin so Angst – wie lange her es ist, kann ich nicht angeben – etwa sechs Jahre her – von Stade her – ach, ich kanns nicht sagen – aber will ich es sagen – ach, lieber Gott!‹
Zugeredet zu erzählen, was sie drücke, sagte sie dann: ›Ich habe in Stade gesagt, dass mir 35 Taler weggekommen wären, was nicht wahr war. – Ach, ich bitte, lassen Sie mich hinaufgehen. Ich habe das Mädchen eben oben stehen sehen. Das Mädchen wurde wegen meiner fortgesetzten Beschuldigung ins Gefängnis gesetzt, und ich musste meine Aussage vor Gericht beschwören. Das Mädchen war weggeblieben, wie ich erklärte, dass ich bestohlen sei, und machte sich dadurch verdächtig. Ich ließ mir darauf durch Dolge 25 Taler schicken, weil ich bestohlen sei. Ich bin nur einmal in Stade gewesen. Ich war zwei Monate dort.

Es wurde ihr ihr Stammbuch vorgelegt, da in demselben mehrere Blätter von Stade her geschrieben befindlich waren. Sie erklärte nach Ansicht der Blätter: ›Ich muss im August 1822 in Stade gewesen sein. Gleich nach meiner Ankunft erklärte ich, dass ich bestohlen sei. Ich sagte, dass es mir aus der Kommode weggekommen sei. Der Eid ist mir im Hause abgenommen. Das Mädchen hieß Friederike oder Caroline. Ich dachte nicht, dass die Sache so auffallen würde, wie sie auffiel. Ich hatte nur zehn Taler überhaupt mit, wie ich nach Stade fuhr. Ich musste sieben Taler für den Wagen bezahlen und behielt nur drei Taler und einiges Kleingeld bei. Ich schämte mich, dies zu bekennen, und wollte einen Vorwand haben, mir Geld schicken zu lassen. Als Kind habe ich schon manche Kleinigkeiten gemacht. Beim Brotholen schlug ich manchmal einen halben Groten unter.‹«[177]
Droste beendete das Verhör. Als Gesche Gottfried aus dem Verhörzimmer geführt wurde, kam sie noch mal vom Flur zurück und erklärte: »Meine Herren, Sie fragten mich doch gestern wegen meiner Unruhe. Die Sache, welche ich heute bekannt habe, drückte mich. Ich wusste nicht, ob ich sie entdecken oder verschweigen sollte. Ich fühle mich nun wirklich erleichtert, da ich sie gesagt habe.«[178]
Droste ließ im Protokoll bemerken: »Wirklich schien es auch, als wenn die Angst, welche sie gestern und heute gezeigt, sie verlassen habe. Sie ging sichtlich beruhigt zurück.«[179]
Anderntags ließ Droste besagte Friederike Wagenbach vorladen. Die völlig verdutzte Frau erklärte, nie in Stade gedient zu haben. Darauf wurde Gesche Gottfried »vorgeführt und ihr die Wagenbrett vorgestellt. Sie erklärte: ›Ja, dies ist das Mädchen aus Stade. Ich habe es gestern schon gesehen.‹
Sie ging auf die Wagenbrett zu, küsste ihr die Hand und bat um Verzeihung. Die Wagenbrett erklärte, sie habe die Gottfried nie gesehen. Diese aber blieb dabei, dass sie sie für das Mädchen ansehe, die bei Hartung in Stade gedient habe. Die Wagenbrett wurde darauf entlassen. Die Gottfried befragt, deponierte sodann: ›Dass ich in Stade einen falschen Eid geschworen habe, ist richtig. Ich gab anfangs an, dass ich bestohlen sei, aus falschem Ehrgeiz, um nicht zu bekennen, dass ich kein Geld hatte.‹
Aufgefordert, aus freien Stücken dem Gericht zu sagen, wenn noch etwas ihr Gewissen drücke, erklärte sie: ›Für diesen Augenblick weiß ich nichts.‹
Sie wurde jetzt wegen der Meyerholz befragt und deponierte: ›Die Meyerholz lag auf ein paar Stühlen, worauf ein Bett gemacht war. Sie klagte über Kopfweh, Erbrechen und Diarrhöe, war auch sehr beklommen. Ich habe Mamsell Welbitz dort gesehen, weiß aber nicht, ob es an jenem Abend war. Auch Dr. Luce habe ich dort getroffen. Ich kann aber nicht sagen, an welchen Tagen, denn ich

besuchte sie auch an den übrigen Tagen, wo sie sich ebenso befand. Leibweh, Erbrechen, Diarrhöe blieb fast beständig. Auch Mamsell Goepel habe ich dort getroffen. Ich erinnere mich auch, dass Dr. Luce mir am Sonntag sagte, dass sie die Nacht nicht überleben werde. Ich sagte zu der Goepel, dass ich die Nacht dort bleiben würde, bin auch bis sechs Uhr morgens dort geblieben. Am Montagmorgen zwischen sieben und acht Uhr ist sie gestorben. Sie fantasierte die letzte Zeit sehr viel. Sie sagte zu ihrem Vater, er möge für sie beten.
Den Vorsatz, der Meyerholz Gift zu geben, fasste ich denselben Morgen, wie ich das Gift gab.

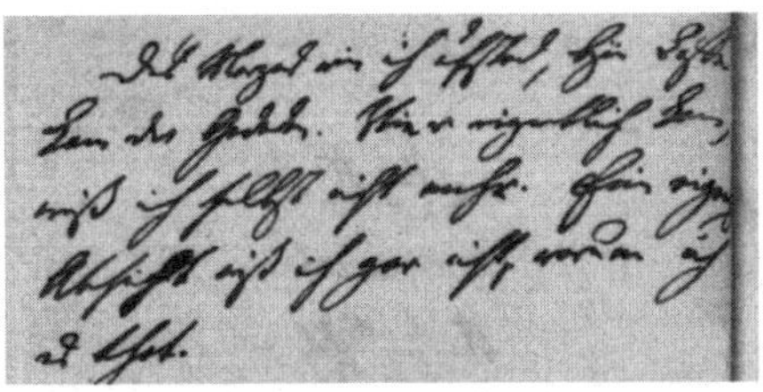

Des Morgens wie ich aufstand, bey Caffee, kam der Gedanke. Wie er eigenthlich kam, weiß ich selbst nicht mehr. Eine eigenthliche Absicht weiß ich gar nicht, warum ich es that.

Wirklich, ich kann keinen eigentlichen Grund angeben. Ach Gott, sie mögen wohl sagen, wie es möglich ist, ohne Grund jemanden zu vergiften, allein ich hatte keinen Grund. Ich weiß keinen. Ich habe kein Geld weggenommen. Ich bin daran ganz und gar unschuldig. Ich weiß nicht, dass Geld gefehlt hat. Ich wusste wohl, dass sie sterben würde, aber ich gab ihr das Gift ohne einen Grund, warum. Die Meyerholz hat mir nie etwas zuleide getan. Ich war ihr nichts schuldig, hatte auch keinen Hass gegen sie. Ich kann mir gar keinen Grund nennen. Ich weiß keinen. Ich kam am Morgen der Tat zu dem Entschluss dazu. Ich dachte bloß, dass ich es tun wolle und nichts weiter.‹«[180]

Von der Vergiftung des Johann Mosees

Dann kam sie in jenem Verhör auf die Vergiftung des Johann Mosees. »Befragt, wer von ihr nach der Meyerholz vergiftet worden und davon gestorben, erklärte sie: ›Ach! Ich mag nichts mehr davon hören.‹
Nochmals befragt, erklärte sie: ›Mosees. Mosees hatte zuerst zweieinhalb Jahre bei mir gewohnt, dann auf einen Zwischenraum von ein paar Jahren wieder zwei Jahre. Er zog das zweite Mal mit Herrn Specht ein. Ganz genau weiß ich nicht mehr, wann ich zuerst ihm Gift gab. Mir deucht, im Sommer vor seinem Tode. Ich glaube, es war in meiner Wohnstube, und ich gab ihm Mittag bei Tisch etwas. Er aß nicht immer bei mir. Wir saßen an meinem

runden Tisch. Mosees saß auf dem Sofa, ich rechts auf einem Stuhl und die Magd [Beta Schmidt] Mosees gegenüber. Wir aßen Apfel- und Kartoffelbrei, und ich gab ihm auf seinem Teller etwas Gemüse mit Mäusebutter. Ich gab ihm so viel (sie zeigte ein Glied ihres Fingers) von der Mäusebutter, die in meiner Schlafstube stand. Ehe die Schmidt und Mosees ins Zimmer traten, hatte ich schon das Gemüse auf die Teller gegeben. Für Mosees gab ich erst Gemüse und dann Mäusebutter dazwischen. Ich pflegte das häufig zu tun, dass ich aufgab, ehe die Tischgenossen da waren. Mosees aß die Portion auf, die ich ihm gab, und trank Bier dazu. Nachdem er gegessen hatte, blieb er auf eine Stunde bei mir, ging dann um fünf bis sechs Uhr wieder aus, nachdem er Kaffee auf seiner Stube getrunken hatte, und kam zwischen acht und neun Uhr nach Hause. Er sagte, ihm sei bei Bekannten unwohl geworden, er habe sich erbrochen. Er legte sich abends sehr früh zu Bett. Ich blieb bei ihm, bis ein Uhr nachts. Er erbrach sich ein paar Mal, hatte Beängstigung, Durst und Durchfall. Am andern Tag war das Erbrechen nicht so schlimm. Das Gesicht war durch die Anstrengung etwas geschwollen. Er äußerte sich nicht, woher seine Krankheit kann entstanden sein. Nach acht Tagen besserte es sich mit ihm wieder. Dr. Luce und Mosees Bruder besuchten ihn.

Mosees ging darauf seinen Geschäften wieder nach. Wann ich ihm zum zweiten Mal etwas gab, weiß ich nicht mehr. Ich glaube, acht Tage nach der ersten Genesung gab ich ihm wieder etwas. Ich erinnere mich gerade des Augenblicks nicht, an welches Essen ich ihm etwas gab. Es war auf seiner Stube. Ich glaube an Fleischsuppe, die ich selbst gekocht hatte. Ich selbst gab ihm Mäusebutter in die Kumme, worin ich die Suppe hinauftrug. Ich tat zuerst die Suppe hinein, gab dann mit einem Messer Mäusebutter dazu, die ich damals in meinem Proviantschrank hatte, der auf dem Vorplatz stand, wo er noch steht. Ich aß manchmal auf seiner Stube und er auf meiner, wie es sich traf.

Ich aß den Tag nicht mit ihm. Ich glaube, dass ich den Tag junges Gemüse aß. Ich blieb bei ihm, während er aß, und nahm die Kumme wieder mit mir in die kleine Küche, wo ich sie gleich aufspülte, zugleich mit dem Löffel, womit er gegessen. Gegen Abend wirkte das Gift. Mosees lag auf dem Sofa. Ich hörte auf meiner Stube, dass es wirkte, namentlich, dass er sich erbrach. Ich ging hinein und fand ihn auf dem Bett schon ausgekleidet. Er erbrach sich in einen weißen Nachttopf. Mir deucht, seine unverheiratete Schwester Betty war bei ihm. Sie ist mehrmals bei ihm gewesen. Sie kam des Nachmittags. Sie ist auch, wie ich mich erinnere, mehrere Male des Nachts da gewesen. Wir haben auch Krankenwärter gehabt, aber später.

Die Nacht blieb ich bei ihm. Er hatte Erbrechen, Beängstigung und Durst und musste auch auf den Nachtstuhl. Des andern Tags war es wieder nicht so schlimm. Dr. Luce kam wieder und verschrieb Arznei. Bei diesen beiden Fällen lag Mosees wie mir deucht vier Wochen krank. Ich kann es mir gar so recht nicht mehr erinnern. Er wurde wieder besser. Ich glaube, ich gab ihm darauf noch einmal etwas. Ganz genau weiß ich nicht, wie oft ich ihm gegeben habe. In welcher Periode ich ihm gab, kann ich auch nicht sagen. Wenn ich wieder auf den Gedanken kam, gab ich ihm wieder etwas.‹«

Sie verstummte. Droste aber wiederholte so oft die Frage nach einem Motiv der Vergiftungen des Johann Mosees, bis sie antwortete: »›Ich kann gerade nicht sagen, dass ich wollte, dass er sterben sollte. Ich wusste aber wohl, dass er sterben müsste, wenn er zu viel davon bekomme. Gewöhnlich gab ich eine Messerspitze voll, aber ich glaube nicht, dass man davon stirbt. Aber an etwas mehr als eine Messerspitze voll stirbt man.‹

Wiederum befragt, warum sie dem Mosees Mäusebutter gegeben, schwieg sie lange still. Dann sagte sie: ›Ich wollte ihn gerade nicht vergiften.‹

Nach einer Weile: ›Ich hatte dieselbe Absicht wie bei anderen.‹

Bei welchen anderen? Ob wie bei Kleine?: ›Ja, wie bei Kleine.‹

Ob ihre Absicht gewesen, ihn aus der Welt zu schaffen?: ›Ja.‹

Warum sie dies beabsichtigte?: ›Eine Hauptursache habe ich nicht dazu gehabt. Ich gab Mosees Mäusebutter auch der Erbschaft wegen. Ich war ihm hundertfünfzig Taler schuldig auf Wechsel. Wie er starb, war ich sie ihm schon ungefähr eineinhalb Jahre schuldig. Mit ihm versprochen war ich gerade nicht. Er hatte wohl einmal gesagt von heiraten, doch eigentlich direkt nicht. Auf dem Krankenbett machte er vor Freimarkt auch noch sein Testament, worin er mir dreihundert Taler vermachte, von denen aber die hundertfünfzig Taler abgezogen werden sollten. Mosees war jünger wie ich. Ich erinnerte ihn, ein Testament zu machen. Er hatte ein Mädchen geschwängert und hat dem Kind auch noch etwas vermacht.‹«

Unter immer größeren Pausen hatte sie die letzten Sätze hervorgebracht, ehe sie endgültig verstummte. Droste beendete das Verhör. Die Spannung aber ließ sie die Nacht und den folgenden Tag, der ein Sonntag war und daher ohne Verhör blieb, nicht los und sollte ihre dramatische Entladung in den beiden nachfolgenden Verhören finden.

Das vorletzte Mordgeständnis:
Die Vergiftung der Wilhelmine Rumpff

Als sie am darauffolgenden Montag, es war der 12. Mai, wieder ins Verhörzimmer geführt wurde, ließ Droste im Protokoll

bemerken: »Inculpatin tat wieder auffallend ängstlich und klagte, dass ihr nicht wohl sei.«[181] Und erstmals kamen ihm Zweifel, dass ihre Angst nicht, wie er früher bemerkt hatte, gespielt war, denn er fügte hinzu: »Es war zweifelhaft, ob es Verstellung sei.«
Nachdem sie nochmals erklärte, Mosees vergiftet zu haben, damit sie ihn beerben könne, kam sie, ungewiss ob durch Droste darauf gebracht oder von selbst, auf den Tod der Wilhelmine Rumpff: »Rumpffs Frau zog nächsten Freimarkt vor zwei Jahren ein und starb im Dezember desselben Jahres. An einem Mittwoch kam sie in die Wochen. Am dritten Tag nachts bekam sie Erbrechen. Rumpff ging selber zu Dr. Luce und brachte ein Rezept mit, was sogleich auf der Apotheke gemacht wurde. Rumpff gab ihr die Arznei. Ob es Pillen oder Mixtur war, weiß ich nicht mehr. Die Rumpff lag noch einige Zeit krank und starb, ich weiß aber nicht mehr, wie viele Tage es waren.

Ich glaube auf dem Abend habe ich
ihr was gegeben, etwa um sechs bis sieben Uhr.
Was Sie ihr gegeben.
Ich gab ihr Mäusebutter, auf ein Messer.
Comparentin zeigte am Finger die Länge eines
Gliedes und sagte
Soviel.

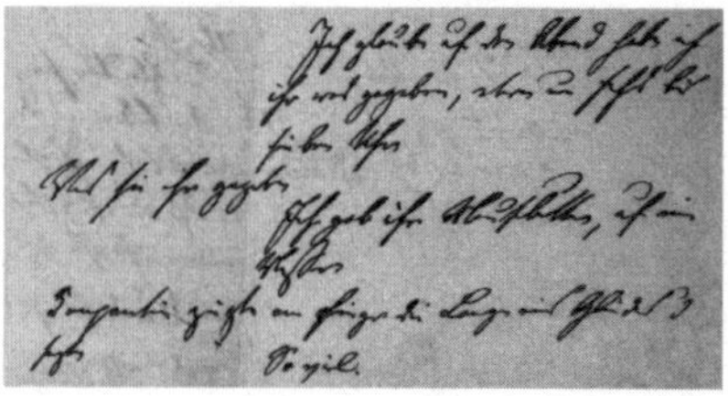

An den Weljen gab ich es ihr. Die Weljen hatte ich in meiner weißen Kumme in Rumpffs Küche eingegossen. Wo ich die Mäusebutter drangab, weiß ich nicht mehr. Ich brachte die Weljen selbst hinein. Ich glaube, ich machte zuerst die Weljen in die Kumme und tat die Mäusebutter dazu. Die Rumpff nahm die Weljen gleich zu sich. Die Rumpff trank die Weljen, wenn ich nicht irre, aus der Kumme. Rumpff fing zuerst an über Leibweh zu klagen, bekam Brennen im Hals und erbrach sich dann. Sie glaubte, sie hätte sich erkältet. Sie bekam in der ersten Nacht nach dem Erbrechen auch gleich Durchfall. Dass sie ein geschwollenes Gesicht bekam, erinnere ich mich nicht mehr. Die anderen Tage fantasierte sie viel. Sie klagte darauf viel über ihren Leib und Herzklopfen, desgleichen Schwindel. Sie war mir noch so gut auf dem Sterbebett und sagte, sie wolle wohl ihre fünf Finger für mich geben. Ach Herr Senator, ich kann es nicht mehr hören.« Droste ließ im Protokoll bemerken: »Sie schien bei dieser Äußerung sehr ergriffen von dem Gegenstand, worüber sie befragt wurde, zu sein. Sie senkte den Kopf auf ihre Hand und blieb eine Zeit lang in dieser Stellung.«
Er sah also durchaus ihre psychische Erschöpfung, dennoch brach er das Verhör nicht ab. Immer wieder fragte er sie über die Vergiftung der Wilhelmine Rumpff, bis sie antwortete: »Lähmung in ihren Gliedern und namentlich in ihren Händen habe ich nicht

beobachtet. Es schien wohl einmal, als wenn sie besser würde, allein sie wurde es nicht. Sie hat nur einmal Mäusebutter bekommen. Ich habe ihr nicht zum zweiten Mal welche gegeben. Wie lange ihre Krankheit dauerte, weiß ich nicht. Auch nicht, an welchem Tag der Woche sie starb. Vierzehn Tage lang kann sie, wie mir deucht, wohl krank gewesen sein.‹
Wie sie dazu gekommen, der Rumpff Gift zu geben? ›Das kann ich gar nicht sagen. Ich kann es wirklich nicht sagen.‹ Comparentin schien sehr ergriffen zu sein und bat zurückgehen zu dürfen. Das Protokoll sollte ihr vorgelesen werden. Sie bat, es nicht zu tun. Sie wolle es lieber ein andermal hören. Es wurde ihr geäußert, dass sie sich doch wohl erleichtert fühle, wenn sie ihre Untat bekannt. Sie seufzte tief auf und sagte: ›Ach Gott, kann ich jemals erleichtert werden?‹«
Es war Gesche Gottfrieds letztes Verhör im Stadthaus. Für den nächsten Tag hatte Droste angeordnet, sie in aller Frühe in das neu erbaute Detentionshaus am Wall zu überführen. Was ihn aber bewogen haben mochte, den Gefängniswechsel ihr am Abend vorher nicht anzukündigen, bleibt im Dunkeln.

Überführung ins Detentionshaus

Am nächsten Morgen trat gegen halb fünf Uhr die Polizeidienerin Bergmann zu ihr in die Zelle. Ohne nähere Erklärung, lediglich andeutend, sie werde in ein anderes Gefängnis gebracht, wurde sie aufgefordert, sie möge sich ankleiden und ihre Sachen zusammenpacken. Dann führte der Polizeikommissar Tonjes sie vor das Stadthaus, wo bereits eine Kutsche wartete. Im Protokoll heißt es knapp: »Im Verhörzimmer des neuen Detentionsgefängnisses. Es war die Michael Christoph Gottfried Witwe heute Morgen, fünf Uhr, hierher gebracht und in das Gefängnis Nr. 38 eingeschlossen worden.«[182]

Das im Februar 1828 fertiggestellte Detentionshaus am Wall. Beinahe drei Jahre wartete Gesche Gottfried hier auf ihre Hinrichtung

Flurtür im Detentionshaus

Von ihrer neuen Gefängniszelle, in der sie bis zu ihrer Hinrichtung leben wird, lieferte Droste folgende kurze Beschreibung: »Es besteht dasselbe in einem kleinen, freundlichen Zimmer. Die Wände [sind] sehr reinlich geweißt, wie [auch] die Decke, und mit braunrötlich gemaltem Fußboden. Durch die westliche Wand führt eine starke Tür mit einer Klappe und starkem Eisen beschlagen. In dieser nämlichen Wand ist über der Tür eine ovale Öffnung von ungefähr vier und sechs Zoll Durchmesser, wodurch beständig Luftkommunikation auf dem Vorplatz oder innerm Gang stattfindet. Der Tür gegenüber, also in der östlichen Wand, findet sich ein Fenster mit Scheiben mittlerer Größe und eisernen Stangen. Dieses Fenster ist etwa sechs Fuß über dem Fußboden und hat eine Luftscheibe, welche die Inculpatin nach Belieben öffnen oder schließen kann. Die südliche Wand ist frei, an der nördlichen findet sich in dem Winkel nächst der Tür ein mit dem nächsten Gefängnis gemeinschaftlicher Ofen. Der Blick aus dem Fenster fällt auf die Fenster des Verhörzimmers, andere Gefängnisse und beide geräumige Binnenhöfe des Gefangenenhauses und hat bei der Neuheit der ganzen, erst in diesem Monat in Gebrauch genommenen Anstalt, nichts Düsteres oder Unerfreuliches, umso weniger, da, wie dies Stübchen der Inculpatin die Morgensonne hat, so auch die inneren Höfe dem Sonnenschein offen sind. Das Mobiliar ist alles neu und hellgrau mit Ölfarbe bemalt, so wie Tür und Fenster. Eine Bettstelle mit Stuhl, ein Tisch und ein verschlossener Nachtstuhl (der alle Morgen seinen Eimer wechselt) befindet sich im Zimmer. Außerdem eine weiße Fayenceschale und eine irdene Wasserschale. Ausnahmsweise hat Inculpatin überdies ihr eigenes Bettzeug, eine Trinkkumme und einen Teller. Zwei Bände des Buches ›Stunden der Andacht‹ und noch ein drittes, religiöses Buch, was sie aus ihrer Büchersammlung wünschte.«[183]
Gesche Gottfried aber malte sich aus, dass die Gründe ihres plötzlichen Transportes ins Detentionshaus nichts anderes zur Ursache hatten, als dass sie nach Stade oder Hannover ausgeliefert werden sollte. Zuvor aber sollte sie noch zum Gespött der Bremer durch die Straßen der Stadt geführt werden.

Das erste Verhör im Detentionshaus:
»Ach Gott, mir geht ein Licht auf, alle leben!«

Da im Detentionshaus keine Rücksicht auf Besucher nötig war, wurde Gesche Gottfried noch am Vormittag desselben Tages weiter verhört. Voller Angst folgte sie Tonnjes ins Verhörzimmer. Im Protokoll heißt es: »Beim Eintritt war sie sehr verstört und fragte, wohin sie geführt werden solle und was man mit ihr vornehmen wolle. Es wurde ihr geantwortet, dass das bisherige Verhör mit ihr fortgesetzt werden solle. Sie war darauf eine Zeit lang in einer äußerlichen Angst, dann aber bat sie, sich umsehen zu dürfen, wo sie sei. Es wurde ihr gestattet, ans Fenster zu gehen, und sie schien sich etwas zu orientieren. Sie trat darauf vor die Schranke und fragte, ob sie offenherzig sein dürfe, was sie glaube. Es wurde ihr gestattet und sie darauf aufgefordert, es zu sagen. Sie erklärte: ›Nicht wahr, es steht jetzt ein Wagen draußen, und ich bekomme ein Brett um den Hals und werde durch die Stadt geführt. Ich weiß ja, dass ich es verdient habe.‹

Das Gericht suchte sie darüber zu beruhigen. Sie blieb aber dabei und sagte mit einem fast wahnsinnigen Blick: ›Ich habe noch einen lebendigen Bruder. Meine Kinder, mein Vater lebt noch. Ich habe sie heute gesprochen.‹

Ihr wurde zugesprochen, sich zu beruhigen, und zu dem Ende ihr auch gesagt, dass es bloße Vorstellungen seien, denen Wirklichkeit mangele. Sie sagte darauf noch: ›Wie, ich bin ja nicht wahnsinnig. Ich habe meine Vernunft.‹

Man sprach darauf mit ihr von ihrem körperlichen Befinden, fragte sie über ihre Bedürfnisse, und so gelang es, sie zu beruhigen. Zuletzt ließ man sie auf die Straße sehen, um sie zu überzeugen, dass keine Anstalten, etwas mit ihr vorzunehmen, wie sie glaube, gemacht seien.«[184]

Und so glaubte Droste sich legitimiert, diese offensichtlich psychisch völlig erschöpfte Frau den Anspannungen eines Verhörs auszusetzen, ohne freilich zu ahnen, was er damit anrichten würden. »Sie wurde völlig beruhigt, sodass eine weitere Vernehmung vorgenommen zu werden tunlichst schien«, diktierte er Noltenius ins Protokoll.

»Es wurden hierauf der Michael Christoph Gottfried Witwe zuerst ihre Aussagen vorgelesen. Sie genehmigte solche, worauf sie sodann weiter befragt deponierte: ›Ich kann, die Vergiftung der Rumpff anlangend, nichts Genaueres angeben, als was ich angegeben habe. Der Entschluss der Vergiftung kam wohl nicht an demselben Tag.‹

Befragt, wann der Entschluss gekommen und wie sie dazu gekommen, blieb sie eine lange Weile still und seufzte verschiedentlich laut auf. Dann sagte sie: ›Ich wollte ja wohl mein Haus wiederhaben‹, doch fiel sie gleich darauf ein: ›Schreiben Sie das noch nicht. Das ist wohl nicht der Grund.‹

Nachdem sie darauf eine gute Weile wieder sich bedachte, sagte sie: ›Es war wohl mehr Trieb, es zu tun, als dass ich eigentlich eine wirkliche Absicht dabei hatte.‹

Ob sie Neigung zu Rumpff gehabt und deshalb dessen Frau aus dem Wege geräumt habe? ›Nein, dies ist nicht der Fall. Daran habe ich nicht gedacht. Ich weiß in diesem Augenblick keinen Grund. Rumpff zu heiraten, dachte ich gewiss nicht.‹

Nochmals um den Grund der Vergiftung der Rumpff befragt, erklärte sie: ›Ich dachte, ich würde das Haus wiederkriegen, wenn sie stürbe. Ja, darauf werden Sie mir antworten, damit hast du das Haus noch nicht.‹
Es wurde ihr bemerkt, dass dies allerdings ihr eingewendet werden könne. Nach langem Bedenken sagte sie darauf: ›Den Tag vor der Tat dachte ich so zu tun. Ich kann es aber gar nicht mehr so sagen, wie ich das dachte. Dass ich das Haus wiederhaben wollte, war wohl der Hauptgrund. Wie das aber weitergehen sollte, dachte ich nicht. Einen andern Grund wüsste ich auch nicht.‹
Wem sie nach Rumpffs Frau Gift gegeben? ›Der Schmidten. Sie war kurz zuvor ins Kindbett gekommen. Ich habe sie besucht und die Cordes, Metta Thiel, die Meiern, Frau Tietjen, Cornelius Frau, Dr. Schütte dort getroffen. Ich gab ihr an Weljen was. Ich glaube, ich gab es ihr den vierten Tag.‹
Es wurde ihr bemerkt, dass die Frau am neunten Tag noch gesund gewesen sein soll. Sie erklärte: ›Ich glaube, an einem Donnerstag gab ich es ihr, und an einem Sonntag war sie ins Kindbett gekommen. Ich gab es ihr des Morgens, und des Mittags wirkte das Gift. Ich gab an Weljen Mäusebutter, und zwar so viel. (Sie zeigte nicht völlig die Länge eines Gliedes am Finger.) Ich habe die Weljen doch später gegeben als den vierten Tag. Von den Weljen hat das Kind unglücklicherweise auch bekommen. Ich habe zwei Mal an Weljen Mäusebutter gegeben. Das Kind hat von der zweiten Portion Weljen bekommen und ist davon vergiftet. Die Marie hatte ihr das gegeben, was die Mutter übrig gelassen hatte. Zwischen der ersten und zweiten Gabe waren, wie ich glaube, sechs Tage dazwischen. Einmal gab ich es auch an Kirschsuppe. Zwischen der zweiten Portion Weljen und der Kirschsuppe waren vier bis fünf Tage. Das Kind starb drei Tage nachdem ich die Kirschsuppe gegeben hatte. Die Mutter lag, glaube ich, im Ganzen vierzehn Tage und starb drei Tage nach dem Kind, wenn ich nicht irre. Dem Kind hatte ich keine Suppe in meinem Haus gegeben, wohl aber die ausgekochten Kirschen. Ich kann mit Wahrheit sagen, dass ich dem Kind kein Gift gegeben habe. Es hat von den Weljen oder der Kirschsuppe bekommen, die ich für die Mutter bereitet hatte. Ich kam gerade dazu, wie das Kind sich erbrach und die Meyern sagte, sie habe dem Kind bloß etwas von der Mutter Essen gegeben. Das Kind hat sonst nichts bekommen. Es lag um drei Tage.‹
Warum sie die Schmidt vergiftet? ›Ja, Herr Senator, das sagen Sie nur. Warum habe ich es auch hier getan. Um wenig.‹ Sie fasste darauf die Hand des Direktors an und sagte: ›Ach, um ihr bisschen auch. Um ihr bisschen Geld. Drei Louisdor, mehr nicht.‹ Auf einmal sagte sie mit stierem Blick: ›Ach Gott, mir geht ein Licht auf, alle leben!‹ Befragt, wo das Geld sich befunden. ›Es war in der

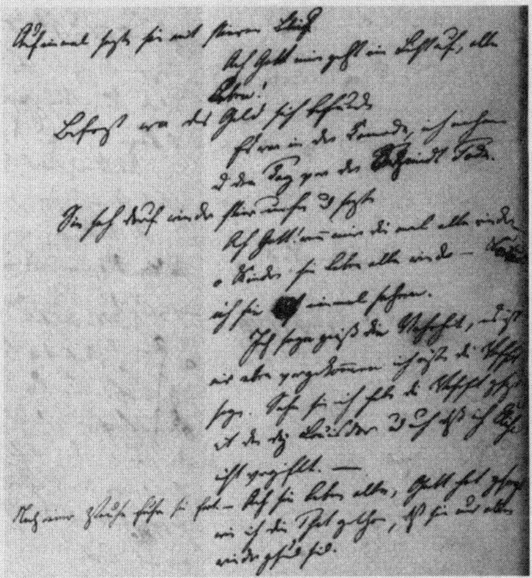

»Sie leben alle wieder!«

Ach Gott mir geht ein Licht auf, alle leben!
Befragt wo das Geld sich befunden
Es war in der Comode, ich nahm es den Tag vor der Schmidt Tode.
Sie sah darauf wieder stier umher und sagte
Ach Gott! Wenn mir die mal alle wieder – o Kinder sie leben alle wieder – kann ich sie einmal sehen. Ich sage gewiß die Wahrheit, es ist mir eben vorgekommen ich müßte die Wahrheit sagen. Sehen sie ich habe die Wahrheit gesagt mit den drey Louisdor und auch daß ich Elise nicht vergiftet. -
Nach einer Pause fuhr sie fort.-
Ach sie leben alle, Gott hat gesorgt wie ich die That gethan, daß sie nun alle wieder gesund sind.

Kommode, ich nahm es den Tag vor der Schmidt Tode.‹ Sie sah darauf wieder stier umher und sagte ›Ach Gott! Wenn mir die mal alle wieder – o Kinder, sie leben alle wieder – kann ich sie einmal sehen. Ich sage gewiss die Wahrheit, es ist mir eben vorgekommen, ich müsste die Wahrheit sagen. Sehen Sie, ich habe die Wahrheit gesagt mit den drei Louisdor und auch dass ich Elise nicht vergiftet.‹ – Nach einer Pause fuhr sie fort. – ›Ach sie leben alle, Gott hat gesorgt, wie ich die Tat getan, dass sie nun alle wieder gesund sind.‹

Sie schien ganz in den Zustand zurückgekehrt zu sein, in dem sie vor der Vernehmung war. Ob sie sich verstellte oder wirklich in einen Anfall von Wahnsinn geriet, wage ich nicht zu entscheiden. Nur das muss ich bemerken, dass die früheren Fälle, wo ich im Protokoll bemerkt habe, dass mir ihr Benehmen Verstellung zu sein schien, von dem heutigen sehr abwich und ich mehr glauben könnte, dass sie heute sich nicht verstellt hätte. Das Verhör wurde abgebrochen. Es wurde noch mit ihr gesprochen, sie fuhr aber mit ihren Äußerungen fort und sagte unter anderem noch: ›Sehen Sie, sie leben alle noch. Sie haben ein Gegengift bekommen und sind alle wieder besser geworden.‹ Sie wurde zurückgeführt.«

Diese dramatische Wendung hatte auf Droste tiefen Eindruck gemacht. Noch in derselben Stunde ließ er Dr. Heineken ins Detentionshaus rufen. Heineken fertigte von seiner Untersuchung Gesche Gottfrieds nachfolgenden Bericht, der den Vermerk trägt »13. Mai, abends neun Uhr erhalten. Droste.«

»Euer Wohlgeboren. Wunschgemäß habe ich heute Mittag die Gottfried in ihrer neuen Behausung besucht und sie körperlich und gemütlich sehr angegriffen gefunden. In erster Rücksicht

schien sie recht schwach zu sein, hatte an Fleisch verloren und ihr Puls verriet viel Krampf des Gefäßsystems, der sich auch in unwillkürlicher Bewegung der Flechsen der Arm- und Handmuskeln zu erkennen gab. Noch mehr aber wie der Körper schien das Gemüt zu leiden und in äußerster Angst und Aufregung zu sein. Jeder ihrer Blicke verriet Furcht und ängstliche Erwartung der Zukunft, und noch nie wie heute hat sie sich gegen mich über die Größe ihrer Verbrechen und das Schreckliche ihrer Lage geäußert. Sie glaubte gewiss, dass die Entscheidung ihres Schicksals nahe sei, umklammerte ängstlich meine Hände, sodass es mich Mühe kostete, mich von ihr loszuwinden.
Dieser Stimmung und Aufregung ihres Gemüts ungeachtet, zeigte sich aber doch in ihren Reden nicht die geringste Spur von Zeichen der Verwirrung oder Mangel an Überlegung und Zusammenhang; im Gegenteil waren ihre Äußerungen mit den Gesetzen der Vernunft insoweit ganz übereinstimmend, als die Trübung des Gemüts es für den Augenblick erlaubte.
Alles zusammengenommen, so ist ihr Zustand von der Art, dass man wohl bedenklich dabei werden kann, indem sehr leicht ein nervöses Fieber oder eine gänzliche Erschöpfung aus ihm hervorgehen kann. In dieser Rücksicht finde ich mich verpflichtet, anheimzugeben, ob es nicht geraten sein dürfte, ihr etwas bessere und stärkere Speisen und Getränke zu reichen, als die gewöhnlichen Gefangenen erhalten, auch, wenn es möglich, durch seltenere Verhöre stärkere Gemütsaufregung zu vermeiden und ihr mehr Ruhe zu gönnen.
An einem Punkt aber glaube ich noch aufmerksam machen zu müssen, nämlich auf die Gefahr der Selbstbeschädigung, wozu ein solcher Zustand des Gemüts, wie er mir heute bei ihr erschien, Veranlassung geben könnte; und sollten ihr dazu auch alle Mittel fehlen oder entzogen werden können, was doch wohl nicht gut möglich ist, so würde vielleicht ihr langes Haar zu einem Werkzeug der Erdrosslung dienlich werden.
Ich werde die Unglückliche Euer Wohlgeborenen Wunsche gemäß ferner besuchen und dasjenige, was einer Bemerkung wert scheint, anzuzeigen nicht verfehlen. Mit der vollkommensten Hochachtung empfehle ich mich Euer Wohlgeboren ganz ergebenst Heineken.«[185]
Für die folgenden Tage ließ Droste sie ohne Verhör. Als Heineken aber drei Tage später, am Freitag, dem 16. Mai, nach einer neuerlichen Untersuchung Gesche Gottfrieds ihm mitteilte, dass »der Zustand der Inculpatin um vieles besser sei«[186], war es mit der Schonung vorbei. Noch am selben Tag ließ er sie zum Verhör vorführen: »Sie wurde vorgeführt, zeigte jedoch gleich eine besondere Ängstlichkeit, fragte, was mit ihr vorgenommen werden solle, wünschte ans Fenster gehen zu dürfen, und da ihr

dies gestattet wurde und zufällig im Hof eine Leiter lag, so sagte sie mit verstörtem Gesicht: ›Nicht wahr, darauf soll ich nun hinunter.‹

Es wurde ihr das Lächerliche dieser Äußerung vorgehalten und mit ihr von gleichgültigen Dingen gesprochen, worauf sie ziemlich ruhig antwortete. Dann äußerte sie zwischendurch: ›Ach Gott, könnte ich hier nur immer bleiben, aber auswärts, da werde ich schlimmer behandelt werden.‹

Gefragt, was sie darunter verstehe, erwiderte sie: ›Ich meinte in Stade und Hannover, wo ich doch auch verbrochen habe.‹

Es wurde ihr erwidert, dass, da sie hier größere Verbrechen wie auswärts begangen habe, schwerlich eine Auslieferung stattfinden werde. Es wurde dieselbe dann befragt, ob sie sich in der Gemütsstimmung befinde, dass ihre letzte Aussage ihr könnte vorgelesen werde. Sie erwiderte: ›Ach, wenn Sie es noch aussetzen wollen.‹

Gerichtsseitig wurde ihrem Wunsche nachgegeben und dann noch eine Weile mit ihr über die Behandlung hier im Haus und sonstige gleichgültige Dingen gesprochen. Ihre Behandlung betreffend sagte sie, dass sie zu gut behandelt werde, und antwortete im Übrigen sehr zusammenhängend und vernünftig. Sie wurde wieder zurückgeführt. Es schien übrigens, als wenn bloß die Veränderungen des Lokals und der Umgebung Ursache ihrer Ängstlichkeit seien. Auf dem Stadthaus hatte sie sich oft mit der Hausmeisterin daselbst und den zu ihrer Wache beigegebenen Frauen unterhalten können. Hier stand sie aber unter Aufsicht des Polizeikommissars.«[187]

VIII. Beruhigung

18. Mai bis 23. Juli 1828

Ein Sonntagsgespräch

Nach zwei weiteren Tagen ohne Verhör begab sich Droste am folgenden Sonntag, es war der 18. Mai, allein zu Gesche Gottfried ins Detentionshaus. Ein weiteres Mal suchte er durch ein in privater Atmosphäre geführtes Gespräch Spannungen zu lösen. In seinem Gedächtnisprotokoll heißt es: »Diesen Nachmittag, drei Uhr, ging ich zu der Inculpatin in ihr Gefängnis, um mich nach ihrem Gemütszustand umzusehen. Da ich für die Fortsetzung des Verhörs ihr auf den Wunsch des Arztes noch etwas Ruhe zu lassen beschlossen hatte.

Sie hatte die Hände in den Schoß gelegt und sah mir mit ihrem gewöhnlich nichtssagenden Blick entgegen. Sie klagte nicht über ihr Befinden, nur über das Geräusch des Rollens von vorüberfahrenden Wagen und dass die in dem gegenüberliegenden Flügel des Gefangenenhauses sitzenden Gefangenen zuweilen so prahlten, d.h. laut redeten. Ich sagte ihr, sie solle sich nur beschäftigen und solle nur lesen, dann würde sie von dem sogenannten Lärm nichts hören. Ihre Bücher lägen, wie ich sähe, nun wieder unberührt daher. Wenn sie so gar nichts vornähme, müsste sie ja auf allerlei Grillen kommen, denn das alte Sprichwort: Müßiggang ist des Lasters Ruhebank, habe sehr viel Wahres, und vielleicht sei gerade ihre Untätigkeit und Beschäftigungslosigkeit in den früheren Jahren an manchen bösen Gedanken und Anschlägen schuld, die ein ernstliches Arbeiten und eine geistige Tätigkeit vermieden haben würden. Sie entschuldigte mit Steifheit ihrer Finger und Schwäche ihrer Augen, dass sie unbeschäftigt sei, und erzählte, dass sie, als ihr erster Mann noch gelebt, doch sehr fleißig und tätig in dem damaligen großen Haushalt gewesen sei, wenngleich ihr späterhin Beschäftigung gefehlt habe.

In ihren Äußerungen über das Lesen sprach sie den Gedanken aus, als fehle ihr der Trieb, der Drang, zu einem Hinaufwenden des Blickes zum lieben Gott, eben weil ihr der Mut fehle, auf seine Gnade zu hoffen, da sie doch eine zu große Verbrecherin sei, als dass der liebe Gott ihr vergeben könne. Wie so oft schon im Verhör, wiederholte ich ihr, was sie dieserhalb beruhigen und trösten könnte. Vor allem die absolute Notwendigkeit der Reue, und als Erfolg derselben, freies unumwundenes Aussprechen ihrer Taten wie ihrer Motive.

Ich sagte ihr, dass davon nicht für jetzt und diesen Augenblick, sondern vorzüglich für die Zeiten der Verhöre die Rede sei, und

dass ich ihr wiederhole, wie sie zu jeder Stunde verhört werden solle, wo sich vielleicht einmal bei ihr der Drang einstellen würde, der auch bei den schwersten Verbrechen einmal zu kommen pflege, alles zu bekennen und dadurch sein Gewissen zu erleichtern. Sie versprach, das zu bedenken, und setzte hinzu: ›Nicht wahr, ich habe eigentlich noch recht viel zu sagen.‹ Das glaube ich auch, mir ist noch so manches dunkel, so manches ganz unerklärlich, war meine Antwort, und da sie mich fragend ansah (obgleich mit einem Blick, den ich im Verhör oft für eine affektierte Aufmerksamkeit halten musste, weil das, was ich ihr dann sagte oder fragen wollte, ihr schon bekannt war), so fuhr ich fort, zum Beispiel: ›Was Sie mir mal von Gottfried erzählten, dass er schuld am Tode Ihrer Kinder sei. Entsinnen Sie sich dessen noch?‹ Sie blickte vor sich nieder und sagte mit gedämpfter Stimme: ›Ja!‹ Ego: ›Warum taten Sie das? War das Wahrheit oder Unwahrheit? Was sollte es?‹ Inculpatin: ›Ach, ich dachte, ich wollte das nur sagen, dann wärens doch nicht so viele [Vergiftungen]. Aber Gottfried ist unschuldig an allem. Der liegt als rechtlicher Mann in der Erde.‹ Ego: ›Ist das gewiss?‹ Inculpatin: ›Ach Gott, ja wohl!‹
Gleichmäßig wollte ich das Motiv erforschen, wie sie dazu gekommen sei, jüngst zu Protokoll ihren Vater des Mordes ihrer Kinder und seiner eigenen, ganz jungen Tochter zu beschuldigen. Sie gab auch dafür den Grund an, dass sie sich damit zu erleichtern geglaubt habe. Dass ihr der Gedanke so gekommen sei. Sie versicherte, dass sie jetzt das Schreckliche dieser Beschuldigung einsähe, und sie bereute [es]. So wie denn auch in facto herauskam, dass ihr Vater niemals eine andere Tochter als sie gehabt.
Übrigens wiederholte sie nachher verschiedentlich, dass sie in späteren Zeiten wirklich einen unwiderstehlichen Drang gehabt habe, Gift zu geben, ohne dass sie im Stande sei, einen Grund dafür zu finden. Dahin rechnete sie zum Beispiel die Vergiftung des Knaben Wilhelm Suhling. Sie erinnerte sich dabei völlig ihrer Äußerung an des Knaben Pflegemutter*: ›Es ist doch ein wahrer Johanniskopf! Was meinst du, Marie, wenn du den mal verlieren müsstest!‹, als an dem nämlichen Abend geschehen, wo das Kind Gift erhielt. Ich sagte ihr, der Knabe sei ganz wohl, was sie gerne zu hören schien. Zuletzt musste ich ihr noch einmal sagen, dass sie nicht nach Hannover oder Stade ausgeliefert werden würde. Gegen vier Uhr verließ ich sie.«[188]
In seinem Gedächtnisprotokoll bemerkte Droste noch in einem Nachsatz: »Speisen und Getränke bekommt sie nach Vorschrift des Arztes sehr gut und ist damit mehr als zufrieden. Überdies sieht sie eben deshalb nach Verlauf einiger Stunden immer entweder die Magd des Aufsehers Sellmann oder ihn oder seine

* bekanntlich die Marie Heckendorff

Frau. Die Tür ihres Gefängnisses ist nicht verschlossen, sondern nur die zu dem davorliegenden Gang führende, da teils Inculpatin so schwach auf den Beinen ist, dass sie nicht entlaufen kann, teils weil es gewünscht wird, dass sie sich Bewegung mache. Vor den Fenstern aller gleichen Gefängnisse befindet sich ein bewegliches Brett, um das Hinüberblicken auf andere Gefängnisse und die Kommunikation dahin zu hindern. Nur vor dem Fenster der Inculpatin ist dies gesenkt, damit sie einen freien Blick habe.«[189]

Die vorerst letzten Verhöre. Gesche Gottfried erzählt:

Von der Vergiftung des Friedrich Kleine

Durch das sonntägliche Gespräch gelang es Droste, Gesche Gottfrieds Vertrauen zurückzugewinnen. Beruhigung trat bei ihr ein, sodass er sie bereits am nächsten Tag wieder in Verhör nahm: »Erschien vorgeführt Michael Christoph Gottfried Witwe und wurden ihr die Aussagen vom 12. Mai und vom 13. Mai nochmals vorgelesen, indem Inculpatin völlig ruhig und gefasst zu sein schien.«[190]

Dann erzählte sie in jenem Verhör über die Vergiftung des alten Kleine in Hannover: »Ich gab Kleine Mäusebutter auf Schinken. Wenn ich früher gesagt habe, ich hätte es auf Butterbrot gegeben, so war dies eine Unwahrheit. Kleine bekam Erbrechen, lag noch zehn Tage, nach meiner Berechnung, und starb dann daran. Ich habe die Kruke mit Mäusebutter von hier mitgenommen. Es war eine angebrochene Kruke.

Ich habe Kleine nur einmal Mäusebutter gegeben. Des Morgens, wie ich dem Kleine [zum] Frühstück den Schinken zurechtmachte, holte ich von oben aus der Kommode die Mäusebutter, nahm sie mit mir in die Küche und gab sie dort an den Schinken. Wenn ich früher gesagt habe, ich hätte die Mäusebutter aus dem Koffer genommen, so ist dies unrichtig gewesen. Ich habe [damals] nicht daran gedacht, dass mir eine Kommode eingeräumt war, wozu ich die Schlüssel hatte. Vielleicht bin ich auf den Koffer gekommen, weil ich eben davon gesprochen hatte, dass ich die Mäusebutter im Koffer von hier mitgenommen habe.

Einige Wochen vor der Abreise von hier fasste ich den Entschluss, Kleine Mäusebutter zu geben. Wie das eigentlich kam, erinnere ich mich nicht mehr. Allein ich trug mich mehrere Wochen mit dem Gedanken herum.

Ich kann nicht sagen, dass ich fürchtete, dass ich in Hannover leichter würde entdeckt werden. Kleine wünschte im Oktober den Rest des Geldes ausgezahlt zu erhalten. Ich dachte mir, ich wollte aus dem Tod Vorteile ziehen. Allein wie ich mir das dachte, kann ich nicht sagen. Bei all meinen Übeltaten kann ich überhaupt

keinen Grund angeben, der meine Verbrechen beschönigt. Dass ich am Dienstag der zweiten Woche erst dem Kleine die Mäusebutter gab, kam daher, weil ich an diesem Tag die beste Gelegenheit dazu fand. Auch hatte ich tags vorher schon einen ordentlichen Trieb empfunden, die Mäusebutter zu geben. Ich gab dem Kleine so viel (sie zeigte ein Glied ihres Fingers). Ich schmierte sie mit einem Messer über den Schinken, dann aber schnitt ich den Schinken in Stücke.
Dem Sohn des Kleine, Gottlieb, dem Tierarzt, gab ich nicht so viel wie dem Vater an Haferweljen. Wie lange nach des Vaters Tod, weiß ich nicht. Er wurde davon krank und erbrach sich. Er lag 4 bis 8 Tage und wurde wieder besser. Bei dieser Gabe an dem jüngeren Kleine habe ich eben keine Absicht gehabt, ich gab es mehr aus Trieb.
Der Mamsell Stockhausen nahm ich nach des alten Kleine Beerdigung einen Doppellouisdor aus ihrem Armkörbchen, welches sie in einer Kammer auf ein Bett gelegt hatte. Auf mich fiel kein Verdacht. Bei meiner Abreise von Hannover ließ ich mir von dem jungen Kleine fünfundzwanzig Taler auszahlen, unter dem Vorwand, dass ich sie dem Vater in Verwahrung gegeben hatte. Er gab mir das Geld, allein meine Angaben waren falsch. Ich habe auch eine Serviette und drei Handtücher Kleines weggenommen und unter meiner Wäsche versteckt hierher gebracht.«

Von den Giftgaben in nicht tödlicher Dosis

Unter den Giftopfern nicht tödlicher Dosis befanden sich zwei Menschen, die über viele Jahre immer wieder aufs Neue von Gesche Gottfried mit Mäusebutter in kleiner, ›nur krank machender‹ Menge gequält worden waren: ihre langjährige Freundin Marie Heckendorff und Johann Christoph Rumpff. Heute fällt es schwer zu verstehen, dass beiden niemals ein Verdacht gekommen war. Wie wir gesehen haben, hatte bei Marie Heckendorff die Nachricht von Gesche Gottfrieds Verhaftung gar zunächst nur ungläubiges Erstaunen ausgelöst, ehe sie begriff, wohl über viele Jahre Giftopfer gewesen zu sein. Droste aber durfte ihr aufgrund der Geheimhaltung des Verfahrens nicht mitteilen, dass Gesche Gottfried diese Vergiftungen eingestanden hatte, und so lebte sie, und mit ihr die vielen anderen Opfer nicht tödlicher Dosis auch, bis zum endgültigen Urteilsspruch drei Jahre später in Ungewissheit darüber.
Am 22. Mai war Marie Heckendorff nochmals von Droste vorgeladen worden: »Drei Tage vor Pfingsten 1823 ging ich des Abends nach vollbrachtem Tagewerk zu der Gottfried, die damals bei Eckerlien wohnte. Ich sagte ihr, ich sei durch meine Arbeit

ermüdet, worauf sie mich bedauerte, dass ich so sauer mein Brot verdienen müsse, und dabei sagte [sie], sie wolle mich stärken und gab mir ein Butterbrot nebst Tee. Ich konnte kaum nach Hause kommen, als mir schon unwohl wurde und ich Erbrechen bekam. Im Ganzen hielt ich mich kaum eine Dreiviertelstunde bei der Gottfried auf. Diesmal hat sie mir gewiss zum ersten Mal Gift gegeben. Ich lag gute fünf Wochen krank, hatte beständig Erbrechen und Diarrhöe. Erst in der siebenten Woche konnte ich wieder ausgehen. Die Gottfried hatte mich in der Krankheit nicht besucht, mir auch keine Speisen gesandt. Sie war damals mit Zimmermann beschäftigt. Ich ließ ihr sofort Nachricht geben, dass ich krank gewesen sei. Sie ließ sagen, ich hätte ja wohl den Magen verdorben. Mir waren die Beine geschwollen, zehn Tage lang war ich verstopft, nachdem die Diarrhöe aufgehört hatte. Schwindel, Dunkelheit vor den Augen und Schwäche in den Beinen waren bei mir in der Krankheit auch vorhanden. Noch jetzt habe ich zuweilen eine Schwere in den Beinen, als wenn ich Blei darin hätte. Es war mir, als wenn die Speiseröhre und der Magenschlund ganz wund seien. Zuweilen habe ich auch jetzt kein Gefühl in den Fingern. Nachdem ich genesen war, brach ich ein Dreivierteljahr nicht wieder. Dann aber stellte sich von Zeit zu Zeit wieder Erbrechen ein, und ich glaube, dass sie mir nochmals etwas gegeben hat.«[191]

Eine Woche später erschien Marie Heckendorff mit ihrem Pflegesohn Wilhelm Suhling bei Droste. Vielleicht hatte sie gehofft, der Anblick des Kindes könnte erweichend auf ihn wirken, doch erfuhr sie von ihm nichts: »Diesen Morgen neun Uhr erschien bei mir im Stadthaus Marie Heckendorf mit ihrem Pflegesohn Wilhelm Suhling, um sich zu erkundigen, wie es wohl der Gottfried gehe und ob dieselbe wohl eingeräumt habe, dass sie ihrem kleinen Liebling wirklich Gift gegeben habe, da ihr sehr daran liege, um der ärztlichen Hilfe wegen, darüber Gewissheit zu haben, indem der Knabe immer noch nicht recht frei sei, viel huste und über Trockenheit der Kehle klage. Ich sagte, sie möge nur annehmen, dass es wahr sei, damit sie nichts für die Kur des Kindes versäume.«[192]

Im nächsten Verhör zwei Tage später befragte Droste Gesche Gottfried über jene Giftgaben in nicht tödlicher Dosis: »Außer denen, die an von mir gegebener Mäusebutter gestorben sind, habe ich Mäusebutter gegeben der Heckendorf. Ich wohnte damals in der Obernstraße und gab ihr auf Zwieback oder Losbrot Mäusebutter. Ich erinnere mich wohl, dass es auf einem Abend war, wie die Heckendorff zu mir kam. Die näheren Umstände sind mir entfallen. Es kann sein, dass ich ihr Tee gegeben habe. Ich weiß dies aber nicht mehr. Gemeiniglich pflegte ich des Abends Tee zu trinken. Dass ich ihr gesagt hätte, ich wolle sie stärken, erinnere ich mich nicht. Die Heckendorff schickte etwa drei Tage nachher zu mir und ließ mir sagen, dass sie an Erbrechen krank liege. Ich schickte aber nicht hin. Zimmermann lag damals krank, und darüber vergaß ich wohl die Heckendorff. Bei der Vergiftung der Heckendorff hatte ich durchaus keinen Zweck. Es kam mir der Gedanke, der Heckendorff etwas zu geben, und ich tat es auf der Stelle. Ich habe von der Heckendorff stets viel gehalten und niemals mich mit derselben erzürnt.

Der Frau Warnken habe ich keine Mäusebutter und kein Gift gegeben. Der Frau Poppe habe ich nichts gegeben. Der Antoinette Luchting gab ich etwas Mäusebutter auf frisches, selbst gebackenes Weißbrot. Es war etwa drei Wochen vor Pfingsten. Auch bei dieser Vergiftung, ich sage die Wahrheit, hatte ich keinen Grund. Spechts Kind habe ich, wie ich wohl glaube, etwas gegeben. Ich erinnere mich aber nicht mehr des Näheren. Auf Kuchen habe ich es nicht gegeben, eher auf Butterbrot. Einen Grund, weshalb ich dem Kind etwas gab, weiß ich nicht. Der Gedanke kam mir, und ich gab dem Kind ohne Weiteres Mäusebutter. Spechts haben mich nie beleidigt, im Gegenteil, mir Gefälligkeiten erwiesen. Allein ich habe ja so manchem gegeben, der mir nichts getan hat. Ich konnte es so kriegen, wenn ich des Morgens aufstand, dass ich etwas geben musste. Dem Kind gab ich es gleich nachdem es mir einfiel, denn ich wusste ja vorher nicht, dass Spechts ausfahren würden. Wie das Kind sich erbrach, besuchte ich es. Ich hatte Furcht bei dem Kind, da es aussah, als wenn es auf der Stelle tot bleiben würde. Ein so plötzlicher Tod konnte immer auffallen und schärfer untersucht werden. Die Eltern kamen gegen neun Uhr zurück, und ich war die Erste, die es ihnen sagte, dass das Kind so krank sei. Dem Kind gab ich nicht so viel, wie ich früher wohl gezeigt hatte.

Der Mamsell Alberti habe ich einige Male auf Butterkuchen Mäusebutter gegeben. Herrn Specht gab ich mittags an Essen Mäusebutter, aber ganz wenig. Was für Essen es war, weiß ich nicht. Warum ich Specht weniger gab, weiß ich nicht. Es sollte wohl nicht gleich üble Folgen nach sich ziehen. Ihn zu vergiften, hatte ich wieder keinen Grund. Ach, Herr Senator, ich muss mich schämen, es zu sagen, aber ich hatte keinen. Dem Kindermädchen Blandine bei Specht habe ich absichtlich nichts gegeben. Sie kann aber vergiftetes Brot aus dem Schrank bekommen haben, so wie der halbe Zwieback, der bei der Untersuchung in meinem [Proviantschrank gefunden worden] ist.‹

Es wurden der Comparentin ihre Aussagen rücksichtlich der Blandine vorgehalten und sie befragt, ob sie vergifteten Zwieback in ihrem Schrank gehabt. Sie erklärte: ›Ach, streichen Sie dies lieber aus. Ich will lieber sagen, dass ich ihr etwas gegeben habe.‹

Es wurde ihr hierauf bemerklich gemacht, dass sie die Wahrheit sagen und befragt, was nach ihrer Behauptung in diesem Falle die Wahrheit sei, erklärte sie: ›Ich habe der Blandine, ich glaube auf einem Morgen, Mäusebutter gegeben. Wie viel es war, weiß ich nicht mehr. Ich gab es ihr auf dem Vorplatz. Sie wurde einige Tage bettlägerig. Einen Grund hatte ich auch hier nicht, bloß einen Trieb, es zu tun. Der Lucie Block gab ich Ostern 1826, wie sie von mir aus dem Dienst ging, des Mittags an Essen Mäusebutter. Ich glaube, wir hatten Fleischsuppe. Wie viel ich ihr gab, weiß ich nicht mehr. Ich gab es auch hier ohne Grund, aus bloßem Trieb. Der Dorothea Meier habe ich zweimal Mäusebutter gegeben. Einmal, wie sie bei Specht, und einmal, wie sie bei Rumpff in Dienst war. Ob ich ihr das erste Mal an Pfannkuchen etwas gab, weiß ich nicht mehr. Ich will es nicht widersprechen, da ich des Näheren nicht mehr weiß. Die Dorothea kam damals aufs Krankenhaus. Das zweite Mal gab ich ihr auf Butterbrot, wie sie die Amme Rumpffs wegbrachte. Auch diesmal kam sie aufs Krankenhaus. Dann hat sie auch von dem Brot gegessen, was ich zum Warmbier im Schrank aufbewahrt hatte und in der Küche zum Abendbrot hinuntergab. Der Johanna Dreyer habe ich nichts gegeben. Es hat ihr auch nichts gefehlt, während sie bei mir gedient hat. Dies würde ich ihr auch sagen, wenn ich sie sähe.‹«[193]

In den Verhören bis zum 27. Mai schilderte Gesche Gottfried ihr Treiben in den Monaten vor ihrer Verhaftung, wie es bereits im ersten Kapitel abgedruckt ist. Im Verhör vom 28. Mai forderte Droste sie nochmals auf, »in sich zu gehen und reuig anzugeben, ob und welche Vergiftungen außer den angegebenen, von ihr noch verübt seien.« Sie erklärte: »Ich weiß durchaus keine mehr als die, welche ich angegeben habe.«[194]

Mit dem noch ausstehenden Geständnis der Ermordung ihrer Mutter wird sie sich noch acht Wochen Zeit lassen. Am 2. Juni erfolgte das vorerst letzte Verhör. Droste befragte sie nochmals nach vermuteten Vergiftungen, die sie jedoch allesamt abstritt. Darauf ordnete er an, dass Gesche Gottfried »um die Wirkung zu erforschen, welches es auf sie haben würde, wenn sie geraume Zeit ihrem eigenen Nachdenken überlassen bliebe, mehrere Wochen ohne Verhör gelassen«[195] werden soll.

»Correspondenz aus Bremen«

Bereits wenige Wochen nach Gesche Gottfrieds Verhaftung berichteten zahlreiche Zeitungen in Deutschland immer wieder aufs Neue über den Fall, versorgten ›Correspondenten‹ in Bremen ihre Leser beständig mit Informationen. Aber auch im Ausland erregte der Fall sogleich großes Aufsehen. Und so lassen sich auch in vielen ausländischen Zeitungen Berichte nicht nur aus den ersten

Wochen nach Gesche Gottfrieds Verhaftung nachweisen, sondern wiederholt auch über den gesamten Zeitraum ihrer Haft. Nicht zu Unrecht sprechen daher zeitgenössische Darstellungen davon, dass der »Kriminalfall Gesche Gottfried« sogleich nach seiner Aufdeckung seinen »Schauder über das ganze gebildete Europa, ja nach China und Amerika verbreitete«.[196]
Natürlich waren aufgrund der strengen Zensur in Bremen einer unseriösen Berichterstattung Tür und Tor geöffnet. So wurden dann die Informationen, die aus Bremen kamen, zunächst von den Redakteuren jener Zeitungen entsprechend zurechtgemacht, ehe sie den Lesern, als aus »sicherer Quelle« stammend, serviert wurden. Stellvertretend hierfür mag einmal die Hamburger Zeitung »Der Neuigkeitsträger« stehen, in deren Ausgabe vom 29. März 1828 zu lesen ist: »Correspondenz aus Bremen. Noch einige merkwürdige Aufschlüsse über die im Stadtgefängnis daselbst inhaftierte Giftmischerin Gottfried: Vor ungefähr neun Jahren kam der Sattlermeister Miltenberg nebst Frau aus Braunschweig nach Bremen und ließ sich dort häuslich nieder. Er hatte Vermögen und war ein ansehnlicher Mann. Die Giftmischerin machte seine Bekanntschaft und wünschte ihn zu heiraten, drum schaffte sie dessen Gattin aus dem Wege und heiratete den Miltenberg. Drei Kinder, die sie nun gebar, vergiftete sie, dann wurde sie des Mannes überdrüssig und gab ihm Gift. Und als die Dosis zu schwach war, gab sie ihm eine stärkere in Kamillentee und er starb. Nun wurde sie Braut von einem Weinreisenden eines Bremer Hauses, namens Gottfried, gab diesem aber auch Gift, ließ sich ihm aber noch auf dem Sterbebett antrauen und beerbte ihn. Hierauf freite sie sich mit einem Zimmermann, den sie aber auch bald, in der Blüte seiner Jahre, in die andere Welt spedierte. Nun erzürnte sie sich wegen Geldangelegenheiten mit ihren in Bremen lebenden Eltern und schaffte auch diese mit Gift aus dem Wege. Hierauf kehrte ihr Bruder, ein Tischlergeselle, von der Wanderung heim und reklamierte seinen Anteil am väterlichen und mütterlichen Nachlass, und so musste auch er sterben. Eine Liebschaft mit dem Sohn eines Bremer Bierbrauers musste auch dieser, ihr Geliebter, mit dem Giftmorde büßen. Gleiches Los traf ein Milchmädchen und einen Torfbauern, die mit ihr in Verkehr standen. Hierauf kam häufig eine alte Bekannte, eine Betschwester zu ihr, die oft ein kleines, munteres angenommenes Mädchen von acht Jahren mitbrachte. Auch diese kleine Unschuld musste an Gift enden, denn es wurde einige Male mit vergiftetem Zuckerwerk beschenkt!
In der neueren Zeit reiste der Baumeister Poppe von Bremen nach Hannover, dort seine aus dem Bad Teplitz rückkommende Frau zu erwarten. Die Gottfried reiste mit ihm und spedierte zuerst ihren dort wohnenden Onkel und ihre Tante in die andere

Welt, und als Madam Poppe darauf ankam, erhielt auch diese Gift und starb in Hannover. Vorher reiste die Gottfried nach Hildesheim, um einen Wechsel von sechshundert Taler von einer dort wohnenden Verwandtin einzukassieren. Es entstanden Zwistigkeiten, und die Verwandte musste mit dem Tod büßen. Sie kehrte nun wohlgemut nach Bremen zurück und freite um den Witwer Poppe, und als er nicht heiraten wollte, spedierte sie ihn gleichfalls in die andere Welt.
Die famöse Giftmischerin war ungemein wollüstig und hatte stets mehrere Liebschaften, daher zu vermuten steht, dass sie noch sehr viele Männer und Jünglinge ihrer Bekanntschaft vergiftet hat! Die Zahl aller Vergiftungen schlägt man auf einunddreißig an.

Ihr letzter Vergiftungsversuch war bei dem Rademacher, der ihr Haus gekauft, dessen Frau sie schon vergiftet und der, weil er sie nicht heiraten wollte, gleichfalls vergiftet werden sollte. Dieser hatte aber anfangs zu wenig Gift bekommen und wurde bloß unpässlich. Sein Arzt aber, Dr. Luzzi, ein sehr geschickter Mann, sagte ihm geradezu, er habe Gift bekommen und möge auf seiner Hut sein. Als der Rademacher daher wieder mit zerbratenem Speck von der Gottfried traktiert wurde, riefen ihn Geschäfte einige Zeit ab, und als er rückkehrte, hatte der Speck eine ganz andere Farbe bekommen, deshalb steckte er ihn ein und eilte zum Dr. Luzzi, und beide gingen nun zum Chemiker Kind. Dieser schied nun durch chemische Prozesse die Gifte aus, und die Polizei schritt dann zur Haftnahme der Gottfried und Haussuchung. Leider hatte aber des Doktors Dienstmädchen zufällig die Unterredung zwischen ihrem Herrn und dem Rademacher belauscht und dem Dienstmädchen der Gottfried Kunde davon gegeben, und diese wieder ihrer Herrin, die dann nichts Eiligeres zu tun hatte, als die Gifte abseits zu schaffen und sich schnell als todkrank ins Bett zu legen. Als nun die Polizei erschien, weigerte sie sich zu folgen. Man drohte aber mit Gewalt, da bat sie die Offizianten, doch wenigsten sich einen Augenblick zu entfernen, um sich erst ankleiden zu können. Dies geschah, und nun nahm sie selbst Gift, denn im Stadtgefängnis angekommen, wurde sie sehr krank. Der Arzt des Gefängnisses aber, Dr. D...r, ein sehr resolvierter Mann, machte wenig Umstände mit ihr, ließ ihr die nötige Medizin, trotz Sträuben, beibringen, und sie genas. Nachdem wollte sie nichts genießen und verhungern, hat aber nachher diese schwierige Kur aufgegeben und befindet sich so ziemlich wohl. Sie sitzt mit härnem langen Gewande im Gefängnis, und ihre langen Haare haben der Schere weichen müssen.
Ihre Gifte soll sie sich aus Hannover zu verschaffen gewusst haben, und ist deren Gemisch noch nicht ganz enträtselt.

Die Umsicht und Geschicklichkeit der inquirierenden Richter wird allgemein gelobt. Es besteht bislang in Bremen noch keine Totenschau. Viele Tischler, die Särge für die bewussten Leichen gemacht, haben geäußert: sonderbar seien ihnen freilich die meisten derselben vorgekommen; die eine sei braun oder schwarz gewesen, andere mit offenem Leibe, andere wieder ungewöhnlich weiß und wachsartig.
Es dürften viele Leichen wieder ausgegraben werden, da der Ansicht der Ärzte nach mehrere derselben noch unverwest befunden werden würden. Die letzten Vergifteten ruhen in Hannover und Hildesheim, seit ungefähr zwölf Monaten. Schrecklich ist der Mensch in Laster und Wahn!«
So weit einmal eines von zahlreichen Beispielen, wie in der zeitgenössischen Presse sich Gerüchte und Spekulationen mit den bekannt gewordenen Fakten vermischten. Es finden sich in den Zeitungen aber durchaus auch Beispiele dafür, dass, während in Bremen die Untersuchung gegen Gesche Gottfried lief, zumindest ansatzweise Fall und Prozessverlauf seriös recherchiert dargestellt worden sind.
Durch derartige Zeitungsberichte auf die »Kriminalaffäre Gesche Gottfried« aufmerksam geworden, verfasste in Berlin Adelbert von Chamisso das Gedicht »Die Giftmischerin«, worin er, völlig neu für die damalige Lyrik in Deutschland, auch Kritik an der bürgerlichen Gesellschaft übte. Chamisso gehörte übrigens auch zum Kreis der von Julius Eberhard Hitzig 1824 in Berlin gegründeten ›Mittwochsgesellschaft‹. Hitzig wiederum gab, wie wir später noch sehen werden, wenige Wochen nach Gesche Gottfrieds Hinrichtung in seiner berühmten Reihe »Hitzigs Annalen für deutsche und ausländische Criminal-Rechtspflege« über den Fall Gesche Gottfried ausführliche Berichte heraus.

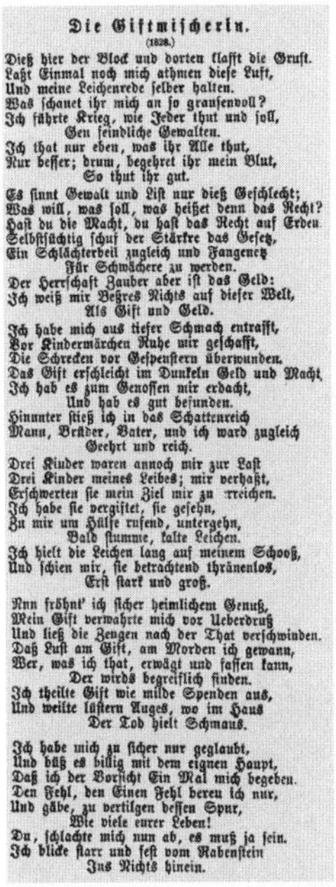
Die Giftmischerin.
(1828.)

Dieß hier der Block und dorten klafft die Gruft.
Laßt Einmal noch mich athmen diese Luft,
Und meine Leichenrede selber halten.
Was schauet ihr mich an so grausenvoll?
Ich führte Krieg, wie Jeder thut und soll,
Gen feindliche Gewalten.
Ich that nur eben, was ihr Alle thut,
Nur besser; drum, begehret ihr mein Blut,
So thut ihr gut.

Es sinnt Gewalt und List nur dieß Geschlecht;
Was will, was soll, was heißet denn das Recht?
Hast du die Macht, du hast das Recht auf Erden.
Selbstsüchtig schuf der Stärkre das Gesetz,
Ein Schlächterbeil zugleich und Fangenetz
Für Schwächere zu werden.
Der Herrschaft Zauber aber ist das Geld:
Ich weiß mir Beßres Nichts auf dieser Welt,
Als Gift und Geld.

Ich habe mich aus tiefer Schmach entrafft,
Vor Kindermärchen Ruhe mir geschafft,
Die Schrecken vor Gespenstern überwunden.
Das Gift erschleicht im Dunkeln Geld und Macht,
Ich hab es zum Genossen mir erdacht,
Und hab es gut befunden.
Hinunter stieß ich in das Schattenreich
Mann, Brüder, Vater, und ich ward zugleich
Geehrt und reich.

Drei Kinder waren annoch mir zur Last
Drei Kinder meines Leibes; mir verhaßt,
Erschwerten sie mein Ziel mir zu erreichen.
Ich habe sie vergiftet, sie gesehn,
Zu mir um Hülfe rufend, untergehn,
Bald stumme, kalte Leichen.
Ich hielt die Leichen lang auf meinem Schooß,
Und schien mir, sie betrachtend thränenlos,
Erst stark und groß.

Nun fröhnt' ich sicher heimlichem Genuß,
Mein Gift verwahrte mich vor Ueberdruß
Und ließ die Zeugen nach der That verschwinden.
Daß Lust am Gift, am Morden ich gewann,
Wer, was ich that, erwägt und fassen kann,
Der wirds begreiflich finden.
Ich theilte Gift wie milde Spenden aus,
Und weilte lüstern Auges, wo im Haus
Der Tod hielt Schmaus.

Ich habe mich zu sicher nur geglaubt,
Und büß es billig mit dem eignen Haupt,
Daß ich der Vorsicht Ein Mal mich begeben.
Den Fehl, den Einen Fehl bereu ich nur,
Und gäbe, zu vertilgen dessen Spur,
Wie viele eurer Leben!
Du, schlachte mich nun ab, es muß ja sein.
Ich blicke starr und fest vom Rabenstein
Ins Nichts hinein.

Adelbert von Chamissos 1828 entstandenes Gedicht »Die Giftmischerin« ist die erste literarische Auseinandersetzung mit Gesche Gottfried

Briefe

Zurück zu den gerichtlichen Untersuchungen in Bremen. Im Sommer 1828 war der Gerichtssekretär Noltenius so schwer erkrankt, dass, wie es im Protokoll heißt, »wegen Unpässlichkeit des Sekretärs« vom 20. Juni bis zum 4. August keine Verhöre stattfinden konnten. Auch musste die Protokollierung der eingehenden Aussagen während dieser Zeit ausgesetzt werden.
Gesche Gottfrieds Tagesablauf indes begann in Alltagseinerlei überzugehen. Durch das Ausbleiben weiterer Verhöre glaubte sie, die Untersuchung sei abgeschlossen und »es gehe mit ihr zu Ende«.[197] Vielleicht mochte sie in jenen Wochen wirklich ein Ahnen von der Ungeheuerlichkeit ihrer Taten bekommen haben, denn sie begann, reuevolle Abschiedsbriefe zu schreiben.

Am 24. Juli 1828 schrieb sie Briefe an Johann Christoph Rumpff, Marie Heckendorff, Friedrich Dolge und schließlich auch Droste. Zwei Menschen, Rumpff und Heckendorff, die von ihr über Jahre immer wieder durch kleine Giftgaben aufs Entsetzlichste gequält worden waren und deren Gesundheit dadurch schweren, unheilbaren Schaden genommen hatte, suchte sie brieflich um Verzeihung zu bitten.

Dem Johann Christoph Rumpff schrieb sie: »Herr Rumpff! Mit betrübtem Herzen bitte ich um Ihre Verzeihung. Gerne hätte ich Ihnen die Hand zur Versöhnung gereicht, aber Sie werden es gewiss nicht überwinden können. Ich fühle, Sie tief gekränkt zu haben. Ach, der liebe Gott vergibt ja – lassen Sie mich doch auch durch ein paar Zeilen ihre Vergebung wissen, oder bitten Sie, dass ich mal auf Abend zu Ihnen kommen darf, Ihnen meine innigste Reue zu beweisen. Lebte doch mein guten Mienchen*, sie würde für mich beten. Ach, könnte ich Ihnen sagen, was ich in meiner Einsamkeit empfinde. Und wie gerne ich mein Vergehen zurücknehme, ist Gott allein bekannt. Grüßen Sie doch Mutter, Johann und Heinrich und Stienchen mit der Bitte, ihnen doch noch einmal Lebewohl zu sagen. Auch allen in Ihrem Haus und auf Ihrem Hof bitte zu grüßen. Ihnen lieber Rumpff bitte ich, mich den Abend in ihr Gebet mit einzuschließen, dass der gütige Gott mir meine Sünden vergeben möge. Auch Madam Stieß bitten Sie um Vergebung, ich möchte sie so gerne mal sprechen. Der

Gesche Gottfrieds Brief an Johann Christoph Rumpff (Transkription im Text)

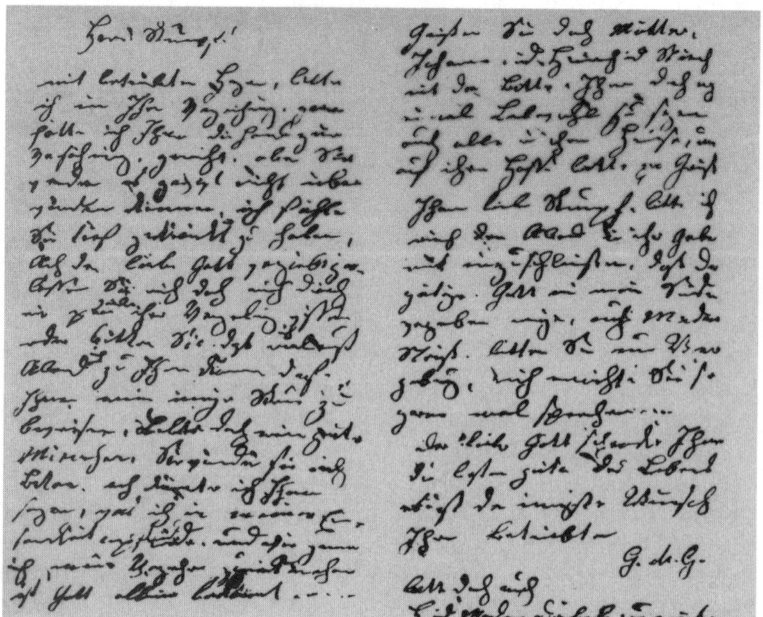

* Die von ihr vergiftete Wilhelmine Rumpff.

liebe Gott schenke Ihnen die besten Güter des Lebens, es ist der innigste Wunsch Ihrer betrübten G. M. G.«[198]

Der Marie Heckendorff schrieb sie: »Liebe Marie, wenn ich Dich noch so nennen darf. Wie ich höre, kannst Du Dich nicht überwinden, zu mir zu kommen. Ich kann es Dir auch nicht verargen, und hättest Du es ahnen können, Du würdest gewiss längst aufgehört haben, meine Freundin zu sein. Ach Marie, ich bin recht unglücklich, aber durch eigenes Verschulden. O Marie, ist es nicht möglich, dass ich wieder eine wahre Christin werde? Die Zeit meiner Gefangenschaft möchte ich nicht gerne zurücknehmen. Da meine Einsamkeit und die guten Bücher mich überzeugen, wie glücklich der Mensch ist, der Gott vertraut. Sein allsehendes Auge hat lange meine Tat gesehen. Bete für mich, dass er mich mag in Gnaden annehmen. Er sieht in meinem Herzen, wie sehr ich es bereue, und so hoffe ich, wenn ich ernstlich es bereue, dass er mich mag in Gnaden annehmen. Ich genieße in meiner Gefangenschaft eine große Güte von dem lieben Gott hinsichtlich der Behandlung und Essen und Trinken, was ich nicht verdient habe und mich recht traurig macht, wenn ich sehe die anderen Gefangenen, die besser sind als ich und nur einmal des Tages zu essen bekommen. Wieder ein Beweis von der Güte Gottes. Nun meine Gute, bitte ich, dass Du mir durch ein paar Zeilen Deine Vergebung versicherst. Wir sehen uns hier nicht wieder. Lebe wohl und bete zu dem lieben Gott für Deine unglückliche Freundin.«[199]

Friedrich Dolge schrieb sie: »Lieber Herr Dolge! Da ich in meiner betrübten Lage nicht die Gelegenheit habe, Sie persönlich zu sprechen, so benutze ich diese Zeilen und danke Ihnen für alles, was Sie die Jahre an mir erwiesen. Habe ich Sie auf irgendeine Art beleidigt, so hoffe ich, Sie werden mir verzeihen. Wie gerne ich mein Vergehen zurücknehme, und wie gerne ich wünsche, eine wahre Christin zu werden, ist Gott bekannt. Eine Bitte habe ich an Sie: ob Sie nicht für mich um eine milde Strafe bitten können, damit ich doch nicht ganz als eine Sünderin aus dieser Welt gehe. Ich möchte so gerne der Obrigkeit durch meinen Wandel zeigen, dass ich mich gebessert hätte. Tun Sie, was in Ihren Kräften steht, und wenn ich mich ernstlich bessere, wird Gott die Herzen der Obrigkeit zu mir führen, die mich bis jetzt noch immer so liebevoll behandelt haben. Grüßen Sie Madam Rippen. Mich zu besuchen, wird sie sich gewiss nicht überwinden können. Grüßen Sie Ihre liebe Frau und Kinder. Und beten Sie für Ihre unglückliche Freundin. Dass Sie mir gerne vergeben, bin ich überzeugt. Möge auch der allgütige Vater mir verzeihen und in Gnaden annehmen. Er ist der beste Helfer, zu ihm habe ich das große Vertrauen. Ihre Freundin Gesche G.«[200]

Ob diese Briefe, die sich heute in der Prozessakte befinden, freilich jemals ihre Empfänger erreicht haben, ist mehr als zweifelhaft. Nach Noltenius Genesung gab Droste am 4. August zu Protokoll, jene Briefe durch den Polizeikommissar Tonjes erhalten zu haben, setzte aber hinzu: »Es ist den Personen, an die sie gerichtet, bis jetzt keine Kunde davon geworden.«[201]
Die im Detentionshaus diensttuende Aufseherin Sellmann wurde von Droste »instruiert, die Gottfried so viel schreiben zu lassen wie sie wolle, auch an wen sie wolle«. Er machte sie aber in aller Strenge dafür verantwortlich, dass alles, was sie schreibe, in seine Hände komme.

Das letzte Mordgeständnis:
Die Vergiftung der Mutter

An jenem 24. Juli, an dem Gesche Gottfried obigen Brief geschrieben hatte, war Droste des Vormittags zu ihr ins Detentionshaus gegangen, da sie ihn tags zuvor brieflich um einen Besuch gebeten hatte. Sieben Wochen hatte sie ihn nicht gesehen, war sie sich selbst überlassen gewesen.
Als Droste aber im Detentionshaus von Tonjes erfuhr, dass sie Briefe schreibe, beschloss er, mit seinem Besuch bis zum Nachmittag zu warten, da, wie er später bemerkte »mir daran liegen musste, diese lang gewünschte Quelle ganz freier, eigentümlicher Erklärungen und Äußerungen ungetrübt zu erhalten«.[202] Als er dann nachmittags wieder ins Detentionshaus kam, hatte sie ihm bereits einen Brief geschrieben, den Tonjes ihm übergab.
Von dem darauf mit ihr geführten Gespräch fertigte Droste folgendes Gedächtnisprotokoll: »Jetzt ging ich zu ihr, nachdem ich den Brief gelesen, und sagte, wie mich der Anschein freue, dass es jetzt mit ihrer Reue ernst zu werden anfange, auf die ich bisher leider noch immer so wenig hätte geben können, was mich dann auch bestimmt habe, sie einmal ihrem eigenen Nachdenken zu überlassen.
Es sei so, wie sie mir geschrieben, sagte sie und behauptete, das Bedürfnis zu empfinden, die Wahrheit zu sagen. Sie sprach viel davon, dass sie sich an dem Lesen der Bibel erbauet und es ein Unglück sei, dass sie sich früher daran nicht gehalten habe. Wie die Leidensgeschichte Christi sie mit ganz eigenen, nicht zu beschreibenden Ideen erfüllt habe, wie sie sich oft gedacht habe, Christus sei doch am dritten Tag wieder auferstanden, habe wieder gelebt und sei den Seinigen wieder erschienen. Wie, wenn das mal auch so mit Miltenberg wäre?
Sie erwähnte ihren Brief an Heckendorff, Rumpff und Dolge, und es ergab sich bald, dass sie wohl eigentlich seit einiger Zeit aus

der eingetretenen Pause den Schluss gezogen hatte, es gehe mit ihr zu Ende. Ich benahm ihr die Idee durch Anführung, dass die Untersuchung noch nicht geschlossen sei, dass sie erst verteidigt werden würde und dergleichen.
Sie fragte, ob das gewiss sei, dass sie immer hier und immer auch bei der Sache bleibe. Einmal gab sie zu verstehen oder äußerte geradezu, wohl zu wissen, dass sie den Tod verdient habe.«[203]
Vorsichtig lenkte Droste darauf das Gespräch auf von ihm vermutete Vergiftungen. Als er auf den Tod ihres Schwiegervaters Miltenberg kam, »hob sie«, wie es in seinem Gedächtnisprotokoll weiter heißt, »rasch den gesenkten Kopf in die Höhe und sagte mit vor die Brust gelegter Hand, indem sie mich gerade und so frei es ihr möglich ist ansah: ›Auf Gott! Wahrhaftig nicht. Daran bin ich unschuldig!‹
›Ich will das wohl glauben‹, sagte ich. ›Ich habe ja auch nichts Bestimmtes gesagt. Aber ich will Ihnen einmal eine Frage tun, weil ich zu Gott hoffe und glaube, dass Sie in diesem Augenblick nicht lügen können. Ich gebe Ihnen die Erlaubnis, gar nicht zu antworten, wenn Sie das lieber wollen, aber wenn Sie antworten, so erwarte ich Wahrheit.‹ Dabei fixierte ich sie scharf mit den Augen und sagte: ›Wie sieht es aus mit der Mutter?‹ Sie hatte mich, wie erwartet, gerade angesehen, jetzt schlug sie die Augen nieder, senkte den Kopf auf das Taschentuch in ihren gehobenen Händen und sagte leise vor sich hin: ›Da bin ich nicht frei von‹, oder: ›Von der Mutter bin ich nicht frei.‹ Auf mein Zureden, frei sich zu äußern, da es sie ja erleichtern würde herauszusagen, was sie in dieser Beziehung drücke, äußerte sie: ›Ja, ich habe ihr was gegeben.c
Ich erinnerte sie, dass die Todesanzeige der Mutter im Wochenblatt auch von einer Entzündung im Unterleib rede, und sie fuhr unter vielen Tränen fort: ›Ja, aber krank war sie schon, das kam nicht von mir.‹ Später sagte sie: ›Erst, als sie schon bei uns lag, gab ich ihr was. Ich ward von Mutter hinübergeschickt in ihr Haus, ihr Wäsche aus ihrem Schrank zu holen, da fand ich ein Papier, worauf stand Arsenik, davon nahm ich etwas und gab es ihr.‹«[204]
Über das Motiv der Vergiftung ihrer Mutter versprach sie Droste, noch näher nachdenken zu wollen. Und da er fürchtete, auf weitere Fragen Lügen zu erhalten, begnügte er sich mit dem Gehörten. In jenem Gespräch auch nahm sie ihre früheren Anschuldigungen gegen den Michael Christoph Gottfried zurück: »Es sei nicht wahr, dass Gottfried ihr gesagt habe, wenn sie keine Kinder hätte, wolle er sie nehmen, wie sie früher behauptet habe. Sie würde Gottfried unrecht tun, wenn sie das behaupte. Er sei vielmehr sehr kinderlieb gewesen. Sie sprach dann noch von ihrer jetzigen Unruhe, die sie als Wirkung der Reue ansehe, von ihren Träumen, ihrer Sehnsucht nach der Verzeihung derer, die sie

gekränkt. Da sie versicherte, es erleichtere sie, wenn sie so wie heute sich aussprechen könne, daher sie bäte, ihr bald wieder Gelegenheit dazu zu verschaffen, so sagte ich ihr das zu und entfernte mich um sieben Uhr mit der Aufforderung, die heute bewiesene Gesinnung festzuhalten.«[205]

IX. *Ein langes Warten auf den Tod*

24. Juli 1828 bis 11. April 1831

Die ersten Besuche Pastor Rotermunds

Noch am Abend desselben Tages bat Droste den Bremer Dompastor Heinrich Wilhelm Rotermund brieflich, die ›Seelsorge‹ Gesche Gottfrieds zu übernehmen.
Drostes Brief an Rotermund gibt eindrucksvoll Zeugnis davon, wie sich im Laufe der Untersuchung seine Sichtweise auf Gesche Gottfried geändert hatte. Sprach er in den ersten Verhörprotokollen noch davon, dass ihr Verhalten einzig Verstellung sei, sie daher keinerlei Schonung bedürfe, so zeigt er jetzt einfühlsam ein Ahnen von der Kompliziertheit dieser Frau. Ihr Verteidiger Friedrich Leopold Voget wird sich über diese Wandlung Drostes später öffentlich belustigen, indem er von einer »Milde«, von einer »oft in kaum zu unterdrückenden Tränen sich aussprechenden Teilnahme«[206] Drostes gegenüber Gesche Gottfried spricht.
In Drostes Brief an Rotermund heißt es: »Eure Hochwürden hatte ich bereits vor längerer Zeit Gelegenheit den Wunsch mitzuteilen, dass Sie Güte haben mögen, der Seelsorge für die Inculpatin Gottfried Witwe sich anzunehmen, wenn dieselbe es wünschen und die Stimmung derselben es ratsam machen sollte, und ich erinnere mich mit Freuden der gefälligen Geneigtheit, die Sie mir damals äußerten.
Dieser Zeitpunkt scheint jetzt gekommen zu sein. Da die Lage der Untersuchung es wohl gestattet und es mir wünschenswert schien, den Eindruck zu beobachten, den es auf die Gottfried hervorbringen würde, wenn sie einmal eine geraume Zeit sich selbst und ihrem Nachdenken überlassen sein würde und von dem Gericht nichts hörte, so habe ich sie mehrere Wochen ganz in Ruhe gelassen, auch persönlich sie nur ein- oder zweimal gesehen.
Diesen Morgen ging ich in das Gefangenenhaus, um sie zu besuchen, kehrte jedoch um, als ich hörte, sie schreibe gerade an mich und habe bereits die beiliegenden drei Briefe an Bekannte geschrieben. Diese drei Briefe, um deren Rückgabe ich bitte, zeigen äußere Spuren von Reue, welche Ihnen die Hoffnung auf einigen Erfolg Ihrer Bemühungen geben werde und die ich Ihnen deshalb mitzuteilen für Pflicht halte.
Ich darf indes dabei nicht unbemerkt lassen, dass von Äußerungen der Inculpatin über ihre reuige Stimmung und ihre Sehnsucht nach einem Besserwerden kein sicherer Schluss auf die wirkliche Existenz solcher Gesinnung gemacht werden kann. Denn indem

Pastor Heinrich Wilhelm Rotermund

Rotermund war von August 1828 bis September 1829 Gesche Gottfrieds erster Gefängnisgeistlicher. Er wurde 1761 in Schleiz geboren und kam über Buxtehude und Horneburg 1798 an den Dom in Bremen, wo er bis 1845 Dompastor war. Sein 1818 erschienenes ›Lexikon aller Gelehrten, die seit der Reformation in Bremen gelebt haben‹ gilt auch heute noch als ein wichtiges Werk bremischer Kulturgeschichte und Familienforschung. Rotermund war auch der Pastor von Gesche Gottfrieds Eltern gewesen. Er hatte 1801 Gesche als sechzehnjähriges Mädchen konfirmiert, auch alle ihre Kinder getauft. Bereits um 1824, so erzählte sie in der Gefangenschaft ihrem Verteidiger Voget, *»hatte ich Gewissensbisse, so dass ich mich als große Sünderin Herrn Doktor Rotermund offenbaren wollte; aber die Furcht, dass er mich bei der Obrigkeit angeben mögte, hielt mich zurück«.*
Rotermund starb 1848 in Bremen.

ich dieselbe früher dann und wann ähnliche Äußerungen tun hörte und sie darin nicht bloß zu beharren, sondern auch danach zu handeln ermunterte, und wenn sie es mir dann unter einem Strom von Tränen hoch und teuer gelobte, so zeigte doch der Erfolg, dass sie nicht dabei blieb.
Im Allgemeinen hat zwar eine unablässige, sorgfältige Beobachtung ihres Wesens und ihrer Äußerungen mich dahin geführt, dass ich erkenne, wann sie lügt oder heuchelt und wann sie wahr ist; in einzelnen Fällen aber habe ich doch die Erfahrung gemacht, dass Lug und Trug, in denen sie wenigstens seit zwanzig Jahren wie in ihrem eigentlichen Element lebt, ihr fast zur anderen Natur geworden sind, und dass sie Beteuerungen ihrer Unschuld oder ganz fingierte Tatsachen unter der Larve der Wahrheit und Treuherzigkeit verbergen konnte, die der Natur abgestohlen zu sein scheint.
Eine andere traurige Eigentümlichkeit der Inculpatin ist die, dass ihre Gemütsstimmung in einem Augenblick von dem Extrem der Weichheit und Reue zu dem der größten Ruhe und Gefasstheit übergehen kann. Sie, die in einem Moment in Tränen zerfließen will, kann durch eine einzige Frage, durch eine Äußerung, ich möchte sagen, versteinert werden, sodass nichts auf sie Eindruck machte. Sie selbst sagte mir einst, als ich ihr das Grässliche des Mordes ihrer Kinder vorhielt und wie sie das so wenig afficiert habe: ›Es sei ganz sonderbar, wenn ich so allein war bei den Leichen der Kinder, konnte ich unendlich traurig sein und in Tränen zerfließen. Sobald ich dann aber nur die Haustür aufgehen hörte, dann war ich wie ein Brot, dann konnte ich ganz freundlich und

mit Ruhe die Leichen zeigen. Ich konnte keine Träne hervorbringen und die Leute aufmerksam machen, dass sie wohl aussähen. Sagen Sie mir mal, Herr Senator, was war das wohl?‹
Sie hat seit ihrer Gefangenschaft gern über religiöse Gegenstände mit mir gesprochen, doch habe ich aus solchen Unterredungen die Überzeugung gewonnen, dass sie mehr dunkle Ideen als klare Begriffe von religiösen Dingen habe und dass es um ihr Wissen des Positiven der christlichen Lehre schlecht aussieht, was nicht fehlen kann, da sie nie, seit ihrer Konfirmation wie ich glaube, zur Kirche gegangen ist. So wusste sie zum Beispiel, als das Osterfest nahte, nicht einmal, was der sogenannte Gründonnerstag bedeute.
Eine Charakteristik der Inculpatin zu geben, scheint mir bis jetzt eine Aufgabe, die ans Unmögliche grenzt. Ein Weib, was Kranke pflegt, Arme speist, dem Geben und Schenken, ich möchte sagen, zum Bedürfnis geworden und die doch ihre Freundinnen vergiftet; was über einem Wort von Goethe weint und ihre Kinder ermordet. Ein Weib, was einer Liebe fähig ist in solchem Maße, dass sie ihr das Leben der nächsten Angehörigen zum Opfer bringt, und die dann eben diesem Gegenstand ihrer Liebe die Giftschale reicht und an seinem Sterbelager mit Tränen sich die Haare zerrauft, über die Härte des Geschicks, das so viel Leiden auflegt. Ein Weib, was die Hand eines achtungswürdigen Mannes ausschlägt, indem sie ihm selbst erklärte, er sei ein zu guter Mensch für sie, die heute ihren eigenen Vater fälschlich als Mörder anklagt und morgen vielleicht mit ängstlicher Sorgfalt strebt, dass jeder üble Schein von einem Dritten genommen werde und sie allein als die Schuldige erscheine, die heute stiehlt, was sie morgen verschenkt, und tausend andere rätselhafte Erscheinungen mehr an sich trägt. Wer kann es wagen, ihren Charakter zu schildern?
Danach habe ich es nicht unterlassen zu dürfen geglaubt, Ihnen, verehrtester Herr Doktor, diese aphoristischen Mitteilungen zu machen, da einerseits die Rücksicht, welche das Seelenheil der Inculpatin verdient, mich über den Zweifel beruhigt, ob ich in noch laufender Untersuchung Ihnen dergleichen Details mitteilen dürfe, und da andererseits Ihr Amt, wie Ihre ausgezeichnete Persönlichkeit, mir die Garantie geben, dass Sie dieselben streng für sich und nur für sich behalten.
Möge denn Ihre Arbeit gesegnet sein; was guten Willen und festes Vertrauen auf höheren Beistand an Vorarbeitung geben und leisten konnten, ist geschehen, und ich berge die Hoffnung, dass wir einst die Freude haben werden, an dem rauen Stein nicht umsonst gearbeitet zu haben. Bremen, den 24. Juli 1828. Hochachtungsvoll ergebenst Droste.«[207]
Am 1. August 1828 trat der damals sechzigjährige Rotermund seinen ersten Gang zu Gesche Gottfried ins Verhörzimmer des

Detentionshauses an. Was der Mann allerdings unter ›Seelsorge‹ verstand, werden wir noch sehen. Als Droste ihn einige Tage später zufällig auf der Straße traf und fragte, »wie der Herr Pastor die Gottfried bei seinem Besuche gefunden habe«, antwortete der: »Sie sei zwar in der Unterredung periodisch weich und gerührt worden, doch sei sie ein Baum, der nicht auf den ersten Schlag falle.«[208]

Ihr Verteidiger Voget bemerkte später über Rotermunds rüden Ton gegenüber Gesche Gottfried: »Bei der schwierigen Frage, ob auf das Herz einer so tief versunkenen Sünderin wie die Gottfried eher mit vorherrschender Strenge des Gesetzes als mit dem sanften Trost des Evangeliums gewirkt werden könne, hatte Herr Doktor Pastor Rotermund sich für erstere Meinung entschieden. Bekannt mit der eitelen Selbstgefälligkeit der Verbrecherin, hatte er, wie es sich wohl gebührt, derselben gleich anfangs demütigend den Titel Madam versagt und sie in der dritten Person angeredet. Schon hierdurch hatte sich die Gottfried, je weniger sie zur Erkenntnis ihres sündigen Elends, ihrer Nichtswürdigkeit gekommen war, umso tiefer verletzt gefühlt.«[209]

Ein Jahr hindurch wird Rotermund sich vergeblich abmühen, weitere Vergiftungen aus ihr herauszubekommen. Auch wird er Nachforschungen über ihren ›unsittlichen Lebenswandel‹ betreiben und sie in aller Strenge darüber ausfragen. Als er ihr dann auch noch ein Buch »über eine Mörderin, nebst der bei der Gelegenheit ihrer Hinrichtung gehaltenen Predigt« zu lesen gab und bei einem seiner nachfolgenden Besuche ihr gar eine von ihm zwischen Nienburg und Bremen besuchte Enthauptung eines Verbrechers in aller Ausführlichkeit schilderte, war der ohnehin immer kleiner gewordene Quell des Vertrauens endgültig versickert, und »es verschloss sich«, wie Voget es nicht ohne Häme anmerkte, »ihr Inneres in der Folge vor seinen Strafpredigten, vor der Strenge, womit er ihr die Qualen ewiger Verdammnis schilderte«[210], immer mehr.

Und nochmals Gespräche, Briefe und Verhöre

Einen Tag vor Rotermunds erstem Besuch bei Gesche Gottfried hatte Droste noch einmal ein Gespräch mit ihr geführt. Er hatte ihr zunächst Rotermunds Besuch angekündigt und wollte dann weiter »erforschen, ob ihre Stimmung noch die nämliche sei« wie bei seinem letzten Besuch.

Ihre Antworten auf seine Fragen bezüglich der Vergiftung ihrer Mutter aber waren, wie es in seinem Gedächtnisprotokoll heißt, »kurz und einsilbig. Sie gab dieselben zwar mit Weinen, allein ein Bedürfnis, sich darüber weiter auszusprechen, war so wenig zu bemerken, dass sie auch heute, wie früher bei den formellen

Verhören, gern ablenkte.«[211] Und so verließ er sie bereits nach einer Dreiviertelstunde wieder.

Zwei Tage später erhielt er von ihr einen langen Brief: »Herr Doktor und Senator Droste! Nach meiner letzten Aussage bekenne ich nochmals, dass ich nach meiner ersten Tat, nämlich bei meinem seligen Manne, beinahe drei Jahre ganz davon befreit blieb. Außer die ich jetzt bekannt habe, sind keine durch mich vergiftet, kann ich mit Wahrheit bekennen. Aber, wie ich schon mal gesagt habe, jedem, der mir etwas Nachteiliges von anderen sagte, gab ich Gehör und glaubte es und erzählte es wieder, statt ihn zu verteidigen, und fühle jetzt, dass ich dadurch manchem wehgetan habe.

Nochmals, Herr Senator, wage ich diese Bitte an Sie, sich doch meiner anzunehmen und mich nicht zu verlassen. Ich werde gewiss beweisen, durch meine Lebensweise und aufrichtige wahre Besserung, dass ihre Bemühungen nicht umsonst gewesen sind. Machen Sie es sich doch zur Freude, eine so große Sünderin gebessert zu haben. Sie sollen gewiss nie Ursache haben, über mich zu klagen. Mit Freude will ich die Arbeit tun, die Sie mir auflegen. Ich bin überzeugt, dass Sie viel für mich wirken können, und habe auch das feste Vertrauen, dass Sie meine Bitte gewähren. Der Trieb zur Besserung wird täglich größer bei mir, ach! und mein Herz sehnt sich so sehr, die Kirche zu betreten, wo ich wohl nie an denken darf.

Wie ich diesen Morgen erwache, sagt mir mein Inneres selbst, dass ich im Anfang meiner Gefangenschaft nicht ganz die offene Wahrheit ausgesagt habe, teils aus Furcht vor Strafen und, wie ich leider bekennen muss, weil ich so sehr an die Unwahrheit gewöhnt war. Durch dieses aufrichtige Bekennen bitte ich um Ihre Verzeihung und verspreche im nächsten Verhör keine Unwahrheit zu sagen.

Vergeben Sie mir, wenn ich einsehe, wie unrecht ich tat, dass ich Ihnen Unwahrheiten sagte, und bestrafen Sie mich nicht nach meiner ersten Aussage. Herr Senator, ich muss es Ihnen bekennen, oft wünsche ich bei Herrn Kommissar* zu dienen, weil er so sehr religiös ist und mich oft erbaut. Sind gleich meine Kräfte nicht groß, so sagt die Schrift ja: durch den Glauben der Kräfte bekommst Du sie. Ich hege nicht diesen Wunsch, um lange zu leben. Nein, Gott und der Welt zu zeigen, dass ich mich gebessert habe, und unter Ihrem Schutz zu bleiben. Noch nie habe ich so über meinen Lebenswandel nachgedacht wie jetzt und finde, ich habe mich sehr an dem lieben Gott versündigt. Helfen Sie mir noch einmal auf einen guten Weg. Gewiss werde ich alles tun, damit Sie sehen, dass Ihre Mühe nicht umsonst gewesen ist. Haben Sie die Güte und geben diese Zeilen an die hohe Obrigkeit, mit der Bitte, sich doch meiner wieder anzunehmen, damit ich doch als eine wirklich

* Aufseher im Detentionshaus

Bekehrte die Welt verlasse. Der liebe Gott lenke doch Ihre Herzen wieder zu mir, damit ich gebessert werde.«[212]

Der Brief trägt den Vermerk: »d. 1. Aug. 1828 erhalten. Droste«. Neun Tage ließ er sich allerdings Zeit, ehe er zu dem von ihr gewünschten Gespräch ins Detentionshaus ging: »Sie schien mir in einem solchen Zustand der Gelassenheit, dass ich die Wiederholung ihrer früheren öfteren Äußerungen über die Freude am Lesen der Bibel, die aufgeschlagen vor ihr lag, und das Bedauern, sich nicht früher daran gehalten zu haben, nicht als aus dem Herzen kommend betrachten konnte.

Nur die eine Äußerung, ach, sie habe doch eigentlich fast jeden Tag sich schwer versündigt oder keinen Tag ohne Sünde verlebt, schien sie wenigstens augenblicklich zu bewegen. Wenngleich ich diesen Zustand auch heute, wie oft, mehr einen Anflug nennen möchte. Sie scheint sich weder selbst in Gedanken der Art zu vertiefen, noch ist es möglich, durch Eingehen in denselben, durch Sprechen darüber oder Folgerungen daraus, sie daran zu fesseln. Sie sitzt dann wohl mit niedergeschlagenen Augen da, nickt oder spricht ein seufzendes ›ja wohl!‹ mit einem scheuen Aufblick. Aber sie springt gern von dem Gegenstand ab, bald zu einer neuen Anklage gegen sich selbst, bald zu einem ganz fremden Gegenstand.

An einen fortlaufenden Faden des Gesprächs ist daher nicht zu denken. Aber dadurch ist es einerseits erklärlich, wie in einer halben oder Dreiviertelstunde von so vielen Dingen die Rede sein kann, und andererseits ist es mir nicht möglich, aus dem Gedächtnis alles in diese Registratur einzubringen, was gesprochen wurde. An Aufschreiben in ihrer Gegenwart ist aber nicht zu denken, da das gleich ihre ganze Aufmerksamkeit auf das Schreiben lenken und sie auf eine solche Darstellung und Schilderung ihrer Taten und Gedanken führen würde, die sie am vorteilhaftesten für sich hält, wie das die gerichtlichen Protokolle beweisen.«[213]

Droste beschloss darauf, sie wieder für einige Zeit »ihrem eigenen Nachdenken« zu überlassen. Zwei Wochen später bat Gesche Gottfried die Gefängniswärterin Sellmann*, Droste mitzuteilen, dass sie ein Gespräch mit ihm wünsche, »jedoch ohne zum Protokoll vernommen zu werden«.[214] Droste begab sich darauf am nächsten Tag zu ihr ins Detentionshaus. In seinem von Noltenius anschließend aufgenommenen Gedächtnisprotokoll heißt es: »Sie wurde in das Verhörzimmer gebracht, und hier nahm sie gleich das Wort und fragte: ›Ob sie noch wohl von Gott Vergebung ihrer Sünden erlangen könne?‹ Es wurde ihr erwidert, dass darüber ihr Inneres die beste Auskunft geben müsse. Wenn von dort aus Besserung erfolge, so werde ihr auch Gottes Gnade nicht fehlen.

* Die Frau des Kommissar Sellmann war Aufseherin im Detentionshaus

Sie sagte darauf: ›Denken Sie, mir hat neulich geträumt, dass Miltenberg kam und mir sagte: ich habe dir vergeben. Nicht wahr, ein tröstlicher Gedanke.‹ Es wurde ihr bemerklich gemacht, dass es schien, als wenn sie sich mehr ihren Fantasien überlasse, als sich ernstlich mit der Prüfung ihrer selbst zu beschäftigen, und so ihre eigentliche Besserung versäume. Sie lenkte darauf das Gespräch auf ihre Untersuchung und suchte durch hingeworfene Fragen ihr künftiges Schicksal zu erfahren.«[215]
Droste ließ dann noch bemerken, dass »nach seinem Eindruck dies verlangte Gespräch keinen anderen Zweck gehabt hatte, als dass die Gottfried ihre Neugierde habe befriedigen wollen, was mit ihr weiter geschehen werde«. Dennoch nahm er sie in den darauffolgenden Wochen bis zum 16. September wieder in Verhör. In jenen Verhören wurde sie mit ihren früheren Aussagen konfrontiert und nochmals über die einzelnen Vergiftungen befragt. Im Anschluss an eines dieser Verhöre ließ Droste im Protokoll bemerken, »dass die Inculpatin bei ihrer heutigen Vernehmung sehr bewegt zu sein schien. Sie erklärte zu mehreren Malen: ›Ich habe mir vorgenommen, mein Gewissen ganz zu befreien und daher alles, was ich nur im Geringsten unwahr gesagt habe, zurückzunehmen und zu verbessern.‹ Zwischendurch unterbrach sie sich oft, indem sie ausrief: ›Ach Gott‹ oder ›Kinder, Kinder, wie kriege ich Ruhe.‹«[216]
Weitere Vergiftungen aber räumte sie nicht ein.

Die ersten Publikationen

Obgleich die strenge Zensur keine Veröffentlichungen über die ›Kriminalaffäre‹ zuließ, kursierten bereits wenige Monate nach Gesche Gottfrieds Verhaftung mehrere anonym verfasste Flugschriften in Bremen und waren sogleich Gegenstand lebhaftester Diskussionen.
Da diese kleinen Schriften sich aus den in der Stadt umlaufenden Gerüchten speisten, sind sie heute ein wertvolles Zeugnis dafür, welche Details über den Fall bereits kurz nach der Verhaftung Gesche Gottfrieds in der Bevölkerung Bremens bekannt gewesen waren. Erstaunlich ist hierbei, wie nahe die kursierenden Gerüchte der Wahrheit kamen. In der siebenseitigen Flugschrift »Die Giftmischerin Gesina Timm in Bremen« heißt es: »Über die hier in Kriminaluntersuchung stehende Giftmischerin erfährt man folgende, ihren Lebenslauf betreffende Einzelheiten: Gesina Timm wurde früh an einen wohlhabenden Handwerker verheiratet und lebte in hinreichendem Wohlstand. Sie führte mit ihrem Gatten, obwohl er roh war, eine dem Anschein nach leidliche Ehe und wurde Mutter von mehreren Kindern, von denen einige früh starben.

Der böse Leumund aber wollte ihr vorwerfen, dass sie gegen die Huldigung anderer Männer nicht gleichgültig sei; ihre Schönheit und einnehmende Liebenswürdigkeit indessen entkräftete lange solche und ähnliche Gerüchte. Doch konnte es nicht verborgen bleiben, dass ein junger Mann, welcher einige Zimmer ihres Hauses bewohnte, ihr begünstigter Liebhaber war. Dies sträfliche Verhältnis ward oft Anlass zum Zwiespalt zwischen den Ehegatten. Da starb plötzlich ihr Gatte, und es ergab sich bald, dass die Vermögensumstände ziemlich zerrüttet waren. Gesinas alter Vater, ein redlicher Mann, lebte noch und erklärte sich willig, die vorhandenen Schulden zu bezahlen; doch unter der Bedingung, dass seinem einzigen Sohn, welcher noch auf der Wanderschaft war, Gesinas Haus verschrieben werden solle. Sie genehmigte dies, und als alles berichtigt war, starb auch ihr alter Vater. Da schrieb

Flugschriften

Mit dieser erst im vergangenen Jahr aufgetauchten Flugschrift liegt erstmals eine Quelle vor, mit der die in der Stadt umlaufenden Gräuelgeschichten über Gesche Gottfried nachgewiesen werden können. In der Flugschrift heißt es unter anderem:

»Im Gerichte hat sie eingestanden, auf welche teuflische Weise sie ihre Kinder ums Leben gebracht hat. Sie hat die Älteste auf den Tisch gelegt und gekitzelt, das Kind hat geweint und gesagt: liebe Mutter, ich kann es nicht mehr aushalten; da hat sie es vom Tisch gerissen, auf die Erde geworfen, auf den Hals getreten, alsdann bei den Beinen aufgehangen bis das Kind sein Leben aufgegeben hat. Auch hat sie eingestanden daß sie oft Waren von hiesigen Krämern hat holen lassen, alsdann die Waren vergiftet und wieder hingeschickt.

Aber das Strafgericht Gottes hat sie schon im Gefängnisse verfolgt: sie leidet an der unheilbaren Lausekrankheit, und wird von diesem Ungeziefer, welches alle Reinigungen und Bäder ungeachtet von ihr nicht zu entfernen ist, Tag und Nacht gekitzelt und gepeiniget.«

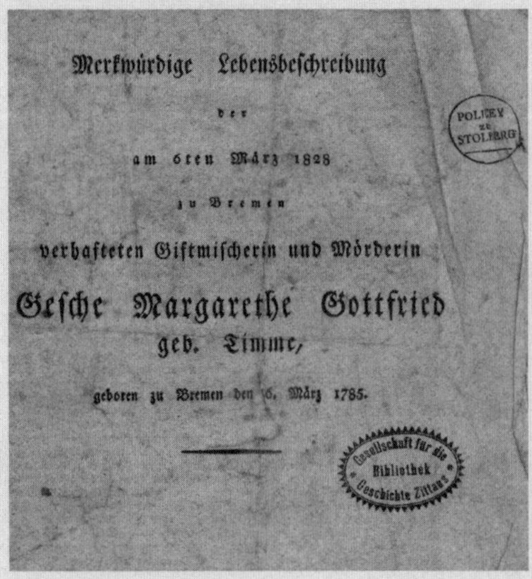
Merkwürdige Lebensbeschreibung

der

am 6ten März 1828

zu Bremen

verhafteten Giftmischerin und Mörderin

Gesche Margarethe Gottfried

geb. Timme,

geboren zu Bremen den 6. März 1785.

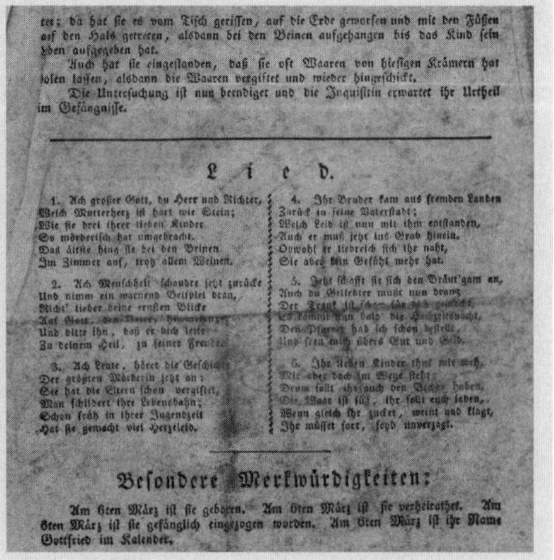
ter; da hat sie es vom Tisch gerissen, auf die Erde geworfen und mit den Füßen auf den Hals getreten, alsdann bei den Beinen aufgehangen bis das Kind sein Leben aufgegeben hat.

Auch hat sie eingestanden, daß sie oft Waaren von hiesigen Krämern hat holen lassen, alsdann die Waaren vergiftet und wieder hingeschickt.

Die Untersuchung ist nun beendiget und die Inquisitin erwartet ihr Urtheil im Gefängnisse.

Lied.

1. Ach großer Gott, du Herr und Richter,
Welch Mutterherz ist hart wie Stein;
Wie sie drei ihrer lieben Kinder
So mörderisch hat umgebracht.
Das ältste hing sie bei den Beinen
Im Zimmer auf, troz allem Weinen.

2. Ach Menschheit schaudre jezt zurücke
Und nimm ein warnend Beispiel dran,
Richt' lieber deine ernsten Blicke
Auf Gott, [illegible]
Und bitte ihn, daß er dich leite
Zu deinem Heil, zu seiner Freude.

3. Ach Leute, höret die Geschichte
Der größten Mörderin jezt an:
Sie hat die Eltern schon vergiftet,
Man schildert ihre Lebensbahn;
Schon früh in ihrer Jugendzeit
Hat sie gemacht viel Herzeleid.

4. Ihr Bruder kam aus fremden Landen
Zurück in seine Vaterstadt;
Welch Leid ist nun mit ihm entstanden,
Auch er muß jezt ins Grab hinein.
Obwohl er liebreich sich ihr naht,
Sie aber kein Gefühl mehr hat.

5. Jezt schafft sie sich den Bräut'gam an,
Auch du Geliebter mußt nun dran;
Der Trank ist schon [illegible]
[illegible] die Hochzeitsnacht,
Den Pfarrer hab ich schon bestellt,
Und freu mich übers Gut und Geld.

6. Ihr lieben Kinder thut mir weh,
Mir aber doch im Wege steht;
Drum sollt ihr auch den Becher haben,
Die Waar ist süß, ihr sollt euch laben,
Wenn gleich ihr zucket, weint und klagt,
Ihr müsset fort, seyd unverzagt.

Besondere Merkwürdigkeiten:

Am 6ten März ist sie geboren. Am 6ten März ist sie verheirathet. Am 6ten März ist sie gefänglich eingezogen worden. Am 6ten März ist ihr Name Gottfried im Kalender.

sie ihrem entfernten Bruder: er möge kommen und sein Erbe annehmen. Er kam nach kurzer Zeit, wurde freundlich von der einzigen Schwester aufgenommen, und – war kaum drei Tage unter ihrem Dach, als auch ihn der Tod wegraffte. Noch in diesem Jahr verlor sie ihre drei Kinder und wurde nun ein Gegenstand des allgemeinen Bedauerns. Wohl badete sie sich in Tränen, ertrug indes mit bewunderungswürdiger Stärke das schwere Verhängnis, und ward bald die verlobte Braut des früher erwähnten jungen Mannes. Mit der Verbindung selbst ward gezögert, der Bräutigam erkrankte und siechte bald sichtlich dem Grabe zu. Umstände erheischten es indessen, um Gesinas Ehre wenigstens scheinbar zu retten, dass die Trauung vollzogen werde, obgleich der Bräutigam schon bald eine Beute des Todes war. Als daher eine drohende Krisis eintrat, ließ Gesina einst noch gegen Mitternacht den Geistlichen und einige Nachbarn rufen, welche nicht wenig erstaunt waren, so spät noch zur Hochzeit geladen zu werden. Sie wurde getraut; einige Stunden nach der Zeremonie verschied der Neuvermählte. Dieser seltsame Vorfall erregte neues Aufsehen und scheuchte nun vollends die Ehrliebenden ihres Geschlechts von Gesina zurück.

Die nun mehr als je Alleinstehende besiegte bald auch den Schmerz über diesen Verlust. Ungeachtet ihr Ruf sehr gesunken war, fehlte es doch nicht an Stimmen, welche ihr fortwährend das Zeugnis einer unermüdlichen Wohltäterin der Armen gaben. Selbst achtbare Ärzte rühmten sie nur als eine milde Pflegerin armer Kranker, denen sie unaufgefordert erquickende Suppen bereitet und, wenn sie ihr nahe wohnten, selbst brachte. Verschiedentlich wollte dagegen zwar auch verlauten, dass die Kranken nach ihren Suppen meistens noch kränker geworden, ja oft sogar gestorben seien; doch wer hätte solche Äußerungen nicht gern für allzu hämische Seitenblicke des Neides gehalten und daraus lieber den so oft bewährten Schluss gezogen: dass, wo einmal ein gerechter Vorwurf hafte, die erfinderische Bosheit ein Privilegium zu haben glaubt, die schwärzesten Beschuldigungen hinzufügen zu dürfen.

Allem Gerede zum Trotz, war Gesina jedoch nicht lange zum zweiten Mal Witwe, als sich aufs Neue ein untadelhafter Mann um sie bewarb und bald öffentlich mit ihr verlobt ward. Aber schon war der Hochzeitstag festgesetzt, als auch dieser zu kränkeln begann und nach nicht gar langer Zeit an einer zehrenden Krankheit verschied. Dieser Todesfall gab bereits halb verlorenen Gerüchten neue Nahrung, und der Aberglaube behauptete: Gesina haben einen vergifteten Atem, weil alles, was mit ihr in nähere Berührung komme, ja mit ihr unter einem Dach wohne, sterben müsse. In der Tat war es ihr schon länger schwer geworden, die obere Etage ihres Hauses zu vermieten, weil auch von ihren

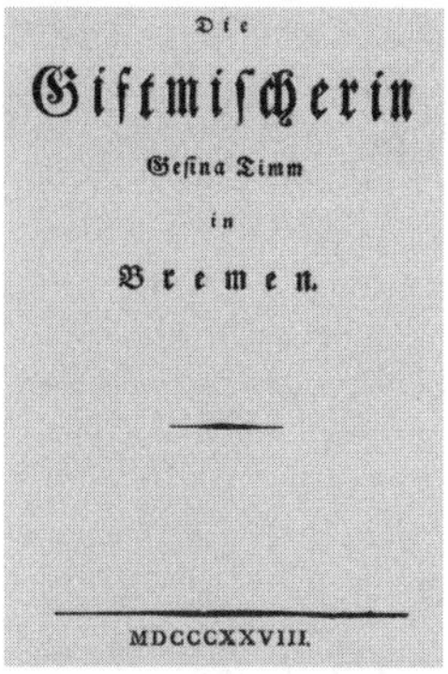
Die
Giftmischerin
Gesina Timm
in
Bremen.
MDCCCXXVIII.

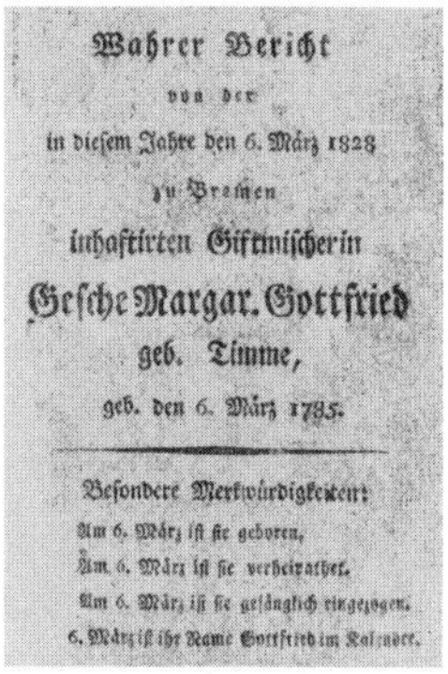
Wahrer Bericht
von der
in diesem Jahre den 6. März 1828
zu Bremen
inhaftirten Giftmischerin
Gesche Margar. Gottfried
geb. Timme,
geb. den 6. März 1785.
Besondere Merkwürdigkeiten:
Am 6. März ist sie geboren,
Am 6. März ist sie verheirathet.
Am 6. März ist sie gefänglich eingezogen.
6. März ist ihr Name Gottfried im Kalender.

Bereits wenige Wochen nach Gesche Gottfrieds Verhaftung kursierten in Bremen mehrere anonym verfasste Flugschriften, in denen sich die in der Stadt umlaufenden Gerüchte widerspiegeln

Miteinwohnern verschiedene unerwartet gestorben waren (zur Vermehrung des Schreckens, welchen ihr Name verbreitete) endlich gar die Sage ging, es spuke in ihrer Wohnung. Alles dieses schien jedoch die rätselhafte Frau nicht zu irren; sie blieb stets die freundliche, zuvorkommende, überaus gefällige Frau, deren Körperreiz und einnehmendes Wesen ihr stets Freunde erhielt. Besonders wusste sie Männer anzuziehen und so zu fesseln, dass sie nach kaum einem Jahr zum vierten Mal, und zwar mit einem wenigstens sechs Jahre jüngeren Mann verlobt war.
Doch – schreckliches, grauenerregendes Verhältnis! – auch diesen berührte, bald nach dem Verlöbnis, die eisige Hand des Todes. Er zehrte allmählich ab, wurde von ihr aufs Zärtlichste gepflegt und sank den andern nach ins Grab. Er hatte ihr einen bedeutenden Teil seines Vermögens vermacht, und wie er sie geliebt und verehrt, beweisen die einfachen, früher in Bezug auf sie ausgesprochenen Worte: ›Sie ist für diese Welt zu gut.‹ Gesina wurde indessen jetzt noch mehr gemieden und fast gefürchtet: es schien, als ob nach diesem letzten Vorfall sich kein Bewerber ihr mehr zu nahen wagte. Sie selbst schien ein zurückgezogenes Leben gewählt zu haben, und es vergingen Jahre, ohne dass man irgendetwas Auffallendes von ihr gehört hatte. Kam noch irgendwo die Rede auf die seltsame Frau, so zuckten die, welche gerne das Ärgste glaubten, bedeutend die Achseln; andere, menschenfreundlicher Gesinnte, meinten: mehr unglückseliges, verhängnisvolles Zusammentreffen von Umständen, als Schuld, habe sie in zweideutigen Ruf gebracht. So urteilte der kurzsichtige Mensch, bis die Nemesis erscheint und plötzlich den Schleier von lange verhüllten Höllentaten wegzieht.
Gesinas Wohnung war für sie allein zu groß, und da ihre oberen Zimmer oft leer standen, so entschloss sie sich endlich, ihr Haus zu verkaufen, jedoch unter der Bedingung, einige Zimmer für sich darin zu behalten. Der neue Hausbesitzer zog bei ihr ein. Ein halbes Jahr nachher starb ihm die Gattin, und sie übernahm es nun, für seinen Tisch zu sorgen. Sie war überhaupt gegen den noch jungen, hübschen Mann, wie immer, höchst zuvorkommend; fand aber bei dem etwas eignen, von Natur misstrauischen Mann keine Erwiderung, sondern abschreckende Zurückhaltung. Dennoch blieb sie stets die Wohlwollende, Hilfreiche, und redete ihrem Hausgenossen, der anfing oft über Unwohlsein zu klagen, die Todesgedanken aus. Doch konnte dieser Mann kein Vertrauen zu ihr gewinnen, und es war ihm sogar oft zuwider, die von ihr selbst bereiteten Speisen zu genießen, ohne dass er sich diesen Widerwillen erklären konnte. Eines Mittags blieb ihm von einem Stück Schweinefleisch ein Rest übrig, den er für sich als Frühstück aufzubewahren bat für den nächsten Morgen. Als er es am andern Tag essen wollte,

bemerkte er, dass eine weiße Masse auf der einen Seite als Überzug war. Dies fiel ihm auf, und er zeigte es einem Bekannten, welcher ihm riet, den Arzt darüber zu fragen. Dieser kam, erkannte augenblicklich, dass jene Substanz Arsenik enthalte, und gab den Vorfall im Stillen bei der Polizeibehörde an. Gesinas Verhaftung war die Folge. Sie war außer sich und verlor alle Fassung. Schon die ersten Verhöre ergaben, dass sie mit sogenannter Mäusebutter ihren Miteinwohner habe vergiften wollen und ihm schon öfter dergleichen eingegeben habe.
Spätere Geständnisse sollten es außer Zweifel setzen, dass sie der schleichende Würgengel gewesen, der so vielen, welche ihr heiligstes Vertrauen diesem Ungeheuer schenkten, durch Gift das Leben geraubt habe. Mit grauenerregender Konsequenz ist sie dabei zu Werke gegangen, und es ist ihr schrecklich gelungen, durch die raffinierteste Heuchelei in Wort und durch Taten der Wohltätigkeit so viele zu täuschen. Die Missetäterin, die täglich verhört wird, harrt im Gefängnis dem Richterspruch entgegen, der ohne Zweifel so beispiellosen Schandtaten angemessen, einst über die entscheiden wird.«

Freimarkt 1828: Sensationsgier und Betrug

Es war Oktober geworden, und die Stadt richtete sich auf den alljährlichen Freimarkt ein. Das zehntägige Volksfest mit seinen Verkaufsbuden und Vergnügungsbetrieben, Gauklerdarbietungen und Sensationsdarstellungen war weit über Bremen hinaus bekannt und lockte viele Fremde in die Stadt. In der Erwartung, vor Ort noch Sensationelleres über den spektakulären Kriminalfall zu erfahren, womöglich die ›Giftmischerin‹ leibhaftig zu Gesicht zu bekommen, zog es in jenem Jahr besonders viele Auswärtige nach Bremen.
Und in der Tat beflügelte der Kriminalfall Gesche Gottfried den Geschäftssinn einiger Kaufleute ganz außerordentlich. So verfertigte der Bremer Buchdrucker Georg Jöntzen aus der Catharinenstraße ein Fantasieporträt von Gesche Gottfried, ließ davon Drucke herstellen und wollte diese zum Freimarkt für achtzehn Groten das Stück verkaufen. Das Geschäft ward ihm allerdings rasch verdorben, denn sein Porträt wurde sogleich als Betrug entlarvt und die weitere Verbreitung ihm gerichtlich untersagt.
Als besonders geschäftstüchtig erwies sich auch der Hamburger Händler Johann Dietrich Fargen. Mit allergrößter Ernsthaftigkeit richtete er vor Freimarktbeginn ein Gesuch an den Bremer Senat, gegen die »Summe von zweihundert Pistolen* die Giftmischerin

Betrug zum Bremer Freimarkt 1828: Das von dem Bremer Buchdrucker Georg Jöntzen verbreitete Fantasieporträt Gesche Gottfrieds

* eine damals gebräuchliche Währung

Witwe Gottfried für die Tage des Freimarkts mit Erlaubnis in Verwahrung zu bekommen«, sie öffentlich gegen Eintrittsgeld zu zeigen. Das Gesuch wurde vom Senat natürlich abgelehnt.
Gesche Gottfried hatte übrigens, wie eine Aufseherin im Detentionshaus später berichtete, »wohl gemerkt, dass viele Fremde sie [zum Freimarkt] gerne zu sehen wünschten und dass es verboten sei. Da sagte sie zu [dem Hilfsaufseher] Johann, wenn er damit ein Trinkgeld verdienen könne, so möge er sie nur sehen lassen; er könne darauf rechnen, dass sie niemals etwas davon wiedersagen werde.«[217]
Dass zu jener Zeit in einem Zurschaustellen von Menschen auf dem Bremer Freimarkt nichts Ungewöhnliches gesehen wurde, zeigt ein Inserat in den ›Wöchentlichen Nachrichten‹. Unter der Überschrift »Merkwürdige Naturerscheinungen« offerierte ein Budenbesitzer einem verehrungswürdigen Publikum in Bremen und der Umgebung ein erst vierzehnjähriges Mädchen, das bereits über dreihundertfünfzig Pfund schwer sei. Ungeachtet ihrer außerordentlichen Korpulenz, sei sie sehr wohlgebildet, besitze ein angenehmes Äußeres, sehr schöne kleine Hände und Füße und wurde von den Naturforschern und anderen Herren und Damen mit Aufmerksamkeit und Vergnügen gesehen. Weiter versicherte der Budenbesitzer, dass die Zuschauer aufs Angenehmste befriedigt seine Bude wieder verlassen werden.
Aber zurück zum Bremer Kriminalgericht, wo es in jenen Herbsttagen in der Untersuchungssache Gesche Gottfried zu einem völligen Stillstand gekommen war. Obgleich mit dem letzten Verhör vom 16. September 1828 die gerichtlichen Untersuchungen beendet worden waren, konnten die Akten nicht geschlossen werden, da aus Göttingen der Befund der chemischen Untersuchung der Eingeweide der Beta und Elise Schmidt noch immer nicht in Bremen eingetroffen war. Somit war es Gesche Gottfried auch noch nicht gestattet, einen Verteidiger zu wählen.
Gedrängt durch diese Situation, reiste Droste am 20. September nach Göttingen, »um daselbst die Untersuchung der an die dortige Fakultät bereits im Monat April gesandten Körperteile der Schmidten und ihres Kindes zu befördern, indem der Mangel des desfallsigen* Gutachtens der Fakultät schon so lange die Beendigung der Untersuchung aufgehalten«.[218] Da seine Reise ihn über Hannover führte, nutzte er die Gelegenheit, um den Sohn des alten Kleine noch einmal zu befragen: »In Hannover traf ich den Tierarzt Kleine und befragte ihn, ob ihm erinnerlich sei, dass die Gottfried ihm vor mehreren Jahren eine Kruke Mäusebutter in Verwahrung gegeben habe. Er verneinte es jedoch bestimmt.«[219]

* eventuellen

Im Dezember 1828 traf dann endlich das Gutachten in Bremen ein. Äußerst verklausuliert heißt es darin, dass in dem Eingeweide der Beta Schmidt Spuren von Arsenik gefunden worden seien.

Friedrich Leopold Voget: der Verteidiger

Am 22. Dezember 1828 wurde Gesche Gottfried mitgeteilt, dass die Untersuchung beendet sei und sie einen ›Defensor‹ wählen solle. Bereits einige Tage zuvor war ihr ein bremischer Staatskalender überreicht worden, worin sämtliche Bremer Strafverteidiger aufgeführt waren. Sie wählte den damals zweiunddreißigjährigen Friedrich Leopold Voget zu ihrem Rechtsbeistand.
Allerdings ist Vogets Name nicht nur aufgrund seiner Tätigkeit als Gesche Gottfrieds Verteidiger eng verknüpft mit dem Fall. Bekanntlich hatte er zwei Bücher über Gesche Gottfried veröffentlicht: ›Lebensgeschichte der Giftmörderin Gesche Margarethe Gottfried, geborene Timm‹ und ›Die Giftmörderin Gesche Margarethe Gottfried in der Gefangenschaft bis zur Hinrichtung‹. Beide Bücher, 1831 erschienen, 1976 und 1981 in gekürzter Fassung erneut herausgegeben, galten bis zum Auftauchen der verschollen geglaubten Prozessakten nicht nur als wichtigste Quelle zum Thema, sondern als das Standardwerk über Gesche Gottfried schlechthin, und jeder, der über den Fall schrieb, schöpfte reichlich daraus.
Bei einer näheren Beschäftigung mit Vogets Büchern tauchen allerdings rasch Widersprüche auf. Wir erinnern uns, dass sich bei einem Vergleich mit den Prozessakten feststellen lässt, dass Voget nicht selten, wenn er aus den Akten zitiert, dem amtlichen Protokoll etwas hinzugedichtet hatte, es stellenweise gar grob verfälscht wiedergibt; und zwar durchweg mit dem Ziel, durch solche Manipulationen Gesche Gottfried noch abstoßender erscheinen zu lassen.
Aber auch eine nähere Beschäftigung mit der Person Voget befördert merkwürdiges zutage. So geht aus einer ganzen Reihe von Zeugnissen hervor, dass er in Bremen durchaus nicht unumstritten war. Der Bremer Pastor Georg Gottfried Treviranus, ein Nachbar Vogets, charakterisierte ihn in einem Brief so: »Am Montag Vogets Leichenbegräbnis. Ich musste reden. Ich bin nie mit Voget nahe gewesen. Es war immer etwas Apartes bei ihm. Er gehörte zu den Leuten, denen man nicht mit offenem Herzen entgegenkommt. Dazu trug er das Christentum nicht gerade zur Schau, aber doch sichtbar genug vor sich, sodass die Anderen bei manchen Vorkommenheiten fragten, wie das und das mit seinem Glauben stimme.«[220]

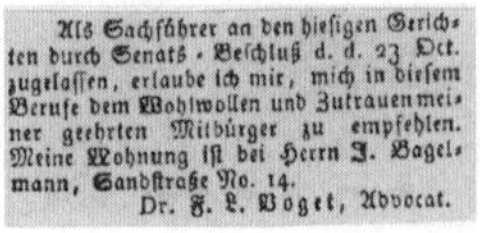
Als Sachführer an den hiesigen Gerichten durch Senats-Beschluß d. d. 23 Oct. zugelassen, erlaube ich mir, mich in diesem Berufe dem Wohlwollen und Zutrauen meiner geehrten Mitbürger zu empfehlen. Meine Wohnung ist bei Herrn J. Bagelmann, Sandstraße No. 14.
Dr. F. L. Voget, Advocat.

Vogets Beginn als Anwalt in Bremen: Inserat aus den »Bremer Wöchentlichen Nachrichten«

Dass es bereits kurz nach dem Erscheinen der Bücher Vogets über dessen Art der Darstellung Gesche Gottfrieds zu Zwistigkeiten kam*, belegt eine öffentliche Erklärung ihres zweiten Gefängnisgeistlichen Pastor Dräseke, der in den Bremer Zeitungen abdrucken ließ: »Nötige Erklärung an das lesende Publikum. In der Schrift ›Die Giftmörderin Gesche Margarethe Gottfried in der Gefangenschaft bis zur Hinrichtung‹ kommen, wie ich sehe, auch Mitteilungen vor über mich und meine Stellung zu der Verbrecherin, seit sie meinen Zuspruch verlangt hatte. Für keine einzige dieser Mitteilungen aber und der an sie geknüpften Urteile ist der Verfasser durch mich selbst instand gesetzt. Er hat es vorgezogen, aus anderen Quellen, die er für genügender ersehen haben muss, zu schöpfen. Die Würdigung dessen, was in der erwähnten Schrift auf mich und meine Erfahrungen mit der Gottfried Beziehung haben kann, bleibt hiernach dem Leser überlassen.«[221]
Wie geht so etwas zusammen mit Vogets Bestreben, »höchste geschichtliche Glaubwürdigkeit« in Anspruch nehmen zu wollen? In seiner öffentlichen Erwiderung auf Pastor Dräsekes Erklärung gibt er uns eine Antwort auf diese Frage und lässt dabei nicht den geringsten Zweifel daran, dass er Erfahrungen und Ansichten, die andere im Umgang mit Gesche Gottfried gewonnen haben, sobald diese mit seinen eigenen Ansichten nicht in Einklang zu bringen sind, nicht gelten lässt; womit die Frage nach dem historischen Wert von Vogets Gesche-Gottfried-Werken einer dringenden Klärung bedarf.
Voget ließ in den Bremer Zeitungen erklären: »... lässt mich hiermit öffentlich mein Bedauern aussprechen, dass es mir bei der Herausgabe des zweiten Teils meiner Lebensgeschichte der Gottfried leider nicht möglich gewesen ist, Erfahrungen und Ansichten des genannten Herrn zu benutzen. Denn diese mir bekannten Ansichten standen in der Hauptsache – im Punkt der Bekehrung der Verbrecherin – meiner Überzeugung und allem, worauf diese sich stützt, entgegen.«[222]
Dieses seltsame Verhalten Vogets fügt sich nahtlos ein in das widersprüchliche Bild, das bereits Ludwig Scholz in seinem Buch aufgedeckt hat. Scholz hatte als Erster erkannt, dass Voget sich als Gesche Gottfrieds Verteidiger mühte, etwas zu beweisen (nämlich, dass sie nicht zurechnungsfähig gewesen sei), was er in seinen beiden Büchern über sie entschieden ablehnt. Gegen seine tiefste und unerschütterlichste Überzeugung mühte Voget sich in seiner Verteidigungsschrift zu belegen, dass Gesche Gottfried aufgrund »ihres sie beherrschenden außerordentlichen Triebes, der unwiderstehlich über sie gekommen sei, wie ein Leiden, ein Kranksein« zu den Vergiftungen getrieben wurde und daher nicht mit dem Tode

* Näheres hierzu im Kapitel „Pastor Dräseke“.

bestraft werden könne. In seinen Büchern über Gesche Gottfried bestreitet er dieses allerdings vehement. Da ist der Trieb, der unwiderstehliche Drang, Gift zu geben, nicht anders als vorgetäuscht. Einzig aus Geldgier und Gewinnsucht habe sie gemordet. Das Leben Gesche Gottfrieds ist hier für Voget ein »Scheinleben«, durchsetzt von »Selbstsucht, Herzenskälte, Geistesleere: ein Gewirr von Lüge und Verstellung«.

Es ist das Verdienst von Christian Marzahn, uns dieses zwiespältige Verhalten Vogets ein wenig begreiflicher gemacht zu haben. »Es ist«, so Marzahn, »ein hartnäckig tradiertes Missverständnis, Voget habe mit seiner Biographie der Gesche Gottfried eine lebensgeschichtlich-psychologische Analyse vorgelegt. Sie ist vielmehr eine Moralschrift. Sie erfüllt exakt alle Merkmale dieser Gattung: Sie setzt eine allgemeine Morallehre voraus und exemplifiziert diese an einer besonderen Lebensgeschichte. Sie konstatiert und beklagt, dass immer weniger Menschen sich an die Gebote dieser Moral halten. Sie zu festigen und zu befördern, ist das oberste Ziel, das sich Voget als biographischer Schriftsteller gesetzt hatte, und zugleich der eigentliche Grund der Abfassung dieser Lebensgeschichte. (...) Moralische Wertungen durchziehen den gesamten Text, zumeist als negative Bewertung der Hauptperson. Zwar bezeichnet sie der Verfasser – in merkwürdiger Nähe und Vertrautheit – sehr oft als ›unsere Verbrecherin‹; ansonsten heißt sie ›Heuchlerin‹, ›die Listige‹, ›Sündenmagd‹ oder ›giftige Schlange‹, erfüllt von ›scheußlicher Selbstgefälligkeit‹ und ›gräulicher Selbstsucht‹. Positive Charakterzüge, die ihr von vielen Zeugen bescheinigt werden, die aber in dieses Negativbild nicht hineinpassen, entlarvt der Biograph Voget durchgängig als Schein und Heuchelei. (...) In Vogets Biographie der Gesche Gottfried, so lässt sich zusammenfassend konstatieren, wird der Stoff dieser Lebensgeschichte solange eingeebnet, bis er in das moralische Weltbild des Verfasser passst.«[223]

Erdmute Schmidt bringt in diesem Zusammenhang einen bisher nur unzureichend beachteten Punkt in die Diskussion ein: »Als mehrfache Mörderin an Eltern, Bruder, Ehemann und Kindern steht Gesche Gottfried unzweifelhaft fest. Dafür muss sie ihre rechtlich festgelegte Strafe bekommen. Darüber hinaus jedoch wird sie als ›Ehebrecherin‹, als ›gemeine Verbrecherin‹ und ›Hexe‹ stigmatisiert und moralisch verurteilt. Die moralische Verurteilung Vogets richtet sich vorwiegend auf ihr Verhalten als Ehebrecherin. Die Bilder der Ehebrecherin und der Hexe lassen sie in der verdichteten Bildproduktion zu einer Frau werden, die ›anders‹, die ›kriminell‹ ist. Ihr Ausschluss aus der Gemeinschaft legitimiert sich durch diese moralische Schuldzuweisung, die sich gleich auf mehreren Ebenen bewegt: Thema der Auseinandersetzung sind nicht allein die Vergiftungen. Parallel zu diesen wird

von Voget eine weitere moralische Schuld thematisiert, der sich Gesche schuldig macht: Sie verhält sich sexuell aktiv und verstößt damit gegen den Sittsamkeits-Kodex ihrer Zeit.«[224]
Zu den großen Missverständnissen um Voget gehört ebenfalls, dass er bei der Übernahme der Verteidigung Gesche Gottfrieds nur ein menschliches Bemühen um diese Frau im Sinn gehabt habe, gar »ihr gegenüber von christlicher Nächstenliebe durchdrungen« gewesen sei. Wir werden noch erschreckende Beispiele erleben, wie sich bei ihm der Begriff der ›christliche(n) Nächstenliebe‹ in Bezug auf Gesche Gottfried definiert. Sofort nach der Übernahme der Verteidigung plante er übrigens die Herausgabe eines Buches über Gesche Gottfried und begann auch sogleich mit der Arbeit an dem Manuskript. Wie wir noch sehen werden, kündigte er bereits im September 1829 den Bremern dieses Buch an. Bibliografien in den USA belegen, dass er dort im Jahre 1829 und auch 1832 Bücher über Gesche Gottfried veröffentlicht hatte. Von der Ausgabe aus dem Jahre 1832 konnte in den USA ein Exemplar aufgefunden werden: ›Life of Geshe Marg. Gottfried, executed at Bremen in Germany in May (sic!) 1831. For having poisened her parents, children, an brother, her two husbands, and a number of other persons‹. Gettysburg/USA 1832. Verlag H. C. Neinstedt. Aus dem Deutschen übersetzt von E. Frederici. Leider ist es bisher nicht gelungen, auch ein Exemplar der Ausgabe von 1829 aufzufinden. Somit ist vorläufig nicht zu belegen, ob Voget es tatsächlich gewagt haben mag, während in Bremen der Prozess gegen Gesche Gottfried lief, seine Geheimhaltungspflicht zu verletzen und in den USA aus den geheimen Prozessakten zu veröffentlichen.

Die Verteidigungsschrift

»Nicht ohne ein gewisses Grauen vor einem Wesen, welches beispiellos Entsetzliches vollbracht, ja, die menschliche Natur abgelegt hatte, und nicht ohne ein tiefes, inniges Mitleid mit demselben«[225], trat Voget in Begleitung Drostes seinen ersten Besuch bei Gesche Gottfried im Detentionshaus an. Als Datum dieser ersten Zusammenkunft gibt er den 21. Dezember 1828 an. Schon dieses Datum kann nicht stimmen, denn wie eben erwähnt, hatte Gesche Gottfried sich erst am 22. Dezember Voget als Verteidiger gewählt.
In diesem ersten Gespräch erklärte Voget ihr, dass er den »Auftrag zu ihrer Verteidigung zu übernehmen bereit sei«, und versprach ihr, sobald er die Akten gelesen haben würde, wiederzukommen. Das war neun Wochen später, am 27. Februar 1829. In den folgenden Monaten suchte er sie häufig im Detentionshaus auf, teils um Material für sein Buch zu sammeln, teils um »sie zu einer bußfertigen Reue allmählich vorzubereiten«.

Nach einem halben Jahr hatte er die Verteidigungsschrift fertig. Am 24. Juli 1829 nahm er sie mit ins Detentionshaus, um sie Gesche Gottfried vorzulesen. Ein Vorgang, der ihn besonders sauer ankam, da, wie er fürchtete, »der den subjektiven Tatbestand [Gesche Gottfrieds Unzurechnungsfähigkeit] betreffende Teil, nur zu sehr geeignet war, die Verbrecherin in ihrem Selbstbetrug zu bestärken«.[225] Und so sah er es als seine »besondere Aufgabe« an, diesen »moralischen Schaden möglichst [von ihr] abzuwenden«.
In seinem Buch liest sich die Szene so: »Den 24. Juli 1829, nachmittags, ließ ich die Gottfried zu mir ins Verhörzimmer kommen, um ihr die Defension vorzulesen. Ehe ich dazu schritt, erklärte ich ihr, dass die gesetzlichen Vorschriften es mir als ihrem Verteidiger zur Pflicht gemacht haben, mich aus mancherlei Gründen ihrer Bestrafung zu widersetzen, obwohl wahrscheinlich noch niemand so gewiss, wie sie, den Tod verdient habe. Sie könne denken, wie schwer mir diese Verteidigung geworden, da ich es als ein großes Unglück für sie ansehe, wenn sie nicht zu der reuigen Gemütsstimmung kommen sollte, worin sie, ihr Leben hinzugeben, sehnlichst verlange. Unter stillen Tränen seufzte sie mir bei diesen Worten ihr Einverständnis zu. Sie möge daher, fuhr ich fort, sich vor allen Dingen hüten, die ohnehin so schwache Erkenntnis ihrer unerhörten Sündhaftigkeit nicht noch zu verringern, indem sie durch das aktenmäßig unvollständige, daher vielleicht rätselhafte Bild ihres Wesens nicht sich selbst betrüge. Sie würde dadurch sich selbst nur unglücklicher, mir aber mein Amt lästiger und widerwärtiger machen.
Seufzend und weinend suchte Inquisitin durch Anerkennung der Größe ihrer Verbrechen mich zu beruhigen. Dann schritt ich zu der Vorlesung. Bei der Aufzählung sämtlicher Vergiftungen flossen ihre Tränen reichlicher, ihre Brust ging hoch. Aber je weiter ich kam, desto ruhiger wurde Inquisitin. Nur wo ihre Kinder erwähnt wurden, stieg die Gemütsbewegung. Übrigens schien die Gottfried dem Vortrage nicht eben eine besonders gespannte Aufmerksamkeit zu schenken. Nach der Beendigung griff sie, wie von Herzlichkeit getrieben, mir nach dem Arm, dankte und äußerte: ›Ach, was haben Sie davon wohl für Mühe gehabt‹ und dergleichen.
Ich sagte ihr dann noch, sie möge auf diese Verteidigung nicht zu viel Hoffnung bauen; ihre Sache habe zwei Seiten: natürlich habe ich, als Defensor, nur die vorteilhafteste aus den Akten hervorziehen dürfen; aber das Gericht werde auch die andere nicht übersehen. Hier in Bremen werde gewiss das Todesurteil gefällt werden. Dass es vom Oberappellationsgericht am Ende in lebenslängliche Zuchthausstrafe verwandelt werde, dürfe sie sich höchstens als möglich denken, doch als völlig unwahrscheinlich. Eine Erklärung, die ich ihr früher schon, auf indirekte Erkundigungen,

wiederholt hatte geben müssen. Jeden Tag, fügte ich dann noch unter anderem hinzu, solle sie als eine Gnadenfrist hinnehmen, um zur wahrhaftigen Erkenntnis ihrer selbst zu kommen.«[227]
Am 25. Juli 1829 reichte Voget seine hundertsiebzehn Seiten umfassende Verteidigungsschrift dem Kriminalgericht ein. In seinem Schlussplädoyer heißt es: »Die Inquisitin wegen des geständigen Meineids und der begangenen Diebereien und Unterschlagungen mit einer angemessenen Zuchthausstrafe zu belegen; übrigens aber dieselbe in Betreff der sämtlichen fraglichen Vergiftungen mit jeder eigentlichen Kriminalstrafe zu verschonen und nur auf den Grund ihres sie beherrschenden Triebs zu Vergiftungen eine lebenslängliche polizeiliche Haft gegen sie eintreten zu lassen; eventualiter jedoch wenigstens nicht auf Todes-, sondern höchstens auf Zuchthausstrafe zu erkennen.«[228]

Gesinia, Die Teufelsbraut

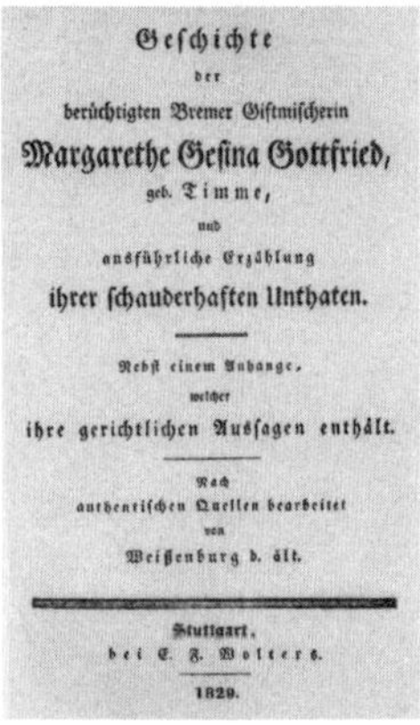
Geschichte
der
berüchtigten Bremer Giftmischerin
Margarethe Gesina Gottfried,
geb. Timme,
und
ausführliche Erzählung
ihrer schauderhaften Unthaten.

Nebst einem Anhange,
welcher
ihre gerichtlichen Aussagen enthält.

Nach
authentischen Quellen bearbeitet
von
Weißenburg d. ält.

Stuttgart,
bei C. F. Wolters.
1829.

Weißenburgs im August 1829 erschienener Gesche-Gottfried-Roman war die erste Buchveröffentlichung über den Fall, wurde jedoch gleich nach Erscheinen durch die Bremer Gerichtsbehörde öffentlich als Machwerk bloßgestellt

In jenen Tagen, als Voget seine Verteidigungsschrift dem Gericht einreichte, erlebte der ›Kriminalfall Gesche Gottfried‹ seinen ersten großen literarischen Auftritt. Unter dem Pseudonym ›Weißenburg der Ältere‹ hatte ein unbekannt gebliebener Schriftsteller im Sommer 1829 zwei umfangreiche Werke über Gesche Gottfried veröffentlicht. Im August war sein Buch ›Geschichte der berüchtigten Bremer Giftmischerin Margarethe Gesina Gottfried, geb. Timme, und ausführliche Erzählung ihrer schauderhaften Untaten‹ erschienen. Wenig später die gedruckte Fassung seines Theaterstücks ›Gesinia, Die Teufelsbraut. Oder: Der 6te März‹.
Zunächst zu Weißenburgs Buch ›Geschichte der berüchtigten Bremer Giftmischerin etc.‹. Im Untertitel offerierte der seinen Lesern zusätzlich »einen Anhang, welcher [Gesche Gottfrieds] gerichtliche Aussagen enthält«, die ihm »aus authentischen Quellen« zugegangen seien. Hierbei konnte es sich natürlich nur um Betrug handeln. Nun gibt es hierfür zwei Möglichkeiten: Entweder Weißenburg hatte von sich aus diesen Betrug begangen, oder aber er wurde durch gefälschte Auszüge aus den Prozessakten, die er gutgläubig verwertete, betrogen.
Weißenburgs Buch war in Bremen natürlich sogleich Stadtgespräch. Dass es sich bei den angekündigten »gerichtlichen Aussagen« Gesche Gottfrieds nur um Betrug handeln konnte, wurde allerdings sogleich durch Droste öffentlich bekannt gemacht. In ihrer Ausgabe vom 30. August warnte die ›Bremer Zeitung‹ zunächst ihre Leser: »Unser Publikum ist sehr beschäftigt mit einem famösen Buch, welches diese Tage die Leichtgläubigen sehr erfreut, da es die Geschichte der Giftmischerin Gottfried enthalten

will. Ob diese darin zu finden sei, wird sich am sichersten aus der nachstehenden offiziellen Anzeige beurteilen lassen, die uns gestern von der Behörde zugestellt ist.«

Dann folgte in derselben Ausgabe der ›Bremer Zeitung‹ und auch in den ›Wöchentlichen Nachrichten‹ eine »Amtliche Bekanntmachung« Drostes: »Es ist diese Tage im Publico ein Buch verbreitet: ›Geschichte der berüchtigten Bremer Giftmischerin Margarethe Gesina Gottfried, geborene Timm‹, nebst einem Anhang, welcher ihre gerichtlichen Aussagen enthält. Nach authentischen Quellen bearbeitet von Weißenburg dem ältern‹. Da dieses Buch nicht bloß zum größten Teil Unwahrheiten enthält, die mit unglaublicher Keckheit durch völlig erdichtete Details als wahrscheinlich koloriert werden, sondern da auch kein einziges der erheblichsten Verbrechen, deren die Inquisitin verdächtigt ist, darin so geschildert wird, wie es in den Akten liegt, so hat es mir – dem als Direktor des Kriminalgerichts die Untersuchung dieser Sache anvertraut war – als Pflicht erscheinen müssen, durch diese amtliche Erklärung den Teil des Publikums vor einer groben Täuschung zu warnen, welchem es darum zu tun ist, die Wahrheit zu erfahren und ein auch nur entfernt ähnliches Bild der psychologisch ebenso rätselhaften, als kriminalistisch interessanten Erscheinung zu besitzen, welche die wahre Geschichte der Gottfried darbietet. Auszüge aus den Akten und der Defensionsschrift können nicht existieren, da die Akten bisher nur dem Kriminalgericht und dem amtlich bestellten Defensor zugänglich waren und jetzt zur Abgebung eines Urteils sich in den Händen des hiesigen Obergerichts befinden. Bremen, den 29. August 1829. Senator Dr. Droste.«

Damit war Weißenburgs Buch zumindest in Bremen Wirkung und Absatz genommen. Dennoch muss es in Deutschland seine Leser gefunden haben, denn im selben Jahr noch erschien in Stuttgart ein Raubdruck davon. Ob Weißenburgs darauf erschienenes Theaterstück ›Gesinia, Die Teufelsbraut. Oder: Der 6te März. Melodrama in 3 Perioden, jede in 2 Abteilungen‹ jemals eine Aufführung erlebt hat, ist ungewiss. Der 6. März war bekanntlich der Geburtstag Gesche Gottfrieds, ihr Hochzeitstag mit Miltenberg und auch der Tag ihrer Verhaftung. Die ›3 Perioden‹ bezeichnen drei Abschnitte aus dem Leben ›Gesinias‹. Weißenburg scheute sich nicht, den Namen von Gesche Gottfrieds Vater unverändert zu übernehmen, und Miltenbergs Namen änderte er lediglich leicht ab in ›Mildenberg‹. Das Stück bringt es in der gedruckten Fassung auf immerhin hundertundacht Seiten. Keineswegs aber macht es den Eindruck, auf die Schnelle hingeworfen zu sein. Heute wirkt es eher unfreiwillig komisch, wenn Weißenburg beispielsweise Gesinia nach einem Mord heucheln lässt: »Mein lieber Mildenberg! Mein teurer Mann/Wie sehr greift dieser

Gesinia,
Die Teufelsbraut.
Oder:
Der 6te März.
Melodrama in 3 Perioden,
jede in 2 Abtheilungen.
Von
Weissenburg dem Aeltern.
1829.

Weißenburgs Theaterstück »Gesinia, Die Teufelsbraut. Oder: Der 6te März« ist die erste dramatische Bearbeitung des Falles. Das Stück erschien 1829 in gedruckter Fassung

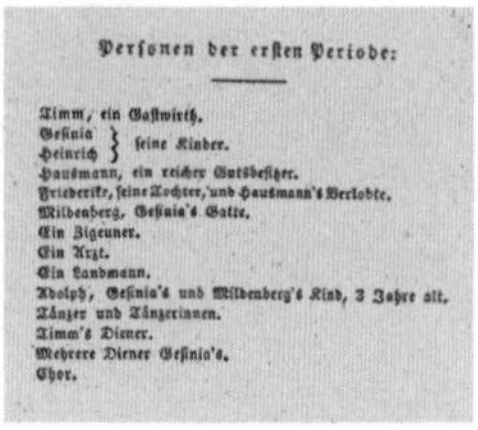
Personen der ersten Periode:

Timm, ein Gastwirth.
Gesinia } seine Kinder.
Heinrich }
Hausmann, ein reicher Gutsbesitzer.
Friederike, seine Tochter, und Hausmann's Verlobte.
Mildenberg, Gesinia's Gatte.
Ein Zigeuner.
Ein Arzt.
Ein Landmann.
Adolph, Gesinia's und Mildenberg's Kind, 3 Jahre alt.
Tänzer und Tänzerinnen.
Timm's Diener.
Mehrere Diener Gesinia's.
Chor.

Personenverzeichnis aus »Gesinia. Die Teufelsbraut.« mit den Namen einiger Mitglieder aus Gesche Gottfrieds Familie

Todesfall mich an/Ich liebte unsern Vetter kindlich/Der Schmerz ist mir, ach! zu empfindlich/ Zu fühlbar ist mir der Verlust/Ja kaum erträgt ihn meine Brust.«[229]

Es ist ein Moralstück ganz im Geiste der Zeit: Gesinia lebt, unterstützt vom Teufel, der in wechselnder Gestalt auftritt, ein Leben in Wollust und Prasserei und wird so zur Giftmörderin. Im Schlussbild wird sie zwischen bengalischen Flammen, Feuer speienden Drachen und an den Wänden hängenden Totengerippen und Köpfen, begleitet von tanzenden Furien und unter Blitz und Donner mitsamt dem Bühnenbild – nachdem sie mit dem Teufel vermählt ist – in die Hölle fahren. Sei noch erwähnt, dass Karl Fruchtmann 1978 diese Schlussszene in seinem Fernsehspiel »Gesche Gottfried« filmisch umsetzte.

Auch Voget übrigens war sogleich aufgeschreckt worden durch Weißenburgs ›Gesche-Gottfried-Werke‹ und ließ eine Woche nach Drostes amtlicher Warnung nachfolgende Mitteilung in die Bremer Zeitungen einrücken: »Der neulich schon von der hiesigen gerichtlichen Behörde öffentlich bloß gestellte Betrug, welcher ein ausländischer Skribent mit der angeblichen Geschichte der hiesigen Giftmischerin sich erlaubt hat, ist nun auch Veranlassung zu folgender Anzeige des Defensors der Inquisitin geworden: Literarische Anzeige. Um sowohl dem unlängst von einem schriftstellerischen Spekulanten mit dem erdichteten Machwerk: ›Geschichte der berüchtigten Bremer Giftmischerin Marg. Gesinia Gottfried, geb. Timme‹ beabsichtigten Betrug des Publikums und etwa noch bevorstehenden ähnlichen Unternehmungen entgegenzuwirken, als auch einem immer lauter und allgemeiner sich kundgebendem Interesse desselben, sich über das Wahre der Taten und des Lebens der Verbrecherin aufzuklären, soweit es jetzt schon gestattet ist, zu entsprechen, sieht der Unterzeichnete Defensor derselben sich vorläufig zu folgender Anzeige veranlasst: Er wird sogleich nach Erlassung eines rechtskräftigen Endurteils in der Sache ›Das Leben der Giftmörderin Gesche Margarethe Gottfried, geb. Timm, wie es aus den Akten erhellt, Bremen, bei W. Kaiser‹ mit andern allgemein interessanten Umständen im Druck bekannt machen und hat zu möglichster Abwendung von Nachdruck und Verfälschung der Wahrheit die Veranstaltung getroffen, dass schon jetzt in jeder guten Buchhandlung Bestellungen auf das Buch eingereicht werden können. Dr. Voget, Advokat.«

Der Verleger des Buches, Wilhelm Kaiser, fügte dem noch geschäftseifrig hinzu: »Als Verleger dieser Schrift habe ich obiger Anzeige des Herrn Verfassers hinzuzufügen, dass der Preis derselben zirka 54 Groten sein wird und Bestellungen darauf schon jetzt in meiner Buchhandlung auf das Buch angenommen werden.«[230]

Ein Prediger

Seit der Übernahme der Verteidigung Gesche Gottfrieds hatte Voget nach einer Möglichkeit gesucht, ihr einen Prediger zuzuführen. »Aber diejenigen Prediger, welche [ich für] besonders geeignet hielt, auf ein so tief verfinstertes Wesen segensvoll einzuwirken, hatten sich nicht dazu berufen gefühlt«[231], heißt es bei ihm. Und weiter: »Um desto erfreulicher musste es [mir] sein, als ein fremder hier zu Besuch sich aufhaltender Geistlicher eine Unterredung mit der Missetäterin wünschte.«[232] Und sogleich arrangierte Voget eine Zusammenkunft, an der er selbst mit teilnahm, für Sonnabend, den 12. September 1829.

Wie dann allerdings die »segensvolle Einwirkung« des Predigers vonstatten ging, gehört zum Empörendsten, was Gesche Gottfried in ihrer Gefangenschaft angetan wurde. Und es wirft ein bezeichnendes Licht auf Voget, wie er sich nicht nur daran ergötzt, sondern auch beteiligt und uns selbstgefällig das erschütternde Protokoll einer psychischen Misshandlung liefert. Wie es Voget überhaupt möglich gewesen sein konnte, frei schaltend fremde Personen zu Gesche Gottfried ins Detentionshaus zu bringen, bleibt rätselhaft; nach der Gerichtsordnung war ihm so etwas nicht erlaubt. Vermutlich aber war diese groteske Prediger-Szene dem Kriminalgericht und somit Droste unbekannt geblieben bis zur deren Veröffentlichung im zweiten Band des Voget'schen Werkes über Gesche Gottfried. Dort finden wir die Szene in aller Ausführlichkeit wiedergegeben, aufgezeichnet »mit höchster Treue« von jenem Prediger:

»Der Entschluss, der Erlaubnis und Aufforderung des Herrn Dr. Voget gemäß, die Gottfried zu besuchen, erregte mein ganzes Gemüt im höchsten Grade. Je näher die Stunde heranrückte, da ich die grässliche Verbrecherin von Angesicht zu Angesicht sehen sollte, um desto stärker klopfte das Herz, um desto tieferes Bedürfnis ward es mir, den Segen Gottes zu diesem ernsten, wichtigen Gang zu erflehen. Endlich gegen fünf Uhr abends erschien Herr Dr. Voget, mich abzurufen. Es war mir zumute, wie wenn ich einen Gang zu einer schweren Operation tun sollte; mein Angesicht war blass und das Blut in den Adern rollte schneller und heftiger. Dennoch mochte ich nicht zurückbleiben, und das Vertrauen auf den Herrn, der den Seinigen versprochen hat, dass er ihnen zur Stunde, da es nottut, die rechten Worte in den Mund legen will, stärkte die wankenden Knie. So wanderten wir dann über den Wall zu dem Gefängnis hin, während Herr Dr. Voget mir mancherlei höchst wichtige und interessante psychologische Mitteilungen über die Verbrecherin machte. Endlich tat sich die Tür, welche zu den Schranken des Verhörzimmers führte, auf und die Delinquentin trat herein. Nach einer schweigenden

Begrüßung sagte ihr Herr Dr. Voget, ich sei ein Prediger und habe den Wunsch geäußert, mit ihr einmal zu reden; sie sollte nur recht aufrichtig, offen und freimütig mit mir sprechen und könne versichert sein, dass ich es wohl mit ihr meine.«[233]
Zunächst erhielt sie von dem Prediger die Worte um die Ohren geschlagen: »Ja, Madam Gottfried, es schlägt für Sie und für mich eine ernste, heilige Stunde. Ich kann Ihnen nicht sagen, wie schwer mir zumute ist. Ich weiß ja, vor wem ich stehe. Ich stehe in diesem Augenblick vor der größten Verbrecherin, welche die Erde trägt, sodass mich ein Schauder ergreift, sooft ich Sie ansehe.«[234] Nachfolgend ein kurzer Auszug aus dem Protokoll des Predigers:
»Ich: ›Ich sage Ihnen nichts. Was ich Ihnen sage, sagt Gottes Wort. Die Bibel ist es, daraus ich schöpfe. Noch einmal: Ich komme zu Ihnen mit der Bibel unter dem Arm. Nur aus Gottes Wort möchte ich Ihnen reden. O fassen Sie es doch zu Herzen, auch Ihnen kann noch Rettung werden, wie sehr auch das vergossene Blut der Ihrigen um Rache gen Himmel schreit.‹
Sie (weinend): ›Sollte es möglich sein?‹ (Sie reicht mir ihre Hand.)
Ich: ›Es kommt aber darauf an, ob Sie eine wahrhaftige Reue, eine tiefe Zerknirschung fühlen über Ihre Untaten. Sagen Sie mir aufrichtig, ob dies der Fall sei?‹
Sie: ›Ja, ich fühle Reue. Wie sollte ich nicht Reue fühlen! Täglich werde ich von einer schrecklichen Unruhe überfallen.‹
Ich: ›Täglich sagen Sie? Das ist mir unbegreiflich. Wie ist es möglich, dass Sie eine Stunde, einen Moment Ruhe haben können? Vater-, Mutter-, Bruder-, Gatten-, ja Kinderblut, Freundesblut klebt an Ihren Händen. Tausend Untaten beflecken Ihre Seele, deren jede einzelne groß genug wäre, auf ewig alle Gewissensruhe aus Ihnen zu verbannen. Nein, Sie fühlen Ihre Sünden nicht. Aber das ist schrecklich: denn aller Trost der Schrift gehört Ihnen nicht zu, wenn Sie nicht wie eine zerschlagene Sünderin im tiefsten Staube zu den Füßen der beleidigten Majestät sich krümmen. Ach, ich fürchte, dass nur darum zuweilen die Unruhe Sie überfällt, weil Sie sich selbst unglücklich gemacht haben. Das ist eine Judas-Reue. Bei solcher Reue sind Sie verloren. Für solche Reuige hat die Schrift keinen Trost. Sie werden es nicht leugnen, dass Sie vollkommen wert sind, von der Obrigkeit mit dem Tode gestraft zu werden. Sie werden es eingestehen müssen, dass Sie vollkommen verdient haben, in die schrecklichen Hände des lebendigen Gottes zu fallen, der ein verzehrendes Feuer ist aller Ungerechtigkeit. Ach, mir ist bange, Ihr Gewissen ist schon zu verstockt, als dass Sie den Trost der Schrift in Wahrheit sich zueignen könnten. Sie sind zu schrecklich mit Ihrer armen Seele umgegangen. O mein Gott, wie war es möglich, dass Sie immer wieder Ihre Hände in Blut, in das Blut der Ihrigen tauchen konnten?‹

Dr. Voget: ›Sie sahen zum Beispiel Ihren Mann unter grässlichem Gebrüll, während er sich in seinem Bett vor Qual emporschleuderte, hinsterben, und dennoch konnten Sie aufs Neue – selbst Ihre eigenen Kinder hinmorden? Wie war es doch möglich?‹
Sie: ›Ich fühlte freilich schreckliche Angst in meinem Herzen und wurde manchmal gefoltert bis aufs Äußerste. Aber ich bin immer wieder hingerissen.‹ (Sie stemmt ihr Haupt gegen die Wand und vergießt einen starken Tränenstrom.)
Ich: ›Es ist in gewisser Hinsicht erfreulich, dass Sie noch weinen können. Glauben Sie aber ja nicht, dass wir uns durch Ihre Tränen täuschen lassen: denn Sie haben wahrscheinlich nur einen sehr untergeordneten Wert. Es sind vielleicht nur selbstsüchtige Tränen. Es sind vielleicht nur Schauspielertränen.‹«[235]
Als habe der Prediger eine Austreibung bei Gesche Gottfried vorgenommen, so lesen sich die Schlusssätze seines Protokolls: »Tief erschüttert wankte sie mit dem Zuchthauswärter aus dem Vorzimmer und kriecht an der Wand des Korridors in ihre Zelle zurück. Ihre Zelle und die Türen des Korridors waren längst wieder verschlossen, da hörten wir immer noch, wie tief sie atmete, als sollte ihr die Brust von innen gesprengt werden. Die weiten Gänge des Detentionshauses hallten wider von dem Schmerzensgestöhne, das aus tiefster Brust der Unglücklichen emporstieg.«[236]
Noch am darauffolgenden Tag war Gesche Gottfried von dem, wie Voget es nicht ohne zynischen Unterton nennt, »geistlichen Zuspruch« des Predigers derart geschockt, dass sie von ihrem Essen nichts hatte anrühren können. Um aber beim Leser jeglichen Anflug von Mitleid im Keim zu ersticken, wird Voget nicht müde zu wiederholen, dass Gesche Gottfried ihn später immer wieder »überschüttete mit Dank« dafür, dass er ihr den Prediger zugeführt habe.

Gesche Gottfried schreibt Voget zwei lange Briefe

Vierzehn Tage später schrieb sie Voget zwei Briefe, in denen sie sich des Diebstahls einer Schere anklagte und die Beschädigung von geliehenen Büchern durch Mitgefangene bejammerte. Beides scheint für sie eine größere Bedeutung gehabt zu haben als alle ihre Giftmorde zusammen. Da sich in den Briefen auch ihr Gefängnisalltag widerspiegelt, sollen sie hier Platz finden.
Am 26. September 1829 schrieb sie: »Was meine Absicht war, als ich der Johanne Brunßen, meine Mitgefangene, eine Schere entwandte und auf welche Art ich selbige an die Eigentümerin zurückgab. Als ich fünf Monate in meiner jetzigen Gefangenschaft zurückgelegt hatte, waren meine Gedanken immer, was wird wohl mit dir vorgenommen. Dieses blieb immer mein einziger

Gegenstand. Anfang November voriges Jahr, es war am Sonnabend, gehe ich in der Brunßen ihre Zelle, nehme die Schere, denke, da kannst du dir eine Ader an der Hand schneiden und totbluten; du musst doch sterben. Drei Tage nachher frug mich die Brunßen wegen ihrer Schere. Meine Antwort war: ›Ich habe sie nicht.‹ Ich behielt selbige beinahe sechs Wochen. Am Tage hatte ich sie an mein Leibchen gebunden und die Nacht unter mein Kopfkissen. Nun kam bei mir der Gedanke, wird dieses auch wohl gemeldet oder in der Anzeige bekannt gemacht? Ein Diebstahl im Gefängnis wird gewiss schwer bestraft. Nun war mir, als sähe ich Gefangene bringen, die vor kurzer Zeit ihre Freiheit erhalten hatten. Der selige Herr Kommissar kam oft zur ungewöhnlichen Zeit zu mir, sah ängstlich aus und fasste einzeln meine Bücher an, und sah umher in meiner Zelle. Dies beunruhigte mich, doch wusste ich es nicht anzufangen, mich von der Schere zu befreien. An einem Sonntag hatte ich die Schere in meine Bibel gelegt. Damals hatte ich die Erlaubnis, [auf dem Korridor] umherzugehen.
Nun traf es sich an einem Sonntag gegen fünf Uhr, kommt der selige Herr Kommissar zu mir, sagt: ›Herr Bürgermeister Nonnen ist hier mit seiner Familie.‹ Ich war außer meiner Zelle. ›Ach‹, gebe ich zur Antwort, ›lassen Sie diesen Herrn nicht heraufkommen, mein Bett liegt so unordentlich.‹ Der Gedanke aber war die Schere. Und wenn dieser Herr ein Buch in die Hand nimmt, ohne zu bedenken, welche Beleidigung von meiner Seite an diesen würdigen Mann geschah. Sechs Wochen hatte ich nun die Schere, ohne das Geringste damit zu versuchen. Da wurde am Freitag die große Zelle, wo mehrere junge Mädchen drin waren – ich muss bemerken, diese Gefangenen kamen den Tag frei – ganz geräumt und wieder rein gemacht und blieb verschlossen. Den andern Tag, Sonnabendmorgen neuneinhalb Uhr, kam ich auf den Gedanken, nehme die Schere, bringe sie nach dieser großen Zelle, lege selbige unter den Nachtstuhl. Den Nachmittag zwei Uhr kam ich auf den Gedanken, wenn mal eine andere Gefangene in diese Zelle aufs Neue gebracht wurde und beim Reinemachen fände sich diese Schere, so würde doch der Verdacht eine Unschuldige treffen. Und so ging ich denselben Augenblick hin und nahm die Schere zu mir. Gegen fünf Uhr gab ich der Brunßen die Schere wieder, mit der Bitte mir zu vergeben und es keinem zu sagen, welches sie mir auch versprach. Gegen fünfeinhalb Uhr wurde es sehr lebhaft im Haus, und ich hörte, alle Männer wären untersucht, hätten alles abgeben müssen, weil man was gefunden habe. Ach Gott, gebe ich zur Antwort, das ist wegen der Schere, nun kommst du gleich nach dem Werkhaus.
Sonntagmorgen, sieben Uhr, kommt der selige Kommissar zu mir herauf. Ich rede ihn mit den Worten an, es mir zu vergeben,

bekannte mit einfachen Worten, eine Schere genommen zu haben, die ich aber gestern Abend zurückgegeben hatte. Unzufrieden über mein Betragen äußerte er sich: seine Person sei das Wenigste, er ertrüge es wohl, ihn dauerten nur alle die andern armen Menschen. Da empfand ich die Folgen meines Vergehens und wurde vor der Zeit eingeschlossen*. Nach dieser Zeit wurden mehrere Mal die Nächte Gefangene gebracht. Den Tag, wie der selige Kommissar beerdigt wurde, war der 2. Mai, der Geburts- und Sterbetag meiner seligen Mutter und für mich ein dreidoppelter Tag der Vorwürfe.

Die Woche nachher kam ich in Verhör, bat Herrn Senator um Verzeihung, und er schien nicht im Mindesten böse zu sein. Ehe ich nun diesen Diebstahl beging, hatte mich Herr Doktor Rotermund dreimal besucht. Und nun, auf einmal, durch diese Tat, vier Monate ihn ganz entbehrt. Wie nun Herr Doktor Rotermund kam, klagte ich ihm gleich, dass ich mit meinen Händen aufs Neue mich versündigt hätte. Er gab mir einen schonenden Verweis, versicherte mir, bei seinem letzten Besuch sei er mit der Hoffnung von mir gegangen, mich auf einem besseren Weg zu haben.

Dieses Ihnen mitgeteilt, Herr Doktor, kann ich vor Gott bezeugen, ist die reine Wahrheit.«

Vier Tage später schrieb sie Voget: »Nach dem Diebstahl mit der Schere bekenne ich drei von mir übereilte Vergehen: Johann Arend ›Das Paradies-Gärtlein‹, erhielt ich von Herrn Bergmann zu lesen, ganz unbeschädigt und mit vielen Kupfer[stichen]. An einem Sonntag nehme ich dieses Buch, bemerke einige gute Gebete und bringe es nach der großen Zelle, den jungen Mädchen zu lesen. Es war Sonntag. Den andern Tag hole ich dieses Buch wieder; beim Eröffnen finde ich einige Kupfer[stiche] losgerissen und übrigens nicht ganz gut geschont. Beim Durchblättern kommt es mir vor, als fehlt ein großes Bild darin. Letzteres kann ich nicht mit Wahrheit sagen.

Späterhin lässt Herr Bergmann dieses Buch zurückfordern. Einige Tage später kommen Herr Bergmann und Herr Schumacher, um nachzusehen die Gefangenen. Herr Bergmann sagt ganz ordentlich zu mir: ›Aber wie haben Sie mein schönes Buch zugerichtet.‹ Ich schwieg, bitte aber Herrn Kommissar, Herrn Senator Droste zu ersuchen, ob dieses Buch nicht sollte wieder in guten Stand gesetzt werden. Den Sonntag drauf sehe ich zufällig Herrn Bergmann, bitte ihn, nicht böse zu sein. War seine Antwort: ›Dieses ist schon längst vergessen.‹ Und wirklich gab er mir davon den Beweis, weil er mir ein Buch gab zu lesen, vom verlorenen Sohn.

* Die Erlaubnis, sich auf dem Korridor aufzuhalten, wurde ihr entzogen.

Diesen letzten Sommer besuchte mich Frau Grimm und schenkte mir einige Kirschen. Ich teilte selbige mit einer Gefangenen. Es war schon finster, ich habe kein Papier und hatte früher von Herrn Doktor Noltenius einige kleine schöne Schriften zu lesen erhalten. Diese Kirschen nicht gerne in der Hand hinreichend, nehme ich eines von diesen kleinen Blättern. Zwei Tage nachher bitte ich die Gefangene um dieses Blatt. Ach, sie hatte es verlegt und konnte es nicht wiederfinden. Ich suche meine Blätter durch, und es war das Blatt, genannt ›Die beiden Wege und ihr Enden‹, sehr schön geschrieben. Einige Tage nachher bitte ich, doch noch mal zu suchen, dass es doch niemand zufällig finde, mit den Worten von mir gesagt: ich hätte dies nicht tun müssen. Es ist Gottes Wort, woran ich den Abend in der Eile nicht dachte. Darauf frug sie mich, ob ich nicht ungefähr wüsste, wie der Titel sei, vielleicht sei es noch zu haben. Kurze Zeit nachher erhalte ich ›Stunden der Andacht‹. Wie ich dieses Buch öffne, ist eine Falte in ein Blatt geschlagen, und es war das Kapitel ›Lauigkeit im Christentum‹. Ich lese dies mit Tränen, und es machte mich aufmerksam auf mich selbst. In diesem selben Buch fand ich auch ›Des Sünders Begnadigung‹ und ›Unwissende Sünden‹. Da wurde ich getröstet. Wie unser Heiland zu jener Sünderin sagt: geh hin, dir sind deine Sünden vergeben. Ja hierbei bekenne ich, es kommen oft Augenblicke, wo ich denke, der liebe Gott vergibt dir nicht. Auf einmal kann ich ein solches Vertrauen fassen, als ob unser Heiland mich ganz allein liebt, so kämpfe ich oft mit mir selbst.
Einmal, es war ein Uhr und ein schöner Tag, betrachte ich die Natur. Sage zu einer Mitgefangenen: ›Ach, das Schöne genieße ich nie wieder‹ und mit den Worten setzte ich hinzu: ›Das muss mal ein Gefühl sein, wenn jemand lange Jahre ist gefangen gewesen, erhält unerwartet seine Freiheit, der kann gewiss die Luft nicht vertragen.‹ So antwortet diese Person ohne Arg: ›So wie Herr Schnakenberg. Dreizehn Jahre ist gewiss eine gute Zeit.‹ Meine Zelle wurde verschlossen, und ich höre eine Stunde nachher die Herren Administratoren und Herrn Schnakenberg sprechen. Auf einmal erinnere ich mich des oben bemerkten Gespräches von mir, bekomme eine solche Angst und denke, dieser Unglückliche glaubt gewiss, du hast absichtlich dieses gesagt, um ihn zu kränken. Und ich darf es vor Gott bekennen, an diesen guten Mann dachte mein Herz nicht. Kann mir aber ganz sein Gefühl denken.
Lieber Herr Doktor, ist über diese drei Punkte etwas vorgefallen, wo Herr Senator unzufrieden über mich sein könnte, so habe ich Ihnen die reine Wahrheit jetzt mitgeteilt. Verschweigen Sie dieses, damit diese guten Mädchen nicht unglücklich sind, denn nie werde ich diese Mädchens ihre Namen nennen. Jetzt hat durch Gottes Hilfe mein Herz Luft bekommen.«

Pastor Rotermund geht

Bereits Anfang September 1829 hatte Gesche Gottfried mit aller Vorsicht Voget mitzuteilen versucht, dass sie den seit über einem Jahr andauernden und zunehmend strengeren Befragungen durch Pastor Rotermund nicht mehr gewachsen sei: »Er ist seit sechs bis acht Wochen zweimal hier gewesen, hat aber kein einziges religiöses Wort mit mir gesprochen und Gesangbuch und Bibel nicht angerührt«[237], klagte sie ihm, und »dass sie ihm einst auf sein strenges drohendes Nachfragen einen Ehebruch bloß aus Angst eingestanden habe, dessen sie sich nie schuldig gemacht.«[238] Voget aber fuhr ihr gleich in die Parade: »Herr Pastor Rotermund werde dazu gewiss seine Gründe gehabt haben. Ohne inneren Hunger und Durst nach Trost aus dem Worte Gottes sei alles Predigen, aller Gebrauch der Bibel und des Gesangbuchs fruchtlos.«[239]

Gegenüber seinen Lesern ließ er allerdings keinen Zweifel daran, dass nach seiner Auffassung »für ein wahrhaftes Gefühl ihres grenzenlosen Elends das Gewissen dieser Sünderin erstorben«[240] war. Drei Wochen später fasste sie aufs Neue Mut, sich nochmals bei Voget über Rotermund zu beklagen. Bei Voget heißt es: »Nach langem schweren Seufzen und sichtbar in der größten Angst, [kam sie] weinend mit der Sprache hervor. Das Resultat ihrer ängstlich hin und her gewendeten Äußerungen lief auf die Furcht hinaus, dass Herr Doktor Rotermund im Einverständnis mit den weltlichen Richtern dahin strebe, sie fortwährender Lügen und somit der möglichst großen Strafbarkeit zu überführen.«[241]

Vogets Versuch, ihr dieses auszureden, zeigte jedoch keine Wirkung, und als er am nächsten Tag wieder zu ihr ging, fand er sie »äußerst geängstigt«. Unter Tränen schüttete sie ihm ihr Herz aus: »Ich habe die ganze Nacht nicht geschlafen, wegen Herrn Doktor Rotermund. Ich kann wohl sagen, dass ich ordentlich Angst vor ihm habe. Ach, denken Sie auch mal, was er einst zu mir sagte, in Gegenwart eines fremden Herrn: er habe den ganzen verwichenen Sonntag an mich gedacht; die Leute hätten ihm seinen Pudel vergiftet, und wie er gesehen, wie das Tier sich gequält, da habe er immer an mich denken müssen. Ich habe nie den Mut gehabt, Herrn Doktor Rotermund um etwas zu fragen oder zu bitten.«[242]

»Die Geängstigte«, so heißt es bei Voget weiter, »ruhte nicht eher, bis [ich] ihr versprach, noch an demselben Tag bei dem Instructionsrichter die Einstellung der geistlichen Besuche zu erwirken.«[243] Von diesem Vorgang muss Rotermund noch am selben Tag von Voget informiert worden sein, denn einen Tag später ging Rotermund zu Gesche Gottfried ins Detentionshaus, beschwor geradezu einen Eklat herauf, erklärte ihr dann aufgebracht, dass er aufgrund »ihrer Verstocktheit« nicht wiederkommen werde, und trat so der Peinlichkeit entgegen, von Droste aufgefordert zu werden, weitere Besuche zu unterlasssen.

Gesche Gottfried glaubte nun aber, Rotermund könne sich bei Droste ungünstig über sie auslassen. Und so schrieb sie Droste einen langen Brief: »Hochedel Hochwohlgeboren. Im Anfang meiner Gefangenschaft äußerte ich den Wunsch eines Geistlichen und ersuchte um Herrn Doktor Rotermund. Selbiger war so gütig, mir seine Gegenwart zu würdigen. Sein Anblick presste mir Tränen aus. Ich reichte ihm die Hand – seine Anrede war: ›Es tut mir leid, Sie hier zu besuchen. Wie so ganz haben Sie vergessen, was Sie an Ihrem Konfirmationstag versprachen.‹ Unter Tränen teilte ich ihm einige meiner Sünden mit, und er gab mir schonende Vorwürfe darüber. Beim Weggehen gab er mir diesen Gesang 485 zum Lesen.

Nach diesem Besuch erfolgten wieder zwei Besuche von Herrn Doktor, wo mir Herr Doktor den oben bemerkten Gesang erklärte, über meine Vergiftungen sprach, auch religiös sich unterhielt. Nun kommt eine Lücke von vier Monaten, wo gewiss der kalte Winter schuld war. Ich bitte ferner um seinen Besuch, welcher auch erfolgt. ›Ach‹, sage ich, ›was wird denn meine Strafe sein?‹ Drauf sagt Herr Doktor: ›Sie werden noch erst das Gespött der Welt.‹

Den 16. September, Mittwochen, des Morgens elf Uhr besucht mich Herr Doktor Rotermund. Beim Eintreten im Verhörsaal sagt Herr Doktor: ›Eigentlich wollte ich sie nicht wieder besuchen, denn sie geht mir immer mit Lüge vor. Solange sie lügt, kann mein Unterricht nicht helfen. Ihren weltlichen Richter kann sie wohl belügen, mich aber nicht. Ich muss das Ding anders anfangen.‹ Da er mir nicht die Lüge nannte, so schweige ich ganz stille, sehe ihn an und erschrecke. ›Jetzt will ich mir alles aufschreiben‹, sagt er, ›und will nun sehen, ob sie mich belügt, und nach Verlauf von einem halben Jahr es wiederholen, wie sie denn sagt.‹ Mit Tränen antworte ich: ›Ja, Herr Doktor.‹ Er setzt sich vor den Tisch, kriegt ein kleines papiernes Buch aus der Tasche und fängt nun von meinem neunjährigen Alter an, wo ich ehrlich und offen die Wahrheit sage. Nun werden wir unterbrochen. Eine Dame und drei Herren wollten bei der Abreise das Haus besehen. Beim Eintreten sagt Herr Doktor, zeigend auf mich: ›Das ist die unglückliche Person.‹ Ich fange bitter an zu weinen. Der eine Herr redet mich mitleidig an, tröstet mich, bemerkt diesen Spruch: ›So wir unsere Sünden bekennen‹ usw. Da nimmt Herr Doktor sein Gesangbuch, sagt: ›Bei der Gelegenheit will ich ihr eine Nummer vom Gesang sagen, 296.‹ Beim Weggehen sagt Herr Doktor: ›Dienstag, zehn Uhr, bin ich wieder hier. Dass sie denn fertig ist.‹

Dienstagmorgen, zehneinhalb Uhr, kommt Herr Doktor sehr freundlich zu mir mit den Worten: ›Sieht Sie wohl, dass ich Wort halte. Wenn Sie nicht lügt und wenn ich sehe, dass Sie mir alles rein und klar gesteht, so will ich fleißiger kommen und auch den Nachmittag nehmen und denn sehen, was ich durchs Evangelium bewirken kann‹, nahm dies kleine Buch, frei fortzufahren über meine Jugend, Konfirmationszeit und manches andere zu notieren, von Ehebruch, von Vergiftung, von Diebstahl. Auf einmal sagt er: ›Hier ist eine Lücke, hier geht sie mich mit Unwahrheit vor.‹ Da er mir nicht die Lücke und die Unwahrheit nannte, schwieg ich still. Herr Doktor steckte sein Buch in die Tasche, erklärte mir nun den 296. Gesang strophenweise. Beim Weggehen sagt er: ›Heute bin ich nicht zufrieden. Ist eine Lüge vorgefallen. Sobald ich kann, komme ich wieder.‹ Er verließ mich, ohne mir einen Gesang zu bemerken.

Mittwoch, den 30. September, elf Uhr besucht mich Herr Doktor. Erwähnt nichts von der letzten Lüge. Sehr freundlich sagt er zu mir: ›Sieht Sie wohl, dass ich mein Versprechen halte.‹ Er redet von vielen meiner Vergiftungen. Was für ein Gefühl ich bei den Vergiftungen gehabt hatte. Da nimmt er sein Buch und sagt: ›Das letzte Mal sind wir bei Miltenberg aufgehört. Jetzt folgt ja wohl die Mutter. Nun frage ich sie hier vor Gott und ihrem Gewissen: zwischen ihrem Mann und Mutter, fiel da keine Vergiftung vor? Hier sei sie mal ehrlich. Mir darf sie alles sagen, ich nehme es mit ins Grab.‹ Mit einfachen Worten antworte ich: ›Nein.‹ Nun nimmt Herr Doktor die Feder mit der Frage: ›Wer wurde nun vergiftet?‹ ›Ach Herr Doktor‹, ist meine Antwort, ›sprechen Sie doch nicht mehr mit mir über meine Vergiftungen. Es ist mir nicht möglich, ferner darüber zu sprechen.‹ ›Seht‹, sagt er, ›da kommen wir schon wieder auf das, wo sie nicht mit der Sprache herauswill. So machte es Felix auch, aber Pauli ließ sich nicht abhalten.‹ Da antworte ich: ›Herr Doktor, jede gute Lehre von Ihnen, und wenn Sie mich auch aufmerksam machen, was ich mir selbst durch meine Sünden zugezogen habe, ist mir lieb, erwähnen Sie nur nicht die Vergiftungen.‹ Unzufrieden über mich setzt er seinen Stuhl zurück mit den Worten: ›Ich komme nicht wieder. Ich will ihr aber einen anderen Geistlichen schicken, der soll es schon herauskriegen.‹

›Also, Herr Doktor, darum wollen Sie wegbleiben, weil ich mich weigere, noch ferner über meine Vergiftungen zu sprechen? Da ersuche ich Sie, einen Nachmittag zu Herrn Senator Droste zu gehen, sich alles von ihm sagen zu lassen. Wie viele ich vergiftet, warum ich es getan. Obgleich damals mein Zustand so war, dass ich die fürchterlichsten Unwahrheiten aussagte. Aber ich hatte einen gnädigen, mitleidigen Richter.‹ Da ist seine Antwort: ›Droste seine Sache ist nicht meine Sache. Und ein Delinquent oder ein zu Tode Verurteilter muss dem Geistlichen alles sagen. Wie kann sonst ein Geistlicher ihn vorbereiten.‹

Erlauben Sie gütigst zu sagen, was dabei in meinem Innern vorgegangen. Ich glaubte, Herr Senator Droste sei die Veranlassung dazu und wollte es mit meiner ersten Aussage vergleichen. Dann dachte ich, wenn Herr Doktor Rotermund um ein halbes Jahr aufs Neue die Sache vornimmt, ist es immer noch, als ob du im Verhör bist. Und was du so sehr bedarfst, entbehrst du ganz. Leider als eine große Lügnerin bekannt, bekenne ich, dass dieses mitgeteilte die reine Wahrheit ist. Am Sterbetag meines seligen Miltenberg, am 1. Oktober, habe ich dies geschrieben und stille Tränen dabei vergossen. Untertänigst. M. C. Gottfried.«[244]
Voget musste ihr darauf in die Hand versprechen, dass Pastor Rotermund keinesfalls Schritte, gleich welcher Art, gegen sie plane. Sie beruhigte sich aber erst wieder, als auch Droste ihr versicherte, dass Rotermund keinerlei Einfluss auf Urteilsspruch und Strafmaß habe. Von Pastoren und Predigern hatte sie im Übrigen genug, und das Angebot sowohl von Droste als auch von Voget, ihr einen neuen Geistlichen zu vermitteln, lehnte sie dann auch höflich, aber bestimmt ab. Dennoch sollte sie, wie wir noch sehen werden, nur vier Wochen später flehentlich um den Beistand eines neuen Geistlichen bitten.

Freimarkt 1829: Gesche Gottfried wird porträtiert

Eine der fragwürdigsten Episoden während des Prozesses gegen Gesche Gottried war ihr Porträtieren im Oktober 1829 und der anschließende Verkauf des ›Bildnisses‹ als Steindruck anlässlich des Bremer Freimarkts. Es bleibt undurchsichtig, aus welchen Gründen die Gerichtsbehörde dieses Unternehmen gestattete, denn da noch kein Urteilsspruch vorlag, verbot die Gerichtsordnung eine Lockerung der über den Fall verhängten strengen Zensur. Und so wurde lediglich erklärt, dass das Porträt »zum Wohle der Bremer Taubstummenanstalt«[245] verkauft werde.
Vorteile aus diesem Geschäft zog allerdings nicht nur die Bremer Taubstummenanstalt. Finanziell daran beteiligt waren auch der Bremer Maler und Kunsthändler Friedrich Adolf Dreyer und der Bremer Buchhändler Johann Georg Heyse. Während Dreyer im Hintergrund als Drucker des Bildnisses auftrat, wirkte Heyse als Verleger und sicherte sich darüber hinaus das Recht, den Verkauf des Steindrucks nur über seine Buchhandlung abzuwickeln. Inwieweit Dreyer auch als Mitverleger des Bildnisses fungierte, bleibt im Dunkeln.
Aber noch in einem anderen Zusammenhang taucht der Name Friedrich Adolf Dreyer im Fall Gesche Gottfried auf: Zusammen mit seinem Schwager, dem Bremer Maler Johann Heinrich Menken, betrieb er in Bremen einen äußerst anrüchigen Kunsthandel,

der von Zeitgenossen gar als »gewissenlos« bezeichnet worden war. Wahrscheinlich war damit gemeint, dass sie wertvolle Gemälde von in Not geratenen Bremern weit unter Wert ankauften. 1814 erwarben Dreyer und Menken von Gesche Gottfried einige Gemälde aus dem Nachlass des alten Miltenberg. Bei diesem Geschäft jedoch kamen sie nicht ganz auf ihre Kosten: Als sie die Gemälde abholen ließen, betrog Gesche Gottfried sie um das wertvollste Stück, das sie »mit Servietten umhüllt in ihrem Kleiderschrank versteckt« hielt.

Das zum Bremer Freimarkt 1829 herausgegebene und zum Wohle der Bremer Taubstummenanstalt verkaufte Gesche-Gottfried-Porträt von Prof. Rudolf Friedrich Suhrland. Im faksimilierten Brief Gesche Gottfrieds an Senator Droste heißt es: »Jemehr ich über meine vielen und schweren Sünden nachdenke, fühle ich was ich hier auf der Welt verdient habe, doch wenn es vom lieben Gott zu erbitten ist, so geben Sie mir eine milde Todesstrafe; mein Herz sehnt sich beym lieben Gott zu seyn, der mich unglückliches Geschöpf gewiß nicht ewig von sich stoßen wird.«

Zeitgenössischer Raubdruck des Suhrland'schen Porträts

Als Porträtist des Gesche-Gottfried-Bildnisses fungierte der bekannte Historien- und Porträtmaler Prof. Karl Suhrland, der damals auch viele öffentliche Porträtaufträge in Bremen erhielt. Das Porträtieren wurde dann im Verhörzimmer des Detentionshauses durchgeführt und von Droste überwacht. Am Vormittag des 3. Oktober war er zunächst allein zu Gesche Gottfried in die Zelle gegangen, während Suhrland und Dreyer* im Verhörzimmer warteten. »Von Ihrer Sache«, so suchte Droste sie für eine Zustimmung des Porträtierens günstig zu stimmen, »soll kein Wort gesprochen werden. Wir haben dabei einen wohltätigen Zweck, nämlich, es soll zum Besten der Taubstummenanstalt sein. Denken Sie doch, wie viel Unheil Sie den Menschen zugefügt haben; nicht wahr, da mögen Sie auch gern einmal den armen Unglücklichen etwas Gutes tun.«[246] So willigte sie ein und folgte Droste ins Verhörzimmer.

Es entbehrt nicht einer gewissen Pikanterie, dass Voget zwei Wochen zuvor dasselbe Vorhaben bereits durchgeführt hatte. »Von vielen Seiten dazu aufgefordert«, heißt es bei ihm, »hatte ich mir vorgenommen, die Gottfried heute abzuzeichnen.« Die Zeichnung diente ihm dann als Vorlage für das von Wagner in Stahl gestochene ›Porträt der Gottfried in Seitenansicht‹, das dem ersten Band seines Werkes über Gesche Gottfried beigefügt ist.

Gesche Gottfried war das Porträtieren durch Suhrland Voget gegenüber, der von alldem nichts gewusst hatte, zunächst äußerst peinlich. Und so empfing sie ihn, als er am Abend desselben Tages zu ihr ins Detentionshaus gekommen war, mit den Worten: »Nicht wahr, Sie wissen es ja schon? Darf ich offen reden? Sie haben es doch ja wohl schon gehört? Es wird Ihnen ja doch nicht unangenehm sein? Herr Senator Droste ist heute Morgen mit noch einem Herrn Professor und dem jungen Herrn Dreyer bei mir gewesen und bat mich, mich abzeichnen zu lassen.«[247]

Dass Voget dem Suhrland'schen Porträt, das seine eigene Zeichnung natürlich wertlos machte, nicht gerade mit überschwänglichem Wohlwollen gegenüberstand, lässt sich denken. Über den Verlauf des Porträtierens durch Suhrland erzählte sie Voget weiter: »Denken Sie sich einmal, die Herren tranken während des Abzeichnens Kaffee, und ich musste mittrinken. Während ich so dasaß, unterhielten sie sich untereinander. Einmal flüsterte Herr Senator ganz leise zu Herrn Professor: ›Die Nase ist nicht schlecht.‹ So, dachte ich, gottlob, dass doch noch etwas Gutes an mir ist.«[248]

* Wie es angehen konnte, dass Dreyer die Erlaubnis erhalten hatte, dem Porträtieren beizuwohnen, bleibt unklar. Interessant ist in diesem Zusammenhang, dass Drostes Mutter eine geborene Menken war.

Nach zweiter Sitzung am folgenden Tag war das Porträt fertig und ging sogleich in die Druckerei. In ihrer Ausgabe vom 12. Oktober berichtete die ›Bremer Zeitung‹: »Bei der unglücklichen Berühmtheit, welche eine hiesige Inquisitin, die Madam Gottfried, deren Akten jetzt zum Spruche liegen, weithin erlangt hat –, sogar in Canton wurde einer unserer Seekapitäne nach ihr befragt – glauben wir es unseren Lesern schuldig zu sein, anzuzeigen, dass in wenigen Tagen ein sprechend ähnliches Bild von ihr in Steindruck erscheinen wird. Es ist auf besondere Erlaubnis von Herrn Professor Suhrland, Hofmaler seiner königlichen Hoheit des Großherzogs von Mecklenburg-Schwerin, nach dem Leben gezeichnet worden und das einzige zum Verkauf gebrachte Bild, zu welchem sie selbst gesessen hat. Ein besonderes Interesse erhält dieses noch durch einen in ihrer eigenen Handschrift darunter abgedruckten charakteristischen Brief. Wir halten uns umso mehr verpflichtet auf dieses Kunstwerk – denn dass es das ist, verbürgt schon die Hand des Zeichners – aufmerksam zu machen, da der Ertrag der aus dem mäßigen Preise desselben hervorgeht, zu einem milden Zwecke bestimmt ist.«

Während des Bremer Freimarktes wurde in den Bremer Zeitungen dann beinahe täglich durch den Buchhändler Heyse für das Porträt geworben. Zusätzlich lieferte Heyse dem Käufer noch einen Prospekt mit einigen »Erläuterungen«. Unter anderem heißt es darin: »Wenn es bei dem stets regen Interesse des hiesigen und auswärtigen Publikums für die Untersuchungssache der Gottfried einer Apologie dafür bedarf, dass ihr Bildnis, mit Genehmigung der Behörde, veranstaltet und zum Besten einer milden Anstalt schon jetzt der Publizität übergeben wird, so dürfte eben in jenem Interesse und diesem Zweck schon eine solche Apologie gefunden werden.

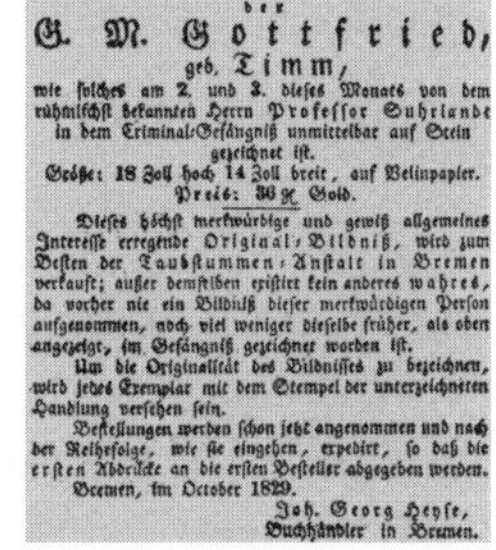
(Kunst-Anzeige.) Im Laufe des diesjährigen Freimarkts erscheint in der Buchhandlung des Unterzeichneten:

Bildniß
der
G. M. Gottfried,
geb. Timm,

wie solches am 2. und 3. dieses Monats von dem rühmlichst bekannten Herrn Professor Suhrlandt in dem Criminal-Gefängniß unmittelbar auf Stein gezeichnet ist.

Größe: 18 Zoll hoch 14 Zoll breit, auf Velinpapier.
Preis: 36 gr. Gold.

Dieses höchst merkwürdige und gewiß allgemeines Interesse erregende Original-Bildniß, wird zum Besten der Taubstummen-Anstalt in Bremen verkauft; außer demselben existirt kein anderes wahres, da vorher nie ein Bildniß dieser merkwürdigen Person aufgenommen, noch viel weniger dieselbe früher, als oben angezeigt, im Gefängniß gezeichnet worden ist.

Um die Originalität des Bildnisses zu bezeichnen, wird jedes Exemplar mit dem Stempel der unterzeichneten Handlung versehen sein.

Bestellungen werden schon jetzt angenommen und nach der Reihefolge, wie sie eingehen, expedirt, so daß die ersten Abdrücke an die ersten Besteller abgegeben werden.

Bremen, im October 1829.

Joh. Georg Heyse,
Buchhändler in Bremen.

Während der Zeit des Bremer Freimarkts wurde beinahe täglich durch den Buchhändler Heyse in den Bremer Zeitungen für das Gesche-Gottfried-Porträt geworben

Es kommt hinzu, dass bereits vor einem Jahr dem Publico der Betrug gespielt wurde, ihm ein völlig falsches Bild der Gottfried zum Kauf aufzudringen, dessen Verfertiger gestand, als er deshalb zur Rede gestellt wurde, dass er niemals die Gottfried gesehen, auch kein Bildnis von ihr besessen habe – und dass die Gefahr der Wiederholung dieses Betruges dringend vorhanden war. Eine Erscheinung im Gebiete der Menschheit, welche in ihrer Art beispiellos ist, gehört der Geschichte an, und es stellt sich als Pflicht gegen die Nachwelt dar, dafür zu sorgen, dass ihr in einer treuen Darstellung auch ein anschauliches Bild der äußeren Hülle dieser Erscheinung erhalten werde, deren Andenken nicht mit ihrem Staube verwehen wird. Eine Erscheinung dieser Art ist die Gottfried.

Wenn nun gleich die Grundsätze des Kriminalrechts es nicht gestatten mögen, vor erfolgter richterlicher Entscheidung die näheren Resultate der Untersuchung mit Gewissheit zu erfahren und sie zur

Friedrich Leopold Voget porträtiert Gesche Gottfried

Zwei Wochen vor der Porträtierung durch Suhrland hatte Voget Gesche Gottfried ebenfalls gezeichnet. Er schreibt darüber:

»Am Montag, den 21. September 1829, eröffnete ich ihr meinen Wunsch, sie abzuzeichnen. Ich sagte ihr, es seien ihre unerhörten Taten so weltbekannt geworden, dass jedermann das Angesicht einer so tief gesunkenen Verbrecherin zu sehen wünsche. Es werde ihr, hoffe ich, nicht schwerfallen, den Menschen, an deren Geschlecht sie sich so entsetzlich versündigt, einen geringen Dienst zu erweisen.

›Ach nein, Herr Doktor, ich bitte Sie! Dass man mich zum Gespött in der Stadt herumtrage.‹

›Nicht zum Gespött‹, sage ich, ›sondern eher zur Steuer der Wahrheit. Der Unfriede Ihres Angesichts, die Abgestorbenheit Ihres Auges – des Spiegels Ihrer Seele – soll es bestätigen, wie unglücklich Sie sind. Sollte übrigens Ihr Bildnis zum Gespött werden: so müssen Sie das, wenn Sie wahre Reue empfinden, mit Freude zu Ihrer Demütigung annehmen!‹

Sie schwieg und schwankte in ihrem Entschluss. Endlich sagte sie seufzend: ›Ach, ich komme ja doch wohl niemals wieder unter Menschen; da kann es mir ja gleichviel sein.‹ Somit setzte sie sich. Aber ihr ganzes Wesen war in einer Unruhe. Unter schwerem Seufzen hing sie bald so, bald anders den Kopf, zupfte bald hier, bald dort und veränderte jeden Augenblick ihre Stellung. Um sie von dem ihrer Eitelkeit so peinlichen Gefühle abzulenken, begann ich ernste Fragen. ›Wie unglückselig Sie sind! Ist wohl jemals ein freudiges, ruhiges Lebensgefühl über Sie gekommen?‹

›Ach, ich fühle es immer mehr, ich habe eigentlich noch gar nicht gelebt; es ging immer in einer unruhigen Hast fort, so lange ich denken kann.‹ Als nach einer halben Stunde das Bild fertig war, unterließ die Gottfried nicht, es zu betrachten, ohne jedoch etwas zu äußern.«

In seinem Buch schreibt Voget über das Porträt, dass es »möglichst treu nach dem Leben gezeichnet« sei, und »das Gepräge der Sünde und des Unfriedens« sichtbar mache. Doch schon Ludwig Scholz sah 1912 in dem Porträt nichts weiter als ein »etwas brummeliges, im Übrigen ziemlich einfältiges Spießergesicht« und bemerkte noch, »dass die vollen Züge nicht recht zu der kleinen, mageren Persönlichkeit der Gottfried stimmen wollen.«

öffentlichen Kunde zu bringen, oder dem richterlichen Urteile vorgreifend, die eine Angeklagte bestimmter Verbrechen schuldig zu erklären, so dürfte es doch so zulässig als genügend erscheinen, zu sagen, dass die Gottfried der Verdacht einer Masse von Verbrechen trifft, deren Größe und Schwärze kein Beispiel hat.

Ein Blick auf das treue Bildnis eines solchen Wesens, glücklich aufgefasst in der Mitte der dornenvollen Bahn zu dem verdienten Ziele, muss auch dem Stumpfsinnigsten interessant sein und muss jeden Unparteiischen mit Dank gegen diejenigen erfüllen, denen man diesen Gewinn verdankt.

Wenn übrigens die Bekannten der Gottfried, denen noch das Bild der rüstigen, blühenden und geputzten eitlen Dame vorschwebt, wie sie geschnürt und geschminkt stattlich einherging, in der Zeichnung anscheinend eine Matrone wieder erblicken, so mögen sie nicht vergessen, dass die Zelle einer solchen Gefangenen keinen Putztisch und Spiegel gestattet und dass anderthalb Jahre Gefängnis und der notwendige Eindruck einer solchen Untersuchung auch an der Inculpatin, für ihr Äußeres wie für ihr Inneres, nicht spurlos vorübergehen konnten.«[249]

Pastor Dräseke

Der Absatz des ›Gesche-Gottfried-Bildnisses‹ muss beträchtlich gewesen sein, denn bereits nach drei Wochen war die Druckplatte so weit abgenutzt, dass sie erneuert werden musste. Da im Steindruckverfahren direkt auf die Druckplatte, den sogenannten Lithostein, gezeichnet wird, musste Gesche Gottfried also noch einmal Suhrland sitzen. Und so begaben sich Droste, Suhrland und auch wieder Dreyer am 21. Oktober abermals zu Gesche Gottfried ins Detentionshaus.

Während des Porträtierens zeigte Droste zur Auflockerung der langfädigen Stimmung erst Suhrland und Dreyer, dann auch Gesche Gottfried »ein Bonbon-Papierchen mit der Abbildung zweier wilder Tiere«.[250] Suhrland, vertieft in seine Arbeit, fragte sie darauf nebenher, da sie jetzt ohne geistlichen Zuspruch sei, ob sie nicht zu Pastor Dräseke Vertrauen habe, der gewiss, wenn sie es wünsche, sich ihrer annehmen würde. Dann schnappte sie noch die von Droste dem Dreyer zugeflüsterten Worte auf: »Unter diesen Umständen will ich doch lieber hier bleiben. Gehen Sie doch und bestellen Sie im Stadthaus, dass ich wohl nicht kommen würde.«[251]

Zurück in ihrer Zelle, wurde Gesche Gottfried gequält von der Vorstellung, »sie solle, zur Strafe, den wilden Tieren vorgeworfen werden, welche, wie sie gehört, zum hiesigen Freimarkt vor einigen Tagen eingetroffen. Herr Senator Droste habe dies mit jenem Papierchen ihr zu verstehen gegeben, weil er mehr nicht verraten dürfe. Ihr Defensor verheimliche ihr dies gleichwie das Gericht. Herr Prof. Suhrland habe mit jener Frage, bewogen durch Mitleid, ihr das einzige mögliche Rettungsmittel darin anempfohlen: die Verwendung des Herrn Doktor Dräseke, zur Abwendung jener grausamen Todesart, anzuflehen.«[252]

»Verweint und äußerst niedergeschlagen« berichtete sie all dieses Voget, als er zwei Tage später zu ihr kam. »Ein geängstigter Geist gefalle Gott«, war dessen einzige Antwort darauf. Und als er bemerkte, dass sie an Pastor Dräseke einen Brief geschrieben hatte,

Pastor Dräseke

Dräseke war nach Pastor Rotermunds Rücktritt Gesche Gottfrieds Gefängnisgeistlicher bis zu ihrer Hinrichtung. Anders als zuvor Rotermund ging es ihm nur um einen geistlichen Beistand, besaß er ihr unbedingtes Vertrauen. Er wurde 1774 in Braunschweig geboren und war von 1814 bis 1832 in Bremen Pastor an St. Ansgarii. Später ging er als Generalsuperintendent der Provinz Sachsen nach Magdeburg. Er starb 1849. In der ›Bremischen Biographie‹ heißt es über Dräseke, dass es »ein Ereignis war für das damalige Bremen«, wenn es hieß: ›He stigt up‹ in die Kanzel, um zu eine seiner ›gefürchteten‹ Predigten anzusetzen, in denen er immer wieder auch zu politischen Tagesfragen Stellung genommen hatte. So forderte er von der Kanzel eine freiheitliche Verfassung für das Vaterland: frei Rede, freien Briefwechsel, freie Presse, freie Regung der Wissenschaft.« Da seine Predigten auch gedruckt wurden, fanden sie weit über Bremen hinaus Verbreitung, und nicht selten kam es über deren Inhalte zu Beschwerden aus Preußen und Hannover. Selbst Metternich soll über eine der gedruckten Predigten Dräsekes derart erzürnt gewesen sein, dass er beim Bremer Senat erwirkte, dass einige besonders anstößige Stellen daraus zu streichen seien.

bekam sie sogar Vorwürfe wegen ihres »undankbaren Misstrauens« ihm gegenüber zu hören. Was meinte Voget damit? Wollte er ihr bestimmen, wen sie zu ihrem neuen Geistlichen zu wählen hatte? Hegte er Bedenken, Dräseke könne seine rigiden Ansichten im Umgang mit Gesche Gottfried nicht teilen? Wie wir bereits gesehen haben, wurde dieses später zum Gegenstand einer öffentlichen Auseinandersetzung zwischen Dräseke und Voget.

Ihren Brief an Pastor Dräseke, der heute leider als verschollen gelten muss, gab sie Voget am selben Tage mit. Dass Vogets Verhältnis zu Dräseke äußerst kühl gewesen sein muss, zeigt, dass er den Brief nicht selbst Dräseke übergab, sondern dieses durch einen Boten besorgen ließ.

Über Dräsekes ersten Besuch bei ihr schrieb sie Voget: »Ich verfehle nicht, Ihnen den Besuch des Herrn Doktor Dräseke mitzuteilen. Ach könnte ich es doch beschreiben, was ich beim Anblick dieses ehrwürdigen Mannes empfand. Ach Herr Doktor, da fühlte ich ganz meine Unwürdigkeit, denn ich sah ganz, was in dem Innern dieses vortrefflichen Mannes vorging, welchen Kampf es ihn gekostet hat, sich eine solche Sünderin zu nahen; nie vergaß ich diesen Anblick. Ach wie er mir seine Hand reichte und mich eine Unglückliche nannte, zerfloss mein Herz in Tränen. Bei meinen vielen Sünden bleibt mir der einzige Weg zu unserem Heiland. Den rufen und anbeten, darf ich als Sünderin auch noch tun. Und Herr Doktor Dräseke hat mir die Versicherung gegeben, unser Heiland suchte noch jetzt das Verlorene und Verirrte. Aber ich

müsste auch wahr gegen mich selbst sein. Damit hat er gewiss sagen wollen, ganz meine Unwürdigkeit selbst empfinden.«[253]
Anders als zuvor Rotermund ging es Dräseke um nichts anderes als um die Erfüllung eines geistlichen Beistands gegenüber Gesche Gottfried. Und mit sehr viel Ernst hat er sich dieser Aufgabe gestellt. Bis zu ihrer Hinrichtung wird er ihr Vertrauen genießen.

Das Todesurteil

Nachdem Voget im Juli 1829 dem Gericht die Verteidigungsschrift eingereicht hatte, war es Aufgabe des Kriminalgerichtspräsidenten Senator Johann Carl Friedrich Gildemeister, für das Bremer Obergericht als die nächsthöhere Instanz auf der Grundlage der vorliegenden Akten eine sogenannte ›Relation‹ abzufassen. Im Mai 1830 trug er diese, den ›Vorläufigen Bericht in der Untersuchungssache wider Michael Christoph Gottfried Witwe Gesche Margarethe geborene Timm‹ dem Obergericht vor. Der Bericht wurde jedoch als unvollständig zurückgewiesen und mit einer genauen »Instruktion« versehen, wie er zu vervollständigen sei. So erhielt auch Voget nochmals die Akten, und das Verfahren schleppte sich von Monat zu Monat.
Gesche Gottfried verbrachte ihre eintönigen Tage mit Warten auf den Urteilsspruch. Ihre einzige Abwechslung waren die seltenen Besuche Vogets und Dräsekes. Der Polizeikommissar Friedrich Sellmann, der auch im Detentionshaus die Aufsicht über die Gefangenen hatte, gab über Gesche Gottfried zu Protokoll: »Sie hat sich ordentlich und ruhig betragen, sodass ich nicht über sie klagen kann. Nie hat sie über Essen und Trinken etwas gesagt und ist dankbar, wenn man ihr irgendeine Gefälligkeit erzeigt. Ihr Gemütszustand ist im höchsten Grade abwechselnd. Sie kann lustig und froh sein, als wenn gar nichts passiert wäre. Kommt jemand oder sie wird sonst an ihre Lage erinnert, so kann sie so wehmütig sein und sich zerweinen, dass man das größte Mitleid hat. Kommt man auf eine Viertelstunde wieder, so kann alles wieder verwischt und die vorherige Lustigkeit wieder da sein.
Sie hat mir erzählt, dass Miltenberg ihr erschienen, ihr die Hände gedrückt habe und gesagt habe: ich will dich erretten. Nachts sagte sie einmal, Gottfried sei vorbeigegangen. Sie sagte aber nicht, dass sie ihn gesprochen oder dass er ihr etwas gesagt habe. Mir hat sie nicht erzählt, dass Dräseke den Miltenberg eingeführt habe, sondern Miltenberg habe auf Knien vor ihr gelegen. Überhaupt, das Lügen scheint ihr angeboren zu sein, sie erzählt dieselbe Sache nie auf dieselbe Weise.
Auffallend ist mir ihr Gleichmut, mit dem sie mir die gräulichsten Sachen erzählt hat. Sie erzählte mir einmal, dass Miltenberg sich

gegen das eine Kind stets so zärtlich gezeigt habe, und sprach viel zum Lobe des Kindes. Ich fragte sie darauf: ›Ist das Kind nachher gestorben?‹ Mit dem größten Gleichmut erwiderte sie: ›Nein, das habe ich auch vergiftet‹, sodass mir dies wirklich Schauder erregte. Überhaupt ist mir die Gottfried wegen dieses gänzlichen Mangel an Gefühl einzig und allein auffallend.«[254]

Nachdem Gildemeister die Relation vervollständigt und dem Obergericht erneut vorgelegt hatte, sprach dieses am 17. September 1830 das Todesurteil:

»In Untersuchungssache wider Michael Christoph Gottfried Witwe, Gesche Margarethe geborene Timm, wegen Giftmischerei und mehrerer anderer Verbrechen, erkennt das Gericht nach Einsicht der Akten und nachdem die Untersuchung in Gemäßheit des Dekrets vom 22. Mai. d. J. vervollständigt worden, die Inquisitin, außer mehreren Diebstählen, Betrügereien und Meineiden sowie der versuchten Abtreibung von Leibesfrucht, für überführt und geständig:

1) ihre beiden Eltern, ihre drei Kinder, ihren ersten und zweiten Mann, ihren Bruder, ihren Bräutigam Paul Thomas Zimmermann, die Anna Lucia Meyerholz, den Johann Mosees, die Ehefrau des Rademachers Johann Christoph Rumpff geborene Mentz, die Ehefrau des Küpers Friedrich Schmidt geborene Cornelius und den Beschlagmeister Friedrich Kleine zu Hannover vorsätzlich mittelst Gift getötet, auch den Tod der Tochter der besagten Schmidt, Elise, durch eine, wenn auch nicht erweislich vorsätzliche, Vergiftung verschuldet zu haben;

2) dem gedachten Johann Christoph Rumpff in der Absicht, um ihn zu töten, wiederholt Gift beigebracht und dadurch eine bedeutende Gesundheitsstörung bei ihm verursacht, so wie endlich

3) vielen anderen Personen vorsätzlich, wiewohl ohne die erweisliche Absicht zu töten, mit mehr oder minder nachteiligen Folgen für ihre Gesundheit, Gift gegeben zu haben.

Das Gericht verurteilt daher in Gemäßheit der Peinlichen Gerichtsordnung Art. 130, und unter Berücksichtigung der mildernden Grundsätze des heutigen Gerichtsgebrauchs, die Inquisitin Michael Christoph Gottfried Witwe, ihr selbst zur wohlverdienten Strafe und andern zum warnenden Beispiel, zum Tode mittelst des Schwertes und beauftragt das Kriminalgericht, für die Eröffnung und Vollstreckung sowie für die öffentliche Bekanntmachung des gegenwärtigen Erkenntnisses und alle damit zusammenhängenden Maßregeln Sorge zu tragen.

Sämtliche durch die Untersuchung wider die Inquisitin und durch ihre Verurteilung und Bestrafung verursachten Kosten sollen aus ihrem Nachlass, soweit er dazu ausreicht, ersetzt werden.

Erkannt im Obergericht. Bremen, d. 17. September 1830.«[255]

Senator Johann Carl Friedrich Gildemeister

Gildemeister trug als Direktor des Bremer Kriminalgerichts dem Bremer Obergericht den ›Vorläufigen Bericht‹ und den ›Hauptbericht in der Untersuchungssache wider Michael Christoph Gottfried Witwe, Gesche Margarethe geborene Timm‹ vor.
Gildemeister wurde 1779 in Duisburg geboren, studierte Jura in Jena und Göttingen. Er promovierte 1803. In Bremen war er zunächst Advokat, wurde 1816 in den Bremer Senat gewählt und war enger Mitarbeiter von Bürgermeister Johann Smidt. 1819 wurde er zum Direktor des Unterkriminal- und Polizeigerichts gewählt. Er starb 1849 in Bremen.

Am Morgen des nächsten Tages begaben sich die Senatoren Droste, Berk und Olbers sowie Noltenius als Protokollant ins Detentionshaus, um Gesche Gottried das Urteil vorzulesen. Voget war in jenen Tagen nicht in Bremen, da er »für einige Wochen seiner Gesundheit wegen auf dem Lande« lebte.
Es war sieben Uhr, als Gesche Gottfried ins Verhörzimmer geführt wurde. Im Protokoll heißt es: »Es war vom Herrn Direktor zwar alle Anstalt getroffen, dass Inculpatin von dem, was ihr bevorstehe, nichts erfahre, allein da ihr zu einer ungewöhnlichen Zeit sich anzukleiden gehießen war, hatte sie, wie die Frau des Polizeikommissars Wolf berichtete, geäußert, sie werde gewiss ihr Urteil erhalten.
Inquisitin Michael Christoph Gottfried Witwe wurde vorgeführt. Sie trat mit Ruhe und Anstand ins Zimmer. Das Urteil wurde ihr von mir vorgelesen. Beim Anfang des Urteils weinte sie besonders bei Namhaftmachung der Getöteten. Jedoch bald nachher versiegten ihre Tränen, und beim Ausspruch der Strafe war sie still und ruhig.
Auf des Herrn Direktors Frage, ob sie etwas zu [erwidern] habe, wandte sie sich gegen denselben und sagte: ›Herr Senator, ich weiß, dass ich das Urteil verdient habe und noch mehr. Da Sie mir einen Verteidiger zugestellt haben, so bitte ich, diesem das Urteil mitzuteilen.‹
Herr Direktor machte darauf der Inquisitin bekannt, dass ihr vermöge Bestimmung der Gerichtsordnung nicht allein die Appellation an das Appellationsgericht der freien Städte zu Lübeck freistehe, sondern dasselbe sogar als notwendig eintreten müsse. Inquisitin erwiderte: ›Da es mir gestattet wird zu appellieren, so ergreife ich hiermit die Appellation und wünsche meinen Verteidiger zu sprechen.‹ Es wurde ihr bemerkt, dass ihr Defensor verreist sei und erst in einigen Tagen zurückkehren werde.«[256]
Vielleicht mag Gesche Gottfried tatsächlich in jenen Wochen die Hoffnung gehegt haben, das Todesurteil könne vom Lübecker

Oberappellationsgericht in lebenslängliche Zuchthausstrafe umgewandelt werden, denn sie begann Vorbereitungen zu treffen, um sich auf ein zukünftiges Leben im Zuchthaus einzurichten. Die Aufseherin im Detentionshaus Frau Wolf berichtete Droste hierüber: »Die Gottfried hat mir diese Tage erzählt, sie wisse von ihrem Defensor, dass ihr nächstes Urteil ein Todesurteil sei, darauf müsse sie gefasst sein. Dann aber trete die Appellation ein. Sie machte sich die Vorstellung, dass sie dann zeitlebens aufs Zuchthaus kommt, und hat mich schon gebeten, ihr dort durch Vorsprechen eine eigene Zelle zu besorgen, da sie nicht wieder durch andere verführt zu werden wünsche.«[257]

Am 3. November 1830 reichte Voget seine ›Appellationsrechtfertigungs- und Verteidigungsschrift‹ dem Bremer Obergericht ein. Er beantragte darin die »Aufhebung des von dem Hochlöblichen Obergericht zu Bremen erlassenen Todesurteils« und verwies auf das Plädoyer seiner Verteidigungsschrift. Die Akten wurden darauf sogleich vom Bremer Gericht zur endgültigen Entscheidung an das Lübecker Oberappellationsgericht gesandt.

Damit war Vogets Tätigkeit als Verteidiger Gesche Gottfrieds beendet. Um weiteren Stoff für den zweiten Teil seines Buches bemüht, wollte er jedoch den Kontakt zu ihr nicht abreißen lassen. Als er aber in den Wochen darauf versuchte, ins Detentionshaus zu gelangen, wurde er auf Veranlassung Drostes jedes Mal abgewiesen. Zweimal, am 16. Januar 1831 und zwei Tage nach ihrem sechsundvierzigsten Geburtstag, am 8. März 1831, war es ihm dann doch gelungen »die Hindernisse zu überwinden« und sie im Detentionshaus zu besuchen.

X. Die letzten Tage

12. April 1831 bis 21. April 1831

Die Bestätigung des Todesurteils

Seit Vogets letztem Besuch vom 8. März hatte Gesche Gottfried alle Hoffnungen fahren lassen, das Todesurteil könne vom Lübecker Oberappellationsgericht doch noch in lebenslängliche Zuchthausstrafe umgewandelt werden. Und so begann sie, jegliche Nahrung zu verweigern. Bis zum Tage ihrer Hinrichtung wurde sie unter ständige Bewachung durch fünf sich hierin abwechselnde Frauen gestellt, um einen Selbsttötungsversuch abwehren zu können.
Am Dienstag, dem 12. April 1831, war aus Lübeck die Bestätigung des Todesurteils durch das Oberappellationsgericht in Bremen eingetroffen. Zwei Tage später begaben sich die Senatoren Droste, Berk, Iken und Olbers mit dem Sekretär Noltenius und Voget ins Detentionshaus, um Gesche Gottfried das Urteil zu verkünden.
Durch ihre fünfwöchige Nahrungsverweigerung war sie so entkräftet, dass sie, wie es im Protokoll heißt, »wegen ihrer Körperschwäche vom Kommissar des Gefängnisses Wolf und dem Polizeidiener Bergmann unterstützt«[258] ins Verhörzimmer geführt werden musste. »In Betreff der körperlichen Schwäche wurde sie von Herrn Direktor aufgefordert, sich zu setzen. Sie erklärte, dass sie Kräfte genug habe zu stehen, und stellte sich darauf an die Schranke, an der sie mit den Händen sich festhielt. Sie sah blass aus, schien jedoch ruhigen Gemüts zu sein. Herr Direktor erklärte: ›Es ist das Urteil des Appellationsgerichts eingegangen und soll Ihnen jetzt eröffnet werden.‹ Sie verneigte sich, worauf ich das beiliegende Urteil der Inquisitin vorlas, nachdem Herr Direktor winkend mir solches befohlen.«[259]
Und so las Noltenius: »Urteil. In Untersuchungssache wider Gesche Margarethe, verwitwete Gottfried, geborene Timm, in Bremen, wegen Giftmischerei und mehrerer anderer Verbrechen, erkennt das Oberappellationsgericht der vier freien Städte Deutschlands auf die eingekommene weitere Verteidigung für Recht: dass das Erkenntnis des Obergerichts der freien Hansestadt Bremen vom 17. September 1830, wie hiermit geschieht, zu bestätigen, auch die Kosten der weiteren Verteidigung aus dem Vermögen der Inquisitin, soweit solches dazu hinreicht, zu bestreiten seien. Von Rechts wegen. Urkundlich unter dem Siegel des Oberappellationsgerichts der vier freien Städte Deutschlands und der gewöhnlichen Unterschrift gegeben zu Lübeck, den 6. April 1831.«[260]

Die Bestätigung des Todesurteils durch das Lübecker Oberappellationsgericht

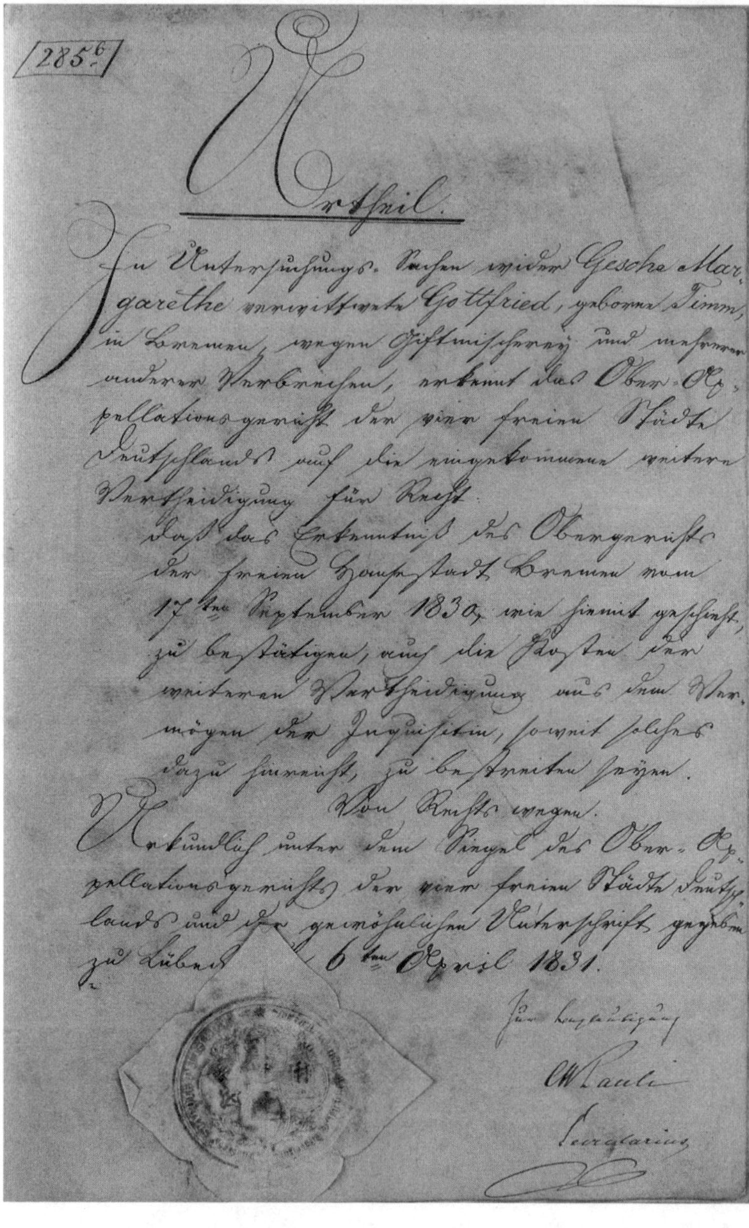

285c

Urtheil.

In Untersuchungs-Sachen wider Gesche Margarethe verwittwete Gottfried, geborne Timm, in Bremen, wegen Giftmischerey und mehrerer anderer Verbrechen, erkennt das Ober-Appellationsgericht der vier freien Städte Deutschlands auf die eingekommene weitere Vertheidigung für Recht:

daß das Erkenntniß des Obergerichts der freien Hansestadt Bremen vom 17ten September 1830, wie hiemit geschieht, zu bestätigen, auch die Kosten der weiteren Vertheidigung aus dem Vermögen der Inquisitin, soweit solches dazu hinreicht, zu bestreiten seyen.

Von Rechts wegen.

Urkundlich unter dem Siegel des Ober-Appellationsgerichts der vier freien Städte Deutschlands und der gewöhnlichen Unterschrift gegeben zu Lübeck 6ten April 1831.

Zur Beglaubigung

C W Pauli

Secretarius

Nachdem Noltenius geendet hatte, bat sie Droste, »das Urteil noch einmal zu hören«. Droste erklärte ihr zunächst: »Sie haben das Urteil vielleicht nicht verstanden. Das jetzige Urteil bestätigt das vorige Urteil.«[261] Dann wurde ihr das Urteil noch einmal vorgelesen, Voget eine Abschrift davon gereicht und sie anschließend gefragt, ob sie noch etwas zu Protokoll zu geben habe.

»Nein«, sagte sie, »ich habe meine Strafe verdient.«

»Benutzen Sie die Zeit, die Sie noch haben, zur Buße«, forderte Droste sie auf. »Der Tag der Vollstreckung des Urteils wird Ihnen weiter angezeigt werden.«
»Das will ich, meine Herren. Ich habe den Tod verdient.«[262]
Voget aber bedrängte sie darauf zweimal, ein Gnadengesuch einreichen zu wollen: »Von Herrn Direktor aufgefordert, mit der Inculpatin jetzt sich zu besprechen, wandte der Defensor sich an dieselbe und hielt ihr vor, dass er bereit sei, für sie ein Gesuch um Gnade beim Senat einzureichen, dass er jedoch nicht glaube, dass ihr Schicksal dadurch geändert werden könne.
›Nein, ich wünsche es nicht.‹
›Es steht Ihnen allerdings frei, und ich bin dazu bereit.‹
›Ich entsage dem, ich krieg nur, was ich verdient habe.‹«[263]
Droste unterbrach die für Voget eher peinliche Szene: »Gehen Sie jetzt auf Ihre Stube. Es ist dafür gesorgt, dass Sie Herrn Doktor Dräseke dort sprechen [können].« Er hatte zuvor veranlasst, dass Pastor Dräseke in einem Nebenzimmer darauf warten sollte, zu ihr gelassen zu werden. Zunächst lehnte sie aber ein Gespräch mit ihm ab. »Sie habe gewünscht«, meldete der Kommissar Wolf, »eine Stunde allein zu sein.« Nach einer Weile bat sie jedoch um ein Gespräch mit Dräseke, der dann sofort zu ihr in die Zelle ging.
Im Protokoll heißt es weiter: »Der Defensor hatte sich indessen wegbegeben, und das Gericht ließ jetzt den Kommissar des Gefängnisses Wolf und seine Ehefrau vorkommen und befahl ihnen angestrengte Wachsamkeit und Aufsicht über die Inculpatin. Zugleich wurde ihnen bedeutet, dass nur der Arzt und der Pastor Dräseke die Inculpatin ohne Anfrage bei seinen Vorgesetzten sprechen dürfen. Keinen Neugierigen dürfe sie gezeigt werden. Verlange Inculpatin jedoch irgendjemanden zu sprechen, so solle dies sofort gemeldet werden, um gerichtsseitig dann verfügen zu können.«[264]
Bereits am nächsten Morgen, Freitag, dem 15. April, meldete die ›Bremer Zeitung‹ die Bestätigung des Todesurteils und »wird demnach die Vollstreckung desselben wahrscheinlich in der nächsten Woche vor sich gehen«.

Die Aufhebung der Zensur

Mit der Bestätigung des Todesurteils war auch die über drei Jahre andauernde strenge Zensur über den Fall aufgehoben worden und eine wahre Flut von Druckschriften ergoss sich über die von brennender Neugier gequälten Bremer. Neben den lithografierten Entscheidungsgründen des Oberappellationsgerichts und dem Suhrland'schen Porträt waren es drei Bücher über Gesche

Gottfried, die, seit Wochen fertig gedruckt, noch an jenem Freitag ausgeliefert und in großer Aufmachung in den Zeitungen angekündigt wurden.

Schreckliche, unerhörte
Mordthaten
der
berüchtigten Giftmischerin
Gesche Marg. Gottfried
geb. Timme.
Herausgegeben
von
Georg Jöntzen.
Bremen 1831.
Gedruckt mit Jöntzen'schen Schriften.

Fantasieprodukt in Wort und Bild: Jöntzens vierundzwanzigseitiges Büchlein

Der Buchdrucker Georg Jöntzen aus der Catharinenstraße, zwei Jahre zuvor bereits in Verruf geraten durch das von ihm in Umlauf gebrachte gefälschte Porträt Gesche Gottfrieds, gab seinem vierundzwanzig Seiten umfassenden Büchlein den Titel ›Schreckliche, unerhörte Mordthaten der berüchtigten Giftmischerin Gesche Marg. Gottfried, geb. Timme‹. Es war, wie auch die dem Buch mitgelieferte Silhouette Gesche Gottfrieds, ein reines Fantasieprodukt, ohne jeglichen Wahrheitsgehalt, das seine ohnehin nur geringen Grundlagen, vermischt mit Erdachtem, aus den in der Stadt umlaufenden Gerüchten bezog.

Franz Feilner, Buchdrucker und Lithograf aus der Querenstraße, Mitte der 20er Jahre unmittelbarer Nachbar Gesche Gottfrieds in der Pelzerstraße, bemühte sich in seiner hundertsiebenundfünfzigseitigen ›General-Geschichte der fürchterlichsten Giftmischerin Gesche Margarethe Gottfried, gebornen Timm.‹ um eine genauere Nachzeichnung ihrer Lebensgeschichte. Um Authentizität bemüht, hatte er das Manuskript zuvor dem Bremer Senat vorgelegt und sich so den Wahrheitsgehalt seines Werkes offiziell bestätigen lassen. Immerhin hatte er so gut recherchiert, dass Droste den Verdacht äußerte, »dass irgendjemand unbefugterweise dem Verfasser die Kriminalakte mitgeteilt habe«[265].

Feilner offerierte dann auch, aus den »besten Quellen geschöpft« zu haben. Ob ihm tatsächlich zumindest in Auszügen die Gerichtsakten bekannt waren, wurde damals nicht weiter untersucht, ist aber aus heutiger Sicht bei einem Vergleich durchaus

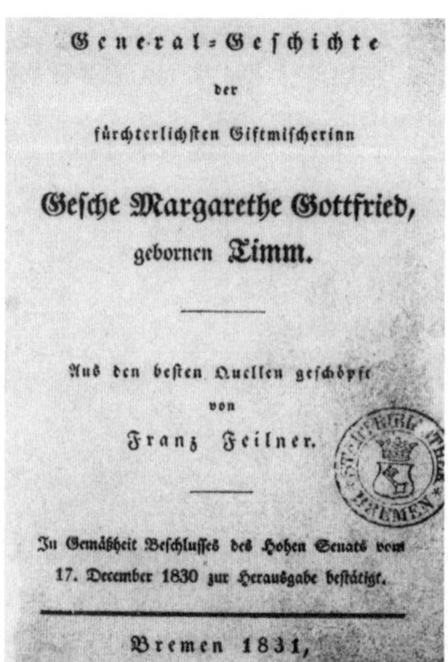
General-Geschichte
der
fürchterlichsten Giftmischerinn
Gesche Margarethe Gottfried,
gebornen Timm.
Aus den besten Quellen geschöpft
von
Franz Feilner.
In Gemäßheit Beschlusses des Hohen Senats vom 17. December 1830 zur Herausgabe bestätigt.
Bremen 1831,
gedruckt und zu haben bei Franz Feilner,

Vom Bremer Senat zur Herausgabe bestätigt: Feilners »General-Geschichte der fürchterlichsten Giftmischerinn Gesche Margarethe Gottfried, gebornen Timm.«, mit der Kopie des Suhrland'schen Steindrucks

nicht von der Hand zu weisen. Weiter schrieb Feilner in der Ankündigung seines Buches: »Mit aller Mühe suchte ich das Leben dieser schrecklichen Verbrecherin von ihrer Kindheit an bis zum letzten Augenblicke ihres freien Wandels zu erforschen, um es treu und wahr mit allen schauderhaften Taten der Welt auch für die späteste Nachwelt aufzubewahren. Entsetzen wird den Leser ergreifen, wenn er die Missetaten dieser Heuchlerin ohne Schminke niedergeschrieben erfährt. Zugleich bleibt sie ein Spiegel, vor dem jeder Mensch im Augenblicke der Versuchung zurückbeben wird. Ihre Geschichte habe ich die Biografie ihrer Eltern vorangehen lassen; habe ihr treues Porträt, in ihrer jetzigen Lage, und eine der wichtigsten Szenen aus ihrem Leben, wo sie in früherer Tracht, mit den angenehmeren Gesichtszügen erscheint, wiedergegeben; sowie ihr Wohnhaus, worin sie fast alle ihre schauderhaften Verbrechen ausübte, lithografiert beigefügt.«[266]

Das »treue Porträt« Gesche Gottfrieds ist freilich nichts anderes als eine leicht veränderte Kopie des Suhrland'schen Steindrucks; das Bild der »wichtigsten Szene aus ihrem Leben«, wo sie ihren Vater vergiftet, natürlich ein Fantasieprodukt.

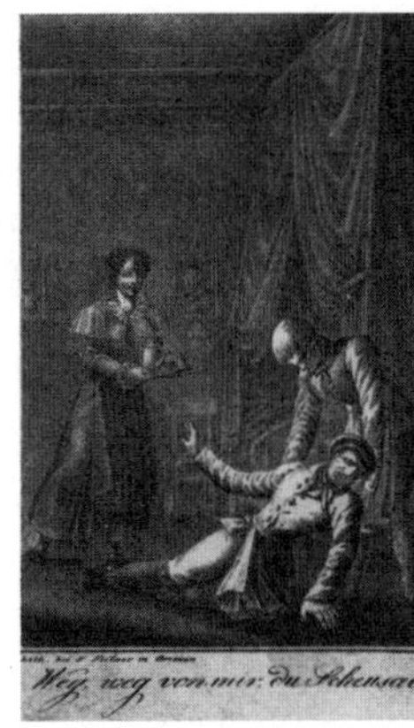

Gesche Gottfried vergiftet ihren Vater. Illustration aus Feilners Gesche-Gottfried-Buch

Mit dem am selben Tag erschienenen ersten Band der Voget'schen ›Lebensgeschichte der Giftmörderin Gesche Margarethe Gottfried, geborne Timm‹ konnte Feilner natürlich in keiner Weise konkurrieren. In der Ankündigung seines Buches schreibt Voget: »Hier ist die längst erwartete genaue und wahrhafte Lebensgeschichte der allgemein bekannten, jetzt rechtskräftig verurteilten Verbrecherin, von dem ihr zugeordneten Defensor mit der größten Sorgfalt nach den Akten und außerdem nach den genauesten, sowohl bei der Missetäterin selbst als bei ihren Bekannten eingezogenen Erkundigungen verfasst. Die verbrecherischen Tatsachen selbst sind schauderhaft und Entsetzen erregend. Aber die vorliegende Geschichte würde wenig Verdienst haben, wenn sie die Darstellung derselben zu ihrem Hauptzweck gemacht hätte. Sie sucht vielmehr dieses so tief versunkene Leben in seinen ersten Anfängen zu erforschen und, von Stufe zu Stufe in seinen Fortschritten es verfolgend, bis zur schrecklichsten Vollendung darzustellen. So ist diese Biografie zu einem psychologischen und moralisch höchst wichtigen, belehrenden und warnenden Gemälde menschlicher Verblendung und Entartung geworden.

Man erblickt hier ein schreckliches Beispiel, wohin die über alle Stände sich mehr und mehr verbreitende Halbkultur und Verfeinerung, Eitelkeit, Doppelherzigkeit und Doppelzüngigkeit führen, und wie aus kleinem, unbeachtetem oder wohl gar in törichter Liebe gepflegtem Keime das größte Unheil erwachsen könne. Der Verfasser hat seinen Gegenstand mit großer Sorgfalt und möglichster Ruhe, selbst nicht ohne ein Gefühl des Mitleids mit der so

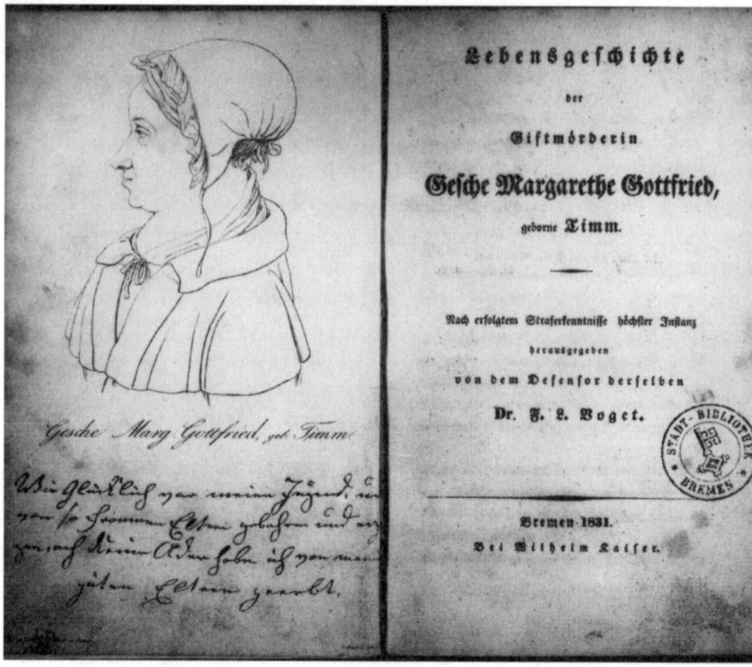

Der erste Band des Voget'schen Werkes

schwer verschuldeten Missetäterin bearbeitet, und dadurch dem erschütternden Ganzen die historische Haltung gegeben.

Möge denn diese Geschichte schrecklicher Untaten, deren Gerüchte sich zu allen zivilisierten Völkern verbreitet, nicht bloß Schauder und Entsetzen erregen, sondern vielmehr in den Herzen derer, die dazu helfen können, den ernsten Wunsch erzeugen und beleben, mit Rat und Tat für echte einfache Volksbildung in Einfalt des Herzens und der Sitten kräftig zu wirken!«[267]

Vogets Buch war das Stadtgespräch. Es ging von Hand zu Hand und hielt die Bremer förmlich in Atem. Endlich konnten sie bis ins kleinste Detail alles über ihre Sensationsaffäre und deren Nebenpersonen erfahren. Voget hatte es ihnen in dieser Beziehung an nichts fehlen lassen. Der Leihbibliothekar Kronberg inserierte sogleich in der ›Bremer Zeitung‹: »Ich habe das so viel gesuchte Buch: ›Lebensgeschichte der Giftmörderin Gesche Margarethe Gottfried, geb Timm‹, von Dr. F. L. Voget, in meiner Bibliothek aufgenommen, und um meine geschätzten Gönner zu befriedigen, mehrere Exemplare dieses so interessanten Buches.«[268]

Um Bloßstellungen zu vermeiden, hatte Voget jedoch die Namen fast aller Personen nur als Kürzel wiedergegeben. Hier galt es nun zu enträtseln, wer gemeint war. Und in sämtlichen heute noch erhaltenen Exemplaren dieses Buches aus Bremer Beständen finden sich fein und säuberlich am Rand handschriftlich diese Namenskürzel dechiffriert.

Dass die Beteiligten sich durch die Wiedergabe ihres Namens als leicht zu erratendes Kürzel bloßgestellt fühlen mussten, ist nur verständlich. Und so findet sich in der ›Bremer Zeitung‹ vom 18. April auch bereits eine Gegendarstellung des uns wohlbekannten Friedrich Adolf Dreyer, der, wie wir gesehen haben, durch Gesche Gottfried in nicht unerheblichem Maße geschäftliche Vorteile erlangt hatte: »(Berichtigung) Herr Dr. Voget hat es für gut befunden, in seinem Buche: ›Lebensgeschichte der Giftmörderin G. M. Gottfried‹ S. 151 die Worte anzuführen: ›die Tapete schenkte mir Herr D...r‹. Ob diese Aussage der Verbrecherin in den Akten begründet ist, lasse ich dahin gestellt sein, ob es aber dem Herrn Dr. zusteht, jede Äußerung des lügenhaftesten Scheusals, welches vielleicht je die Erde getragen hat, in die Welt zu schicken, überlasse ich der Beurteilung eines jeden rechtlichen Menschen. Auch lasse ich unerörtert, was den Herrn Dr. dazu bewogen haben mag, meinen Namen nur durch Anfangsbuchstaben, Punkte und den Endbuchstaben, wenngleich sehr bestimmt, anzudeuten, da er ihn auf einem vorhergehenden Blatte – S. 143 – bei Anführung eines Gemäldeverkaufs völlig ausschreibt. Ich beschränke mich nur darauf, den Tatbestand – die angebliche Schenkung – dahin zu berichtigen: dass ich zwar bei Gelegenheit des Ankaufs der Gemäldesammlung des verstorbenen Miltenberg sen. nicht von der Gottfried, sondern von ihrem Vater Timm, kontraktmäßig, zu einem Zimmer Tapeten lieferte, allein an eine Schenkung dabei nicht denken konnte. Was hätte mich auch veranlassen sollen, einer mir völlig unbekannten Person, welche ich vor ihrer Verhaftung nur bei Abschluss jenes Geschäfts zu sehen Gelegenheit hatte, ein freiwilliges Geschenk darzubieten? F. A. Dreyer.«[269]
Und während die Stadt, versunken in Vogets Buch, der Hinrichtung entgegenfieberte, ging er, Voget, noch einmal zu Gesche Gottfried ins Detentionshaus, in der Absicht, sie doch noch für die Einreichung eines Gnadengesuches günstig zu stimmen. Es sollte sein letzter Besuch bei ihr sein. In seinem Buch allerdings lesen wir darüber nichts. Er, der jeden Besuch, jedes Gespräch, das er mit Gesche Gottfried geführt hatte, minutiös seinen Lesern mitteilte, verschweigt uns seine letzte Zusammenkunft mit ihr. Aus gutem Grund. Nach den Mitteilungen Drostes erhalten wir Auskunft, wie dieser Besuch für Voget zur Peinlichkeit geriet: »Der Defensor glaubte, noch einmal einen Besuch wagen zu müssen, ob er die Delinquentin nicht zu einem Begnadigungsgesuch bewegen könne, und ging zu diesem Ende in Begleitung des Gefangenenwärters vor ihr Bett. Sie hatte die letzte Zeit hindurch krankheitshalber das Bett hüten müssen. Kaum vernahm aber die Gottfried sein Begehren, so wurde sie über und über rot und sagte zweimal: ›Ich bitte Sie um Gottes willen, quälen Sie mich nicht mehr. Ich will keine Begnadigung, ich will den Tod leiden.

Ich bitte Sie, lassen Sie mich in Ruhe.‹ (Der Gefängnisaufseher versicherte auf seinen Amtseid, dass sie sich dieser Worte, die in seiner Gegenwart niedergeschrieben wurden, wirklich bedient habe.) Übrigens erschütterte sie dieser Vorfall so tief, dass sie starkes Erbrechen und Zittern in allen Gliedern bekam und in einen ohnmachtsähnlichen Zustand fiel, der die ernstliche Besorgnis erregte, dass ihre Hinrichtung werde verschoben werden müssen.«[270]

Was aber mag Voget bewogen haben, trotz Gesche Gottfrieds abermals eindeutig ablehnender Haltung eigenmächtig doch ein Gnadengesuch einzureichen; für einen Menschen, der nach seiner unerschütterlichen Meinung »nichts anderes als den Tod verdient« habe? Am Montag, dem 18. April, reichte er das Gnadengesuch ein, am selben Tag noch wurde es abgelehnt. Fünfzig Taler zusätzliches Honorar erhielt er dafür. Eine stolze Summe, für die ein Zigarrenmacher damals ein Vierteljahr lang arbeiten musste! In seinem Buch übrigens verschweigt Voget seinen Lesern, ein Gnadengesuch für Gesche Gottfried eingereicht zu haben.

Am selben Montag meldete die ›Bremer Zeitung‹: »Die Hinrichtung der Giftmischerin Gottfried wird am Donnerstag, den 21. d. um acht Uhr morgens auf dem Domshof, dem Stadthause gegenüber, vollzogen werden.« In der Stadt wuchs darauf eine aufgeregte Spannung. In den Zeitungen wurden »zur Ansicht der Hinrichtung« am Domshof Zimmer und Plätze per Inserat offe-

Am Domshof Nr. 1 sind noch gute Plätze zur Ansicht der Hinrichtung zu vermiethen.

(Zu vermiethen.) Am Domshof Nr. 13 ist noch ein Zimmer für 24 Personen zur Ansicht der Hinrichtung zu vermiethen.

Inserate aus der »Bremer Zeitung« vom Dienstag, 19. April, und Mittwoch, 20. April 1831

riert. Die Polizeidirektion gab, in Befürchtung ausbrechender Unruhen während der Hinrichtung, an jenem Montag mittels öffentlichen Anschlags ›Ordnungs- und Sicherheitsmaßregeln‹ bekannt. Auch im Senat wurden Ausschreitungen während der Hinrichtung befürchtet: »Die Exekution einer Verbrecherin, deren Bestrafung die öffentliche Teilnahme in einem seltenen Grade in Anspruch nimmt, dürfte eine Masse zum Teil leidenschaftlich aufgeregter Zuschauer herbeiziehen, wie sie sonst nicht leicht auf einem Punkt vereinigt ist, und daher die Erhaltung von Anstand, Ruhe und persönlicher Sicherheit zu einer Aufgabe machen, deren befriedigende Lösung durch die gewöhnlichen Mittel, welche das Linienmilitär und selbst der zur Verfügung des Senats stehende Teil der Bürgerwehr darbietet, schwerlich zu verbürgen wären.«[271] Es wurde daher »eine möglichst vollständige Aufstellung der Bürgerwehr« beantragt, um »das kräftigste Mittel zur Handhabung der Ruhe und Ordnung zu sichern.«[272] Die Bürgerschaft genehmigte den Antrag des Senats unter der Voraussetzung, »dass die geehrte Polizeidirektion dafür Sorge tragen werde, dass auch in den entferntesten Stadtgegenden die gehörigen Sicherheitsmaßregeln an dem befragten Tag nicht ermangeln.«[273]

Die Hinrichtung

Am Mittwoch, dem 20. April, wurde Gesche Gottfried von Droste bekannt gegeben, dass die Vollstreckung des Todesurteils auf den morgigen Tag festgesetzt worden sei. Sie blieb darauf ruhig und fragte nur, an welchem Ort die Hinrichtung stattfinden werde und zu welcher Uhrzeit. Dann gab sie Droste die Hand darauf, dass sie außer den eingestandenen Vergiftungen niemandem sonst etwas gegeben habe. »Mein Herz ist ganz rein; ich habe alles gestanden.«[274]

Am Abend wurde auf dem Domshof, vor dem St. Petri-Waisenhaus, ein drei Meter hohes, schwarz bekleidetes Gerüst, das sogenannte Blutgerüst, aufgebaut. Diesem Gerüst gegenüber stand, vor der Mitteltür des Stadthauses, eine schwarz bekleidete Tribüne für die Richter. Bereits an jenem Abend hatte sich eine »große Masse Menschen« auf dem Domshof versammelt, und »da das Wetter gut war, so bleiben sogar Leute die ganze Nacht, um für den andern Morgen sich einen Platz in der Nähe des Schafotts zu sichern«.[275] Für Fensterplätze im Stadthaus selbst »wurden Karten ausgegeben«, um das »traurige Schauspiel bequem betrachten«[276] zu können.

Ihre letzte Nacht verbrachte Gesche Gottfried »infolge eines beruhigenden Opiats«[277] vor sich hindämmernd im Bett. Als gegen fünf Uhr am Morgen Pastor Dräseke vor ihr Bett trat, musste sie erst durch zweimaliges Rufen aus ihrem Dämmerzustand gerissen werden. Ein Gespräch mit Dräseke aber wollte sie nicht aufkommen lassen, und so entfernte er sich nach einiger Zeit wieder.

Eine Stunde später kam Droste noch einmal zu ihr in die Zelle. »Sie lag noch im Bett – reichte ihm matt die Hand über die Bettdecke hin und sagte mit Ruhe, doch betont: ›Bald, bald – Zuweilen komme ich mir vor wie der verlorene Sohn.‹ Bald darauf sprach sie von der großen Gnade, die Gott ihr in ihrer Gefangenschaft gezeigt habe, und wie ihr so oft der Gedanke gekommen, dass sie es ganz anders verdient habe. ›Wenn ich des Morgens aufwachte, schien die Sonne auf meine Bettdecke, und wenn ich

Bekanntmachung der »Ordnungs- und Sicherheits-Maaßregeln« während der Hinrichtung

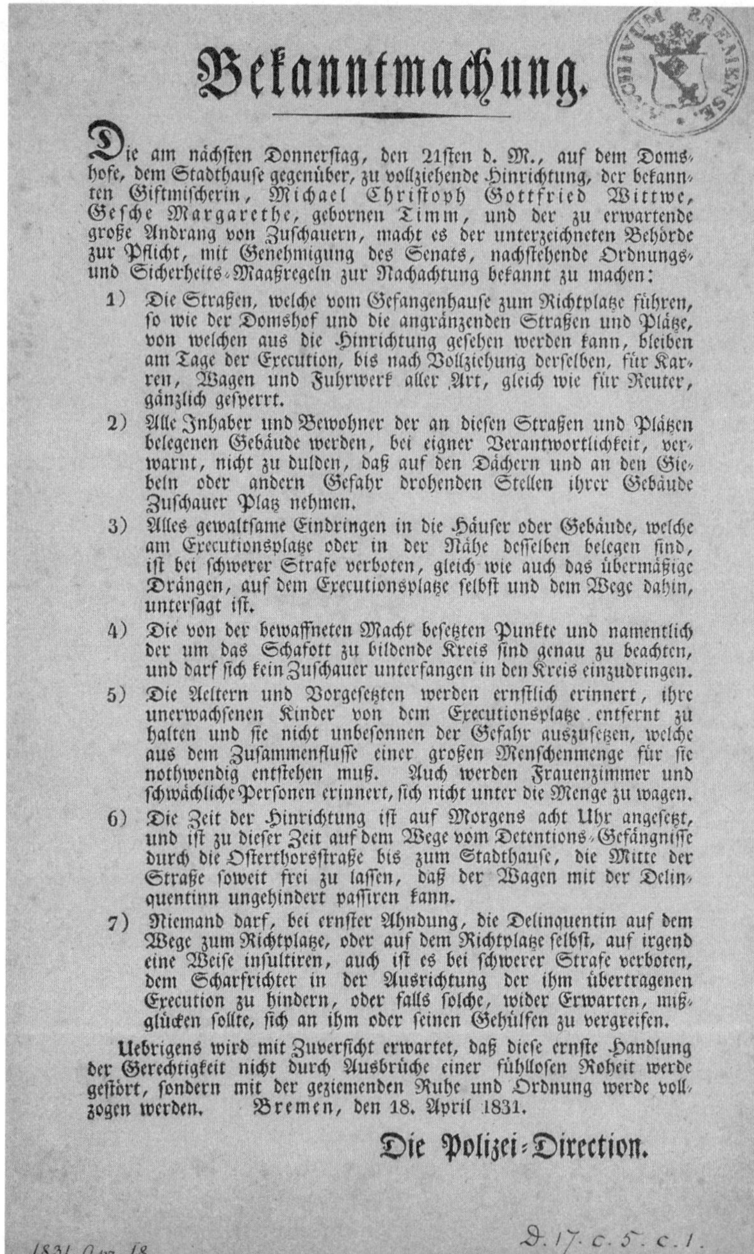

Bekanntmachung.

Die am nächsten Donnerstag, den 21sten d. M., auf dem Domshofe, dem Stadthause gegenüber, zu vollziehende Hinrichtung, der bekannten Giftmischerin, Michael Christoph Gottfried Wittwe, Gesche Margarethe, gebornen Timm, und der zu erwartende große Andrang von Zuschauern, macht es der unterzeichneten Behörde zur Pflicht, mit Genehmigung des Senats, nachstehende Ordnungs- und Sicherheits-Maaßregeln zur Nachachtung bekannt zu machen:

1) Die Straßen, welche vom Gefangenhause zum Richtplatze führen, so wie der Domshof und die angränzenden Straßen und Plätze, von welchen aus die Hinrichtung gesehen werden kann, bleiben am Tage der Execution, bis nach Vollziehung derselben, für Karren, Wagen und Fuhrwerk aller Art, gleich wie für Reuter, gänzlich gesperrt.

2) Alle Inhaber und Bewohner der an diesen Straßen und Plätzen belegenen Gebäude werden, bei eigner Verantwortlichkeit, verwarnt, nicht zu dulden, daß auf den Dächern und an den Giebeln oder andern Gefahr drohenden Stellen ihrer Gebäude Zuschauer Platz nehmen.

3) Alles gewaltsame Eindringen in die Häuser oder Gebäude, welche am Executionsplatze oder in der Nähe desselben belegen sind, ist bei schwerer Strafe verboten, gleich wie auch das übermäßige Drängen, auf dem Executionsplatze selbst und dem Wege dahin, untersagt ist.

4) Die von der bewaffneten Macht besetzten Punkte und namentlich der um das Schafott zu bildende Kreis sind genau zu beachten, und darf sich kein Zuschauer unterfangen in den Kreis einzudringen.

5) Die Aeltern und Vorgesetzten werden ernstlich erinnert, ihre unerwachsenen Kinder von dem Executionsplatze entfernt zu halten und sie nicht unbesonnen der Gefahr auszusetzen, welche aus dem Zusammenflusse einer großen Menschenmenge für sie nothwendig entstehen muß. Auch werden Frauenzimmer und schwächliche Personen erinnert, sich nicht unter die Menge zu wagen.

6) Die Zeit der Hinrichtung ist auf Morgens acht Uhr angesetzt, und ist zu dieser Zeit auf dem Wege vom Detentions-Gefängnisse durch die Osterthorsstraße bis zum Stadthause, die Mitte der Straße soweit frei zu lassen, daß der Wagen mit der Delinquentinn ungehindert passiren kann.

7) Niemand darf, bei ernster Ahndung, die Delinquentin auf dem Wege zum Richtplatze, oder auf dem Richtplatze selbst, auf irgend eine Weise insultiren, auch ist es bei schwerer Strafe verboten, dem Scharfrichter in der Ausrichtung der ihm übertragenen Execution zu hindern, oder falls solche, wider Erwarten, mißglücken sollte, sich an ihm oder seinen Gehülfen zu vergreifen.

Uebrigens wird mit Zuversicht erwartet, daß diese ernste Handlung der Gerechtigkeit nicht durch Ausbrüche einer fühllosen Roheit werde gestört, sondern mit der geziemenden Ruhe und Ordnung werde vollzogen werden. Bremen, den 18. April 1831.

Die Polizei-Direction.

meine Zelle rein machte, war es so schön. Ich konnte den blauen Himmel sehen, des Abends konnte ich den Mond sehen und die Sterne. Da war ein Stern so gegenüber, den sah ich immer, und da dachte ich oft, das ist dein Stern.‹ Alsdann rezitierte sie Droste ein Gebet. Bald darauf trat der Chirurg Dr. Widmann herein, welcher

der Gottfried im Gefängnis oft Hilfe geleistet. Sie richtete sich im Bett auf, gab ihm die Hand, weinte laut und heftig und dankte ihm für das, was er für sie getan. Zugleich wandte sie sich an Herrn Dr. Droste mit den Worten: ›Ach Herr Senator, ich bin noch in Herrn Widmanns Schuld, dafür sorgen Sie ja wohl!‹ Worauf der Letztere sich entfernte.«[278]
Was Droste dann folgen ließ, ist ein Abschied von ihr in sonderbarer Stimmung: »›Wir sehen uns noch zweimal wieder, einmal vor dem Stadthaus und dann, so Gott will, droben.‹ Sie hielt ihr Tuch vor die Augen und weinte, dann reichte sie Herrn Doktor Droste schweigend die Hand. ›Noch eins, ich habe diese letzte Zeit her Sie so gefunden, dass ich mich darüber habe innerlich freuen müssen, darum haben Sie mich denn auch mit freundlicher Miene gesehen. Wenn Sie mich nun wiedersehen vor dem Stadthaus, dann sehe ich ernst und streng aus, das ist dann aber nicht der Mensch in mir, sondern der Richter und die Pflicht des Amtes. Nach meiner Meinung möchte ich gerne, dass Sie mich recht mild und tröstend zuletzt sehen, aber das gehört sich dort nicht, und ich möchte gerne, dass Sie das vorher wüssten. Sehen Sie zu, seien Sie recht standhaft‹. Sie dankte und versicherte: wenn sie nur Körperkraft behielte, werde es schon gehen, ›aber für den Körper kann niemand‹. Um drei viertel auf sieben entfernte sich Herr Dr. Droste von der Delinquentin. Die ganze Zeit des Besuchs hindurch war ihre Haltung ruhig geblieben, sie sprach besonnen, selbst gewählt; nicht ein Wort, noch ein Zeichen der Furcht, noch weniger von Todesangst war zu bemerken, vielmehr völlige Empfänglichkeit für alles, was sie umgab und was sie hörte.«[279]
Gegen halb acht Uhr trat der mit der Leitung des Transports zum Domshof beauftragte Polizeikommissar Tonjes in ihre Zelle. Zwischenzeitlich hatten die Aufseherinnen ihr bereits beim Ankleiden geholfen, ihr das lange Kopfhaar abgeschnitten und ihr das zuvor verborgen gehaltene Totenhemd übergezogen. Auch Pastor Dräseke erschien nochmals in ihrer Zelle und sprach einige religiöse Worte.
Dann wurde sie hinuntergeführt.
Vor dem Detentionshaus stand, umgeben von schützendem Militär zu Pferd, ein offener Wagen bereit, und die Straßen nach dem Domshof zu waren durch ein Spalier Soldaten gesichert. Eine »ungeheure Menschenmenge« drängte sich dem Detentionshaus zu und wartete in größter Spannung darauf, dass die Tür sich öffnen, Gesche Gottfried heraustreten und den Wagen besteigen würde. Drei lange Jahre hatten die Bremer auf diesen Augenblick warten müssen, aber wie groß muss ihre Enttäuschung gewesen sein, als sie nicht etwa ein »verfinstertes satanisches Höllenwesen« erblickten, wie Voget sie ihnen in seinem Buch geschildert hatte,

Der Domshof. Rechts das Stadthaus, vor dessen Mitteltür die Tribüne errichtet worden war. Links das St.-Petri-Waisenhaus, vor dem das Schafott gestanden hatte

sondern eine bis aufs Skelett abgemagerte, kleine, mitleiderregende alte Frau.

Auf dem Wagen nahm der Polizeidiener Bergmann neben ihr Platz, während ihr gegenüber der Polizeikommissar Tonjes sass. Die Fahrt ging über Ostertorstraße und Domsheide zum Stadthaus, vorbei an Tausenden von Schaulustigen, die auf dem völlig überfüllten Domshof und den dort angrenzenden Straßen keinen Platz mehr hatten finden können. »Aus der Umgebung von Oldenburg sogar und weiter her waren eine Menge Zuschauer herbeigeströmt.«[280] Und da behördlicherseits vermutet wurde, dass alle Häuser leer stehen würden, wurden die Nachtwächter angehalten, bis zum Ende der Hinrichtung auf den Straßen zu bleiben, damit die Sicherheit auch in den vom Domshof entfernt liegenden Teilen der Stadt gewährleistet war.

Im Stadthaus warteten bereits die Kriminalrichter Senatoren Droste, Berck, Iken und Olbers auf die Ankunft Gesche Gottfrieds. Im von Noltenius geführten Protokoll heißt es: »Zur Hegung des Blutgerichts war auf dem Domshof vor der Mitteltür des Stadthauses eine Tribüne errichtet, welche die Höhe des obersten Trittes von dieser Tür hatte, sodass man ebenen Fußes aus dem Erdgeschoss des Stadthauses auf die Tribüne gehen konnte. Die Tribüne war mit schwarz beschlagen. Auf derselben stand ein Tisch, hinter derselben im Westen vier Stühle und im Norden ein Stuhl für die vier Richter und den Sekretär. Vor dem Tisch im Osten stand ein hölzerner dreibeiniger Bock, falls die Delinquentin zu schwach sein sollte, das Urteil stehend anzuhören.

Das Gericht hatte sich auf dem Stadthaus im Zimmer Nr. 5 mit dem Sekretär versammelt und war Veranstaltung getroffen, dass dasselbe benachrichtigt würde, sobald der Wagen mit der Delinquentin, welcher über die Domsheide zu fahren angewiesen war, sichtbar würde.

Auf dem Domshof vor dem St.-Petri-Waisenhaus war ein Schafott erbaut und schwarz bekleidet. Es stand so, dass man aus der Sandstraße, vom Markt, vom Unser Lieben Frauenkirchhof und von der Bischoffsnadel dasselbe sehen konnte. Die Bürgerwehr hatte um dasselbe ein Quarrin gezogen, außerdem aber noch von der für das Gericht bestimmten Tribüne bis zum Schafott ein Spalier gebildet.

Es war acht Uhr, wie gemeldet wurde, dass die Delinquentin ankommend gesehen werde. Das Gericht begab sich sofort auf die Tribüne, und da einige Zögerung eintrat, war die Delinquentin schon vom Wagen gestiegen und stand am Fuße der Tribüne, als das Gericht Platz nahm. Der Polizeikommissar Tonjes hatte die Delinquentin vom Gefängnis hergeholt, auf dem Wagen ihr gegenübersitzend. Der Polizeidiener Bergmann, welcher zu ihrer Unterstützung auf dem Wagen neben ihr gesessen hatte, führte die Delinquentin auf die Tribüne und stellte sie vor dem Tisch, blieb jedoch links zu ihrer Unterstützung bei ihr stehen. Der Scharfrichter Dietz stellte sich zur Rechten neben ihr, doch stand er etwas zurück, wenigstens bemerkte ihn die Delinquentin nicht.

Herr Senator Dr. Droste hielt darauf eine kurze Anrede an die Delinquentin, in welcher er ihr vorhielt, dass jetzt das gegen sie erlassene Urteil vollzogen werden solle, nachdem es ihr nochmals vorgelesen worden. Auf einen Wink des Herrn Senators Dr. Droste wurde das Obergerichtserkenntnis sowie die Erkenntnis des Appellationsgerichts laut vorgelesen. Herr Senator Dr. Droste nahm sodann einen Stab, der zu dem Behuf auf dem Tisch lag, und sprach die Formel aus: ›Der Stab ist gebrochen, das Urteil ist gesprochen, Mensch du musst sterben.‹ Er fuhr zu dem Scharfrichter gewandt fort, welcher darauf hervortrat: ›Scharfrichter,

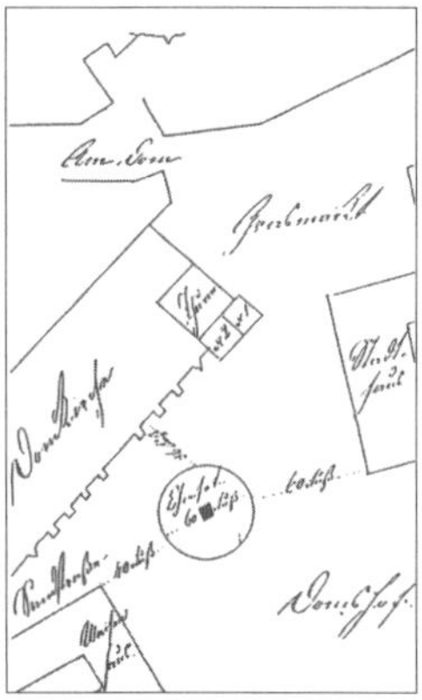

Zeitgenössische Skizze des Hinrichtungsplatzes, mit Angabe der Entfernung des Schafotts zum Dom, Stadthaus und St.- Petri-Waisenhaus

Das St.-Petri-Waisenhaus ungefähr vom Standpunkt des Schafotts aus gesehen. Rechts die Einmündung in die Sandstraße

Ihnen übergebe ich jetzt die Delinquentin, um das Urteil so zu vollziehen, wie das Urteil erheischt und ihm bereits die Instruktion geworden ist.‹

Sowie das Wort ›Scharfrichter‹ gesprochen wurde und sie ihn vortreten sah, schrak die Delinquentin sichtlich zusammen, die bis dahin bei dem ganzen Vorgang ziemlich ruhig und gefasst gewesen war. Es wurde ihr ein Glas Wein gereicht, an dem sie bloß nippte und welches darauf weggeworfen wurde. Die Delinquentin reichte darauf dem Herrn Direktor des Gerichts, dann den Herrn Senatoren und mir die Hand und wurde durch den Scharfrichter und den Polizeidiener Bergmann, die sie unterstützten, durch das Spalier der Bürgerwehr nach dem Schafott gebracht.

Auf dem Schafott wurde Delinquentin gewöhnlicherweise auf dem armen Sünderstuhl gebunden und ihr von dem Scharfrichter Dietz, dessen Schwiegervater der Delinquentin den Kopf hielt, mit einem Streich der Kopf abgeschlagen. Der Kopf wurde nach allen Seiten vom Schafott gezeigt und darauf der Stuhl mit dem Körper umgestoßen. Das Gericht zog sich hierauf zurück. Der Leichnam wurde in einem unter dem Schafott bereitgestellten Sarg gelegt und auf einen zweirädrigen Karren nach dem Gefangenenhaus gebracht.«[281]

Wie nahe den vier Richtern und Noltenius das so unvermittelte Abschiednehmen Gesche Gottfrieds durch Handgeben gegangen sein muss und wie schwer auch Droste selbst die Ausübung seines Amtes fiel, lassen uns seine Privatnotizen ahnen: »Es wird nun wohl heißen, das Handgeben hätte sich nicht geschickt, das tut aber nichts. Wer einem Sterbenden vier Minuten vor seinem Tode die Hand weigern kann, namentlich in meiner Lage und Stimmung, der mag schelten.«[282] Weiter lesen wir bei Droste über die Hinrichtung: »Auf dem Schafott hat sie zu den Knechten des Scharfrichters nicht mehr gesprochen; nur als ihr der eine Arm zu fest angeschnallt wurde, entfuhr ihr ein Ausruf des Schmerzes, und als der Streich geführt werden sollte, bewegte sie leise, doch hörbar betend, die Lippen.«[283]

Und wie hatte Voget die Hinrichtung erlebt? Im zweiten Band seines Werkes über Gesche Gottfried liefert er uns einen, wie Ludwig Scholz es treffend bemerkt hatte, im ›Sensationsstil‹ niedergeschriebenen Bericht: »... und wankte, niedergeschlagenen Blickes, mit Unterstützung des Polizeidieners, dem Schafott zu. Beim Hinaufsteigen der Treppe fasste sie zierlich, um nicht darauf zu treten, ihr Gewand auf. Bergmann geleitete sie bis auf die Treppe. Oben nahmen die Leute des Scharfrichters sie in Empfang. Dort angelangt, sah sie zuerst den für sie bestimmten Lehnstuhl; auf einmal stierte ihr Blick wild umher; ein satanisches Leben, ein Feuer der Hölle blitzte wie stachelnd aus dem sonst erloschenen Augapfel hervor – der Lehnstuhl empfing sie.

Augenblicklich waren Hände beschäftigt, die Augen zu verbinden, den Hals zu entblößen; aber da der zur Aufrechthaltung des Kopfes bestimmte Riemen nicht passen wollte, so vergingen noch einige Minuten vor dem Schwertstreich. Während derselben wurde der kraftlos vornübersinkende Kopf der Missetäterin wiederholt durch Stöße der Knechte unter das Kinn emporgebracht, bis ein kräftiger Hieb ihn vom übrigen Körper trennte. Unter lautem Rufen der versammelten Menge ergriff jetzt der Scharfrichter das Taschentuch, welches die Delinquentin auf ihrem Schoß ausgebreitet hatte, und wischte damit das Blut vom Schwert.«
Ein Redakteur des »Courier an der Weser«, der als Pressevertreter vom Stadthaus aus die Hinrichtung verfolgt hatte, weiß, genau wie Droste, von alledem nichts zu berichten. Er fasste es ganz anders zusammen: »Auf das hiesige Publikum hatte die Enthauptung einen so unangenehmen Eindruck gemacht, dass die meisten Leute, wie man nachher allenthalben hörte, zu Mittag nichts hatten essen können. Wir selbst machten nachmittags mit Bekannten eine Spazierfahrt ins Freie, um den üblen Eindruck zu vergessen.«[284]
Die befürchteten Ausschreitungen blieben aus. Vielmehr wurde »die Hinrichtung von den Zuschauern mit Ruhe und Anstand begleitet«, wie die Zeitungen schrieben. Vor der Hinrichtung soll berechnet worden sein, so meldete es das ›Bremische Unterhaltungsblatt‹ zwei Tage später, dass »35 000 Menschen auf dem Platz der Exekution, den daran angrenzenden Straßen und aus den daran befindlichen Häusern, die Ausführung des Todesurteils ansehen könnten. Ist diese Berechnung richtig, so kann man, da alle diese Plätze mit Menschen angefüllt waren, die Anzahl der Zuschauer bewahrheiten.«

Nachsatz: Gesche Gottfried des Weiteren

Wenige Wochen nach der Hinrichtung veranlasste die Gerichtsbehörde einen öffentlichen Verkauf der letzten Habseligkeiten Gesche Gottfrieds. Voget berichtete, dass dabei »siebzehn zum Teil recht wohlerhaltene Korsette der Verbrecherin für neun Groten« verkauft worden waren.
Nach der Hinrichtung setzte sich der Strom der Publikationen über Gesche Gottfried fort: Franz Feilner machte den Anfang und brachte eine Flugschrift unter die Bremer, in der er nochmals für sein vor der Hinrichtung erschienenes Buch warb. Die Flugschrift versah er mit einer Lithografie: Gesche Gottfrieds Porträt, eingerahmt von Darstellungen ihrer Morde und ihrer Hinrichtung.

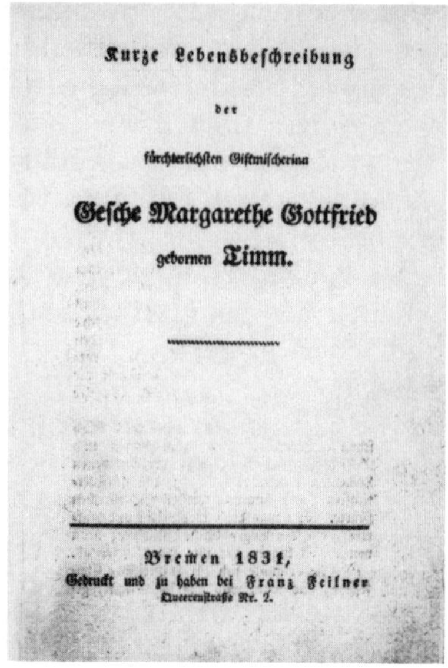

Kurze Lebensbeschreibung

der

fürchterlichsten Giftmischerinn

Gesche Margarethe Gottfried

gebornen Timm.

Bremen 1831,
Gedruckt und zu haben bei Franz Feilner
Queerenstraße Nr. 2.

Die wenige Tage nach der Hinrichtung von Franz Feilner herausgegebene Flugschrift enthält die einzige Darstellung der Hinrichtung Gesche Gottfrieds

Auch Julius Eduard Hitzig hatte sich in seinen berühmten ›Annalen für deutsche und ausländische Criminal-Rechtspflege‹ sogleich des ›Kriminalfalles Gesche Gottfried‹ angenommen: Im Mai 1831 erschienen als besonderer Abdruck im Heft 21 ›Die Giftmörderin Wittwe Gottfried in Bremen. Amtliche Mittheilungen‹, Gildemeisters ›Relation beim Obergericht zu Bremen und die Urteile erster und zweiter Instanz‹. Das noch im selben Jahr erschienene Heft 22 enthielt dann von Carl Ernst Jarcke den Aufsatz ›Über den Charakter der Gottfried‹, worin er die bereits zitierten Privatmitteilungen Drostes veröffentlichte.

Die Giftmörderin
Gesche Margarethe Gottfried,
in der
Gefangenschaft bis zur Hinrichtung.

Nach Vollzug des Todesurtheils
herausgegeben
von dem Defensor derselben,
Dr. F. L. Voget.

Bremen 1831.
Im Museum der neuesten Literatur von C. Schünemann.

Die Giftmörderin
Wittwe Gottfried
in Bremen.

Amtliche Mittheilungen.

Erste Abtheilung.
Enthaltend die Relation des Referenten beim Ober-Gericht zu Bremen und die Urtheile erster und zweiter Instanz.

Besonderer Abdruck
aus Hitzigs Annalen
für deutsche und ausländische Criminal-Rechtspflege Heft 21.

Berlin,
bei Ferdinand Dümmler,
1831.

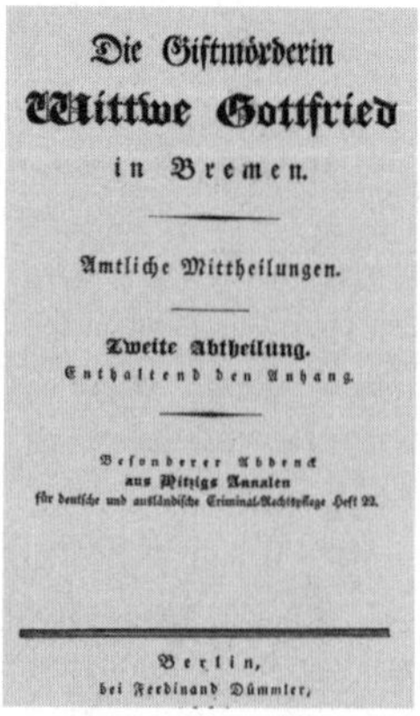

Die Giftmörderin
Wittwe Gottfried
in Bremen.

Amtliche Mittheilungen.

Zweite Abtheilung.
Enthaltend den Anhang.

Besonderer Abdruck
aus Hitzigs Annalen
für deutsche und ausländische Criminal-Rechtspflege Heft 22.

Berlin,
bei Ferdinand Dümmler,

1) Titelblatt des im Juni 1831 erschienenen zweiten Bandes des Voget'schen Werkes über Gesche Gottfried

2) und 3) Die beiden von Julius Eduard Hitzig 1831 herausgegebenen Bände sind die erste ernsthafte Auseinandersetzung mit dem »Kriminalfall Gesche Gottfried«, die außerhalb Bremens erschien

Im Juni 1831 war der zweite Band des Voget'schen Werkes erschienen: ›Die Giftmörderin Gesche Margarethe Gottfried, in der

Gefangenschaft bis zur Hinrichtung‹. Allerdings war das Buch nicht, wie zuvor angekündigt, im Verlag Kasier erschienen, wo auch der erste Band verlegt worden war, sondern bei Schünemann.
Gesche Gottfrieds abgeschlagener Kopf wurde in einem mit Spiritus gefüllten Glasgefäß im Bremer Museum am Domshof »zum Wohle der Taubstummenanstalt« zur Schau gestellt. Das ›Bremische Unterhaltungsblatt‹ berichtete darüber sechs Wochen nach der Hinrichtung: »Sehr interessant ist der Anblick dieses Kopfes. Die Gutmütigkeit schaut auch im Tode noch aus allen Zügen. Mit Mühe sucht jeder die Züge der Bosheit, der Arglist, der Mordsucht zu entdecken, weil jeder diese finden will. Aber jene Züge des Edlen stellen sich überall dar. Der Kopf beweist die Ähnlichkeit des Stahlstiches vor dem Voget'schen Werk, da ist diese Gutmütigkeit auch vorhanden. Dieser Ausdruck ihres Gesichts, der den Trieben ihrer schwarzen Seele so durchaus zuwider war, macht uns die Möglichkeit erklärbar, dass ihre bösen Handlungen so lange unentdeckt bleiben konnten. Vertrauen erweckte sie allgemein, und jedes Misstrauen verschwand vor ihrer Freundlichkeit, ihrer Dienstfertigkeit und ihrer Aufmerksamkeit. So wusste sie alle guten Menschen für sich zu gewinnen. Ihr Umgang muss übrigens auf wenige Personen sich beschränkt haben, weil bei Weitem der größte Teil der den decollirten Kopf Betrachtenden äußerten, sie nie gesehen zu haben.«[285]

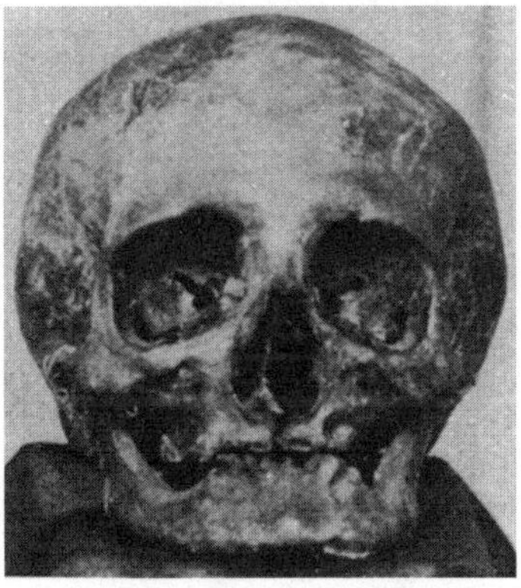

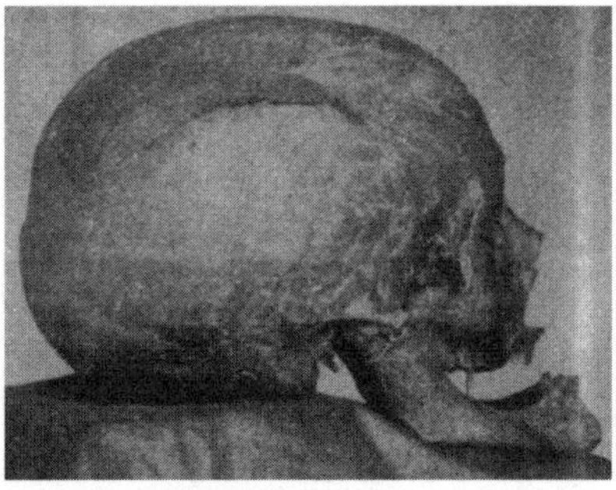

Der von Ludwig Scholz 1912 im Pathologischen Institut Bremens neben Gesche Gottfrieds Skelett aufgefundene Schädel

Gesche Gottfrieds Körper wurde skelettiert; das Skelett in einem Schrank im Bremer Museum aufbewahrt. Noch 1912 fand Ludwig Scholz das Skelett im Pathologischen Institut der Bremer Krankenanstalt (heute Klinikum Mitte) vor. »Es bot«, wie er schrieb, »nichts Besonderes dar.« Neben dem Skelett fand er dort auch einen Schädel »ohne lesbares Etikett«. Ob es sich dabei, wie bis dahin angenommen, tatsächlich um Gesche Gottfrieds Schädel handelte, blieb jedoch fraglich. Scholz forschte daher auch in den

Bremer Museen nach dem Kopf, konnte ihn aber nicht auffinden. Neben Schädel und Skelett fand Scholz im Pathologischen Institut auch einen Gipsabguss des Gesche-Gottfried-Kopfes. Zu welchen Zwecken dieser Gipsabguss, der heute verschollen ist, angefertigt wurde, bleibt jedoch unklar.
Als während des Krieges das Pathologische Institut ausbrannte, wurden dabei auch das Skelett Gesche Gottfrieds und der Schädel vernichtet*. Somit fanden die letzten sterblichen Reste Gesche Gottfrieds erst über hundert Jahre nach der Hinrichtung ihre endgültige Ruhe.

Im Bremer Museum am Domshof wurde Gesche Gottfrieds Kopf in einem mit Spiritus gefüllten Glasgefäß öffentlich zur Schau gestellt. Im Hintergrund der Platz der Hinrichtung mit Dom und Stadthaus

Totenmaske

Im Jahre 2004 tauchte überraschend im britischen Winchester die Totenmaske Gesche Gottfrieds auf. Sie war 1850 von einem britischen Gefängnisarzt für eine Sammlung von Totenmasken kopiert worden. Das Bremer Focke Museum erhielt die Genehmigung, einen Abguss davon herstellen zu lassen, der heute im Schaumagazin des Museums besichtigt werden kann.

* Nach anderer Lesart sollen sich die genannten Stücke im Kriminalmuseum des Polizeihauses befunden haben und dort 1945 bei einer Explosion von Munition zerstört worden sein.

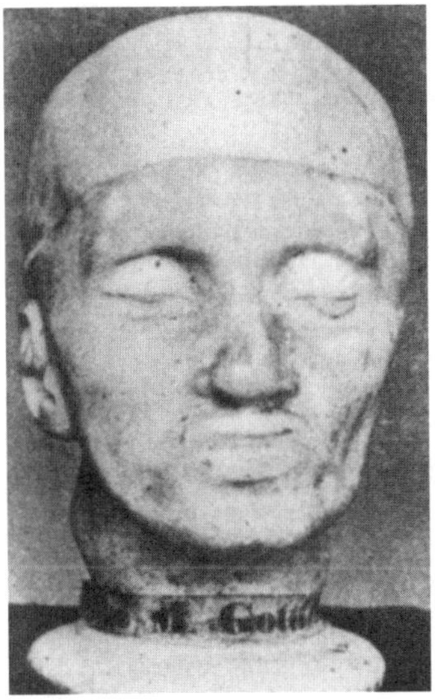 

Nach der Enthauptung wurde von Gesche Gottfrieds Kopf ein Gipsabguss hergestellt. Die beiden Fotos, die diesen Gipsabguss zeigen, wurden 1912 aufgenommen

Der Spuckstein

Unmittelbar nach der Hinrichtung setzte ein unbekannt gebliebener Steinsetzer an der Stelle, wo das Blutgerüst stand, einen schwarzen Stein mit einem eingemeißelten Kreuz in den Boden. Der einzige Beleg hierfür ist im »Bremischen Unterhaltungsblatt« zu finden, das zwei Wochen nach der Hinrichtung berichtete, dass »ein Steinsetzer an der Stelle, wo sie ihren Geist aushauchte, einen schwarzen Stein setzte«.

Da von offizieller Seite über diese Aktion nichts bekannt gegeben wurde, bleibt nur die Spekulation, ob einer der Prozessbeteiligten den Auftrag dazu erteilt hatte oder ob es sich um einen privaten Spaß eines Steinsetzers gehandelt hatte. Zwei Wochen später, am 21. Mai 1831, findet sich im »Bremischen Unterhaltungsblatt« ein Aufruf an jenen Steinsetzer, in dem von einem zweiten Stein die Rede ist: »An den Steinsetzer des Gottfriedsteines. Nach unserer Ansicht steht der Stein mit dem Kreuze auf dem Domshofe, wo der Mittelpunkt des abgeriegelten Zirkels war, und der andere schwarze Stein bezeichnet die Stelle, wo G. M. Gottfried den Kopf links verlor. Die Menge hält es für umgekehrt. Sollten wir recht haben, so ersuchen wir den Setzer, die Steine zu wechseln, damit jeder an seinen gehörigen Ort komme.« Dem schloss sich über mehrere Ausgaben ein eher alberner Wortwechsel an, ehe es schließlich am 15. Juni in jener Zeitung heißt: »Die allgemeine Stimmung sprach sich dahin aus, dass der Stein nicht auf dem rechten Flecke sich befinde.«

Der Kreuzstein hat sich bekanntlich bis in unsere Zeit auf seinem Platz auf dem Domshof erhalten, wo allerdings den Bremern auch heute noch nichts anderes einfällt, als darauf zu spucken.

Zitatnachweise

Wenn ein ganzes Verhör zitiert wird, ist immer nur das erste Zitat mit einer genauen Seitenangabe nachgewiesen, also der Beginn des Verhörs. Die nachfolgenden Zitate aus dem Verhör finden sich dann auf den angegebenen nachfolgenden Seiten im Protokoll.

Abkürzungen

Prozessakte 1	Protokolle des Criminalgerichts in Untersuchungssache wider die Giftmischerin Gesche Margarethe Gottfried geborene Timm. Band 1. Enthält die Protokolle der Verhöre und Zeugenvernehmungen. (Staatsarchiv Bremen 2-D.17.c.5.c.1.; Mikrofilm: FB 2216)
Prozessakte 2	Protokolle des Criminalgerichts in Untersuchungssache wider die Giftmischerin Gesche Margarethe Gottfried geborene Timm. Band 2. Enthält die Anlagen zu Band 1. (Staatsarchiv Bremen 2-ad D.17.c.5.c.1; Mikrofilm: FB 2217)
Hitzig 1	Die Giftmörderin Wittwe Gottfried in Bremen. Amtliche Mittheilungen. Erste Abteilung. Besonderer Abdruck aus Hitzigs Anmalen für deutsche und ausländische Criminal-Rechtspflege. Heft 21. Berlin, 1831
Hitzig 2	Die Giftmörderin Wittwe Gottfried in Bremen. Amtliche Mittheilungen. Zweite Abteilung. Besonderer Abdruck aus Hitzigs Anmalen für deutsche und ausländische Criminal-Rechtspflege. Heft 22. Berlin, 1831
Voget 1	Friedrich Leopold Voget: »Lebensgeschichte der Giftmörderin Gesche Margarethe Gottfried, geborene Timm«. Bremen, 1831
Voget 2	Friedrich Leopold Voget: »Die Giftmörderin Gesche Margarethe Gottfried, in der Gefangenschaft bis zur Hinrichtung«. Bremen, 1831
WöNa	Bremer Wöchentliche Nachrichten
BZ	Bremer Zeitung

1 Philip Cornelius Heinecken: Die freie Hansestadt Bremen und ihr Gebiet (etc.), Bremen 1837, Band 1, S. 12 f.
2 Ebenda, S. 6
3 Prozessakte 1, S. 107
4 Ludwig Scholz: Die Gesche Gottfried. Eine kriminalpsychologische Studie, S. 25
5 Prozessakte 1, S. 673
6 Ludwig Scholz: Die Gesche Gottfried. Eine kriminalpsychologische Studie, S. 39
7 Prozessakte 1, S. 86
8 Prozessakte 2, Nr. 233
9 Prozessakte 1, S. 702
10 Ebenda, S. 497
11 Prozessakte 1, S. 73
12 WöNa, 13. Juni 1831
13 Prozessakte 1, S. 755
14 Prozessakte 1, S. 660
15 Ebenda, S. 534
16 Prozessakte 2, Nr. 267
17 Ebenda, S. 535
18 Prozessakte 1, S. 75 f.
19 Prozessakte 1, S. 498 f.
20 Prozessakte 1, S. 218 f.
21 Prozessakte 1, S. 6
22 Ebenda, S. 53
23 Ebenda
24 Ebenda, S. 74
25 Prozessakte 2, Nr. 54
26 Ebenda, Nr. 124
27 Prozessakte 1, S. 540 ff.
28 Ebenda, S. 48
29 Ebenda, S. 650
30 Ebenda, S. 657
31 Ebenda, S. 717
32 Prozessakte 1, S. 550 f.
33 Ebenda, S. 51 f.
34 Ebenda, S. 53 f.
35 Ebenda, S. 68 f.
36 Prozessakte 2, Nr. 3
37 Ebenda
38 Voget 1, S. 274
39 Prozessakte 1, S. 1 ff.
40 Voget 1, S. 274
41 Prozessakte 1, S. 9
42 Ebenda, S. 10 ff.
43 Ebenda, S. 14 f.
44 Ebenda, S. 16
45 Ebenda, S. 17 f.
46 Ebenda, S. 18 f.
47 Ebenda, S. 19
48 Voget 1, S. 277
49 Prozessakte 1, S. 20
50 Ebenda
51 Ebenda, S. 20 f.
52 Ebenda, S 21 f.
53 Ebenda, S. 22
54 Ebenda, S. 23 ff.
55 Ebenda, S. 25
56 Ebenda, S. 28
57 Voget 1, S. 278
58 Ebenda
59 Hitzig 1, S. 19
60 Hitzig 1, S. 19
61 Voget 1, S. 279
62 Prozessakte 1, S. 28 f.
63 Ebenda, S. 29 ff.
64 Ebenda, S. 31 f.
65 Ebenda, S. 32 f.
66 Ebenda, S. 33 f.
67 Ebenda, S. 36
68 Ebenda, S. 36 f.
69 Ebenda, S. 39 ff.
70 Ebenda, S. 46 ff.
71 Ebenda, S. 49 ff.
72 Ebenda, S. 58
73 Ebenda, S. 59 ff.
74 Ebenda, Registratur nach S. 64
75 Ebenda, S. 65 ff.
76 Ebenda, S. 68 ff.
77 Ebenda, S. 70 ff.
78 Ebenda, S. 72
79 Ebenda, S. 73
80 Ebenda, S. 73 ff.
81 Ebenda, S. 76 ff.
82 Voget 1, S. 280 f.
83 Voget 1, S. 281 f.
84 Prozessakte 1, S. 78 ff.
85 Prozessakte 2, Nr. 29
86 Prozessakte 1, S. 85 f.
87 Ebenda, S. 88
88 Ebenda, S. 87
89 Ebenda, S. 88–90
90 Prozessakte 2, Nr. 133
91 Ebenda
92 Ebenda, Nr. 234
93 Prozessakte 1, S. 91 f.
94 Ebenda, S. 93
95 Ebenda, S. 96 ff.
96 Ebenda, S 101 f.
97 Ebenda, S. 103–106
98 Ebenda, nach S. 106 (Registratur Nr. 43)
99 Ebenda
100 Ebenda, S. 111
101 Ebenda S. 111 f.

102 Ebenda, S. 116 ff.
103 Ebenda, S. 117 f.
104 Ebenda, S. 118 ff.
105 Ebenda, S. 121–124
106 Ebenda, S. 125
107 Ebenda, S. 125 f.
108 Ebenda, S. 134
109 Ebenda, S. 135 f.
110 Ebenda, S. 139 ff.
111 Ebenda
112 Ebenda, S. 141
113 Ebenda, S. 142–146
114 Prozessakte 2, Nr. 61
115 Ebenda
116 Prozessakte 1, S. 150 f.
117 Ebenda, S. 153 f.
118 Ebenda, S. 156 f.
119 Ebenda, S. 157 ff.
120 Ebenda, S. 159 f.
121 Ebenda, S. 162
122 Ebenda, S. 168–171
123 Prozessakte 1, S.186
124 Ebenda, S. 203
125 Ebenda, S. 215 f.
126 BZ, 12. März 1828
127 Ebenda, S. 218
128 Prozessakte 1, S. 177–183
129 Ebenda, S. 184
130 Ebenda, S. 194–197
131 Ebenda, S. 207–209
132 Ebenda, S. 218–222
133 Ebenda, S. 226
134 Ebenda, S. 238–239
135 Ebenda, S. 251
136 Ebenda, S. 251 f.
137 Ebenda, S. 253–256
138 Ebenda, S. 256 f.
139 Ebenda, S. 257 f.
140 Ebenda, S. 274–275
141 Ebenda, S. 278 f.
142 Prozessakte 2, Nr. 115
143 Ebenda, S. 280 ff.
144 Prozessakte 2, Nr. 262
145 Ebenda
146 Ebenda
147 Ebenda, 2, Nr. 133
148 Prozessakte 1, S. 312
149 Voget 2, S. 258
150 Prozessakte 1, S. 357–366
151 Prozessakte 2, Nr. 139
152 Prozessakte 1, S. 383–389
153 Ebenda, S. 357
154 Ebenda, S. 393
155 Ebenda, S. 390 ff.
156 Ebenda, S. 396 ff.
157 Ebenda, S. 400 f.
158 Ebenda, S. 431
159 Ebenda, S. 645
160 Ebenda, S. 646
161 Ebenda
162 Prozessakte 1, S. 420–430
163 Ebenda, S. 673
164 Ebenda, S. 431–440
165 Ebenda, S. 452–456
166 Ebenda, S. 332 f.
167 Ebenda, S. 454 f.
168 Ebenda, S. 716 f.
169 Ebenda, S. 720
170 Ebenda, S. 711 ff.
171 Ebenda, S. 721 f.
172 Ebenda, S. 457–462
173 Ebenda, S. 466
174 Ebenda, S. 469–475
175 Ebenda, S. 480–483
176 Ebenda, S. 491–497
177 Prozeßakte 1, S. 498–501
178 Ebenda, S. 501
179 Ebenda
180 Ebenda, S. 502–511
181 Ebenda, S. 512–516
182 Ebenda, S. 516
183 Voget 2, S. 358
184 Prozessakte 1, S. 516–522
185 Prozessakte 2, Nr. 182
186 Prozessakte 1, S. 524
187 Ebenda, S. 524 f.
188 Prozessakte 2, Nr. 187
189 Ebenda
190 Prozessakte 1, S. 489–501
191 Ebenda, S. 532 f.
192 Prozessakte 2, Nr. 191
193 Prozessakte 1, S. 533–539
194 Ebenda, S. 556
195 Prozessakte 2, Nr. 233
196 Voget 1, S. 305
197 Prozessakte 2, Nr. 233
198 Ebenda, Nr. 231
199 Ebenda, Nr. 230
200 Ebenda, Nr. 229
201 Prozessakte 1, S. 645
202 Prozessakte 2, Nr. 233
203 Ebenda
204 Ebenda
205 Ebenda
206 Voget 2, S. 286 f.
207 Prozessakte 2, Nr. 234
208 Ebenda, Nr. 240
209 Voget 2, S. 358
210 Ebenda
211 Prozessakte 2, Nr. 237

212 Ebenda, Nr. 238
213 Ebenda, Nr. 240
214 Ebenda, Nr. 242
215 Ebenda
216 Prozessakte 1, S. 698
217 Voget 2, S. 357
218 Prozessakte 1, S. 727
219 Ebenda, S. 727 f.
220 G. G. Treviranus, Briefe an Wichern, Jahrgänge 1840-1845
221 BZ, 24. August 1831
222 Ebenda, 30. August 1813
223 Beiträge zur Sozialgeschichte Bremens. Heft 11, S. 217 ff.
224 Erdmute Schmidt Zur (Re-)Produktion normativer Weiblicheitsvorstellungen. Hamburg, 1995
225 Voget 2, S. 305
226 Ebenda, S. 321
227 Ebenda, S. 321 ff.
228 Prozessakte 2, Nr. 260
229 AaO, S. 14
230 WöNa, 14. September 1829
231 Voget 2, S. 329
232 Ebenda
233 Ebenda, S. 330
234 Ebenda, S. 331
235 Ebenda, S. 332 ff.
236 Ebenda, S. 345
237 Ebenda, S. 327 f.
238 Ebenda, S. 374
239 Ebenda, S. 328
240 Ebenda, S. 326 f.
241 Ebenda, S. 358 f.
242 Ebenda, S. 373 f.
243 Ebenda, S. 359
244 Prozessakte 2, Nr. 267
245 BZ, 11. u. 14. Oktober 1829
246 Voget 2, S. 379
247 Ebenda
248 Ebenda, S. 380
249 Focke Museum A.760 g av.
250 Voget 2, S. 401
251 Ebenda, S. 404
252 Ebenda, S. 401 f.
253 Ebenda, S. 405 f.
254 Prozessakte 1, S. 742 ff.
255 Prozessakte 2, Nr. 280
256 Prozessakte 1, S. 764 f.
257 Ebenda, S. 766
258 Prozessakte 1, S. 768
259 2. Ebenda, S. 768 f.
260 Prozessakte 2, Nr. 285
261 Prozessakte 1, S. 769
262 Ebenda, S. 769 f.
263 Ebenda, S. 770
264 Ebenda, S. 771
265 Senatsprotokoll vom 17. Dezember 1830
266 BZ vom 16. April 1831
267 Ebenda, 15. April 1831
268 Ebenda, 19. April 1831
269 Ebenda
270 Hitzig 2, S. 451 f.
271 Bürger-Convents-Verhandlung vom 19. April 1831
272 Ebenda
273 Ebenda
274 Voget 2, S. 452
275 Courier an der Weser, 20. April 1856
276 Ebenda
277 Voget 2, S. 454
278 Hitzig 2, S. 453 ff.
279 Ebenda, S. 455 ff.
280 Courier an der Weser, 20. April 1856
281 Prozessakte 1, S. 773 ff.
282 Hitzig 2, S. 456
283 Ebenda
284 Courier an der Weser, 20. April 1856
285 Bremisches Unterhaltungsblatt, 4. Mai 1831

Literatur- und Quellenverzeichnis

1. Gerichtsakten

Protokolle des Criminalgerichts in Untersuchungssache wider die Giftmischerin Gesche Margarethe Gottfried geborene Timm. Band 1. Enthält die Protokolle der Verhöre und Zeugenvernehmungen.
(Staatsarchiv Bremen: 2-D.17.c.5.c.1.; Mikrofilm: FB 2216)

Protokolle des Criminalgerichts in Untersuchungssache wider die Giftmischerin Gesche Margarethe Gottfried geborene Timm. Band 2. Enthält die Anlagen zu Band 1 (Staatsarchiv Bremen: 2-ad D.17.c.5.c.1.; Mikrofilm: FB 2217)

2. Veröffentlichungen über Gesche Gottfried

2.1. Zu ihren Lebzeiten

Feilner, Franz
Generalgeschichte der fürchterlichsten Giftmischerin Gesche Margarethe Gottfried, geborene Timm. Bremen, 1831

Jöntzen, Georg
Schreckliche, unerhörte Mordthaten der berüchtigten Giftmischerin Gesche Marg. Gottfried geb. Timme. Bremen, 1831

Voget, Friedrich Leopold
Lebensgeschichte der Giftmörderin Gesche Margarethe Gottfried, geborene Timm. Bremen, 1831, 1976, 1978; Nürnberg, 1831 (Raubdruck)

Weissenburg d. ält.
Geschichte der berüchtigten Bremer Giftmischerin Margarethe Gesina Gottfried, geb. Timme, und ausführliche Erzählung ihrer schauderhaften Unthaten. Quedlinburg, 1829; Stuttgart, 1829 (Raubdruck)

Weißenburg d. ält.
Gesinia, Die Teufelsbraut oder der 6. März. O.O., 1829

anonym
Die Giftmischerin Gesina Timm in Bremen. O.O., 1828 (Flugschrift)

anonym
Merkwürdige Lebensbeschreibung der am 6ten März 1828 in Bremen verhafteten Giftmischerin und Mörderin Gesche Margarethe Gottfried geb. Timme. O.O., 1828 (Flugschrift)

anonym
Wahrer Bericht von der in diesem Jahre den 6. März 1828 zu Bremen inhaftirten Giftmischerin Gesche Margar. Gottfried geb. Timme. O.O., 1828 (Flugschrift)

2.2 Unmittelbar nach der Hinrichtung

Feilner, Franz
Kurze Lebensbeschreibung der fürchterlichsten Giftmischerin Gesche Margarethe Gottfried geborene Timm. Bremen, 1831

Hitzig, Julius Eduard (Hg.)
Die Giftmörderin Wittwe Gottfried in Bremen. Amtliche Mittheilungen.

In: Hitzigs Annalen für deutsche und ausländische Criminal=Rechtspflege. Heft 21 und 22. Berlin, 1831

Hitzig, Julius Eduard und Häring, Willibald Alexis (Hg.)
Gesche Margaretha Gottfried. In: Der neue Pitaval. Eine Sammlung der interessantesten Criminalgeschichten aller Länder. Leipzig, 1842

Jarcke, Carl Ernst
Über den Charakter der Gottfried. Betrachtungen nach Lesung der Vogetschen Schrift. In: Hitzigs Annalen, Heft 22. Berlin, 1831

Voget, Friedrich Leopold
Die Giftmörderin Gesche Margarethe Gottfried in der Gefangenschaft bis zur Hinrichtung. Bremen, 1831; in gekürzter Fassung: Bremen, 1976, 1978

2.3 Zwanzigstes Jahrhundert

Grohne, Ernst
Der Gesche Gottfried Stein auf dem Domshof in Bremen in rechtsgeschichtlicher und volkskundlicher Sicht. In: Heimat und Volkstum. Niedersächsisches Jahrbuch, 1956

Heuser, Edith
Die ehrsame Mörderin. Der Fall Gesche Margarethe Gottfried.
In: Der Neue Pitaval. München, 1965

Marzahn, Christian
Scheußliche Selbstgefälligkeit oder giftmordsüchtige Monomanie?
Die Gesche Gottfried im Streit der Professionen. In: Beiträge zur Sozialgeschichte Bremens, Heft 11. Bremen, 1988

Meter, Peer
Gesche Gottfried. Briefe und Dokumente. In: Stint. Literatur aus Bremen. Nr. 5. Bremen, 1989

Meter, Peer
Gesche Gottfried. Ein langes Warten auf den Tod. Die drei Jahre ihrer Gefangenschaft. Lilienthal, 1995

Seling-Biehusen, Petra
Johann Eberhard Noltenius: Gerichtssekretär im Fall Gesche Gottfried.
In: Beiträge zur Sozialgeschichte Bemens, Heft 11. Bremen, 1988

Seling-Biehusen, Petra und Feest, Johannes
Gesche Gottfried und die bremische Strafjustiz. In: Beiträge zur Sozialgeschichte Bremens, Heft 11. Bremen, 1988

Schmidt, Erdmute
Zur (Re-)Produktion normativer Weiblichkeitsvorstellungen: Der Fall Gesche Gottfried – Ein Bremer Mordprozeß aus der Zeit des Vormärz. Hamburg, 1995

Scholz, Ludwig
Die Gesche Gottfried. Eine kriminalpsychologische Studie. Berlin, 1913

3. Dramatische Bearbeitungen

Faßbinder, Rainer Werner
Bremer Freiheit. Bremen, 1970. Frankfurt a. M., 1983

Fruchtmann, Karl
Gesche Gottfried. Fernsehspiel. Radio Bremen, 1978

Hölszky, Adriana (nach Faßbinder)
Bremer Freiheit – Singwerk auf ein Frauenleben. München, 1988

Meter, Peer
Die Verhöre der Gesche Gottfried. Bremen, 1989, 1990. Lilienthal, 1996, Flensburg, 1996

Meter, Peer und Yelin, Barbara
Gift. Graphic Novel. Berlin und Paris, 2010

Waldenfels, Walburg von
Gesches Gift. Fernsehspiel. ZDF, 1997

4. Bremische Geschichte

Bessel, Georg
Die Geschichte Bremerhavens. Bremerhaven, 1927

Bippen, Wilhelm von
Geschichte der Stadt Bremen. Dritter Band, Halle a/S. und Bremen, 1904

Heinecken, Phillip Cornelius
Die freie Hansestadt Bremen und ihr Gebiet in topographischer, medicinischer und naturhistorischer Hinsicht. Bremen, 1836/37

Hiemsch, Jan
Die bremische Gerichtsverfassung. Veröffentlichungen aus dem Staatsarchiv Bremen. Bremen, 1964

Rotermund, Heinrich Wilhelm
Lexikon aller Gelehrten, die seit der Reformation in Bremen gelebt haben. Bremen, 1818

Schwarzwälder, Herbert
Geschichte der Freien Hansestadt Bremen. Band II. Bremen, 1987

Storck, Philip Adam
Ansichten der freien Hansestadt Bremen und ihrer Umgebung. Frankfurt am Main, 1822

5. Zeitungen

Bremer Wöchentliche Nachrichten. Jahrgänge 1823, 1824, 1828-32

Bremer Zeitung. Jahrgänge 1828-31

Bremisches Unterhaltungsblatt. Jahrgang 1831

Courier an der Weser

Quellenverzeichnis der Abbildungen

Focke-Museum. Bremer Landesmuseum für Kunst und Kultur:
10, 12, 13, 14, 15, 18, 35, 39 l. 51, 128, 151, 183, 225 u., 230 u.

Landesamt für Denkmalpflege Bremen: 152

Privat: 46

Sammlung des Autors: 16 f., 167, 180, 190, 216 f., 229, 231 o.

Sammlung Schwarzwälder: 224, 230 o., 231 u.

Staatsarchiv Bremen: 9, 20, 25, 29, 35, 39 r., 41, 44, 52 f., 61, 74, 76, 79, 83 f., 100, 125 f., 131, 147, 150, 155, 168, 181, 186, 189, 205, 214, 220, 222 und Umschlag

Staats- und Universitätsbibliothek Bremen: 34, 174, 203 f., 206, 208, 211, 217 f., 225 o., 228

Sylvelin Wissmann (Hg.)
Richelmann (1789–1834)
Wege eines Diebes zwischen Hamburger Urteil und Bremer Kerker

208 S., 65 Abb.,
ISBN 978-3-8378-1010-3
12,90 €

Uwe Ruprecht
Elses Lachen
Wahre Kriminalfälle

344 S., 35 Abb.
ISBN 978-3-8378-4008-7
12,90 €